기독교문서선교회(Christian Literature Center: 약칭 CLC)는 1941년 영국 콜체스터에서 켄 아담스에 의해 시작되었으며 국제 본부는 미국 필라델피아에 있습니다.
국제 CLC는 59개 나라에서 180개의 본부를 두고, 약 650여 명의 선교사들이 이동 도서차량 40대를 이용하여 문서 보급에 힘쓰고 있으며 이메일 주문을 통해 130여 국으로 책을 공급하고 있습니다. 한국 CLC는 청교도적 복음주의 신학과 신앙 서적을 출판하는 문서선교기관으로서, 한 영혼이라도 구원되길 소망하면서 주님이 오시는 그날까지 최선을 다할 것입니다.

# 추천사 1

강 대 흥 박사
KWMA 사무총장

　로잔운동과 관련하여 무게 있는 책이 한국 교회에 소개되었다. 로잔의 태생적 배경을 살펴보면, 에큐메니컬 진영의 '인간화 선교 목표'와 더불어 '오늘의 구원' 개념이 결국 복음주의자들로 하여금 로잔에서 복음주의 대회를 시작하도록 하였다.
　이 책은 WCC 선교 개념이 통전적(holistic) 인 것에 비해 복음주의자들이 총체적(Integral) 개념으로 나가려는 이유부터 세계 복음화에 방점을 두는 로잔운동을 깊이 이해하도록 기록된 저서로 한국 교회와 독자들에게 큰 혜안을 줄 것이다.

## 추천사 2

구 성 모 박사
성결대학교 선교신학 교수, 한국로잔교수회 회장

　이 책은 오랫동안 로잔운동을 연구한 저자의 신앙고백을 담은 역작이다. 저자는 이 책을 통해 오늘의 로잔운동이 지향할 방향성을 제시한다. 이를 위하여 '로잔운동의 역사와 신학', '로잔운동과 선교 현장', '로잔운동의 전망'이라는 대단원으로 분류하여 관련 내용들을 짜임새 있게 전개하고 있다.

　특히, 저자는 "2024년 한국에서 개최되는 제4차 로잔 대회가 로잔의 미래를 결정할 매우 중요한 시간이 될 것"이라고 강조하면서 로잔의 존재 의미와 앞으로 나아갈 방향에 대해 우려와 함께 기대감을 제기한다. 또한, 로잔이 복음주의 선교에서 선두 주자로서 세계 복음화를 위해 어떻게 기여하고 있는지 긍정적인 면도 부각하여 평가한다.

　저자는 로잔운동은 그 근본이 '선교의 핵심은 복음 전도이며, 선교에 있어 우선순위는 복음 전도'라는 점을 확장하기 위해 태어난 운동이라고 일관되게 강조한다. 로잔운동의 흐름을 이해하려는 분들에게 만족할 해답을 줄 것으로 믿기에 이 책을 적극 추천한다.

# 추천사 3

**김광성 박사**
주안대학원대학교 선교신학 교수

　안승오 교수의 이 책은 저자와 닮아 있다. 먼저, 이 책의 프롤로그와 에필로그의 구성과 내용은 인간 안승오 교수의 친절함을 보여 준다. 프롤로그에서 로잔운동의 시작과 전개, 방향성을 친절하게 설명해 준다. "로잔운동의 처음 태동기부터 분석하면서, 앞으로 로잔이 어떻게 하면 더 발전하고 세계 복음화에 기여할 수 있을지를 고민"한 흔적이 오롯이 드러나 있다. 그의 친절함은 에필로그에서 여덟 가지 제안으로 정점을 찍는다.

　다음으로 이 책에는 로잔운동에 대한 신앙인으로서 안승오 교수의 따뜻함이 드러난다. 안승오 교수는 "로잔에 대한 비평적인 분석과 발전적 제안"을 "로잔을 향한 사랑과 기대"라고 밝히기를 망설이지 않는데 이는 로잔운동 50주년 희년을 맞이하는 때 로잔운동을 향한 따뜻한 마음이다.

　마지막으로 이 책에는 선교학자로서 안승오 교수의 전문성이 가득 담겨 있다. 로잔운동의 역사와 신학, 로잔운동과 선교 현장, 로잔운동에 대한 전망 등 총 3부로 구성된 전체 내용에는 선교 개념, 에큐메니컬 선교, 총체적 선교, 전도와 사회참여, 하나님의 선교, 선교와 윤리 등 선교신학의 핵심 주제가 망라되어 있다. 그뿐만 아니라 북한선교, 크리스천들에 대한 박해, 4차 산업혁명, 뉴 노멀 시대 등 다양한 현대 선교 현장에 대한 전략적인 응답을 시도한다.

안승오 교수의 로잔 연구 종합 결과물인 이 책이 2024년 제4차 로잔 대회를 준비하는 한국 교회와 한국 선교계에 학문적 밑거름이 되기를 기대하며 저자의 말처럼 이 책이 '로잔운동의 발전을 위한 작은 씨앗'이 될 것임을 벗이요 동지로서 확신한다.

# 추천사 4

**김성욱 박사**
총신대학교 선교신학 교수

『로잔운동의 좌표와 전망: 왜? 어떻게? 어디로?』라는 제목의 이 책은 2024년 제4차 로잔 대회를 개최하는 한국 교회와 선교신학 연구에 큰 기여가 될 것으로 사료된다. 한국 교회는 140년의 짧은 역사이지만, 부흥하는 교회와 선교하는 교회가 되어 전 세계에 30,000명 이상의 선교사를 파송하여 활동하고 있다. 그리고 한국 교회가 중심이 되어 세계적인 선교 운동인 제4차 로잔 대회를 전 세계 선교학자들과 선교 지도자들 그리고 선교단체 대표들과 선교사들 등 총 5,000명 이상이 참가하는 국제적인 선교대회를 개최하게 된 것은 참으로 기쁜 일이 아닐 수 없다.

이 책의 저자 안승오 교수는 지난 50년 로잔운동을 연구하고 한국로잔연구교수회 회장을 역임한 바 있으며 지금도 현대 선교신학에 혼신을 다해 연구하는 학자이다. 이 책의 가치는 로잔선교운동에 대한 모든 연구들을 통합한 연구서로써, 분명한 로잔운동의 정체성과 흐름 그리고 최근의 연구 동향을 집약하고 분석하면서, 미래의 로잔운동의 방향에 대해 제시하는 탁월한 저서로 본다. 또한, 저자는 선교신학에 대한 뜨거운 열정으로 로잔운동의 역사와 핵심적 선교신학을 제시하고 있으며, 현대 선교신학의 발전을 위한 성경적인 로잔운동의 미래적 방향을 제시하고자 하였다.

이 책이 한국 교회와 신학계에 로잔운동에 대한 분명한 이해와 관심의 확산과 획기적인 연구의 계기가 되기를 바라면서 목회자들과 신학생들 그리고 선교사들에게 적극적으로 추천한다.

# 추천사 5

김승호 박사
한국성서대학교 선교학 교수
전 한국복음주의선교신학회 회장

　저자 안승오 교수는 로잔이 초심을 잃지 않고 복음 전도를 통한 세계 복음화에 기여하는 선교 운동이 되길 뜨거운 사랑의 마음으로 촉구한다. 이 책은 로잔운동에 대한 방대한 연구를 기초로 로잔운동의 과거와 현재를 냉철하게 분석하고 그 분석에 근거하여 로잔운동이 나아가야 할 바람직한 방향을 제시한다.
　그런 점에서 이 책은 로잔운동의 역사와 신학, 실천을 이해하도록 도움을 주는 교과서(text book)이자 안내서(manual)이다. 로잔운동과 세계 복음화에 관심을 갖는 모든 분의 필독을 권한다.

# 추천사 6

**박 형 진 박사**
횃불트리니티신학대학원대학교 선교신학 교수

    로잔운동이 시작된 지 50주년을 맞는 2024년 제4차 로잔 대회가 한국에서 열리며 그 반세기의 여정을 돌아보고 앞으로의 방향을 재헌신하는 시점에서 이 저서의 출현은 참으로 시의적절하고 선명한 로잔 정신의 이해에 일조하리라 기대하며 환영하는 바이다.
    저자 안승오 교수는 로잔 동아리와 로잔 교수회 활동을 통해 로잔운동을 사랑하고 헌신해 온 선교학자이다. 그는 로잔운동의 최우선 가치가 세계 복음화에 있으며 이를 위해 반드시 잃어버리지 말아야 할 것은 바로 '복음 전도'의 초심이요 사명임을 상기시켜 주고 있다.
    저자는 로잔운동이 에큐메니컬운동에 대응해 왔지만 동시에 그 영향력 또한, 받는 가운데 사회적 책임을 강조하면서 복음 전도의 우선성이 상대적으로 약화되었음을 로잔의 주요 문헌을 분석하며 날카롭게 지적하고 있다. 세계 복음화라는 그 원래의 목적을 위한 동력이 효과적인 면에서 저하된다면 과연 로잔운동이 그 본질을 유지하고 있을지 도전하고 있다. 이 책에서 우리는 로잔이 로잔다워지기를 바라는 저자의 복음에 대한 확신과 교회를 향한 사랑을 볼 수 있다.
    이제 그의 목소리를 경청해 보자!

# 추천사 7

**변창욱 박사**
장로회신학대학교 선교신학 교수,
PCK 총회선교훈련원 원장

20세기 세계 선교 운동은 WCC 에큐메니컬 선교신학과 로잔 복음주의 선교신학이 주도해 왔다. 로잔운동은 에큐메니컬 진영이 급진적인 선교 주제를 내세울 때마다 온건한 선교적 주제를 제안해 왔다.

이후 두 진영은 서로 영향을 주고받으며, 창조적 긴장 관계를 형성해 왔다. 1968년 웁살라 WCC 총회("인간화") ↔ 1970년 프랑크푸르트 선언, 1973년 방콕 CWME 대회("오늘의 구원") ↔ 1974년 제1차 로잔 세계복음화 대회("로잔언약"), 1980년 멜버른 CWME 대회 ↔ 1980년 파타야 대회와 같이 두 진영 간에는 도전과 견제를 통해 선교 개념과 방향이 좁혀지기도 하고, 넓혀지기도 했다.

1974년 스위스에서 로잔 총회가 열린 지 50년, '희년 대회'를 겸한 제4차 로잔 대회가 2024년 한국에서 개최된다. 이러한 때 출간되는 이 책은 에큐메니컬운동을 비판적 시각에서 살펴보며, 로잔운동이 걸어온 발자취를 역사적, 신학적 관점에서 회고하며, 앞으로 나아갈 방향을 제시한다. 로잔선교운동에 관심 있는 독자들의 일독을 권한다.

# 추천사 8

소 윤 정 박사
아신대학교 선교대학원 교수
전 한국복음주의선교신학회 회장, 「복음과 선교」 편집위원장

    2023년 6월 3일 '빌리 그래함 전도 대회 50주년 기념 대회'가 상암동 월드컵 경기장에서 개최되었다. 한국 교회가 연합하여 이날을 기념하며 한국 교회의 재부흥을 위해 합심하여 기도하는 시간을 가졌다. 50년 전인 1973년 대한민국은 빌리 그래함 전도 대회를 통해 역사적인 전도 운동이 일어나 한국 교회 성장의 초석을 놓게 되었다. 이는 1974년 제1차 로잔 대회가 스위스 로잔에서 개최된 것과 뜻을 같이하고 있는 폭발적인 전도 대회인 것이다.
    세계 교회는 왜 1974년 로잔 복음화운동을 시작하게 된 것일까?
    이 책의 프롤로그에서 저자인 안승오 교수도 강조하고 있는바 복음 전도의 선교 의미가 퇴색되어 개인구원이 아닌 사회구원으로 발전되고 있었던 WCC에 대항해 성경의 무오성과 예수 그리스도의 유일성에 근거한 복음화 운동이 필요했기 때문이다. 이는 종교다원주의를 강력하게 배격하고 오직 예수 그리스도를 통한 구원을 확고히 하기 위함이었다.
    시대를 거듭하며 로잔 대회도 2010년 제3차 케이프타운 대회를 거쳐 내년 2024년이 50주년을 맞게 된다. 그런데 뜻깊게도 2024년 제4차 로잔 대회가 대한민국에서 개최된다. 이에 한국 교회는 많은 기대를 갖고 있다. 50년 전 빌리그래함 전도 대회가 그러하였듯이 제4차 로잔 대회는 한국 교회에 복음 전도 전략을 제시해 한국 교회와 세계 교회의 부흥을 위한 또 다

른 불씨가 되어야 할 줄로 믿는다.

　이러한 중요한 시기에 안승오 교수님의 책 『로잔운동의 좌표와 전망: 왜? 어떻게? 어디로?』는 윤리 운동이 아닌 복음 전도를 위해 시작된 로잔 정신을 한국 교회에 잘 소개하고 로잔운동의 나아갈 방향에 대해 명쾌한 해답을 제시할 것이라고 확신하며 한국 교회에 적극 추천하는 바이다.

# 추천사 9

**손 동 신 박사**
백석대학교 기독교전문대학원 주임교수,
전 한국복음주의선교신학회 회장, 전 한국로잔연구교수회 회장

안승오 박사는 그동안 에큐메니컬운동과 로잔운동에 대해 쉽고 명료하게 설명한 책을 다수 출판하였다. 나의 강의에 교재로 선정된 그의 저작은 수강생의 만족도가 항상 높다. 로잔운동에 대한 과거, 현재, 미래에 대한 탐구와 분석을 통해 그 깊이와 넓이를 더한 이 책은 신학도와 선교학도에게 현대 선교신학을 이해하는 견고한 틀을 갖게 하기에 충분하다.

특히, 로잔운동을 목회와 선교 현장에 연결해 적용한 두 번째 부분은 안승오 교수의 로잔운동 관련 저술에서 새롭게 연구된 것으로 로잔운동의 현장 적용성 및 실천성의 가능성을 보게 한다. 세계 복음화에 대한 열망과 한국 교회와 로잔운동에 대한 사랑을 담아 기술한 복음주의 선교신학의 방향을 이어 제시한 로잔운동에 대한 전망은 한국 교회와 선교 실천 관련 기구와 단체 그리고 선교학자가 선교 정책을 수립하고, 연구하며 선교 실천을 수행하기 위해 반드시 염두에 두어야 할 사항이다.

이 책을 통해 하나님께서 영광을 받으시고, 올바른 선교신학의 토대를 마련하고, 역동적인 선교를 위해 헌신하여 세계 복음화에 기여할 많은 독자가 일어나기를 소망한다. 좋은 사람을 만나는 것이 축복이라 하는데, 좋은 책을 만나는 것도 그에 못지않은 축복이다. 그 두 축복이 여기에 있다.

# 추천사 10

**안희열 박사**
한국침례신학대학교 선교신학 교수,
전 한국복음주의선교신학회 회장

2024년은 로잔운동 50주년의 해다. 감사한 것은 제4차 로잔 대회가 2024년 9월 22일(일)부터 28일(토)까지 인천 송도 컨벤시아에서 열리게 된다. 이를 앞두고 안승오 교수님이 『로잔운동의 좌표와 전망: 왜? 어떻게? 어디로?』란 책을 저술하여 펜데믹 이후 한국 교회로 하여금 새로운 선교 방향을 제시해 주어서 단숨에 읽었다.

그 이유는 다음과 같다.

**첫째**, 로잔운동을 쉽게 설명하고 있다.
어려운 로잔운동의 역사, 신학, 전망을 쉽고 간략하게 잘 다루고 있다.
**둘째**, 로잔운동과 현시대의 선교 현장을 다루어서 흥미를 끈다.
로잔운동과 북한선교, 제4차 산업혁명 시대의 선교, 뉴 노멀 시대의 선교와의 관계를 다루고 있다.
**셋째**, 탁월한 리서치가 엿보인다.
1차 자료를 발굴해서 각주를 달고 참고 문헌에 소개함으로써 책의 전문성과 학문성의 깊이를 더해 준다. 바라기는 로잔운동에 관심이 있는 목회자, 신학생, 선교사, 평신도 모든 분께 이 책을 강력히 추천한다.

# 추천사 11

이 광 순 박사
The Light Mission 이사장
전 장로회신학대학교 선교신학 교수, 전 주안대학원대학교 총장

로잔운동은 빌리 그래함 목사와 한경직 목사의 오랜 기도와 세계 복음화의 비전을 역사 속에 이루어 낸 것이었다. 1973년 빌리 그래함 서울 전도 대회의 대회장 한경직 목사는 그 전도 대회를 민족 복음화와 나아가서 세계 복음화의 꿈을 이루어 가는 출발점으로 삼았다. 이듬해 1974년 로잔 대회는 첫 번째로 열린 세계 복음화 운동이었으며, 복음주의 선교신학의 중심에 서 있는 로잔운동으로 부상했다.

그 후 제2차 마닐라 로잔 대회와 제3차 케이프타운 로잔 대회를 이어 이제 제4차 대회가 한국에서 열리게 되는데 이 대회를 통해 세계 복음화를 위한 로잔의 정신이 잘 이어지기를 바란다.

이 책은 로잔운동의 과거와 현재, 미래 전망까지 잘 정리해 주고 있다. 복음주의 선교신학에 관심을 가지는 사람들에게 좋은 길잡이가 되어 주리라 기대해 본다.

# 추천사 12

이재훈 박사
한국로잔위원회 의장, 온누리교회 담임목사

복음에 합당한 교회는 선교에 헌신한다. 선교에 헌신한 교회는 또한, 연합한다. 로잔운동은 복음주의 교회들의 세계 선교 운동이다. 기독교 역사에서 가장 복음적인 선교 헌신자들이 모여 함께 생각을 나누고 선교 사명을 위하여 연합하는 운동이라고 말할 수 있다.

기독교 역사에서 많은 신앙고백이 있었지만, 늘 부족한 면은 변화하는 세상 속에 대한 복음적인 응답을 담은 실천적 고백이었다. 교리적, 성경적 고백은 더 이상 필요 없을 정도로 신학적으로 정교하게 다듬어진 고백들이 이미 주어져 있다. 그런데 급변하는 사회 문제에 대한 정교한 대응은 심히 부족했다. 그 결과 상황에 충실한 자유주의 신학이 세상 속에서 기독교를 대변하게 되었고 이와는 정반대로 상황에는 눈과 귀를 막은 채 성경만 읽고 묵상하는 교회들이 나오게 되었다.

로잔운동에서 형성된 신학은 복음과 시대적 문제를 연결하는 실천적 선교신학이다. 안승오 교수님이 펴낸 『로잔운동의 좌표와 전망: 왜? 어떻게? 어디로?』는 로잔운동의 핵심적 진리를 꿰뚫어 이해하게 하면서 미래를 예측하게 해 주는 귀한 책이다. 2024년 제4차 로잔 대회를 앞둔 시점에 한국교회 복음주의 신학자들의 로잔 신학에 대한 평가와 전망은 너무 중요한 신학적 과업들이다. 이 책을 통해 로잔운동의 신학을 올바로 이해하고 교회와 선교에 적용하는 축복이 일어나게 되기를 기도한다.

# 추천사 13

**최 형 근 박사**
서울신학대학교 선교신학 교수, 한국로잔위원회 총무

　로잔운동은 불변하는 복음과 변화하는 상황에 민감하게 대응하며 선교적 담론을 복음주의 신학 문서들로 담아내는 선교 운동이다. 2024년 로잔운동 50주년을 맞이하여 제4차 로잔 대회의 한국 개최에 즈음하여 안승오 교수의 로잔운동의 역사와 미래의 방향에 관한 제언을 접하게 된 것을 기쁘게 생각한다.
　이 책이 한국 교회 선교 운동에 좋은 영향을 미치기를 기대하며 일독을 권한다.

# 로잔운동의 좌표와 전망

왜? 어떻게? 어디로?

*Coordinates and Prospects of Lausanne Movement: Why? How? Where?*
Written by Seung-Oh An
All rights reserved.
Korean Edition Copyright ⓒ 2023 by Christian Literature Center, Seoul, Korea.

## 로잔운동의 좌표와 전망:
왜? 어떻게? 어디로?

2023년 8월 31일 초판 발행

| | | |
|---|---|---|
| 지 은 이 | \| | 안승오 |
| 편 집 | \| | 도전욱 |
| 디 자 인 | \| | 박성숙 |
| 펴 낸 곳 | \| | (사)기독교문서선교회 |
| 등 록 | \| | 제16-25호(1980. 1. 18.) |
| 주 소 | \| | 서울특별시 동대문구 천호대로71길 39 |
| 전 화 | \| | 02-586-8761-3(본사) 031-942-8761(영업부) |
| 팩 스 | \| | 02-523-0131(본사) 031-942-8763(영업부) |
| 이 메 일 | \| | clckor@gmail.com |
| 홈페이지 | \| | www.clcbook.com |
| 송금계좌 | \| | 기업은행 073-000308-04-020 (사)기독교문서선교회 |
| 일련번호 | \| | 2023-68 |

ISBN 978-89-341-2580-8(93230)

이 책의 출판권은 (사)기독교문서선교회가 소유합니다.
신저작권법에 의하여 한국 내에서 보호를 받는 저작물이므로 무단 전재와 무단 복제를 금합니다.

# 로잔운동의 좌표와 전망

## Lausanne Movement

로잔운동은 왜 생겨났고, 어디로 향하고 있는가?

세계 복음화에 헌신한 모든 목회자 선교사 성도들의 필독서

로잔운동의 어제와 오늘을 분석하고 내일을 전망하면서
로잔운동의 바람직한 미래 방향을 제시한 탁월한 명저

왜?
어떻게?
어디로?

안승오 지음

CLC

# 목차

추천사 ... 1

프롤로그 ... 23

## 제1부   로잔운동의 역사와 신학  로잔운동의 어제 ... 33

### 제1장   구원과 선교 개념 변천의 흐름과 로잔 신학의 좌표 ... 34
1. 선교에 있어 구원 이해의 흐름과 평가 ... 35
2. 통전적 구원 개념의 한계점 ... 39
3. 선교 개념의 변천 역사 ... 43
4. 바람직한 선교 개념 정립의 기준들 ... 47
5. 요약 및 전망 ... 55

### 제2장   로잔운동에 나타난 에큐메니컬 선교신학의 영향 ... 57
1. 세상에 대한 긍정적 견해 강화 ... 58
2. 폭넓어진 선교의 대상과 과제 ... 63
3. 선교에 있어 사회적 책임의 강화 ... 67
4. 약화한 선교의 핵심 사역 ... 72
5. 약화한 복음 전도의 긴급성과 전도에의 헌신 ... 76
6. 요약 및 전망 ... 80

### 제3장   로잔이 말하는 총체적 선교의 의미와 영향 ... 81
1. 총체적 선교 개념의 태동과 의미 변천 ... 82
2. 총체적 선교 개념이 로잔운동에 미칠 잠재적 영향력 ... 91
3. 요약 및 전망 ... 103

### 제4장   로잔 신학에 있어 우선순위 문제 ... 105
1. 세 번의 로잔 대회에 나타난 우선순위 ... 106
2. 여전히 우선순위를 구해야 하는 이유 ... 117
3. 요약 및 전망 ... 125

## 제2부  로잔운동과 선교 현장 – 로잔운동의 오늘     127

### 제1장  로잔운동과 북한선교     128
   1. 복음 전도의 우선순위와 미전도 종족 선교     130
   2. 성령의 사역과 기도     134
   3. 북한선교에서의 협력 방향     137
   4. 북한선교에 있어 기독인의 사회적 책임     142
   5. 디아스포라와 평신도 선교     145
   6. 요약 및 전망     150

### 제2장  로잔운동과 기독교 박해 현장의 성도들     152
   1. 기독교 박해의 상황 및 유형     154
   2. 기독교 박해의 원인들     160
   3. 박해 지역 성도들을 위한 로잔의 제언들     166
   4. 박해 문제 해결을 위한 보다 더 근본적인 방안들     171
   5. 요약 및 전망     176

### 제3장  4차 산업혁명과 로잔운동     178
   1. 4차 산업혁명의 의미와 예상되는 영향     179
   2. 4차 산업혁명이 종교와 선교에 미칠 영향     187
   3. 4차 산업혁명 시대의 선교 방향     193
   4. 요약 및 전망     201

### 제4장  로잔운동과 뉴 노멀 시대의 선교     203
   1. 코로나19가 선교에 미친 영향     204
   2. 로잔 LGA 문서들이 제시하는 코로나 위기 시대의 선교 방향     210
   3. 구체적인 선교 전략들     214
   4. 요약 및 전망     221

## 제3부 로잔운동의 전망과 제언 – 로잔운동의 내일 　223

### 제1장 하나님의 선교(*Missio Dei*)에 대한 로잔의 바른 이해 　224
1. 하나님의 선교(*Missio Dei*) 개념이 바라보는 하나님의 관심 이해 경향 　226
2. 출애굽 사건에 나타난 하나님의 관심 　231
3. 하나님의 선교 개념에서 고민해야 할 점들 　238
4. 요약 및 전망 　246

### 제2장 로잔이 추구할 선교와 윤리의 바람직한 관계 　248
1. 선교와 윤리 중 어느 한 편에 강조점을 두는 관점들 　250
2. 윤리적 과제와 선교적 과제를 분리할 수 없다고 보는 관점 　255
3. 선교에 있어 윤리의 바람직한 위치 　259
4. 요약 및 전망 　269

### 제3장 로잔의 선교 개념에서 재고해야 할 점들 　272
1. 로잔 선교 개념의 변화 흐름 　273
2. 로잔 선교 개념 변화에서 고민해야 할 점들 　282
3. 요약 및 전망 　292

### 제4장 세계 선교를 위한 로잔운동의 기여 방향 　295
1. 로잔운동의 태동과 흐름 　296
2. 세계 선교를 위한 로잔의 기여 방향 　304
3. 요약 및 전망 　314

## 에필로그 　316

## 부록 로잔운동의 역사, 회의, 문서 등의 종합 정보 　336
1. 로잔운동의 유래와 시작 　336
2. 로잔운동의 명칭과 로고 　336
3. 로잔운동의 목적 　337
4. 로잔운동의 조직 　338
5. 제4차 로잔 대회 한국준비위원회 조직 　339
6. 로잔운동의 주요 활동 영역 　339
7. 로잔운동의 주요 대회들 　340
8. 로잔운동 관련 회의들과 문서들 　343
9. 로잔운동의 주요 문서들 　347

## 프롤로그

### 1. 로잔운동, 왜 태동했나?

제4차 로잔 대회가 2024년 한국에서 개최된다. 1974년 스위스 로잔에서 창립총회가 열린 지 50년 만에 열리는 희년 대회이고, 2010년 남아공 케이프타운에서 3차 대회가 열린 지 14년 만에 열리는 뜻깊은 대회이다. "10년이면 강산도 변한다."는 말이 있는데, 50년이면 강산이 다섯 번이나 변할 수 있는 긴 시간이다. 이 기간 로잔은 복음주의 진영의 선두 주자로 세계 복음화를 위해 큰 기여를 해 왔다. 이제 로잔은 새로운 반세기를 시작하는 시점에 서 있다.

이 시점에 열리는 제4차 로잔 대회는 로잔의 미래를 결정함에서 매우 중요한 시간이 될 것이다. 로잔이 앞으로도 계속해서 세계 복음화에 능력 있게 기여하는 기구로 역할을 할 것인지, 아니면 겨우 명맥만 유지하는 정도의 유명무실한 기구로 남을지가 결정되는 중대한 계기가 될 것이기 때문이다.

이런 상황에서 가장 먼저 제기되어야 할 질문은 '로잔이 왜 태동하였는가'에 대한 것이다. 로잔이 도대체 왜 시작되었는지 무엇을 목표로 시작되었는지를 분명히 되짚어 볼 때 로잔은 초심을 잃지 않고 새로운 반세기를 향해 나아갈 방향을 찾을 수 있을 것이기 때문이다. 로잔의 탄생 배경으로 가장 결정적인 배경 중의 하나는 에큐메니컬 진영의 도전이라 할 수 있다.

특별히 1952년에 나타난 미시오 데이(Missio Dei, 하나님의 선교) 개념의 탄생 이후 에큐메니컬 진영이 선교의 중심 과제 혹은 목표를 '복음화'에서 '인간화' 또는 '세상의 샬롬'으로 바꾸자 복음주의 진영의 지도자들은 본래 선교의 핵심을 붙들어야 할 필요성을 강하게 느끼기 시작했다. 그 후에도 에큐메니컬 진영의 성향은 전통적인 선교 개념으로부터 점점 멀어졌고 급기야 1968년 웁살라 대회에서는 선교의 목표 자체를 '복음화'가 아닌 '인간화'로 바꾸었다.

이러한 경향에 위기감을 느낀 복음주의자들은 1970년에 피터 바이어하우스(Peter P. J. Beyerhaus)를 중심으로 한 일단의 복음주의 지도자들이 프랑크푸르트(Frankfurt) 선언을 채택하면서 에큐메니컬 선교의 부적절성을 지적하였다.[1]

하지만 에큐메니컬 진영의 선교 목표와 관련된 방향 전환은 멈추지 않고 계속 진행되어 급기야 1973년 방콕 CWME 대회에서는 선교의 핵심 내용인 구원의 의미 자체를 '개인구원'에서 개인구원과 사회구원 그리고 영혼의 구원뿐 아니라 육체와 물질적인 구원을 모두 포함하는 '오늘의 구원'(Salvation Today) 개념으로 바꾸어 버렸다.

그리하여 선교는 이제 목표도 달라졌고, 전해야 하는 선교의 내용도 변하게 되었다. 이처럼 선교가 복음 운동이 아닌 사회 운동으로 변질하는 경향을 보이자, 빌리 그래함과 칼 헨리를 중심으로 한 복음주의 지도자들은 복음 전도 중심의 선교 운동이 심각하게 훼손되고 있다는 위기감 속에서 복음주의적인 선교신학을 분명하게 선언할 국제회의의 필요성을 인식하면서 1974년 스위스 로잔에서 로잔 대회를 열었는데 이 대회의 명칭은 '로잔 세계복음화국제대회'(The International Congress on World Evangelization)였고, 대회 이후 이 운동을 지속하자는 목적을 가지고 "세계 복음화를 위한 로잔위

---

1 김승호, "로잔운동의 선교 사상의 발전," 한국로잔교수회 편, 『로잔운동과 선교』(서울: 한국로잔위원회, 2014), 18-19.

원회(Lausanne Committee for World Evangelization)를 구성하였다.[2]

이러한 이름들에서 나타나듯이 로잔운동은 세계 복음화가 가장 중요한 태동 동기였고 목표였다. 즉, 로잔운동은 기본적으로 선교의 핵심이 '복음 전도'이며, 선교에 있어 우선순위는 '복음 전도' 라는 것을 강조하면서 태어난 운동이었다.

## 2. 로잔운동, 어떻게 흘러왔나?

제1차 로잔 대회 이후 로잔에서는 다양한 회의들이 열렸다. 예를 들면, 1980년 영국의 호데스돈 하이레이에서 '단순한 삶에 관한 대회'(Consultation on Simple Lifestyle), 태국 파타야에서 열린 '세계복음화대회'(Consultation on World Evangelization) 그리고 전도와 사회적 책임의 관계를 집중적으로 논의한 1982년 '그랜드래피즈 대회,' 1989년에 열린 제2차 대회인 '마닐라 대회' 등이 대표적인 회의였다. 이러한 대회들에서 가장 주요하게 다루어졌던 주제 중의 하나는 바로 '전도와 사회적 책임의 관계' 또는 '복음 전도의 우선성'의 문제였다.

이 문제들에 대해 1980년 태국 파타야 대회는 사회적 책임을 다소 소극적으로 다루면서 전도의 우선성을 강조하였다. 이에 비해 하이레이 대회, 그랜드래피즈 대회, 마닐라 2차 대회 등은 사회적 책임을 전도와 거의 대등한 관계로 강조하는 경향이 나타났다. 하지만 이 대회들에서도 여전히 전도의 우선성은 포기되지 않았다.

예를 들어, 그랜드래피즈는 사회적 책임을 이렇게 규정하였다.

---

2    김동선,『하나님의 선교: 그 신학과 실천』(서울: 한국장로교출판사, 2000), 39.

(1) 전도의 결과
(2) 전도의 다리
(3) 전도의 협력자

즉, 전도는 논리적으로만 우선성을 지니고 있다고 말하면서도 "그런데도 굳이 우리가 반드시 하나를 선택해야만 한다면, 우리는 모든 인류의 궁극적인 필요가 예수 그리스도 구원의 은혜이며, 이것보다 더 중요한 것은 없다고 말해야 한다"[3]라고 천명했다. 또 마닐라 대회는 사회적 책임을 강조하면서도 "그러므로 기독교 선교는 긴급한 과업이다. … 마닐라에서 우리는 온 교회가 온 세상에 온전한 복음을 가지고 나아가 하나가 되어 희생적으로 주님 재림하실 때까지 긴급하게 그리스도를 선포할 것을 선언하는 바이다"[4]라는 말로 선언문을 마치면서 전도의 긴급성과 우선성을 포기하지 않았다.

이런 이유에서 박보경은 "요약하자면, 1989년 마닐라 선언문은 그 단어 선정에 있어 복음 전도의 우선성을 명백하게 선언하고 있다. 그런데도 선언문은 사회적 책임 부분도 균형 있게 강조하고자 한 노력이 보인다"[5]라고 언급하였고, 또한, "마닐라 대회에서 두각을 드러낸 '주후 2000년과 그 이후'운동은 10/40창의 미전도 종족 선교를 최우선 과제로 삼고 있으므로 1990년 이후에도 전도의 우선성은 여전히 로잔운동의 중심에 있었다"[6]라고 말하면서 로잔운동이 2천 년 이전에는 전도의 우선성을 유지하고 있었음을 말하고 있다.

---

3 Lausanne Occasional Paper 21, "Evangelism and Social Responsibility: Evangelical Commitment," 25.
4 Lausanne Movement, "마닐라 선언(1989), in 『케이프타운 서약』 부록, 최형근 역 (서울: IVP, 2014), 261.
5 박보경, "로잔운동에 나타난 전도와 사회적 책임의 관계," 한국로잔연구교수회 편, 『로잔운동과 선교』(서울: 올리브나무, 2014), 89
6 박보경, "로잔운동에 나타난 화해로서의 선교," 한국로잔연구교수회 편, 『로잔운동의 선교 동향』(서울: 올리브나무, 2015), 179.

하지만 2천년대에 들어서면서부터는 로잔의 분위기가 사뭇 달라지는 경향을 보였다. 예를 들면, 2001년 영국 옥스퍼드에서 결성된 "미가 네트워크 (Micah Network)," 2004년 파타야 대회, 그리고 2010년 '케이프타운 제3차 로잔 대회' 등에 오면 복음의 우선순위보다는 통전적 선교(로잔은 이 통전적 선교를 주로 총체적 선교라는 이름으로 부름)가 적극적으로 수용되는 경향을 보인다. 특별히 3차 대회인 케이프타운 선언은 전도의 우선성에 대해 언급하지 않는다는 점에서 통전적 선교를 공식적으로 천명하였다고 할 수 있다.[7]

즉, 로잔에서는 이제 복음 전도와 사회적 책임 중 어느 한 곳에 우선순위를 두기보다는 두 요소가 깊이 연결되어 불가분의 관계에 있다고 생각하고 두 요소를 함께 추구하는 총체적인 선교가 올바른 선교의 방향이라는 견해가 지배적으로 되었다. 이제 로잔은 전도의 우선성과 전도의 긴급성을 포기하고, 폭넓은 선교 개념과 함께 총체적 선교를 추구하게 되었다.

하지만 여전히 로잔의 선교 개념은 에큐메니컬 진영의 선교 개념과는 다른 경향을 지닌다. 그래서 선교라는 용어에서도 WCC의 통전적 선교(Holistic Mission)라는 용어보다는 총체적 선교(Integral Mission)라는 용어를 더 선호하는 경향이 있다. 그것은 아마도 로잔이 선교방식에서의 통전적 접근에는 동의하지만, 에큐메니컬 진영처럼 선교 목표까지 완전히 통전적 관점으로 바라보는 것에 대해서는 여전히 약간의 머뭇거림이 있기 때문으로 보인다.

---

7   박보경, "로잔 복음화 운동과 한국 교회; 로잔운동에 나타난 전도와 사회적 책임의 관계," 37. 김현진은 이러한 통전적 선교를 균형 잡힌 선교로 표현하면서 "바람직하고 균형 잡힌 선교는 새 계명(New Commandment)을 실천하는 구심적 선교와 대위임령(Great Commission)을 수행하는 원심적 선교의 조화이다"라고 기술하고 있다. 김현진, "온전한 복음과 온전한 교회 개혁의 방향성,"「복음과 선교」제 42집(2018): 50. 13-61. 김성민은 통전적 선교 개념이 널리 확산되어 수용되는 상황에 대해 "무엇보다 예수 그리스도의 복음 사역이 용서와 은혜에 국한된 것이 아니라, 하나님의 공의를 실천하는 것으로서 최근 이웃 사랑의 실천이 강조된 사회정의를 구현하려는 교회와 교단이 점차 증가하고 있다"라고 분석한다. 김성민, "기독교 사회정의를 통한 사회 통합적 선교 전략 연구,"「복음과 선교」제37집(2017):84.

정리하자면 로잔은 WCC 에큐메니컬 진영과의 관계 속에서 처음 시작은 에큐메니컬 신학에 대한 반대로 출발했지만, 이후 선교 개념과 우선성 등에 관한 많은 고민의 시간을 거쳐 현재는 총체적 선교 개념을 지닌 상황이라고 할 수 있겠다.

## 3. 로잔운동, 어디로 향해야 할 것인가?

오늘날 세계기독교의 상황은 다소 암울한 상황이다. 물론 여전히 아시아, 아프리카, 남미 등 일부 지역에서 기독교가 왕성하게 성장하는 경우가 있지만, 전반적으로 보면 기독교는 다소 그 역동성을 상실한 모습을 보인다. 1900년에 전 세계 인구의 34.5퍼센트를 차지하던 기독교는 2000년에 32.5퍼센트가 되면서 점유율에 있어 오히려 감소하였다. 특별히 기독교의 요람이라 할 수 있는 서구 유럽 등을 중심으로 기독교는 심각한 퇴조의 모습을 보인다. 심지어 비서구 세계에서 선교의 핵심 주자 역할을 하던 한국 교회마저 심각한 약화 현상을 보인다.[8]

전 세계적으로 볼 때 종교의 자유를 어느 정도 보장하는 서구 등의 지역에서는 기독교가 세속화와 포스트모더니즘의 강력한 도전 앞에서 거의 힘을 쓰지 못하고 있다. 세속화의 영향력이 커지면서 종교 기관들의 범위와 영향력이 축소되고, 신앙에 대한 인기도와 영향력도 감소하며, 자연스럽게 교회 참여가 축소되고 있다. 한편 이슬람과 공산권 등의 기독교 핍박 지역에서는 선교에 대한 강력한 핍박과 저항 등으로 선교의 열매가 거의 맺히지 못하고 있다.

---

[8] 한국 교회도 이제 수적 성장을 기대하기는 거의 어렵다는 평가들이 나오고 있으며 80퍼센트가 100명 미만의 교회들이다. 박형진, "로잔운동 관점에서 본 작은 교회 운동," 『ACTS 신학 저널』 제30집(2016): 258.

거기에다가 선교관에 있어 복음 전도 중심의 선교 개념보다는 세상의 문제를 해결하면서 인간화와 샬롬을 이루는 폭넓은 의미의 통전적 선교 개념이 많은 지지를 얻으면서 기독교 자체 안에서도 선교 열정이 많이 약화하는 모습을 보이기도 한다. 즉, 기독교 선교는 내부적으로 복음 전도의 열정이 약화하고, 외부적으로는 강력한 핍박 또는 세속화의 저항을 맞으면서 대내외적으로 여러 장애물을 맞이하고 있는 형국이다.

반면에 타종교의 경우 왕성한 성장을 보이는 경우가 있고 특별히 이슬람의 성장은 참으로 놀랍다. 이슬람은 1900년에 12.4퍼센트를 차지하던 비율에서 2000년에는 21.1퍼센트로 늘어나 점유율로만 해도 2배 정도의 성장을 하였으며, 숫자로만 보면 1900년에 2억이던 무슬림이 2000년에는 12억 3천만 정도로 성장하여 6배 이상의 성장을 보였다.[9]

연합뉴스가 보도한 퓨리서치의 조사에 의하면 이슬람은 2050년에 29억 명 정도로 성장하여 기독교와 비슷한 교세를 이룰 것이며, 2070-2080년에 기독교를 제치고 세계 최대의 종교로 부상할 것으로 예상된다.[10]

이런 상황에서 기독교는 자체의 건강한 발전 방향과 전략을 두고 고민하지 않으면 안 될 것이다. 지금의 경향이 지속되어 기독교가 쇠퇴한다면 그것은 참으로 심각한 문제가 아닐 수 없다. 서구 유럽의 경우 기독교가 약화하고 그 자리를 타종교가 대체하면서 매우 많은 문제가 발생하는 경우를 보게 된다. 특별히 이슬람과 같은 종교가 한 사회를 차지하게 될 때 그 사

---

9 Patrick Johnstone and Jason Mandryk, *Operation World* (Waynesboro, GA: Paternoster, 2001), 2-3.

10 한국선교연구원, "부록: 세계종교 동향," 2022년 11월 17일 자. https://krim.org/https-krim-org-pabalma-plus-2022-11-02-01/ 2023년 3월 8일 자 접속.
"이슬람교, 2070년에 기독교 제치고 세계 최대종교 떠올라," 연합뉴스, 2015년 12월 26일 자. http:// ww.yonhapnews.co.kr/bulletin/2015/12/26/0200000000AKR20151226001400071.HTML. 2017년 12월 20일 접속. 물론 이슬람의 성장은 상당 부분 기독교 여성의 출산율 2.7명에 비해 높은 3.1명의 출산율에 힘입은 바 크다. 하지만 출산율이 높다고 종교의 성장이 자동으로 이루어지는 것은 아니며, 높은 출산율 자체도 이슬람 선교의 한 전략이라고 할 수 있다.

회의 모습은 대부분 폭력과 강압으로 얼룩진 사회의 모습이며, 특별히 기독교를 탄압하는 방향으로 가는 경우가 많다.

이런 상황이기 때문에 복음주의 진영의 대표 기구 중 하나인 로잔에 거는 기대가 참으로 크다. 특별히 로잔은 WCC와 다르게 처음부터 세계 복음화를 기치로 내걸고 태동한 운동이다. 로잔은 세계 복음화를 목표로 삼고 출발하였고, 이 일을 감당할 수 있는 다양한 인적 물적 자원들과 네트워크 그리고 그동안에 축적된 지식과 노하우 등이 있다. 이러한 것들을 최대한 활용하여 약화하여 가는 기독교를 살리고 펼치는 일에 로잔이 기여해야 할 것이다. 이번 4차 대회를 계기로 로잔이 더욱 심기일전하여 앞으로도 계속해 세계 복음화에 기여하기를 기대한다.

## 4. 이 책의 주된 강점과 특징들

이 책은 로잔운동을 처음 태동기부터 분석하면서, 앞으로 로잔이 어떻게 하면 더욱 발전하고 세계 복음화에 기여할 수 있을지를 고민한 책이다. 로잔이 왜 태어났는지를 파악하고, 새로운 반세기를 맞이하면서 로잔이 본래의 목적을 어떻게 하면 효율적으로 성취할 수 있을지를 분석하고 제안한 책이다. 즉, 로잔의 현 좌표와 앞으로의 방향을 분석하고 제시한 책이다. 쉽게 말하자면 이 책은 로잔의 역사, 신학, 사역 등을 심층적으로 분석하고 그 위에서 로잔이 추구해야 할 바람직한 미래 방향 등을 제시한 책이다.

이러한 관점을 담고 있는 이 책은 로잔운동에 대한 긍정적인 분석과 장밋빛 미래만을 담지는 않았다. 신학자의 역할은 교회와 기독교 기구들에 대해 변증하기도 하지만, 동시에 교회와 기구들의 발전을 위해 제언하는 것도 중요한 역할이기 때문이다. 50주년 희년을 맞이한 로잔운동을 향해 칭찬과 덕담을 하는 것도 중요하지만, 문제점을 분석하고 대안을 제시하는 것도 신학자의 중요한 과제가 될 것이다.

그런 점에서 이 책은 로잔에 대한 비평적인 분석과 발전적 제안도 담고 있는데, 이것은 로잔을 향한 필자의 사랑과 기대에서부터 나온 것으로 널리 이해해 주기를 바란다. 필자는 한국 로잔의 산하에 있는 한국로잔연구교수회의 회장을 역임한 사람으로 그 누구보다 로잔을 사랑하고 로잔에 거는 기대가 크며, 이 책은 그런 마음에서 나온 것이다.

이 책은 로잔과 연관되어 쓴 연구를 수정, 보완하고 모아 쓴 것으로 크게 3부로 구성되어 있다.[11]

제1부는 "로잔운동의 역사와 신학"으로 로잔운동의 태동 배경과 흐름을 살펴보면서 로잔의 50년 역사를 분석하였다. 특별히 에큐메니컬 진영과의 관계 속에서 로잔이 어떤 영향을 주고받았는지를 분석하면서 로잔의 독특한 특징과 정체성이 무엇인지를 짚어 봤다. 이 부분을 보면서 독자들은 로잔의 역사를 근거로 로잔의 현 좌표를 파악할 수 있을 것이다.

제2부는 "로잔운동과 선교 현장"을 다루었는데 로잔 신학의 관점에서 북한선교의 방향, 기독교 박해 현장의 성도들을 위한 전략, 4차 산업혁명 시대와 뉴 노멀 시대의 선교 방향 등을 다루었다. 이 부분을 통해서 독자들은 변화하는 시대 속에서 교회가 추구해야 할 바람직한 선교 방향과 전략 등에 대한 지혜들을 얻을 수 있을 것이다.

---

11 이 책에 실린 글들의 출처는 다음과 같다. 1부 1장. "건강한 기독교 발전을 위한 선교 개념 소고" 『신학과 목회』 49집(2018). 1부 2장. "로잔운동에 나타난 에큐메니컬 선교신학의 영향" 『복음과 선교』 39집(2017). 1부 3장. "로잔이 말하는 총체적 선교의 의미와 전망" 『21세기 선교전망과 로잔운동의 역할』. 서울: 케노시스, 2020. 1부 4장. "로잔 신학의 흐름에 있어 우선순위 문제" 『선교신학』 40집(2015). 2부 1장. '로잔 신학의 관점에서 본 북한선교의 방향" 『로잔운동의 신학과 실천』. 서울: 케노시스, 2017. 2부 2장. "박해받는 이슬람 지역 기독교인들을 위한 로잔의 지원 방향" 『영산신학저널』 52집(2020). 2부 3장. "4차 산업혁명과 선교의 방향" 『영산신학저널』 44집(2018). 2부 4장. "뉴 노멀 시대의 선교 사역 패러다임 - 로잔 LGA 문서들을 중심으로" 『신학과 목회』 55집(2021). 3부 1장. "출애굽 사건의 관점에서 본 하나님의 선교(Missio Dei)개념 재고" 『복음과 선교』 59집(2022). 3부 2장. "선교에 있어 윤리적 과제의 위치" 『신학과 목회』 43집(2015). 3부 3장. "로잔 선교 개념 변화의 흐름과 고민해야 할 점들. 『복음과 선교』 60집(2022). 3부 4장. "세계 선교를 위한 로잔운동의 기여 방향" 『ACTS 신학 저널』 35집(2018). 이상과 같이 오랜 기간 쓰인 많은 논문을 모아 책으로 엮다 보니 핵심적인 사항들이 반복되어 나타나는 경향이 있음에 대해 독자들의 넓으신 이해를 구한다.

제3부는 "로잔운동의 전망"인데, 이것은 앞으로 로잔이 어떤 신학적 관점을 가지고 세계 복음화를 위해 어떻게 기여하면 좋을지를 제시한 내용을 담고 있다. 즉, 3부는 하나님의 선교(*Missio Dei*)에 대한 바람직한 이해 방향, 선교와 윤리의 바람직한 관계 이해, 바람직한 선교 개념, 세계 복음화를 위한 로잔의 기여, 방향 등을 다루었다. 이 부분을 통해서 독자들은 로잔이 추구해야 할 바람직한 선교 방향에 대한 관점을 얻을 수 있을 것으로 생각한다. 이러한 관점은 단지 로잔에만 적용될 수 있는 것이 아니라, 큰 틀에서 기독교 선교가 추구해야 할 방향을 찾도록 돕는 데도 도움이 될 것이다.

이 책은 다음과 같은 측면에서 독자들에게 도움을 줄 수 있을 것이다. 먼저, 독자들은 기독교 선교 운동의 큰 흐름을 이해하는 데 도움을 얻을 수 있다. 또한, 그 흐름 안에서 로잔운동이 어떤 위치에 있으며 어떤 방향으로 나아가고 있는지를 이해하는 데 도움을 얻을 것이다. 그리고 위기에 처한 기독교가 추구해야 할 선교의 방향과 전략이 무엇인지에 대한 혜안을 얻는 데 도움이 될 것이다.

특별히 제4차 로잔 대회를 기도로 계획하고 준비하는 지도자들과 신학자들에게 로잔 대회의 방향을 정하는 데 도움이 될 것이며, 로잔 대회에 참가하는 분들에게도 로잔을 잘 이해하고 로잔 사역을 위해 협력하는 데 도움이 될 것이다. 로잔운동의 건강한 발전을 기원하며, 이 작은 책이 로잔운동의 발전을 위한 작은 씨앗이 되기를 기대한다.

2023년 3월 10일
영남신학대학교 선지 동산에서
안승오

## 제1부

# 로잔운동의 역사와 신학 – 로잔운동의 어제

제1장　구원과 선교 개념 변천의 흐름과 로잔 신학의 좌표

제2장　로잔운동에 나타난 에큐메니컬 선교 신학의 영향

제3장　로잔이 말하는 총체적 선교의 의미와 영향

제4장　로잔 신학에 있어 우선순위 문제

---

　기독교 단체나 운동을 이해함에 있어서는 그것이 지닌 신학과 역사를 파악하는 것이 중요하다. 신학과 역사가 그 단체나 운동의 사역과 미래를 결정하는 중요한 요소이기 때문이다.

　그런 점에서 제1부는 로잔운동의 태동 배경과 흐름을 살펴보면서 로잔의 50년 역사와 신학을 분석하였다. 특별히 에큐메니컬 진영과의 관계 속에서 로잔이 어떤 영향을 주고받았는지를 분석하면서 로잔의 독특한 특징과 정체성이 무엇인지를 짚어 봤다.

　이 부분을 보면서 독자들은 로잔의 역사를 근거로 로잔의 현 좌표를 파악할 수 있을 것이다.

## 제1장

# 구원과 선교 개념 변천의 흐름과 로잔 신학의 좌표

로잔운동은 세계기독교 선교의 방향이 WCC 에큐메니컬 진영에 의해 본래의 선교 목표였던 복음화보다는 인간화 방향으로 기울어지는 상황에 위기감을 느낀 복음주의자들에 의해 시작된 운동이다. 즉, 로잔의 출발점과 핵심은 세계 복음화였고, 50여 년 세월 동안 로잔은 이 목표를 향해 나름대로 열심히 달려왔다.

하지만 50여 년의 세월이 흐르면서 로잔의 신학도 조금씩 변모해 왔다. 특별히 선교의 상황이 달라지는 여건 속에서 기독교 선교의 한 축인 WCC 에큐메니컬 진영과 지속해서 영향을 주고받으면서 로잔의 선교 관점 역시 점진적으로 변화됐다.

이런 점에서 이 장은 전반적으로 볼 때 기독교 선교의 개념이 어떤 변천 과정을 거쳐 왔는지를 살펴보고, 이러한 변천의 과정에서 로잔 신학이 지닌 선교 개념은 어떤 위치에 있는지를 분석해 보고자 한다. 그런데 선교 개념을 형성하는 데 있어 중요한 것 중 하나는 바로 구원 개념이다. 선교는 기본적으로 구원을 전하는 활동이기 때문이다. 즉, 구원을 어떻게 이해하는가에 따라서 선교의 목표와 방향이 달라지기 때문이다.

따라서 선교 개념의 흐름을 살펴보기 전에 먼저 구원 개념의 흐름을 살펴볼 것이며, 그 후에 바람직한 선교 개념을 정립하면서 필요한 기준들을 제시할 것이다. 이러한 과정을 통해 우리는 로잔이 지닌 선교 개념이 현재 어떤 위치에 있는지를 파악할 수 있게 될 것이다.

## 1. 선교에 있어 구원 이해의 흐름과 평가

### 1) 선교에 있어 구원 이해의 흐름

#### (1) 전통적인 구원 이해

기독교의 구원관은 기본적으로 인간의 고안이나 노력이 아니라 오직 예수 그리스도를 통해 구원이 주어짐을 강조한다.[1] 구원은 회심(개인구원의 시작), 성화(구원받은 자의 일생의 과정), 영화(구원 사역의 완성) 등으로 이루어져 있지만, 전통적인 구원 이해는 주로 '회심'과 '칭의'에 많은 강조점을 두는 경향이 강했다. 회심은 구원 전체 과정의 가장 근본적인 토대를 이루기 때문이다. 회심을 통해 인간은 하나님과의 적대관계를 종식하고 하나님과의 교제를 갖게 된다.

또한, 회심을 통해 인간은 죄의 문제를 해결함 받고 하나님 앞에서 의롭다고 함을 얻는 '칭의'를 얻게 되는 것이다.[2] 즉, 인간이란 기본적으로 "하나님을 떠난 존재"이며 그런 점에서 '잃어버려진 존재'라는 전제 위에서 인간의 참된 행복은 오직 "주 예수를 믿으라"(행 16:31)는 말씀에 순종할 때 이루어지는 것으로 보았다. 육적인 상태가 어떤 상태에 있든지 예수를 구주로 영접하고 하나님과의 관계가 회복되면 그는 구원받고, 그 후로 그의 육체적, 사회적 환경은 구원 이후의 열매 단계로 점진적으로 변화되는 것으로 이해하였다.

이러한 구원 이해 위에서 전통적인 선교는 주로 회심에 많은 관심을 기울여 왔다. 영혼이 구원받을 때 육의 문제도 점차로 해결되고, 개인이 구원

---

1   전통적으로 기독교는 구원과 관련하여 다음과 같은 사고를 지녔다. "다른 종교가 말하는 구원은 인간이 생각해 낸 신이나 신적 존재가 주는 것이기 때문에 절대적 가치가 없다. 다만 참 신이신 예수 그리스도가 주는 구원이 참 구원이다." 이종성 외, 『통전적 신학』(서울: 장로회신학대학교출판부, 2004), 44.
2   Stanley J. Grenz, *The Theology for the Community of God*, 『조직신학』, 신옥수 역 (고양: 크리스천다이제스트, 2003), 625-629.

받을 때 사회도 점진적으로 향상된다는 이해를 견지하였다. 즉, 예수를 구주로 영접하는 회심이 구원의 '씨'에 해당하고, 육체적인 여건 향상과 사회의 변화는 '열매'에 해당하는 것으로 이해하는 경향을 지녔다.

이런 이유로 전통적인 선교도 질병의 치유, 가난 문제 해결, 사회 구조 개선 등을 위한 다양한 노력을 기울였지만, 그것들을 선교의 핵심 사역으로 보지는 않았다. 선교에 있어 가장 주된 관심은 늘 죄인들에게 예수를 만나게 하는 회심에 있었다. 다른 사항들은 구원받은 후에 점진적으로 이루어가야 할 사항으로 보는 경향이 강했다.[3]

### (2) 에큐메니컬 구원 이해

미시오 데이(Missio Dei, 하나님의 선교) 개념의 출현과 함께 에큐메니컬 진영은 이 세상을 '하나님의 활동 장'과 '일차적인 사랑의 대상'으로 보는 관점을 지니면서 위와 같은 전통적인 구원 개념에 대해 의문을 품게 되었다. 그리하여 1963년 멕시코 CWME 대회에서 "세속화된 세계 속에서 그리스도가 제시하는 구원의 형식과 내용이 무엇인가?"라는 질문을 던졌고, 1973년 방콕 CWME 대회에서는 "오늘의 구원"(Salvation Today)이란 주제를 내걸고 기독교의 구원론을 전면적으로 재검토하였다.[4]

방콕 대회에서 구원 이해의 특징은 '오늘의 구원'(Salvation Today) 이라는 주제에서 잘 나타나듯이, 죽은 후 내세에서 주어지는 구원이 아니라 오늘, 이 땅에서 주어지는 구원에 초점을 둔다. 즉, 전통적인 구원이 주로 하나님과의 관계 회복 즉 회심과 영혼구원에 초점이 맞추어져 있다면, 방콕의 구원은 현세에서의 차원 즉 물질 문제, 억압과 착취의 문제, 소외의 문제 등

---

3   안승오, 『현대선교의 프레임』 (서울: CLC, 2014), 113-117.
4   Rodger C. Bassham, *Mission Theology* (Eugene, Oregon: Wipf and Stock Publishers, 1979), 92-93. 방콕 CWME(Commission on World Mission and Evangelism) 대회는 1972년 12월 27일부터 1973년 1월 12일까지 태국의 수도 방콕에서 열렸으며, 선교신학의 가장 핵심적인 개념인 구원(salvation)을 주제로 개최되면서 세계 교회의 이목을 집중시켰다.

의 해결에 초점이 맞추어져 있다고 할 수 있다.[5]

또한, 전통적인 구원이 주로 개인의 구원에 초점을 맞추었다면 방콕의 구원은 사회의 구조 악 갱신을 포함하는 사회구원에 초점을 맞추었다고 할 수 있다. 즉, 전통적인 구원이 주로 개인의 영혼구원에 초점을 맞추었다면, 방콕의 구원은 포괄적인 구원 개념으로서 영혼의 구원을 넘어 육신의 구원 그리고 개인의 구원을 넘어 사회의 구원까지를 포괄하는 구원 개념을 지니고 있다.[6]

이와 같은 구원 이해의 특징 때문에 전통적인 선교가 주로 예수 그리스도를 전하여 개인의 영혼을 구원하려는데 초점이 맞추어졌다면, 에큐메니컬 선교는 인간을 억압하는 모든 것에 대항하고 투쟁하여 해방을 얻도록 도전하는 데 관심이 많았다고 할 수 있다.

### (3) 통전적 구원 이해

앞에서 살펴본 방콕의 구원 이해는 포괄적인 구원 개념을 지니면서도 그 주제에서도 나타나듯이 이 세상에서의 문제 해결 차원 즉 해방 차원의 구원 개념에 치우친 경향이 있었다. 그런데 1975년 나이로비 대회 이래로 에

---

[5] 방콕이 말하는 죄란 죄는 가진 자가 못 가진 자를 구조적으로 억압하는 것이며, 구원이란 이러한 억압과 소외 그리고 착취가 사라지고 인간의 존엄성이 지켜지는 것이며, 모든 사람이 서구의 부에 동참하게 될 정도로 대규모의 기술적인 발전의 확장을 의미한다고 할 수 있다. George M. Marsden, *Fundamentalism and American Culture: The Shaping of Twentieth-Century Evangelism, 1870-1925* (New York/ Oxford: Oxford University Press, 1980), 92.

[6] 이와 같은 포괄적 구원 개념은 방콕 제2분과에서 정의한 네 가지 사회적 차원들 안에서의 구원 개념 정의에 잘 나타나는데 제2분과는 오늘의 구원을 위한 정치적, 사회적, 경제적 해방 선교 전략을 책정하여 그 행동 지침을 모든 제3세계의 NCC와 교회들에 지시하고 WCC에 권고하는 일을 담당했다. 제2분과에서 밝힌 구원의 4차원은 다음과 같다. 첫째, 사람에 의한 사람의 착취에 대항하는 경제정의를 위한 투쟁에서의 구원 역사들 (salvation works), 둘째, 동료 인간들에 의한 인간에 대한 정치적 억압에 대항하는 인간의 존엄을 위한 투쟁에서의 구원 역사들, 셋째, 인간으로부터 인간의 소외(alienation)에 대항하는 연대를 위한 투쟁에서의 구원 역사들, 넷째, 인격적인 삶(personal life)의 좌절에 대항하는 희망을 위한 투쟁에서의 구원 역사들, CWME, *Bangkok Assembly 1973*, 89-98.

큐메니컬 구원 개념은 영과 육, 개인과 사회, 인간과 모든 피조물의 구원을 말하는 통전적 구원을 강조하는 경향으로 나아갔다.

1989년 산 안토니오 대회는 "물질과 정신의 절대적 분리는 - 고대 희랍이나 인도의 철인들 주장처럼 - 배격된다. 그리스도는 전인으로 성육신하셨다. 예수 그리스도는 영혼의 구원자일 뿐만 아니라 전인과 물질적-영적 피조물 전체의 구원자이시다"[7]라고 말하면서, 구원을 영의 구원과 육의 구원으로 나누어서 생각하는 것 자체가 비성경적인 관점이라고 생각하고, 영과 육의 구원 그리고 개인과 사회의 구원을 하나로 보았다.

이러한 견해는 현대과학의 인간 이해와도 연관성을 지니는데 현대의 행동과학과 심신상관 설에 의하면 인간의 마음과 몸은 하나로 결합하여 있어 인간의 영혼과 육체는 합일체이며 서로 영향을 주고받는다.[8] 이와 같은 상황 속에서 통전적 구원 이해는 인간이 필요로 하는 구원이란 영적인 구원만이 아니라 영과 육을 모두 포함한다는 구원 개념을 지닌다.

한편 방콕의 구원 이해는 개인구원을 넘어선 사회구원은 말했지만, 아직 모든 피조물의 구원에 대해서는 언급하지 않았다. 하지만 에큐메니컬 신학은 점차 모든 창조 세계의 구원을 구원의 범위에 포함하기 시작했다.[9] 에큐메니컬 선교 문서인 "함께 생명을 향하여"는 모든 피조물이 구원되고 새 하늘과 새 땅이 이루어질 것에 대해 "… 우리는 온 창조가 우리가

---

[7] Frederick R. Wilson, ed., *The San Antonio Report, Your Will be Done: Mission in Christ's Way* (Geneva : WCC Publications, 1990), 104.

[8] 김균진은 "유스틴(Justin) 이후 대부분의 초대 교부들은 플라톤을 '그리스도 이전의 그리스도인'으로 숭배하면서, 그가 가르친 '사멸하는 육체와 불멸하는 영혼'의 이원론을 받아들였다. 이리하여 기독교는 일찍부터 영혼은 물론 육체를 중요시하는 그의 히브리적 전통을 간과하고 헬레니즘의 사상을 수용하였다"라고 평가한다. 김균진, 『생명의 신학』(서울: 연세대학교출판부, 2007), 258-260, 287.

[9] 예를 들어, 캔베라는 "만물이 예수 그리스도를 통해서 창조되었고, 이 분 안에서 하나님의 창조 세계는 완성된다. 우리는 그리스도의 십자가와 부활을 통해서 전 창조 세계가 새롭게 되는 것을 확신한다."는 말을 통해 생태신학적 맥락을 예수 그리스도와 연결 지었다. M. Kinnamon, ed., *Signs of the Spirit,* Official Report Seventh Assembly (Geneva, WCC, 1991), 5.

부름을 받은 목적인 화해된 일치안에 포함된다는 사실을 종종 잊고 있다 (고후 5:18-19). 창조 세계는 버림받고 오직 영혼들만 구원받는다고 믿지 않는다. 땅과 우리의 몸은 모두 성령의 은혜로 변화된 것이 틀림없다"[10]라고 언급한다.

이와 같은 통전적 구원 이해에서 추구되는 선교는 더 이상 어느 한쪽에 우선순위를 둘 수 없다. 영적인 구원을 위한 복음 전도가 중요하듯 육체적인 구원을 위한 봉사와 사회 행동도 똑같이 중요한 것이다. 인간을 구원하는 선교가 중요하듯 모든 피조물을 돌보는 선교 역시 똑같은 중요도를 지니게 되는 것이다.

## 2. 통전적 구원 개념의 한계점

### 1) 복음의 감소 또는 변질

에큐메니컬의 통전적 구원 개념은 나름대로 기여점이 있다. 저세상만을 위한 구원이나 영혼만을 위한 구원으로 축소될 수 있는 구원 이해의 폭을 넓혀주었다는 점 등은 나름대로 기여점이라 할 수 있다. 하지만 약을 먹으면 병이 치료되기도 하지만 때로는 부작용이 더 발생하는 예도 있듯이, 새로운 구원 개념은 다음과 같은 몇 가지 부작용도 있음을 살펴볼 필요가 있다.

가장 먼저 생각할 수 있는 한계점은 세계 변혁의 가장 중요한 핵심과 출발점인 회심에 대한 강조가 약화하였다는 점일 것이다. 장로교 조직신학의 거목이었던 이종성은 에큐메니컬 신학의 달라진 복음 이해와 문제점에 대

---

[10] WCC, "Together Towards Life: Mission and Evangelism in Changing Landscapes," 20항, 세계교회협의회 제10차 총회 한국준비위원회 편, 『세계교회협의회 신학을 말한다』 (서울: 한국장로교출판사, 2013), 79.

해 다음과 같이 지적하였다.

> 그러나 이러한 운동이 범하고 있는 큰 과오는 인간의 구원과 사회 불의를 해결하는 방법이 예수 그리스도와 인격적 관계를 통한 믿음으로써가 아니라 인간적이고 세속적인 방법을 통해서라야 한다고 믿는 데 있다고 한다. 그들에게는 죄의식이나 회개에 대한 의식은 없다.[11]

구원은 육체적 불행을 덜어 주는 것이 아닐 수 있다. 아니 어떤 경우에서 구원받음으로써 그리스도를 위해 오히려 더 가난해지고 고난에 처할 수도 있다.[12] 구원에 육체적 사회적 상황 개선까지를 포함하는 통전적 구원 이해는 자칫 복음을 가난한 자들과 눌린 자들만을 위한 복음으로 축소할 가능성이 있다. 이런 점에서 보쉬는 "에큐메니컬 선교신학에서 우리는 복음의 심각한 감소 및 변질을 접하게 된다"[13]라는 평가한다.

### 2) 구원 개념의 모호성

에큐메니컬의 통전적 구원 개념에 의하면 구원은 예수님 믿고 하나님의 자녀가 되는 것만으로는 부족하다. 모든 억압으로부터도 벗어나야만 진정한 구원을 받은 것이다. 가난의 억압, 권력의 억압, 질병의 억압, 외로움 등에서 모두 벗어나야 진정한 구원을 받은 것이다.

---

11  이종성, 『교회론 1』(서울: 대한기독교출판사, 1989), 482-483. 계속해서 이종성은 "그러나 에큐메니컬 선교 방법에 두 가지 묵과할 수 없는 문제가 있음을 발견한다. 그것은 선교의 내용이 예수 그리스도의 복음이 아니라 인애주의(仁愛主義)라는 것과 기성 교회와 관계없이 교회 밖에서 선교 운동을 한다는 점이다. 전자는 '다른 복음'(갈 1:7-8)으로 변질될 위험성이 있으며, 후자는 복음 운동이 아니라 인본주의적 동기에 의한 사회 운동이 될 위험성이 매우 강하게 나타나고 있다"라고 분석하였다. 이종성, 『교회론(1)』, 484.
12  Georg F. Vicedom, *Missio Dei*, 『하나님의 선교』, 박근원 역 (서울: 대한기독교출판사, 1980), 40-41.
13  David J. Bosch, *Witness to the World*, 『세계를 향한 증거』, 전재옥 역 (서울: 두란노, 2000), 258.

그런데 과연 이 세상에 사는 사람 중 그 어느 사람이 모든 억압으로부터 자유로운 사람이 있을까?
부자나 권력자는 이런 억압으로부터 온전히 자유로울까?
모든 억압으로부터도 구원받아야만 진정한 구원을 받은 것이라고 하면 북한에 있는 성도들은 구원받은 것인가, 못 받은 것인가?

예수는 함께 십자가에 달린 행악자에게 "오늘 네가 나와 함께 낙원에 있으리라"(눅 23:43)고 선언하셨고, 바울은 그리스도인이 된 노예들이 여전히 노예의 신분을 가지고 있는데도 그들을 구원받은 성도로 생각하면서, 주인을 잘 섬기라고 권면하였다(엡 6:5; 딤전 6:1-2).[14] 에큐메니컬의 통전적 구원 개념 기준으로 하자면 이들은 억압과 고통 가운데 있는 상태이기에 구원받았다고 말하기 어렵다.

그런데 이런 기준으로 구원을 정의하기 시작하면 구원의 개념이 매우 모호해질 수 있다. 그리고 구원의 개념이 모호해지면, 구원을 전하는 사역인 선교 사역 역시 혼란스러워질 수 있다. 개념이 명확지 않으면 그 사역은 효율성이 떨어질 수밖에 없다.[15]

### 3) 구원받은 사회 개념의 모호성

통전적 구원 개념은 개인의 구원과 사회의 구원을 동일한 중요도로 본다. 아니 개인구원과 사회구원을 나누어서 생각하는 것 자체를 생각할 수 없다고 본다. 방콕은 선교단체들이 현지에서 사회정의 구현을 위한 사역을 하지 못하는 한 철수하라고 권면함으로써 사회정의 구현이 전도 못지않게 중

---

14   에베소서 6:5은 말하기를, "종들아 육체를 따라 너희 상전에게 순종하기를 그리스도께 하듯 하라"고 한다. 여기에서 종들은 비록 종이지만 이미 그리스도를 믿고 그리스도인들이 된 종들이며, 바울은 이들에게 그리스도께 하듯 주인에게 순종하라고 권면한다.
15   안승오, 『현대선교신학』 (서울: 예영커뮤니케이션, 2010), 64-65.

요하다는 인식을 드러내고 있다.¹⁶

그런데 구원받은 사회란 도대체 구체적으로 어떤 사회인가?

방콕은 대략 서구 정도의 부와 인권을 확보하고 유지하는 것을 사회구원으로 생각하는 경향이 있다.¹⁷

그러면 서구 정도의 부와 인권을 확보하지 못한 사회에 사는 기독인은 구원받지 못했다는 말인가?

한편 서구 정도의 부와 인권을 확보한 사회는 구원받은 사회인가?

그렇다면 도대체 어느 정도 부와 인권을 이룬 사회를 구원받은 사회라고 볼 수 있을까?

국민소득은 얼마이고, 국민의 인권 수준은 어떤 수준이고, 국민의 행복도는 어느 정도여야 구원받은 사회라고 할 수 있을까?

현존하는 나라 중 어느 나라 혹은 어느 사회를 구원받은 사회의 예로 말할 수 있을까?

오늘날 많은 서구 선진 국가는 물질적으로 어느 정도 풍요롭고 인권은 향상되었지만, 하나님에 대해서는 거의 관심이 없고 자기만의 이익과 쾌락을 좇아가는 사회인데 그런 사회를 과연 구원받은 사회라고 말할 수 있을까?

횟트비는 "… 이 세계의 슬픔의 근원이 영적이어서, 부활하신 그리스도께서 이 세상의 모든 삶의 차원으로 침투하셔야 이 세계의 치유가 가능…"¹⁸해진다고 일찍이 선언하였다. 보쉬도 "… 기독교 복음은 현대의 해방 운동들의 의제와 동일하지 않다."¹⁹고 설파한 바 있다. 에큐메니컬 통전적

---

16　CWME, *Bangkok Assembly 1973*, 91.
17　George M. Marsden, *Fundamentalism and American Culture*, 92.
18　IMC, "Witness of a Revolutionary Church: Whitby, Ontario, Canada, July 5-24, 1947" in *International Missionary Council 1947* (New York: London, 1947), 19.
19　David J. Bosch, *Transforming Mission*, 『변화하는 선교』, 김병길·장훈태 공역 (서울:

구원 개념은 구원과 구원받은 자들이 만드는 사회를 구분하지 못하고 구원을 자칫 막시즘이나 인권운동가들이 말하는 구원으로 축소하거나 구원 개념을 모호하게 만들 가능성이 있지 않은지 살펴볼 필요가 있다.

## 3. 선교 개념의 변천 역사

### 1) 선교를 복음화로 이해한 시기

지나친 단순화의 위험이 있기는 하지만 전통적인 선교 개념은 기본적으로 선교를 '복음화'로 보아온 경향이 있다. 이것은 심지어 에큐메니컬 선교의 효시라 할 수 있는 에든버러 대회의 슬로건이 "이 세대 안의 이 세계의 복음화"였다는 점에서도 잘 나타난다.[20] 에큐메니컬 학자인 이형기도 "에든버러에서 최대의 관심은 영국, 유럽, 미국 등 선교 종주국들이 복음을 믿지 않는 '제3세계'에 전하는 것이었다."[21]고 언급하였다.

이러한 경향은 1952년에 미시오 데이(*Missio Dei*, 하나님의 선교) 개념이 나타나기 전까지 지속되었다고 볼 수 있는데, 1947년에 열린 횟트비 대회에서도 세계 문제의 근원이 영적이며, 이러한 문제는 부활하신 그리스도가 받아들여질 때 해결될 것이라는 이해를 지니고 있었다.[22]

---

CLC, 2000), 589. 글라서도 "사회정의를 위한 투쟁에 동참하는 것이 그의 이기심으로부터 '구원'받는 것이다"라고 하는 것은 구원 개념이 너무 세속적으로 한정지어질 수 있다고 하면서 방콕의 구원 개념의 한계를 지적했다. Arthur Glasser, "Bangkok: An Evangelical Evaluation" in *The Conciliar-Evangelical Debate: The Crucial Documents 1964-1976*, ed. by Donald McGavran (Pasadena, CA: William Carey Library, 1977), 300.

20  에든버러 대회의 선교 개념이 기본적으로 '복음화'였다고 하면, 기독교는 적어도 1,900여 년 동안 선교를 '복음화'로 이해해 왔으며, 선교를 복음화로 보는 관점이 가장 오랜 전통을 지닌 개념이라 할 수 있다.

21  이형기, "에큐메니컬운동사에 나타난 선교신학", 『선교와 신학』제4집(1999), 19.

22  횟트비는 " … 우리는 그리스도인들로서 배고프고 빈곤하며 필요 가운데 있는 모든 사람들을 봉사해야 하고, 부정의와 억압을 제거하려는 모든 운동을 지지하고 지원하도록

이런 이유로 김동선도 "1910년 에든버러 대회에서는 '세계 복음화'를 그 이상으로 천명했으며, 세계 상황의 변화와 더불어 교회의 사회적 책임이 광범위하게 논의되기는 하였지만, 1948년 세계교회협의회가 태동할 때까지만 해도 전도는 선교의 중심 과제였다"[23]라고 말하였다. 그러니까 기독교는 적어도 1950년대까지는 심지어 에큐메니컬 대회들마저도 선교를 기본적으로 '복음화'로 이해하거나 복음화에 우선순위를 두었다고 할 수 있다.

### 2) '인간화'와 '복음화' 이해가 공존한 시기

1952년에 에큐메니컬 신학의 핵심 근간인 미시오 데이(*Missio Dei*, 하나님의 선교)[24] 개념이 태어나면서부터 에큐메니컬 진영은 서서히 선교를 다른 관점에서 보기 시작했다. 미시오 데이 개념의 탄생과 함께 에큐메니컬 진영은 하나님의 뜻이 "세상을 구원으로 인도하는 것(복음화)"이라고 이해하던 전통적 관점에서 "세상 자체를 사람 살만한 세상으로 바꾸는 것(인간화)"이라고 이해하게 되었다. 그리고 이러한 이해의 변화와 함께 선교는 더 이상 사람들을 교회로 데려오려는 이기적이고 제국주의적인 선교가 아니라 세계의 평화와 인간화를 위해 기여하는 일이 되어야 한다는 것으로 바뀌게 되었다.[25]

---

헌신되었다. 하지만 우리는 이런 일들이 매우 좋은 일들이지만 이것이 복음 전도의 전부라고 생각하지 않는다. 왜냐하면, 우리는 이 세계의 슬픔의 근원이 영적이어서, 부활하신 그리스도께서 이 세상의 모든 삶의 차원으로 침투해 들어가셔야 이 세계의 치유가 가능하다고 확신하고 있기 때문이다"라고 언급하였다. IMC, *Witness of a Revolutionary Church, Whitby, Canada* (New York: IMC, 1947), 19.
23 김동선,『하나님의 선교: 그 신학과 실천』(서울: 한국장로교출판사, 2003), 44.
24 에큐메니컬 신학에 있어 미시오 데이(*Missio Dei*) 개념의 중요성에 대해 이용원은 "대회나 총회마다 주제를 달리하여 모였지만 기본적인 선교신학적 틀은 크게 변하지 않고 그대로 유지 발전되어 온 것이다. 한마디로 에큐메니컬 선교신학은 '하나님의 선교'를 중심으로 발전, 실천되어 왔다고 할 수 있다"라고 평가한다. 이용원, "빌링겐에서 나이로비까지"『선교와 신학』제4집(1999), 97.
25 미시오 데이(*Missio Dei*)의 이러한 이해는 자연히 복음화를 우선순위에 두는 선교에서 인간화를 우선순위에 두는 선교로의 패러다임 전환을 시작하게 하였다고 할 수 있다.

이러한 변화는 1968년 웁살라 대회와 1973년 방콕 대회에서 그 절정에 달하였다. 웁살라 대회는 제2분과 위원회에서 "선교의 갱신"(Renewal in Mission)을 주제로 다루면서 "우리는 인간화를 선교의 목표로 설정했다. 왜냐하면, 우리의 역사 시대에는 무엇보다도 선교란 메시아적 목표의 의미를 전달하는 것이라고 믿기 때문이다"[26]라고 하면서 선교의 수직적인 차원(복음화)보다 수평적인 차원(인간화)에 더 우선순위를 두는 경향을 강하게 나타내었다.

또한, 방콕은 선교에서 전해져야 하는 핵심인 '구원'의 의미를 하나님과의 관계 회복(회심)으로부터 오늘 현 세상에서 잘살게 하는 모든 일(해방)로 바꾸었다. 이러한 대회를 거치면서 에큐메니컬 진영은 선교를 '인간화'로 이해하게 되었다. 이 시기는 대략 1952년 빌링겐 대회부터 1975년 나이로비 대회가 열리기 전까지의 시기이며, 이 시기에 복음주의 진영은 선교를 '인간화'로 보는 에큐메니컬 진영과 달리 선교를 '복음화'로 보는 전통적 관점을 지녔다고 할 수 있다.

### 3) 선교 개념을 통전적으로 이해한 시기

이 시기는 '복음화'와 '인간화'를 구분하여 생각하지 않고 똑같이 중요한 선교의 개념으로 생각하는 경향을 보이는 시기다. 에큐메니컬 진영의 경우는 이 시기가 1975년 나이로비 대회 때부터 시작되었다고 할 수 있다.[27] "예수 그리스도는 자유롭게 하시고 연합하신다"(Jesus Christ Frees and Unites)는 주제로 열린 나이로비는 인간화에 기울어져 있던 경향에서 통전

---

David J. Bosch, 『변화하는 선교』, 579. 참조.
26  WCC, *Drafts for Sections Prepared for the Fourth Assembly of the World Council of Churches* (Uppsala, Sweden: WCC, 1968), 34.
27  한편 복음주의 진영의 경우는 제2차 마닐라 대회 때부터 통전적 선교 개념을 두고 고민을 해오다가 2천 년대 들어와서 본격적으로 통전성을 추구하는 모습을 보였고, 2004년 파타야 대회 때 'Holistic Mission'이라는 LOP(33) 문서를 발표하였고, 2010년 제3차 케이프타운 로잔 때 공식적으로 통전성을 표명하였다.

성을 추구하고자 노력하는 모습을 보여 주었다. 이에 대해 이용원은 "한 마디로 나이로비의 관심은 통전적 선교(the wholistic mission)에 있었으니 복음 전도와 사회적 책임과 봉사가 통합적 관계를 이루어야 한다는 것이다"[28]라고 정리하였다.

이후 에큐메니컬 문서들은 전반적으로 통전적 선교 개념을 보이고 있다. 예를 들어, 세계교회협의회의 선교 문서라 할 수 있는 "선교와 전도: 하나의 에큐메니컬 확언"(Mission and Evangelism: An Ecumenuical Affirmation)은 복음화와 인간화를 구분하는 것 자체를 이분법으로 보면서, "교회는 복음 전도와 사회 행동 사이의 해묵은 이분법을 극복하기 위해 세상의 가난한 사람으로부터 전혀 새롭게 선교하는 방법을 배우고 있다. 예수 안에서 '영적인 복음'과 '물질적인 복음'은 나누어질 수 없는 하나의 복음이다"[29]라고 강조한다.

한 걸음 더 나아가 2013년에 채택된 에큐메니컬 선교 문서 "함께 생명을 향하여"(Together towards Life)는 인간만을 구원의 대상으로 보던 전통적 관점에서 모든 피조물을 통전적으로 선교의 대상으로 보면서 "하나님의 영의 선교는 항상 은혜를 주시는 활동 속에 우리 모두를 포함하신다. 그러므로 우리는 협소한 인간 중심적인 접근을 넘어서 모든 피조 생명체와 우리와의 화해된 관계성을 표현하는 선교 유형을 채택해야 한다"[30]라고 강조한다.

한편 복음주의 진영인 로잔도 에큐메니컬 진영의 영향을 받으면서 서서히 통전적 선교 개념으로 변화하게 되는 데 이에 대해 이형기는 "… 1989년 마닐라 매니페스토(Manifesto)에 오면 종전의 '교회 대 세상'이라고 하는 이분법을 지양하고 1952년 빌링겐의 미시오 데이(Missio Dei) 이래

---

28   이용원, "빌링겐에서 나이로비까지," 94-95.
29   CWME, "Mission and Evangelism: An Ecumenical Affirmation", in WCC, *You Are the Light of the World*, 『통전적 선교를 위한 신학과 실천』, 김동선 역 (서울: 대한기독교서회, 2007), 56.
30   CWME, "Together Towards Life : Mission and Evangelism in Changing Landscapes," 19항. 김영동 책임 번역, http://blog.daum.net/jncwk/13748629. 2014. 1. 3 접속.

의 에큐메니컬 선교 개념을 대폭 수용한다"[31]라고 분석하였다.

박보경도 "케이프타운 서약문에는 로잔 선언문과 마닐라 선언문에서는 발견되지 않았던 선교의 포괄적 이해가 명백하다. … 요약하면, 케이프타운에서 열린 제3차 로잔 대회는 로잔 진영이 '전도의 우선성'으로부터 총체적 선교로 전환하고 있음을 보여 주고 있다고 평가된다"[32]라고 하면서 복음주의 진영의 선교 개념도 통전적 개념으로 변환된 것으로 파악하였다.

이상과 같은 선교 개념의 흐름은 앞장에서 살펴본 구원 개념의 흐름과 긴밀한 연관성을 보인다. 즉, 선교를 '복음화'로 인식하던 시기의 구원관은 주로 '개인 영혼구원'에 초점을 두었다. 반면에 선교를 '인간화'로 인식하던 시기에는 구원을 주로 '육신의 구원과 사회구원'에 초점을 맞추는 경향이 많았다. 그리고 선교의 개념을 통전적으로 이해한 시기에는 구원의 개념도 개인구원, 사회구원 그리고 모든 피조물의 구원을 포함하는 총체적인 구원으로 이해되었다.

## 4. 바람직한 선교 개념 정립의 기준들

### 1) 명확성을 고려하는 선교 개념

앞에서 우리는 구원 개념의 흐름과 선교 개념의 흐름을 살펴보았으며, 그 흐름은 현재 소위 말하는 '통전적' 개념으로 모아져 있음을 볼 수 있었다. 이러한 통전적 개념은 나름대로 강점을 지니고 있다. 한쪽으로 치우치기 쉬운 선교에 균형감을 갖도록 도전하고, 윤리적 과제를 선교적 개념에

---

31　이형기, 『복음주의와 에큐메니컬운동의 세 흐름에 나타난 신학』 (서울: 한국장로교출판사, 1999), 369.
32　박보경, "로잔운동에 나타난 전도와 사회적 책임의 관계," 『복음과 선교』 제22집(2013), 35-37.

포함함으로써 하나님이 지으신 창조 세계를 아름답게 가꾸는 책임까지 소중하게 여기도록 도전한 기여점이 있다.

하지만 빛이 있으면 그림자도 있다고 했던가?

통전적 선교 개념 역시 상당한 한계점을 지니고 있다. 이러한 한계점을 극복하고 기독교를 건강하게 발전시키기 위해 어떤 선교 개념을 지녀야 할지 생각해 보고자 한다.

가장 먼저 생각할 기준은 선교 개념의 명확성이다. 개념이란 "개개의 사물로부터 비본질적인 것을 버리고 본질적인 것만을 추출하는 사유의 한 형식"[33]이라고 정의되어 있다. 개념이란 가장 본질적인 것을 명확하게 규명하는 것이어야 한다. 즉, 개념에 있어 가장 중요한 것은 명확성이다. 개념이 명확해야 의사소통이 효율적이고 실천의 효율성이 높아지게 된다. 똑같은 용어를 사용하면서도 그 용어에 대한 개념이 다르면 실천의 효율성이 떨어질 수밖에 없는 것이다.

'선교'라는 용어의 사전적 의미를 살펴보면, "종교를 선전하여 널리 폄", "진리의 전파를 통한 종교의 확장 활동" 등으로 정의되어 있다.[34] 이 정의에 의하면 선교란 기본적으로 진리를 전파함으로 종교를 확장하는 활동이다. 이것이 기본적인 선교의 의미이다. 그런데 에큐메니컬 선교 개념의 출현으로부터 선교의 개념은 점차 다른 의미로 사용되는 경향이 나타난다. 예를 들어, 영어권에서 사용되는 '미션'(mission)이란 말이 본래는 기독교의 선교 활동으로 인식되었었지만, 최근 들어서는 '미션 스테이트먼트'(mission statement) 등의 표현에서 볼 수 있듯이 각종 단체가 반드시 완수해야 하는 필수 과제라는 의미로 사용된다. 즉, 영어권에서는 무엇이든 중요하여 꼭 이루어져야 하는 일은 다 '미션'이라는 용어로 표현된다.

하지만 기독교마저 이런 경향 때문에 혼돈을 겪으면 안 될 것이다. 선교가 꼭 이루어야 하는 중요한 과업인 것은 맞지만, 그렇다고 중요한 일이 다

---

33  김민수 외 편, 『국어대사전』, 91.
34  사서 편찬부, 『새국어사전』(서울: 동화사, 2001), 430.

선교라고 말하는 것은 곤란하다. 스티븐 니일(Stephen Neil)은 중요한 일을 다 '선교'라고 보는 경향에 대해 우려를 표명하면서 만약 '선교'라는 용어를 이렇게 포괄적으로 쓰려면 세계 복음화만을 의미하는 용어를 새롭게 만들어야 한다고 주장한 바 있다.[35] 세상에 정의와 평화를 이루고, 생태계를 살리는 일이 중요한 일은 틀림없다.

하지만 통전적 선교 개념에서처럼 복음화뿐 아니라 인간화, 정의와 평화, 환경 살림 등도 모두 똑같이 중요한 선교라고 말하는 것은 선교의 본질을 희석하고 개념의 혼동을 가져올 위험성이 있다. 이렇게 할 때 선교를 기본적으로 '복음화'와 연관해 생각하는 평신도들에게 혼동을 줄 수 있고, 이것은 선교의 효율성을 떨어뜨릴 위험성이 있다. 이것은 평신도뿐만이 아니다. 선교 지도자들마저도 통전적 선교 개념으로 인해서 선교가 과연 무엇인지에 대해 혼돈을 겪고 있는 것이 사실이다.[36]

심지어 데이비드 보쉬(David Bosch)마저도 "궁극적으로 선교는 정의할 수 없다"[37]라는 말을 했는데, 선교 신학계의 거장마저도 선교 개념을 명확히 정의 내릴 수 없다면 성공적인 선교 수행을 기대하기는 어려울 것이다.

### 2) 효율성을 고려하는 선교 개념

선교는 주님의 마지막 명령이다. 이 명령을 실천해 나갈 때 반드시 고민해야 할 요소는 '효율성'의 문제이다. 인적 자원, 물적 자원 그리고 시간이 제한되어 있으므로 효율성을 극대화해 나가야 한다. 통전적 선교 개념은 우선순위나 핵심 사역 등을 배제하므로 선교에 있어 모든 것이 다 똑같이 중요하고 선교가 모든 것을 다 해야 하는 것으로 인식하는 경향이 강하

---

35　Stephen Neil, *Creative Tension* (London: Edinburgh House, 1959), 81.
36　박보경, "로잔 복음화 운동과 한국 교회; 로잔운동에 나타난 전도와 사회적 책임의 관계," 『복음과 선교』 22권 (2013): 38, 14.
37　David J. Bosch, *Transforming Mission: Paradigm Shifts in Theology of Mission*, 『변화하고 있는 선교』, 35.

다. 이러한 경향은 포괄성이나 균형감에서 강점을 지니는 것처럼 보이지만 현실적으로 선교의 효율성이 현저히 떨어지는 한계를 지닌다.

한 개인의 삶에서도 우선순위를 세우지 않고 모든 일을 다 하겠다고 돈과 시간을 사용하면 그 인생은 목표를 성취할 수 없게 된다.[38] 하물며 전 세계 모든 교회가 선교를 수행하면서 중요도에 따른 우선순위를 설정함이 없이 모두가 중요하니 다 해야 한다는 식의 사고를 갖게 되면 선교 목표의 효율적 달성은 어려워지게 될 것이다. 이런 이유로 지나치게 포괄적인 선교 개념을 우려하면서 스티븐 니일(Stephen Neil)은 "모든 것이 선교면 아무것도 선교가 아니다"(If everything is mission, nothing is mission)[39]라는 명언을 남겼다. 이종성은 이런 문제에 대해 다음과 같이 설명하고 있다.

> 복음 선교와 사회적 봉사를 같은 것으로 생각해서는 안 된다. 또는 복음화 운동과 사회 운동을 동일시해도 안 되며, 교회적 개혁 운동을 인권 운동과 민주화 운동과 동질의 것으로 오해해도 안 된다. 복음 운동은 그리스도 침투 운동이요 민권 운동은 인권 평준화 운동이다. 그리스도 침투 운동은 교회만이 할 수 있으나 민권 운동은 누구든지 할 수 있는 운동이다. 교회는 하나님으로부터 성서를 통해 주어진 일만을 수행하는 것이나 민권 운동은 교회가 아니라도 할 수 있는 운동이다. 교회가 필요에 따라 사회 운동에 동참할 수 있으나 그것은 어디까지나 비 본래적인 것이다. 그러므로 교회는 먼저 해야 할 일을 먼저하고 나중에 해도 좋은 일은 나중으로 돌리는 것이 옳다. 우리는 물론 사회 개혁에 관심이 있다. 그리고 우리가 그러한 관심이 있으므로 그러한 개혁에 도움을 주기도 한다. 그러나 사회가 근본적으로 필요로 하는 것은 개혁이 아니라 구원이다. 교회는 이 구원을 제공한다. 교회만

---

[38] 어린 시절에 돋보기로 까만 종이를 태울 때 초점을 크게 맞추면 종이가 잘 타지 않기 때문에 중요한 것은 초점을 최대한 작게 만드는 일이었다. 무엇을 말하는가? 무슨 일을 하든 제한된 힘과 재력을 가지고 너무 많은 것을 하려고 하면 목표 달성은 쉽지 않다는 것이다. 이것이 자연의 원리다.

[39] Stephen Neil, *Creative Tension* (London: Edinburgh House, 1959), 81.

이 이 보화(mystery)를 가지고 있다.[40]

변화가 빠르고 그 충격이 큰 시대일수록 경쟁을 뚫고 발전하기 위해서는 핵심 역량을 강화해야 할 필요가 있다. 여러 가지 일을 할 수 있지만, 그중에서도 가장 중요하고 잘할 수 있는 일에 몰두할 필요가 있다. 즉, 모든 것을 다 하려 하지 말고 선택과 집중을 더욱 강화할 때 효율성이 높아지고 성공의 가능성이 높아지는 것이다.[41]

### 3) 윤리의 위치를 명확히 하는 선교 개념

선교를 수행함에서 윤리의 과제는 매우 중요한 위치를 차지한다. 윤리적으로 잘못되면 사람들은 교회가 전하는 복음에 대한 신뢰를 잃게 된다. 전통적인 선교에서와 같이 윤리적 차원을 소홀히 하여 '제국주의 선교,' '일방적인 선교,' 또는 '자기 이익 극대화를 위한 선교' 등의 문제점이 나타나지 않도록 철저하게 반성하고 미리 방지해야 한다. 하지만 윤리가 중요하다고 해서 통전적 선교 개념에서와 같이 선교와 윤리를 섞어서 하나의 개념으로 만드는 것도 옳지 않다. 선교는 선교이지 윤리가 아니기 때문이다.

그렇다면 선교에 있어 윤리의 위치는 무엇인가?

윤리는 그리스도인들의 올바른 행실로 하나님을 드러내 선교를 돕는 것이다. 주께서는 이렇게 말씀하셨다.

---

40  이종성,『교회론 I』, 489-490. 딘 켈리도 이종성과 유사한 분석을 하였는데, 그에 의하면 진보적인 교회가 안 되는 이유는 사회를 섬기는 일을 해서가 아니라 교회만의 본질적인 일을 게을리해서라고 주장한다. Dean M. Kelly, *Why Conservative Churches are Growing: A Study in Sociology of Religion with a new preface for the Rose edition* (Macon, Georgia: Mercer University Press, 1986), xx-xxi.

41  한국경제TV 산업팀,『4차 산업혁명 세상을 바꾸는 14가지 미래 기술』(서울: 지식노마드, 2016), 307.

> 이같이 너희 빛이 사람 앞에 비치게 하여 그들로 너희 착한 행실을 보고 하늘에 계신 너의 아버지께 영광을 돌리게 하라(마 5:16).

여기에서 윤리의 목표는 다른 데 있는 것이 아니라 이방인들에게 하나님을 알게 하고, 그 하나님께 영광을 돌리도록 만드는 데 있는 것이다. 즉, 윤리는 선교를 위한 다리라고 할 수 있다. 이런 점에서 호크마 주석은 "이같이 천국의 규범(마 5:3-12)은 천국 상속자들의 삶 속에서 작용하여 천국에 대한 증거를 만들어 낸다(마 5:13-16)"라고 설명한다.[42]

그런데 선교와 윤리는 기본적으로 추구하는 목표가 상이하다. 윤리는 상생, 공존, 평화 등을 추구하는 반면, 선교는 복음의 전파를 추구한다. 그런데 복음의 불모지에 복음이 전파되면 대부분 경우 윤리가 추구하는 공존과 평화에 지장을 준다. 이 경우 공존에 위협이 되더라도 어찌하든지 복음을 전할 것인지 아니면 공존과 샬롬에 지장이 되니까 복음을 전하지 않을 것인지를 선택해야 한다. 통전적 선교 개념은 서로 상충할 수 있는 두 가치가 똑같이 중요하다는 관점을 가지고 적당히 봉합해 놓은 개념으로서 충돌의 잠재성이 있는 것이다.

예수께서는 이러한 상황을 예견하시고 제자들을 선교 현장으로 파송하시면서 말씀하셨다.

> 내가 세상에 화평을 주러 온 줄로 생각하지 말라 화평이 아니요 검을 주러 왔노라. 내가 온 것은 사람이 그 아버지와 딸이 어머니와 며느리가 시어머니와 불화하게 하려 함이니(마 10:34-35).

이 말씀에 대해 호크마 주석은 "그런 까닭에 세상은 메시아와 그의 통치를 완강히 거부하게 될 것이고 그 나라가 완성되기까지 사생결단의 치열한

---

[42] 강병도 편, 『호크마 종합주석: 마태복음』(서울: 기독지혜사, 1990), 231.

혈전이 끊임없이 일어날 것이다(요 14:27; 16:33)"[43]라고 설명하고 있다. 즉, 복음이 전해지면 언젠가 참된 평화가 임하게 되지만, 잠정적으로는 평화가 깨어지는 윤리적 문제가 발생하면서 인간적으로 볼 때 불행해질 수 있음을 말씀하신 것이다.

윤리의 문제는 선교에 있어 참으로 중요한 문제이다. 그러나 기독교는 역사적으로 예수의 가르침을 따라 윤리의 문제보다 선교의 문제를 우선순위에 두었다.[44] 통전적 선교 개념과 같이 두 가치를 동등한 선상에 두면 인간은 기본적으로 평화와 공존을 선호하는 본능이 있으므로 논쟁의 소지가 있는 선교보다는 윤리 쪽으로 흐를 가능성이 크고, 그 결과 기독교는 결국 약화하는 것이다. 바람직한 선교 개념은 윤리를 소중히 여기면서도 선교에 있어 윤리의 위치를 정확히 설정하는 것이다.

### 4) 복음적이며 에큐메니컬적인 선교 개념

복음적이며 에큐메니컬적인 선교 개념이란 양 진영의 장점을 잘 흡수하고 통합하고자 하는 개념이라 할 수 있으며, 소위 말하는 통전적 선교 개념이라 할 수 있다.[45] 그런데 이 통전적 선교 개념은 서로 상당히 다른 관심을 지닌 두 선교 개념이 어떤 관계를 지녀야 하는지에 대한 명확한 정리 없이

---

43    강병도 편,『호크마 종합주석: 마태복음』, 397.
44    예를 들어, 과거 조선의 선교 역사를 보면 복음을 받아들인 사람들이 제사를 지내지 않는다는 이유 즉 비윤리적이라는 이유에서 수도 없이 많은 신자가 죽임을 당했다. 한 예로 병인박해의 경우 1866년부터 1873년까지 지속해서 박해받았으며 12인의 외국 신부 중 9인과 다른 많은 조선인 교도가 목 베임을 당하였다. 이 외에도 여러 가지 박해로 수많은 성도가 죽임을 당하였다. 하지만 이런 상황에서도 조선에 온 선교사들과 신자들은 죽임을 당하면서도 복음을 선택했다. 만약 평화와 공존을 택했다면 오늘날 한국의 기독교는 아마도 지리멸렬한 모습을 갖게 되었을 것이다. 김인수,『한국기독교회사』(서울: 한국장로교출판사, 1991), 60.
45    김명용은 이 신학을 "복음적이고 에큐메니컬적인 신학 전통"이라고 명명하면서 예장 통합측의 신학이 바로 이 "복음적이며 에큐메니컬적인 신학 전통"이라고 설명한다. 김명용,『이 시대의 바른 기독교 사상』(서울: 장로회신학대학교 출판부, 2001), 167-168.

그냥 무조건 둘을 하나의 개념 속에 집어넣으면서 상당한 한계점 또한, 내포하고 있는 것이 사실이다.

그렇다면 복음적 선교 개념과 에큐메니컬적 선교 개념 사이의 바람직한 관계는 무엇일까?

**첫째**, 복음주의가 지향한 선교를 선교의 목표로 삼고, 에큐메니컬 진영이 지향한 윤리적 자세를 선교의 방법과 자세로 삼는 것이 바람직하다.

전통적인 선교의 한계점은 복음화를 선교의 목표로 삼은 것은 옳은 방향이었지만, 목표에 집중한 나머지 방법적인 차원에서 윤리성을 상실한 측면이 없지 않다는 것이다. 따라서 선교의 방법과 선교를 수행하는 태도에 있어서는 철저히 윤리적인 자세 즉 에큐메니컬 정신을 견지해야 하는 것이다. 일방적이고, 자기중심적이고, 자기 세력을 무한대로 확장하려는 자세가 아니라, 철저히 상대를 배려하고, 상대를 존중하고, 상대를 사랑하는 자세로 선교를 감당해야 한다. 하지만 선교의 목표는 여전히 복음화를 지향해야 한다.

**둘째**, 둘 사이에 순차성에 대한 고려가 필요하다.

복음주의적 관심과 에큐메니컬적 관심은 뿌리와 열매, 출생과 성장처럼 떼기 어려운 긴밀한 관계를 지니고 있다고 할 수 있다. 둘 다 중요한 것이 사실이다. 하지만 뿌리가 없으면 열매는 아예 불가능하고, 출생이 없으면 성장 역시 생각할 수 없다. 그런 점에서 뿌리와 출생이 중요하며, 이에 해당하는 것이 바로 복음주의적 관심이다. 복음주의적 관심을 우선순위에 두어야 하는 것이다.[46]

---

[46] 물론 선교 현장에서 사역을 할 때는 전도와 사회봉사 중 사회봉사를 먼저 해야 하는 경우가 많다. 무엇을 먼저 수행할 것인지는 현장의 상황이 결정한다. 하지만 여전히 선교를 수행함에 있어 세상의 변화는 회심으로부터 시작된다는 논리에서 전도가 우선성을 지니며 이것을 '논리적 우선성'이라 한다.

이런 점에서 미시오 데이(*Missio Dei*) 개념을 정리한 비체돔도 "그러므로 예수의 나라에 참여하는 일은 항상 회개(*metanoia*)와 뗄 수 없는 관계에 있다. 이 점에 주의를 기울이지 않는 사람은 교회와 선교에 있어 항상 그릇된 목표를 세울 것이며, 아무리 경건한 일을 수행한다고 해도 그는 세상 나라 속으로 빠져들어 가게 될 것이다"[47]라고 설파하였다.[48]

김영동도 요더(John Howard Yoder)와 스톤(Bryan Stone) 등의 주장을 따라서 "… 교회의 현존 바로 그것이 교회의 제1차적 과제'이며, '복음이 다른 구조들을 변화시키도록 역사하는 제1차적 사회 구조는 기독교 공동체의 구조'라고 본다. 가장 복음적인 일은 성령에 의해 조성되는 교회가 되는 것이다"[49]라고 언급하였다. 즉, 복음주의적 관점인 '복음화'를 선교의 목적과 우선성으로 두고, 에큐메니컬 관점인 윤리적 자세와 인간화 등은 '복음화'를 이루는 방법과 자세 등의 차원에서 고려하는 것이 바람직한 관계일 것이다.

## 5. 요약 및 전망

이 장에서 우리는 구원 개념과 선교 개념이 어떤 변천 흐름을 거쳐 왔는지를 살펴보았다. 특별히 오늘날 널리 수용되고 있는 통전적 선교 개념의 특징들을 살펴보면서 이 개념이 지니는 한계점들도 살펴보았다. 아울러 이러한 한계점들을 극복하기 위해 명확하며 효율성을 고려하는 선교 개념, 윤리를 중시하면서도 윤리와 선교를 구분하는 선교 개념, 복음적이며 에큐

---

47  Georg F. Vicedom, 『하나님의 선교』, 52.
48  크리스토퍼 라이트(Christopher J. H. Wright)도 "… 궁극적으로 하나님의 말씀과 그리스도의 이름을 선포하고, 회개와 믿음과 순종을 요청하는 것을 포함하지 않는 선교는 그 과제를 다하지 못하는 것이다. 그것은 총체적인 선교가 아니라, 결함이 있는 선교다"라고 설파하였다. Christopher J. H. Wright, *The Mission of God's People*, 『하나님 백성의 선교』, 정옥배·한화룡 역 (서울: IVP, 2010), 398-402.
49  김영동, "복음 전도에 대한 신학적 재고," 『교회와 신학』 제77집 (2012), 206.

메니컬적인 선교를 추구하면서도 둘 사이의 관계를 명료하게 하는 선교 개념 등에 대해 살펴보았다.

이러한 흐름에서 볼 때 로잔의 선교 개념은 에큐메니컬 진영이 말하는 통전적 선교 개념과 정확히 일치하지는 않지만, '총체적 선교'라는 용어를 사용하면서 일정 부분 가까이 접근한다고 할 수 있다. 그리고 로잔 진영 내에서도 참여자들의 관점에 따라 로잔이 지닌 선교 개념이 무엇이며, 로잔이 추구해야 할 선교의 방향이 무엇인지에 대해 일치된 견해를 갖지 못한 상황이다. 물론 일치된 견해를 갖는 것만이 좋은 것인지에 대해서는 보는 태도에 따라 다르게 평가될 수 있지만, 개념 자체가 통일되지 못하면 추진력이 약화하는 것은 분명하다. 기독교 내부에서의 개념 정립도 안 된 상태라면 선교의 진전은 약해질 수밖에 없다.

이 장에서 선교를 바라보는 관점은 다소 기독교 중심적이고 교회 중심적인 접근으로 보일 수 있다. 특히, 기독교 선교의 목적이 세계의 샬롬과 번영에 기여하는 것으로 생각하는 처지에서는 이런 관점이 지나치게 교회 중심적인 접근으로 보일 수 있다. 그런데 세상의 샬롬과 번영을 위한 기여도 교회가 존재할 때 가능한 것이다. 유럽처럼 교회가 텅텅 비어가거나 술집 혹은 이슬람 사원에 팔리면 세상에 아무런 영향력도 미칠 수 없다.

이슬람이 기독교를 능가하고 사회를 점령하는 상황이 되면 더더욱 아무 일도 할 수 없게 된다. 적어도 교회가 서야 한다. 기독교가 건강하게 발전되어야 한다. 그래야 세상에 하나님의 샬롬을 세워갈 수 있다. 즉, 선교에 있어 다양하고 종합적인 사항들을 고려한다 해도 기본적으로 선교의 목표는 복음 전도를 통한 기독교의 건강한 확장을 향해야 한다.

제2장

## 로잔운동에 나타난 에큐메니컬 선교신학의 영향

1974년에 제1차 로잔 대회를 기점으로 시작된 로잔운동은 어언 50여 년의 세월 동안 이어져 온 선교 운동이다. 로잔운동은 세계교회협의회(WCC) 에큐메니컬운동과 더불어 기독교 선교 운동의 명실상부한 양대 산맥을 이루는 운동인데, 두 운동은 서로 많은 영향을 주고받으며 나름으로 대로의 선교신학을 발전시켜 오고 있다.

1952년에 미시오 데이(Missio Dei, 하나님의 선교) 개념이 태동하고 1968년 웁살라 대회에서 '인간화' 개념이 주장되고 1973년 방콕 대회에서 통합적 구원의 개념이 출현하면서 선교가 복음 운동보다는 사회 운동으로 흐르는 경향을 보이자,[1] 1974년에 로잔운동이 복음 전도의 중요성을 외치면서 개최되었고, 이러한 로잔운동의 영향으로 1975년 나이로비 대회는 로잔의 영향으로 일정 부분 궤도 수정하면서 통전적 선교의 모습을 보여 주었다.[2]

이와 같은 상황 속에서 이 장은 주로 로잔운동이 에큐메니컬운동으로부터 받은 영향을 집중적으로 분석하고자 한다. 이를 위해 로잔 1차부터 3차

---

[1] 1910년에 열린 에든버러 대회가 현대 에큐메니컬운동의 효시로 인정되지만 1952년 하나님의 선교 개념이 출현하기 전까지는 에큐메니컬운동 역시 전통적인 선교 개념과 큰 차이를 보이지는 않았다. 에큐메니컬 선교 역시 기본적으로 세계 복음화를 우선순위에 두는 경향이 강했다. 김동선은 "1910년 에딘버러 대회에서는 '세계 복음화'를 그 이상으로 천명했으며, 세계 상황의 변화와 더불어 교회의 사회적 책임이 광범위하게 논의되기는 하였지만, 1948년 세계교회협의회가 태동될 때까지만 해도 전도는 선교의 중심과제였다"라고 분석한다. 김동선, 『하나님의 선교: 그 신학과 실천』(서울: 한국장로교출판사, 2003), 44.

[2] 신경규, "복음주의 관점에서 본 에큐메니컬 선교신학", 『복음과 선교』 25(2014):105, 115.

에 걸친 문서들을 중점적으로 살펴보면서 로잔 문서에 에큐메니컬 선교신학의 영향이 어떻게 나타났으며, 그로 인하여 로잔의 신학이 어떤 변화를 나타내 오고 있는지를 살펴보고자 한다.[3] 특별히 에큐메니컬 선교신학의 영향으로 로잔의 세상 이해, 선교 대상과 과제에 대한 로잔의 이해, 사회적 책임에 대한 로잔의 이해, 선교에 있어 핵심 사역에 대한 로잔의 이해, 선교에 있어 복음 전도의 긴급성에 대한 로잔의 이해 등에서 어떤 변화가 일어났는지를 살펴보고자 한다.

이러한 연구는 로잔운동이 그동안 큰 흐름에서 어떠한 선교적 관점의 변화를 추구해 왔는지를 보는 데 도움이 될 것이며, 이러한 변화를 파악하는 것은 앞으로 로잔운동이 추구해야 할 바람직한 미래 방향을 제시하는데 하나의 기초적인 작업이 될 수 있을 것이다.

## 1. 세상에 대한 긍정적 견해 강화

### 1) 전통적 신학과 에큐메니컬 신학의 주된 관심의 차이

전통적인 선교신학과 대비되는 에큐메니컬 선교신학의 특징을 간단히 정리한다는 것은 참 쉽지 않은 작업이다. 하지만 좀 단순화시켜 생각해 보면 가장 먼저 생각할 수 있는 에큐메니컬 신학의 가장 주된 특징은 교회의

---

[3] 에큐메니컬 신학의 영향을 논하려면 에큐메니컬 신학이 어떤 신학인지를 먼저 논해야 할 것이다. 에큐메니컬 신학은 워낙 방대한 신학 체계이므로 간단히 정리하는 것이 쉽지 않다. 또한, 에큐메니컬 신학을 어떤 각도에서 바라보느냐에 따라서 현저하게 다른 관점이 나올 수 있으므로 이것 역시 객관성을 담보하는 것이 절대 쉽지 않은 문제다. 이러한 한계점을 인식하면서 본 연구는 에큐메니컬 신학의 특징을 도출하는 비교 준거점으로 에큐메니컬운동이 본격적으로 태동하기 전의 전통적 선교신학을 잡았다. 즉, 1952년 하나님의 선교 개념이 태동되기 이전의 전통적인 선교신학을 준거점으로 하여 에큐메니컬 선교신학의 특징을 분석하고, 이러한 특징이 로잔운동에 어떻게 영향을 미치면서 로잔운동의 방향을 변화시켜 왔는지를 살펴보고자 한다.

사회적 책임을 강조한 것일 것이다. 즉, 전통적인 선교에서 복음 전도의 책임을 강조한 것에 비해 에큐메니컬 선교신학은 교회의 사회적 책임에 역점을 두었다. 그리고 이처럼 사회적 책임을 강조하면서 그 책임을 '이웃 사랑'이나 '기독교 윤리'의 차원으로 이해하지 않고 선교의 개념 자체 속에 포함하면서 선교의 대상과 과제가 매우 폭넓어지게 되었다.

한편 이와 같은 강조점들이 나오게 된 배경은 세상을 단순히 하나의 멸망을 향해 달려가는 구원의 대상으로만 보지 않고 하나님의 샬롬이 실현되고 있는 장으로 보는 긍정적 세계관이라 할 수 있을 것이다. 아울러 이와 같은 특징은 자연히 전통적인 선교신학에 비해 복음 전도의 약화를 불러오고, 아울러 복음 전도의 긴급성이나 복음 전도를 위한 헌신의 약화로 이어졌다고 할 수 있다.[4]

본 장에서는 이러한 사항들을 중심으로 에큐메니컬 선교신학의 특징이 로잔 진영에 얼마나 영향을 미쳤는가를 살펴보고자 한다.

### 2) 세상을 보는 에큐메니컬 관점

먼저 에큐메니컬 신학의 세상에 대한 긍정적 견해를 살펴보자. 전통적인 선교신학에서는 세상이 하나님의 사랑의 대상이지만 하나님께서 보내신 구원의 길인 그리스도를 받아들이지 않는 한 멸망의 대상이라는 점을 강조하는 경향이 강했다. 즉, 전통적인 선교신학은 세상이 하나님 사랑의 대상이라는 점을 언급하지만, 세상은 기본적으로 하나님께 무관심하고 하나님을 등지며 하나님이 구원의 길로 보내신 독생자를 배척하였다(요 1:9-11; 요일 2:15-16)는 점을 강조하면서 다소 부정적으로 세상을 이해하는 경향이 강했다.

---

4 참조, 신경규, "선교해석학적 관점에서 본 복음주의의 두 기본신학," 『복음과 선교』 29(2015): 166-173.

또한, 이 세상은 그리스도의 재림과 함께 사라지고 새 하늘과 새 땅으로 대체되어야 할 세상이라는 점을 강조한 면에서도 다소 부정적인 세상 이해를 지녔다. 이러한 세상 이해를 기반으로 전통적인 신학에서는 교회가 세상을 섬기고 변혁하는 일에 우선적인 강조점을 두지 않았으며, 세상을 위하여 교회가 해야 할 가장 중요한 기여는 복음을 전해 세상을 하나님께로 돌아오게 하는 일이었다.[5]

하지만 이와 같은 견해는 하나님의 선교(*Missio Dei*) 개념의 등장과 함께 서서히 바뀌기 시작했다. *Missio Dei* 개념에 의하면 세상은 단지 죄악으로 가득하고 멸망을 향해 달려가는 것이 아니다. 오히려 교회보다 더 특별한 하나님 사랑의 대상이며, 하나님이 직접 역사하시면서 샬롬을 실현해 가시는 장이다. 즉, 지금까지 전통적인 선교신학에서 세상은 교회의 선교가 아니면 멸망할 수밖에 없다는 부정적인 대상으로 인식되었다면, 에큐메니컬 신학에서는 하나님의 직접적인 역사를 통해 샬롬이 실현되는 긍정적 대상으로 인식되게 된 것이다.[6]

이러한 이해 위에서 더 이상 교회가 세상보다 우위에 설 수가 없게 되었다. 즉, 하나님의 선교 개념의 등장과 함께 이제 중요한 것은 교회가 아니라 세상이 되었다. 교회는 이제 더 이상 절대적이거나 독보적인 존재가 아니다. 하나님의 주된 관심은 더 이상 교회가 아니라 세상이며, 교회는 세상의 샬롬을 위한 여러 기구 중 하나의 위치로 이해되었기 때문이다. 하나님의 구원 역사는 하나님-교회-세상의 순서가 아니라 하나님-세상-교회의 순서로 이루어지게 되므로, 이제 세상이 중심이 되고 교회는 부차적인 기

---

[5] Gerhard Kittel and Gerhard Friedrich, *Theological Dictionary of the New Testament*, 번역위원회 역, 『신약성서신학사전』(서울: 요단출판사, 1986), 527.

[6] 이런 점에서 협의회는 말하기를, "하나님이 일하시는 목적, 즉 하나님의 선교의 궁극적 목표는 샬롬을 세우는 것이며, 이것은 모든 피조물의 잠재적 가능성의 실현과 피조물의 궁극적 화해 및 그리스도 안에서의 일치를 포함한다"라고 언급한다. WCC, *The Church for Others and the Church for the World*, 『세계를 위한 교회』, 박근원 역 (서울: 대한기독교서회, 1991), 28-29.

구로 인식되게 되었다.[7]

### 3) 세계를 보는 관점과 연관해 로잔에 미친 에큐메니컬 신학의 영향

이제 이러한 에큐메니컬 신학이 로잔운동에 어떤 영향을 주었는지 살펴보자. 먼저 1974년 제1차 로잔 대회를 살펴보자. 이 대회는 기본적으로 인간화로 치닫는 에큐메니컬 선교에 대항해 전통적인 복음주의 선교를 확실히 하고자 한 대회였다. 이 대회는 기본적으로 전통적인 세상 이해를 지니고 있었다.

예를 들어, 로잔언약 10장은 "사람은 하나님의 피조물이기 때문에 인류 문화의 어떤 것은 매우 아름답고 선하다. 그러나 인간의 타락으로 인해 그 전부가 죄로 물들었고, 어떤 것은 악마적이기도 하다"[8]라고 하였고, 15장은 "우리 그리스도인들은 하나님이 그의 나라를 완성하실 것이요, 우리는 그날을 간절히 사모하며 또 의가 거하고 하나님이 영원히 통치하실 새 하늘과 새 땅을 간절히 고대하고 있음을 확신한다"[9]라고 말함으로써 이 세상의 발전보다는 하나님이 이루실 새 하늘과 새 땅을 기대하는 모습을 보여 준다.

즉, 로잔의 세상 이해는 전통적인 세상 이해처럼 다소 부정적인 부분을 지니고 있으며, 이처럼 죄악 된 세상이기에 이 세상의 문제를 해결할 수 있는 가장 근본적인 길은 어떤 사회참여보다도 복음 전도가 우선적이라고 인식하고 있음을 보게 된다.

---

7   WCC, 『세계를 위한 교회』, 32. 이러한 사고 속에서 협의회는 "하나님이 세계 속에서 꾸준히 활동하고 계시고 샬롬을 세우는 것이 하나님의 목적이라면, 교회의 사명은 이러한 징조를 알아차리고 지적해 주는 것이어야 할 것이다"라고 말하면서 세상이 중심적인 장이고 교회는 그 중심을 돕는 주변부적인 기구로 인식하는 경향을 보인다. WCC, 『세계를 위한 교회』, 29.

8   Lausanne Movement, "로잔언약", in *The Cape Town Commitment: Study Edition*, 『케이프타운 서약』, 최형근 역 (서울: IVP, 2012), 224.

9   Lausanne Movement, "로잔언약", 229.

제1차 로잔 대회 후 15년 만에 필리핀에서 열린 마닐라 대회는 어떤가? 마닐라 선언 역시 세상 불행의 원인은 인간들의 죄에 있다는 것을 언급하면서 1부 1장에서 다음과 같이 언급한다.

> 이것이 오늘날 그토록 많은 사람이 겪고 있는 고통, 방황, 고독의 근본적인 원인이다. 죄는 또한, 반사회적 행동, 다른 사람들을 극심하게 착취하는 일, 그리고 하나님이 인간들에게 청지기로서 지키라고 주신 자원들을 고갈시키는 일을 감행한다. 따라서 인간은 변명의 여지가 없는 죄인이며 멸망으로 이끄는 넓은 길을 가고 있다.[10]

그런데 마닐라 선언 1부 2장은 "그리고 하나님은 어느 날 우리가 하나님의 새 나라에 들어갈 것을 약속하신다. 그때 악은 모두 제거되고, 자연 세계가 구속되며, 하나님이 영원히 통치하실 것이다"[11]라고 언급하면서 자연 세계의 구속을 언급한다. 로잔언약에서는 철저히 새 하늘과 새 땅을 강조하던 로잔이 마닐라에 와서는 자연 세계의 구속을 언급하면서 창조 세계의 구원 가능성을 살짝 언급하고 지나가는데, 여기에는 창조 세계의 보존을 강조하는 에큐메니컬 진영의 영향이 엿보인다고 하겠다.

제2차 로잔 대회인 마닐라 대회 이후 21년 만에 열린 케이프타운 대회에서도 여전히 로잔 진영은 기본적으로 부정적인 세상 이해를 견지하고 있다. 예를 들어, 케이프타운 1부 8장은 "인류는 하나님을 거역하고 하나님의 권위를 거부하며 하나님의 말씀에 불순종했다"[12]라고 언급한 후, "이 타락은 모든 문화와 역사의 모든 세대에 걸쳐 사람들의 문화, 경제, 사회, 정치, 종교에 침투하였다. 그것은 인류에게 헤아릴 수 없는 비참한 결과를 남겼으

---

10 Lausanne Movement, "마닐라 선언", in *The Cape Town Commitment: Study Edition*, 『케이프타운 서약』 부록, 최형근 역 (서울: IVP, 2012), 234.
11 Lausanne Movement, "마닐라 선언", 236.
12 Lausanne Movement, 『케이프타운 서약』, 50.

며 하나님의 창조 세계를 심각하게 훼손했다"[13]라고 진단한다.

하지만 케이프타운은 마닐라보다는 훨씬 더 진전된 긍정적 세상 이해를 보여 준다. 예를 들어, 케이프타운 선언 1부 7장 맨 마지막 부분은 "따라서 우리는 그리스도 안에서 모든 창조 세계와 모든 문화가 구속되고 갱신되기를, 땅끝까지 모든 나라로부터 하나님의 백성이 모여들기를, 모든 파괴와 가난과 증오가 사라지기를 바라는 거룩한 열망을 품고 이 세상을 사랑한다"[14]라고 선언한다. 또한, 이 세상과 문화는 사라질 것이 아니라 구속되고 갱신되어야 할 것으로 언급되고 있으며 뒤이어 케이프타운은 "거룩한 열망을 품고 이 세상을 사랑한다"[15]라고 선언한다. 이러한 세상 이해는 에큐메니컬 진영의 긍정적인 세상 이해와 많이 근접한 것으로 보인다.

## 2. 폭넓어진 선교의 대상과 과제

### 1) 선교 대상과 과제에 대한 에큐메니컬 관점의 주된 특징

전통적인 의미의 선교는 주로 구원을 전하는 사역으로 이해되었고, 이런 의미에서 선교의 주된 대상은 구원받지 못한 이들 즉 '그리스도를 알지 못하는 자들'이었다. 하지만 에큐메니컬 선교가 출현하면서 선교의 대상은 그리스도를 알지 못하는 자들을 넘어 매우 폭넓은 대상으로 확대되었다. 특별히 하나님의 선교 개념의 출현과 더불어 에큐메니컬 선교는 하나님이 선교의 주역이심을 인식하고, 이 하나님은 사람들을 구원해 교회로 인도하는 구령 사역만이 아니라 세상의 혁명 운동, 민권 운동, 평화 운동, 창조 질서 회복 운동, 교육개혁 운동 등의 활동들을 통해 세상 속에서 샬롬을 구현

---

13 Lausanne Movement, 『케이프타운 서약』, 50-51.
14 Lausanne Movement, 『케이프타운 서약』, 49.
15 Lausanne Movement, 『케이프타운 서약』, 49.

해 가시는 분으로 이해된다.

　이러한 하나님 이해 위에서 선교의 대상은 구원받지 못한 이들로 좁게 이해되는 것이 아니라 하나님의 참된 샬롬을 누리지 못하는 모든 피조물로 이해된다.[16]

　물론 이것은 에큐메니컬 신학이 전통적인 선교의 관심 대상인 비그리스도인들에게 관심을 두지 않는다는 것을 의미하는 것이 아니다. 그와 같은 기본적인 관심과 동시에 좀 더 폭넓은 대상들에 관심을 기울인다는 의미이다. 좀 더 구체적으로 살펴보면 일반적으로 에큐메니컬 선교신학은 가난한 자들, 소외되고 억눌린 자들 그리고 창조 세계 안의 모든 피조물에 특별한 관심을 기울이는 경향을 보인다.[17]

　이상과 같이 선교의 대상이 폭넓게 이해되면서 선교 사역의 성격도 복음 전도 위주의 사역에서 가난한 자와 억눌리고 소외된 자의 샬롬을 위한 사역 그리고 모든 피조 세계의 회복과 보존을 위한 사역으로 변화되는 경향이 나타난다.

## 2) 선교 대상과 과제와 연관해 에큐메니컬 신학이 로잔에 미친 영향

　에큐메니컬 신학의 이와 같은 경향은 로잔운동에 일정 부분 영향을 준 것으로 보이는데, 이러한 영향이 어떻게 나타났는지 살펴보자. 먼저, 로잔 언약의 경우를 살펴보면, 5항 "그리스도인의 사회적 책임" 부분에서 "때로 복음 전도와 사회참여를 상반된 것으로 여겼던 것을 뉘우친다."[18]고 말한 후 "… 우리는 복음 전도와 사회 정치적 참여는 우리 그리스도인의 의무의

---

[16] David J. Bosch, 『변화하고 있는 선교』, 579. 하나님의 선교 개념에 의하면 하나님은 그리스도가 완성한 구속사업 안에서 이미 온 세상을 자기와 화해시켰으며, 이런 이유 때문에 복음을 비기독교인들에게 전파하는 것 보다는 이 세상에 샬롬을 이루어 가는 작업을 선교로 보는 경향이 강하다.

[17] Seung oh An, "The Target of Mission in Ecumenical Mission Theology: A Crituque," *Currents in Theology and Mission,* 40/3(2013): 195-198.

[18] Lausanne Movement, "로잔언약", 219.

두 부분임을 확언한다"[19]라고 선언한다. 그리고 "그러므로 우리는 악과 불의가 있는 곳 어디에서든지 이것을 고발하는 일을 두려워해서는 안 된다"[20]라고 선언한다.

로잔은 에큐메니컬 진영의 영향을 받아 사회적 책임 역시 복음 전도 못지않게 교회와 그리스도인의 중요한 책임임을 자각하였다고 할 수 있다. 이와 같은 자각과 함께 악과 불의가 있는 곳의 문제를 고발하는 일을 해야 한다는 주장을 펼치는 것으로 보아 악과 불의의 피해자가 되는 사람들에 대한 책임을 인식한 것으로 보인다.

하지만 로잔이 이러한 책임을 전통적 의미의 선교적 책임으로 인식하기보다는 교회와 그리스도인의 사회적 책임으로 인식한 것으로 보인다. 이것은 "… 사회참여가 곧 복음 전도일 수 없으며 정치적 해방이 곧 구원은 아닐지라도"[21]라는 표현 속에서 읽을 수 있다. 즉, 로잔은 에큐메니컬 진영의 영향으로 말미암아 악과 불의의 피해자가 되는 사람들에 대한 책임을 심각하게 인지하게 되었지만, 여전히 이들을 선교의 대상으로 보기보다는 그리스도인의 사회적 책임의 대상으로 인식하면서 두 책임이 모두 중요하다는 것을 강조했다고 할 수 있다.

마닐라 선언에서는 사회악의 피해자들에 관한 관심이 좀 더 구체화하여 나타난다. 예를 들어, 1부 4항은 "우리는 가난한 자들에게 관심을 가지면서 제삼 세계에 사는 그 많은 사람이 부채로 인해 고통당하고 있는 사실을 마음 아파한다. 또한, 우리는 수백만의 사람이 비인간적인 조건 속에서 살고 있다는 사실에 분개한다"[22]라고 말한다. 계속해서 4항은 이렇게 말한다.

---

19  Lausanne Movement, "로잔언약", 219.
20  Lausanne Movement, "로잔언약", 220.
21  Lausanne Movement, "로잔언약", 219.
22  Lausanne Movement, "마닐라 선언", 241.

"참된 선교는 언제나 성육신적이어야 한다. 참된 선교를 위해서는 겸허하게 그 사람들의 세계에 들어가서 그들의 사회적 현실, 비애와 고통 그리고 압제 세력에 항거하며 정의를 위해 투쟁하는 그들의 노력에 동참할 필요가 있는 것이다."[23]라고 언급함으로써 압제당하는 이들을 위한 투쟁에 동참하는 것이 곧 참된 선교의 길임을 언급하고 가난하고 압제당하는 이들이 곧 선교의 대상임을 암시하는 발언을 한다. 마닐라는 억압당하는 자들을 선교의 대상으로 본다는 점에서 에큐메니컬 선교의 영향을 더 많이 받았다고 할 수 있다.

케이프타운 서약에 오면 선교의 대상이 더욱 확대되어 나타난다. 예를 들면, 케이프타운 서약 1부 7장은 선교의 대상에 대해 "개인과 사회와 창조 세계는 모두 죄로 인해 깨어지고 고통당하고 있으며, 또한, 하나님의 구속적 사랑과 선교에 포함되므로, 이 셋은 모두 하나님 백성의 포괄적인 선교의 대상이 되어야만 한다"[24]라고 말함으로써 선교의 대상을 개인, 사회, 창조 세계로 확대하고 있다. 주로 개인을 선교의 대상으로 삼던 전통적인 선교로부터 사회와 창조 세계까지 그 대상을 확대하고 있는 것이다.

케이프타운 행동 요청을 담은 제2부에서는 B장 "분열되고 깨어진 세상 속에서 그리스도의 평화를 이루기"라는 제목 아래 선교에서 관심 가져야 할 대상으로 종족 갈등 상황 아래의 피해자들, 가난하고 억압받는 자들, 장애인들, 에이즈를 앓는 사람들 그리고 고통받는 창조 세계를 언급하며, 이러한 대상들의 문제 해결에 헌신해야 함을 강조한다.[25] 로잔의 이처럼 폭넓어진 선교의 대상과 과제에 대한 이해 속에서 에큐메니컬 신학의 영향을 엿볼 수 있다.

---

23  Lausanne Movement, "마닐라 선언", 242.
24  Lausanne Movement, 『케이프타운 서약』, 45.
25  Lausanne Movement, 『케이프타운 서약』, 80-90.

## 3. 선교에 있어 사회적 책임의 강화

### 1) 사도적 헌신과 봉사적 헌신

교회와 그리스도인에 주어진 명령은 크게 사도적 헌신과 봉사적 헌신으로 구분할 수 있다.[26] 사도적 헌신이 모든 민족으로 제자 삼으라는 지상 대위임령(마 28:18-20)과 연관된 것이라면, 봉사적 헌신은 "네 이웃을 네 몸과 같이 사랑하라"(마 22:39)는 계명과 연관된 것이라 할 수 있다. 선교는 기본적으로 이웃을 사랑하는 사회봉사를 수행하면서 복음 전도를 수행하였기에 선교 안에는 사회봉사와 복음 전도가 모두 포함되어 있었다.

하지만 선교의 목표는 모든 민족을 제자 삼는 것이므로 전통적인 선교에서는 복음 전도가 핵심적인 사역이고 사회봉사는 부차적인 사역으로 인식되어 왔다. 그리스도인에게 복음 전도와 이웃 사랑이 모두 사명이지만, 그 중에 더 우선적인 선교의 사명을 꼽는다면 복음 전도가 핵심적인 사명으로 이해되어 왔다.

하지만 앞에서 살펴본 대로 하나님의 선교 개념의 탄생과 함께 세상에 대한 이해가 달라졌다. 하나님의 선교 개념에 의하면 세상은 더 이상 단순한 멸망의 대상이 아니다. 세상은 교회보다 더 중요한 하나님의 일차적 관심의 대상이고, 하나님은 이 세상 자체를 평화로운 곳 샬롬이 충만한 곳으로 만드시는 것에 깊은 관심을 가지고 계신다. 이러한 생각과 함께 사회봉사와 이웃 사랑 등의 사회적 책임은 더 이상 선교적 사명보다 뒤지는 것이 아니라 오히려 선교적 사명보다 더 우선순위에 두어야 할 사명으로 인식되었다.

이에 대해 보쉬(David Bosch)는 벌코프(H. Berkhof)의 말을 인용하면서 "… 1950년대의 세계에 대한 사도적 헌신은 그 후의 세계에 접어들어서는 세

---

26    David Bosch, *Witness to the World*, 『선교신학』, 전재옥 역(서울: 두란노, 1992), 225.

계에 대한 봉사적 헌신으로 바뀌었다고 했는데, 그는 바른말을 해준 것이다."[27]라고 언급했다. 즉, 에큐메니컬 선교는 1910년에 처음 시작할 때 사도적 헌신 즉 복음을 전하는 일에 매진하였는데, 1950년 이후로 세계에 대한 봉사로 그 초점이 바뀌었다는 것이다.[28]

## 2) 사도적 헌신과 봉사적 헌신의 관계와 연관된 에큐메니컬 신학의 영향

그렇다면 사회적 책임을 강화한 에큐메니컬 신학의 영향이 로잔에 어떻게 영향을 미쳤는지 살펴보자. 먼저 1974년 로잔언약을 살펴보자. 로잔운동은 에큐메니컬 선교가 선교의 개념을 복음화에서 인간화로 전환하는 것을 우려하면서 모인 집회로 복음화의 우선성을 분명히 한 대회였지만,[29] 동시에 에큐메니컬 신학의 영향을 또한, 받기도 하였는데, 특별히 에큐메니컬 신학의 영향으로 사회적 책임을 통감한 회의였다.[30]

예를 들어, 제5장 그리스도인의 사회적 책임은 "그러므로 우리는 … 인간을 모든 종류의 억압으로부터 해방하려는 하나님의 관심에 동참하여야 한다. … 이 사실을 우리는 등한시해 왔고, 때로 복음 전도와 사회참여를 상반된 것으로 여겼던 것을 뉘우친다"[31]라고 하였고, "우리가 선포하는 구원은 우리가 개인적 책임과 사회적 책임을 총체적으로 수행하도록 우리를 변

---

27  David Bosch, *Witness to the World*, 『선교신학』, 225.
28  물론 에큐메니컬 진영은 1975년 나이로비 이후로 통전적 선교를 제시하면서 사도적 헌신과 봉사적 헌신을 동일한 중요도로 강조하고 있지만, 어찌 되었든 전통적인 선교에서는 봉사적 헌신이 부차적인 사역으로 자리매김하던 사역이었던 것에 비해 에큐메니컬 진영은 봉사적 헌신도 사도적 헌신과 동일한 중요도로 본다는 측면에서 사회적 책임을 강화한 것이다.
29  로잔언약 제6장에서 로잔언약은 "교회가 희생적으로 해야 할 일 중에서 복음 전도가 최우선이다"라고 선포한다. Lausanne Movement, "로잔언약", 220.
30  로잔이 사회적 책임을 통감하고 '사회적 책임'이라는 용어를 로잔언약에 담았지만 이에 대해 보수적 복음주의자들은 상당한 저항을 하였다. 하지만 웁살라 대회에 참가해 영향을 받은 존 스토트의 노력으로 이 용어가 로잔언약에 담기게 되었다. 박보경, "로잔운동에 나타난 전도와 사회적 책임의 관계,"『복음과 선교』22(2013):12-13.
31  Lausanne Movement, "로잔언약", 219.

화시켜야 한다"[32]라고 주장한다.

다음으로 1989년 마닐라 선언을 살펴보자. 마닐라 선언 역시 복음의 우선성을 양보하지는 않았지만, 선교에 있어 사회적 책임을 매우 강조한 회의였다. 예를 들어, 마닐라 선언 1부 4장은 "참된 선교를 위해서는 겸허하게 그 사람들의 세계에 들어가서 그들의 사회적 현실, 비애와 고통 그리고 압제 세력에 항거하며 정의를 위해 투쟁하는 그들의 노력에 동참할 필요가 있는 것이다. 개인적인 희생 없이는 선교가 이루어질 수 없다"[33]라고 말한다.

이것은 로잔언약보다 훨씬 더 강하게 사회적 책임을 강조하였으며, 다음과 같은 점에서 세계교회협의회의 영향을 더 많이 받은 것으로 파악할 수 있다.

**첫째**, 로잔언약은 사회적 책임을 선교로 포함하기보다는 그리스도인의 또 하나의 책임으로 보았던 반면, 마닐라 선언은 "참된 선교를 위해서는 … 정의를 위해 투쟁하는 그들의 노력에 동참할 필요가 있는 것이다"[34]라는 표현을 통해 사회적 책임을 선교 개념 속에 포함시키고 있다.[35] 즉, 마닐라 선언에 오면 더 이상 선교적 책임과 사회적 책임이 나누어지지 않고 사회적 책임이 곧 선교적 책임으로 인식되며, 이러한 인식의 변화로 인해 자연히 사회적 책임과 복음 전도적 책임 사이에 우선성을 논할 수 없게 된 것이다.

**둘째**, 사회적 책임이 단순히 사회봉사(Social Service) 차원으로 끝나지 않고, 사회 행동(Social Action)을 포함하는 것으로 인식되고 있다.[36] 전통적인

---

32 Lausanne Movement, "로잔언약", 220.
33 Lausanne Movement, "마닐라 선언", 242.
34 Lausanne Movement, "마닐라 선언", 242.
35 전통적인 선교에서 사회봉사는 선교의 수단이나 과정으로 이해되었지만, 그 자체가 선교의 목적으로 이해되지는 않았다. 선교의 목적은 복음화와 교회 개척 등으로 이해되었고 사회봉사는 그 목적을 위한 방법으로 수행되었던 것이었다.
36 사회봉사란 주로 도움이 필요한 사람들에게 도움을 주는 일이라고 할 수 있는 반면, 사회 행동이란 사회 구조 악의 척결을 위한 투쟁과 같은 일이라고 할 수 있다. 전통적인 선

선교에 있어 사회 행동에 해당하는 사역은 특별한 경우를 제외하고는 적극적으로 수행되지 않았다. 사회 행동이 목표로 하는 사회 구조 악의 해결은 복음화가 이루어진 결과로 점진적으로 이루어질 일이라는 사고와 사회 행동을 수행하려면 기존 정치집단이나 기득권층과 투쟁해야 하는데 이것은 교회를 사랑과 평화의 공동체가 아니라 투쟁과 폭력의 집단으로 만들 가능성이 있기에 전통적인 선교에서는 대부분 사회봉사를 수행하였다.

그런데 에큐메니컬 선교에서는 선교의 목표를 인간화로 잡으면서 사회 행동을 주요한 선교의 방법으로 고려하였는데, 마닐라 선언이 이러한 영향을 받은 것으로 보인다.

이제 2010년 케이프타운 선언으로 가보자. 케이프타운 역시 선교에서의 사회적 책임을 중시하는데, 다만 그 방향은 조금 다르게 나타나고 있다. 즉, 1989년 마닐라 선언까지만 해도 사회적 책임 문제는 가난한 자를 돕는 사회봉사와 불의에 대항하는 사회 행동 쪽으로 많이 논의되었다. 하지만 공산권의 몰락 이후 에큐메니컬 진영이 사회 행동 즉 투쟁보다는 일치[37]와 화해[38] 등으로 방향을 선회하고, 해방신학에 근거한 전통적인 투쟁보다는 폭력을 극복하고 화해와 평화를 추구하는 방향으로 나갔는데,[39] 이러한 것

---

교에서는 복음 전도를 위한 다리로서 사회봉사를 주로 많이 행했다. 즉, 빈민 사역, 학원 사역, 복지 사역, 병원 사역 등을 행하면서 이러한 사역들을 매개로 복음 전도를 수행하였다.

[37] 에큐메니컬 일치 문서는 1996년 브라질 살바도르에서 열린 세계 선교대회에서 초안이 논의되었고, 2000년 3월 세계 선교와전도위원회(CWME)에서 "Mission and Evangelism in Unity Today"(일치를 통한 오늘날의 선교와 전도)라는 이름으로 채택되었다. CWME, "일치를 통한 오늘날의 세계와 전도," in WCC, *You are the Light of the World*, 『통전적 선교를 위한 신학과 실천』, 김동선 역 (서울: 대한기독교서회, 2007), 108-112.

[38] 에큐메니컬 화해 문서는 2005년 5월 아테네 세계 선교대회를 앞두고 세계 선교와전도위원회(CWME)가 나눈 연구 문서로서 "Mission as Ministry of Reconciliation"(화해의 사역인 선교)라는 제목으로 발표되었다. CWME, "화해의 사역인 선교," in WCC, *You are the Light of the World*, 『통전적 선교를 위한 신학과 실천』, 150.

[39] WCC는 화해와 평화를 추구하면서 2001년부터 2010년을 "폭력 극복의 10년"으로 선포하였다. 이와 같은 선포와 더불어 자연히 해방신학이 강조한 구조 악과의 직접적인 투쟁을 멀리하는 방향 전환이 이루어진 것으로 보인다. 참고, CWME, "화해의 사역인

들이 로잔 진영에도 영향을 미친 것으로 보인다.

예를 들면, 케이프타운 선언 1부 5장은 "더욱 신중한 분별과 기만에 대한 분명한 경고와, 불경건한 축재를 위해 영적 능력을 오용하며 자기를 섬기도록 남을 속이고 조작하는 자들에 대한 폭로가 절실히 필요하다"[40]라고 강조하는데, 이것은 마닐라 선언에서 직접적인 '투쟁'에 대한 강조로부터 조금 부드러운 개념인 '폭로'로 변환된 것을 볼 수 있다.[41]

또한, 케이프타운 선언 II부 행동 요청에 나타난 6개 장의 제목을 보더라도 마닐라 선언에 나타났던 사회 행동(Social Action)과 연관된 내용은 거의 나타나지 않고, B장 "분열되고 깨어진 세상 속에서 그리스도의 평화를 이루기"[42]와 C장 "타종교인들 속에서 그리스도인의 사랑을 실천하기"[43] 그리고 F장 "선교의 하나 됨을 위해 그리스도의 몸 안에서 동역하기"[44] 등과 같이 일치, 평화, 사랑 등의 표현을 통해 사회적 책임을 강조한 것을 볼 수 있다.

즉, 케이프타운 서약 역시 에큐메니컬 신학의 영향을 받아 사회적 책임을 강조하되 그 방향이 직접적인 투쟁보다는 화해와 일치 등으로 선회한 것이라 할 수 있다.

---

선교," 150.
40  Lausanne Movement, 『케이프타운 서약』, 38.
41  물론 케이프타운 1부 7장 C 항에서 "우리는 소외되고 억압 받는 자들과 연대하고 그들을 지지하는 행위를 포함하여 정의를 증진하는 일에 새롭게 헌신한다. 우리는 악에 대한 이러한 투쟁을 영적 전쟁의 차원으로 인식한다"라는 말을 함으로써 여전히 투쟁과 같은 용어를 사용하기는 하지만, 마닐라 선언에 비해 강도나 빈도가 다소 약해진 것은 사실이다. Lausanne Movement, 『케이프타운 서약』, 47.
42  Lausanne Movement, 『케이프타운 서약』, 78.
43  Lausanne Movement, 『케이프타운 서약』, 91.
44  Lausanne Movement, 『케이프타운 서약』, 121.

## 4. 약화한 선교의 핵심 사역

### 1) 핵심 사역을 인정하지 않는 에큐메니컬 선교신학

전통적인 선교에서 사회봉사를 하지 않은 것은 아니었다. 전통적인 선교 역시 사회봉사를 중심으로 하는 사회적 책임을 매우 열심히 하였다. 학교 사역, 병원 사역, 고아원 사역, 각종 복지 사역 등 매우 다양한 봉사 사역을 수행하였고, 일의 양으로만 보면 사회봉사를 더 많이 하였다고 할 수 있다. 그 순서에서도 항상 복음 전도만을 먼저 한 것은 아니었다. 상황을 따라서 먼저 사회적 책임을 다하고 여건이 형성될 때 복음 전도를 한 것이 대부분이었다.

하지만 전통적인 선교는 선교의 궁극적인 목표를 영혼구원으로 정하였고 영혼구원을 위해서는 복음의 전파가 필수적인 사안이었으므로 복음 전도가 늘 핵심 사역의 위치를 점유하고 있었다.[45] 사회적 책임으로서의 봉사를 열심히 감당했지만 사회적 책임은 여전히 핵심 사역을 위한 부차적인 사역 혹은 복음 전도를 위한 다리로서의 사역으로 이해하였다고 할 수 있다.

그렇다면 에큐메니컬 선교는 전통적 의미의 선교와 어떤 차이를 지니는가? 에큐메니컬 선교는 1952년 하나님의 선교 개념의 탄생과 함께 복음 전도를 핵심 사역으로 보던 전통적인 선교로부터 사회적 책임을 선교의 핵심으로 보는 선교로 이동하였다. 결국, 1968년 웁살라 대회에서 '인간화'를 선교의 목표로 선언하였고, 1973년 방콕 대회에서는 영혼구원이 아닌 해방으로서의 구원을 강조하게 되었다.

이러한 경향에 대해 복음주의자들의 반발이 강하게 일어나자, 에큐메니컬 진영은 1975년 나이로비 대회 때부터 양쪽을 다 강조하는 선교신학 소위 말하는 '통전적 선교신학'을 전면에 내세우면서 복음화와 인간화가 동

---

45 신경규, "선교 해석학적 관점에서 본 복음주의의 두 기본 신학," 165.

일하게 중요하고, 영혼구원과 사회구원이 동일하게 중요하다는 점을 부각하게 시키기 시작하였다.[46]

이런 점에서 통전적 선교신학과 전통적인 선교신학과의 차이점은 선교에 있어 핵심 사역에 대한 견해 차이라 할 수 있다. 모든 것이 다 선교의 목표가 되고, 모든 사역이 다 동일한 중요도를 지닌 것으로 보는 것이다.[47] 에큐메니컬 신학과 에큐메니컬 진영의 주도로 제기된 통전적 선교신학은 균형을 강조한 장점이 있지만, 핵심 사역을 거부함으로 말미암아 결과적으로는 핵심 사역이 현저하게 약화하는 결과를 가져오게 된 것이다.

## 2) 핵심 사역과 연관해 에큐메니컬 선교신학이 로잔에 미친 영향

그렇다면 핵심 사역을 인정하지 않는 에큐메니컬 신학이 로잔 신학에는 어떻게 영향을 미쳤는지 살펴보자. 쉽게 예상할 수 있는 대로 초창기에 로잔 진영은 핵심 사역을 사회적 책임으로 바꾸거나 핵심 사역을 인정하지 않는 에큐메니컬 신학을 거부하였다. 물론 로잔 진영 역시 사회적 책임이 교회와 그리스도인의 중요한 사명임을 인정하였지만,[48] 여전히 그 많은 일 중에서도 "교회가 희생적으로 해야 할 일 중에서 복음 전도가 최우선이다"[49] 라는 말을 언약 6항에서 언급함으로 말미암아 복음 전도가 가장 우

---

46 나이로비 대회에 대해 이용원은 "한 마디로 나이로비의 관심은 통전적 선교(the wholistic mission)에 있었으니 복음 전도와 사회적 책임과 봉사가 통합적 관계를 이루어야 한다는 것이다"라고 분석하였다. 이용원, "빌링겐에서 나이로비까지," 『선교와 신학』 4(1999):95.

47 이와 같은 신학은 이론적으로는 매우 합리적으로 보일 수 있지만 실제로 나타나는 결과는 제한된 선교의 자원과 시간을 방만하게 사용함으로 말미암아 어떤 목표도 제대로 달성할 수 없는 한계점을 보인다. 이런 점에서 스티븐 니일은 모든 것을 다 담으려 하는 에큐메니컬 선교신학에 대해 "모든 것이 선교면 아무것도 선교가 아니다"(If everything is mission, nothing is mission)라는 명언을 남겼다. Stephen Neil, *Creative Tension* (London: Edinburgh House, 1959), 81.

48 "… 우리는 복음 전도와 사회 정치적 참여는 우리 그리스도인의 의무의 두 부분임을 확언한다"라고 로잔언약 5항은 선언한다. Lausanne Movement, "로잔언약", 219.

49 Lausanne Movement, "로잔언약", 220.

선적이며 핵심적인 사역임을 언급한다.

물론 로잔이 복음 전도와 사회적 책임의 관계를 명확하게 정립하지 않고 다소 불분명한 어조로 정리함으로 말미암아 둘 사이의 관계에 대한 논쟁의 불씨를 남긴 것은 사실이지만, 적어도 로잔은 복음 전도가 우선적이고 핵심적인 사역임은 분명히 하였다.

마닐라 선언으로 가도 여전히 복음 전도가 우선적이며 핵심적인 사역이라는 것은 언급된다. 예를 들어, 1부 4항은 "복음과 사회적 책임"은 "우리의 주된 관심은 복음에 있으며, 모든 사람이 예수 그리스도를 구주로 영접할 기회를 얻도록 하는 데 있으므로 복음 전도가 우선이다"[50]라고 선언한다. 그리고 마지막 맺음말 역시 "로잔에서 우리는 온 세상의 복음화를 위해 함께 기도하고, 계획하고, 일할 것을 언약했다"[51]라고 언급함으로써 복음화의 과제가 핵심적이고 중요한 사역임을 언급한다. 하지만 마닐라 선언에는 사회적 책임 역시 어느 정도 함께 강조되어 나타난다.

예를 들어, 21개 항의 신앙고백 가운데 9항은 "우리는, 정의와 평화의 하나님 나라를 선포하고, 개인적이든 구조적이든 모든 불의와 억압을 고발하면서, 이 예언자적 증거에서 물러나지 않을 것을 단언한다"라고 선언한다. 에큐메니컬 진영의 통전적 선교 경향이 일정 부분 나타나는 것이라 할 수 있다.

그런데 케이프타운 서약으로 오면 에큐메니컬 신학의 영향이 더 강하게 나타나는 것으로 보인다. 물론 1부 7장 B 항에서 "우리는 모든 민족에게 복음을 전하기 위해 모든 가능한 수단을 동원하고자 했던 로잔운동의 처음 목적에 다시 새롭게 헌신한다"[52]라고 언급함으로써 케이프타운이 로잔운동의 연장선에 있음을 강조하고 복음 전도가 로잔운동에서 매우 중요한 사안임을 언급한다. 그러나 케이프타운은 로잔의 신학이 더 이상 어떤 핵심이나 우선성을 인정하지 않는 총체적 신학임을 여러 곳에서 언급한다.

---

50  Lausanne Movement, "마닐라 선언", 241.
51  Lausanne Movement, "마닐라 선언", 261.
52  Lausanne Movement, 『케이프타운 서약』, 46.

예를 들어, 1부 7장 B 항에서 케이프타운이 로잔운동의 처음 목적에 새롭게 헌신한다는 것을 언급한 바로 직후 C 항에서 "우리는 소외되고 억압받는 자들과 연대하고 그들을 지지하는 행위를 포함하여 정의를 증진하는 일에 새롭게 헌신한다. 우리는 악에 대한 이러한 투쟁을 영적 전쟁의 차원으로 인식한다"[53]라고 말함으로써 정의를 위한 투쟁이 단순한 사회적 책임이 아니라 영적 전쟁임을 언급하면서 복음 전도와 사회 행동 사이에 어떤 구분을 두지 않고 우선성이 없음을 보여 주고 있다.

제1부 10장 B 항 역시 "그러므로 우리의 모든 선교에서 복음 전도와 세상에서의 헌신적인 참여가 통합되어야 하며, 이 둘은 모두 하나님의 복음에 관한 성경 전체의 계시가 명령하고 주도하는 일이다"[54]라고 말함으로써 핵심 사역을 인정하지 않는 총체적 선교를 추구하고 있음을 보여 준다.

제1부 10장은 "하나님은 선교의 모든 차원을 총체적이고 역동적으로 실천하도록 그분의 교회를 부르셨으며, 우리는 이에 헌신한다"[55]라고 말함으로써 로잔이 추구하는 선교가 곧 총체적인 선교임을 언급하면서 다음과 같이 선언한다.

> 하나님은 우리에게 하나님의 계시 진리와 예수 그리스도를 통한 하나님의 구원하시는 은혜의 복음을 모든 나라들에 전하고, 모든 사람을 회개, 믿음, 세례(침례) 그리고 순종의 제자도로 부르도록 명령하신다. 하나님은 가난한 자들을 긍휼의 마음으로 돌봄으로써 그분 자신의 성품을 드러내고, 정의와 평화를 위해 분투하고 하나님의 창조 세계를 돌봄으로써 하나님의 나라의

---

53  Lausanne Movement, 『케이프타운 서약』, 47.
54  Lausanne Movement, 『케이프타운 서약』, 61.
55  Lausanne Movement, 『케이프타운 서약』, 62. 로잔은 에큐메니컬 진영이 사용하는 용어 '통전적 선교'(holistic mission)라는 용어보다는 '총체적 선교'(integral mission)라는 용어를 사용한다. 선교의 목표 차원의 통전성보다는 선교의 방법 차원에서의 통전성을 강조하기 위함이라고 판단된다. 하지만 어떤 단어를 사용하든 선교에 있어 우선성과 핵심을 거부한다는 차원에서는 거의 유사하다고 할 수 있다.

가치와 능력을 드러내라고 명령하신다.[56]

위에서 볼 수 있는 대로 로잔은 복음 전도와 사회적 책임을 모두 하나님의 선교에 동참하는 것으로 보면서 어떤 사역에 특별한 우선성이나 중요성을 두지 않는다. 그러면서 1부 7장에서 로잔이 추구하는 총체적 선교에 대해 "총체적인 선교란, 복음이 예수 그리스도의 십자가와 부활을 통해 성취된 하나님의 구원의 좋은 소식이며, 그 구원은 개인과 사회와 창조 세계를 위한 것이라는 성경적 진리를 분별하고 선포하고 살아내는 것이다"[57]라고 정의한다.

이러한 로잔의 선교 정의는 확실히 복음 전도에 우선성을 두었던 전통적인 선교와는 달라진 정의이며, 이 정의에는 에큐메니컬 진영의 영향이 다분히 반영된 것으로 보인다.

## 5. 약화한 복음 전도의 긴급성과 전도에의 헌신

### 1) 복음 전도의 긴급성이 희박한 에큐메니컬 선교신학

전통적인 선교에서는 복음 전도의 과제를 매우 긴급한 것으로 여기면서 가장 큰 헌신을 드려야 할 과제로 생각하는 경향이 강했다. 그리스도를 알지 못하는 영혼들이 영원한 멸망을 향해 달려가고 있으므로 이들을 구하는 일은 그 어떤 것보다 긴급한 일이며, 이 일을 위해서는 어떤 희생도 아깝지

---

56 Lausanne Movement, 『케이프타운 서약』, 62. 케이프타운은 마태복음과 요한복음의 강조점 차이에 대해 "마태복음에서 예수님은 우리에게 모든 민족으로 제자 삼으라는 최우선의 명령을 주셨다. 요한복음에서 예수님은 우리에게 세상이 우리가 예수님의 제자임을 알도록 서로 사랑하라는 최우선의 방법을 주셨다"라고 말하면서 총체적 선교를 추구하고 있다. Lausanne Movement, Lausanne Movement, 『케이프타운 서약』, 130.

57 Lausanne Movement, 『케이프타운 서약』, 44-45.

않은 것으로 여겼다. 이러한 신학적 사고가 있었기에 전통적인 선교사들은 자신의 모든 것을 희생해 가면서까지 선교 사역에 임했다. 언제 어느 때 주님의 재림이 있을지 알 수 없으므로 그 재림의 날이 임하기 전에 한 영혼이라도 더 구해야 한다는 긴박감이 강했다.[58]

하지만 에큐메니컬 진영에서는 이러한 긴박감을 찾아보기가 어렵다. 복음 전도를 위해 모든 것을 헌신해야 한다는 말 역시 찾기가 어렵다. 앞에서도 잠시 다루었듯이 에큐메니컬 진영의 세상 이해는 주님의 임박한 재림과 함께 모든 것이 끝나고 새 하늘과 새 땅으로 대체되는 세상 이해이기보다는 지속적으로 발전하여 이루어지는 세상 이해의 경향이 강하다. 이러한 세상 이해 속에서는 한 영혼이라도 더 구원해야 하는 긴박감보다는 이 세상을 좀 더 평화롭고 살기 좋은 세상으로 만드는 일이 더 중요한 일로 보일 수 있다. 당연히 바람직한 선교의 방향은 복음 전도를 위해 모든 것을 희생하면서 갈등의 소지를 늘리는 전통적인 의미의 선교보다는 세상의 평화, 화해, 일치, 창조 질서 보존 등을 위해 헌신하는 선교가 더 바람직한 선교로 보이게 되는 것이다.[59]

---

58  이러한 긴박감은 모범적인 선교사인 바울에게서도 잘 나타나는데 바울은 복음 전도의 긴박성 때문에 "너는 말씀을 전파하라, 때를 얻든지 못 얻든지 항상 힘쓰라" (딤후 4:2)에서 강하게 권하고 있다. 비울은 이 신앙을 가지고 평생을 복음 전도에 헌신하였다.

59  이것은 에큐메니컬 진영의 선교 방향의 옳고 그름을 말하려는 것이 아니라, 에큐메니컬 세상 이해를 갖게 될 때 자연스럽게 귀결되는 결과를 말하는 것이다. 에큐메니컬 진영의 복음 열정 약화에 대해서는 협의회의 학자들도 인정하는 사항이다. 예를 들어, 에큐메니컬 신학의 대가로 알려진 이형기는 1948년 암스테르담 창립총회에 대한 평가를 하면서, "이와 같은 WCC가 교회의 사회참여를 점차 강조하기 시작하여 교회사에서 그 유래를 찾아볼 수 없는 교회의 역사와 사회참여를 실천하기에 이른 것은 크나큰 교회사적 공헌이라 하겠다. 그러나 WCC가 1910년 에든버러의 WMC 이전의 복음주의적 선교 열의로부터 점점 거리를 멀리하고 있는 것도 사실이다"라고 분석하였다. 이형기, "에큐메니즘의 역사적 고찰", WCC, *And So Set Up Signs: The World Council of Chuches first 40 years*, 『세계교회협의회 40년사』, 이형기 역 (서울: 한국장로교출판사, 1993), 233.

## 2) 복음 전도의 긴급성과 연관된 에큐메니컬 선교신학의 영향

이와 같은 에큐메니컬 신학이 로잔운동에는 어떻게 영향을 미쳤는지 살펴보자. 로잔언약 15항을 살펴보면 로잔의 세상 이해를 엿볼 수가 있는데, 그 내용은 다음과 같다.

> 우리는 예수 그리스도께서 친히 권능과 영광중에 인격적으로 또 눈으로 볼 수 있게 재림하셔서 그의 구원과 심판을 완성하실 것을 믿는다. 이 재림의 약속은 우리의 복음 전도에 박차를 가한다…. 그러므로 우리는 인간이 이 땅 위에 유토피아를 건설할 수 있다는 생각은 오만한 자기 확신의 환상으로 간주해 이를 거부한다. 우리 그리스도인들은 하나님이 그의 나라를 완성하실 것이요, 우리는 그날을 간절히 사모하며 또 의가 거하고 하나님이 영원히 통치하실 새 하늘과 새 땅을 간절히 고대하고 있음을 확신한다.[60]

로잔언약에 나타난 세상 이해는 다분히 전통적인 세상 이해이며 이 세상의 발전을 통한 종말을 거부하고 하나님에 의한 새 하늘과 새 땅을 확신하고 있다. 이러한 세상 이해와 함께 로잔은 로잔언약 9항에서 "복음 전도의 긴박성"이란 제목 아래 "가능한 모든 수단을 총동원해서, 되도록 이른 시일 안에 한 사람도 빠짐없이 이 좋은 소식을 듣고, 깨닫고, 받아들일 기회를 얻는 것이 목표다. 희생 없이 이 목표를 성취하는 것을 기대할 수는 없다"[61]라고 언급함으로써 전도의 긴급성과 이를 위한 희생을 분명하게 강조한다.

마닐라 선언 역시 복음 전도의 긴급성과 헌신을 강조한다. 예를 들어, 마닐라 선언 신앙고백 21항은 "그러므로 우리는 주님이 오실 때까지 신실하

---

60　Lausanne Movement, "로잔언약", 229.
61　Lausanne Movement, "로잔언약", 223.

고 긴급하게 그리고 희생적으로 복음을 선포할 것을 결의한다"[62]라고 말하고 있고, 선언의 맺음말은 "마닐라에서 우리는 온 교회가 온 세상에 온전한 복음을 가지고 나아가 하나가 되어 희생적으로 주님이 재림하실 때까지 긴급하게 그리스도를 선포할 것을 선언하는 바이다"[63]라고 결론지으면서 로잔운동이 지향해야 할 선교는 복음 전도를 위해 긴급하게 헌신해야 하는 선교임을 강조한다.

그러나 케이프타운에 오면 이러한 긴급성과 헌신을 찾아보기 어렵다. 물론 케이프타운에 복음 전도에 대한 언급이 없는 것은 아니다. 케이프타운 제1부 8장은 "인류는 하나님을 거역하고 하나님의 권위를 거부하며 하나님의 말씀에 불순종했다. 그것은 인류에게 헤아릴 수 없는 비참한 결과를 남겼으며 하나님의 창조 세계를 심각하게 훼손했다. 이러한 절망적인 상황에서 성경의 복음은 실로 복된 소식이 아닐 수 없다"[64]라고 언급하면서, "바울의 선교적 목표는 모든 나라들 가운데 "믿음의 순종"을 일으키는 것이었다"[65]라고 언급한다.

그리고 제1부 7장 B 항에서 "우리는 모든 민족에게 복음을 전하기 위해 모든 가능한 수단을 동원하고자 했던 로잔운동의 처음 목적에 다시 새롭게 헌신한다"[66]라고 언급하면서 복음 전도에의 헌신을 언급하지만, 더 이상 복음 전도가 가장 우선적이고 핵심적인 사역이라는 표현이 없으며, 그 결과 로잔이나 마닐라에서 보여 주었던 복음 전도의 긴급성과 이를 위한 헌신과 같은 모습을 찾아보기 어렵다. 로잔운동이 갈수록 더 에큐메니컬 신학의 영향을 많이 받고 있는 것이 아닌지 생각하게 하는 대목이다.

---

62  Lausanne Movement, "마닐라 선언", 233.
63  Lausanne Movement, "마닐라 선언", 261.
64  Lausanne Movement, 『케이프타운 서약』, 50-51.
65  Lausanne Movement, 『케이프타운 서약』, 53.
66  Lausanne Movement, 『케이프타운 서약』, 46.

## 6. 요약 및 전망

지금까지 로잔운동에 미친 에큐메니컬 신학의 영향을 분석해 보았다. 에큐메니컬 신학의 특징은 단순하게 요약하기 어려울 정도로 매우 광범위하지만, 전통적인 선교신학을 기준으로 하여 이와 대비되는 점들을 그 특징으로 잡고 크게 다섯 가지 정도의 특징을 살펴보았다. 그것은 세상에 대한 긍정적 견해, 폭넓어진 선교의 대상과 과제, 선교에 있어 사회적 책임의 강화, 약화한 선교의 핵심 사역, 약화한 복음 전도의 긴급성과 헌신 등이었다.

본 장은 에큐메니컬 신학의 긍정성 혹은 부정성을 판단하는 데 관심을 두지 않고, 주로 전통적인 선교신학과 다른 에큐메니컬 선교신학이 로잔신학에 얼마나 영향을 미쳤는지를 객관적으로 분석하고자 하였다. 물론 이와 같은 다섯 가지 정도의 특징 선별 자체가 필자의 신학적 견해를 반영하는 것이라는 점에서 한계가 있지만, 에큐메니컬 신학의 이런 특징들은 보편적으로 널리 인정되는 특징이므로 이런 점들을 기준으로 로잔에 미친 에큐메니컬의 영향을 분석하여 보았다.

이상과 같은 관점을 가지고 본 장은 로잔이 에큐메니컬 진영과의 관계성 속에서 어떤 변화를 거쳐 왔는지를 큰 틀에서 살펴보았다. 특별히 로잔이 에큐메니컬 신학으로부터는 어떤 영향을 받았는지를 살펴보았다. 세상의 모든 신학이 그렇듯이 에큐메니컬 신학 역시 공과가 있다.

에큐메니컬 신학은 교회의 사회참여 측면에서 일정 부분 기여한 바가 있지만, 사회적 책임을 강조하다가 복음 전도의 우선성이나 복음 전도에의 헌신을 약화한 점도 있음을 부인하기 어렵다. 그런데 이러한 약점이 로잔운동에 점차로 드러나고 있음을 살펴보았으며, 로잔은 이러한 점을 깊이 고민하면서 보완할 필요가 있어 보인다.

## 제3장

## 로잔이 말하는 총체적 선교의 의미와 영향

　로잔운동은 2천 년대 들어서면서부터 '총체적 선교'(Integral Mission)라는 용어를 적극적으로 사용해오고 있다. 특별히 2004년에 열린 파타야 포럼에서 LOP 문서 33번으로 '통전적 선교'(Holistic Mission)라는 문서를 채택하였지만, 여전히 '통전적 선교'라는 용어보다는 '총체적 선교'라는 용어를 더 선호하는 경향이 있다. 그런데 이 용어가 주로 에큐메니컬 진영을 중심으로 많이 사용되는 '통전적 선교'(Holistic Mission)라는 용어와 같은 의미인지 아니면 다른 의미인지 명확히 규정하지 않고 사용하면서, 어떤 경우에는 같은 의미인 것 같기도 하고, 어떤 경우에는 다른 의미인 것 같기도 하는 등 다소 혼동을 주는 경향이 있다.
　이 장에서 우리는 로잔운동이 '총체적 선교'라는 용어를 어떤 의미로 사용하는지 그리고 그와 같은 사용이 로잔운동의 미래에 미칠 잠재적 영향력은 어떤 것인지 등에 대해 살펴보고자 한다. 이를 위하여 먼저 로잔운동에서 '총체적 선교'라는 용어가 어떻게 시작되었고 어떤 의미로 쓰여 왔는지를 살펴볼 것이다.
　그 후에 이러한 이해가 로잔운동의 선교를 어떤 방향으로 이끌게 될 것인지 즉 로잔운동에 어떤 영향을 미치게 될 것인지를 전망해 보고자 한다. 이와 같은 연구는 로잔의 선교 개념을 명확히 하면서 로잔의 정체성을 분명히 밝히고 로잔의 미래 방향 설정에 일정 부분 도움을 줄 것으로 기대된다.

## 1. 총체적 선교 개념의 태동과 의미 변천

### 1) '총체적 선교'라는 용어의 태동 역사

'총체적 선교'라는 용어의 태동 배경에는 비슷한 용어인 '통전적 선교'라는 용어가 놓여 있다. 즉, 통전적 선교 개념의 영향으로 총체적 선교가 나타났다고 할 수 있는데, '통전적 선교'는 제5차 WCC 나이로비 총회에서 그 모습을 드러내었다. 나이로비는 에큐메니컬 진영과 복음주의 진영이 서로 선교의 개념을 두고 논쟁이 심한 가운데 해결책의 한 방안으로 복음전도와 사회적 책임이 통합적 관계를 이루어야 함을 강조하면서 통전적 선교 개념을 제시하였다.[1]

그 후 1982년에 발표된 세계교회협의회의 선교와 전도에 관한 공식 입장이라 할 수 있는 "선교와 전도: 에큐메니컬 확언"(Mission and Evangelism: An Ecumenical Affirmation) 문서는 "예수 안에서 '영적인 복음'과 '물질적인 복음'은 나누어질 수 없는 하나의 복음이다"[2]라는 말을 하면서 통전적 선교신학의 당위성을 주장하였다.

그런데 에큐메니컬 진영의 이와 같은 통전적 시각은 사실 완전히 새로운 것이 아니었다. 1975년 나이로비의 통전적 선교 개념 제시 이전에도 에큐메니컬 진영은 이미 통전적 시각을 지니고 있었다. 예를 들면, 1968년 웁살라 총회 당시 총무였던 비서트 후푸트(W. A. Vissert' Hooft)는 총회 개막 연설에서 복음을 개인의 삶과 연관 짓는 수직적 해석과 세계 속의 인간관계에 연결 짓는 수평적 해석 사이의 양극단을 왕복하는 운동을 그만두어야

---

1 나이로비 대회에 대해 이용원은 "한 마디로 나이로비의 관심은 통전적 선교(the wholistic mission)에 있었으니 복음 전도와 사회적 책임과 봉사가 통합적 관계를 이루어야 한다는 것이다"라고 분석하였다. 이용원, "빌링겐에서 나이로비까지," 「선교와 신학」 4(1999):95.
2 WCC, "선교와 전도: 에큐메니컬 확언" 33항, in WCC, *You are the Light of the World*, 『통전적 선교를 위한 신학과 실천』, 56.

함을 강조하였고,³ 구원의 개념을 새롭게 정립한 1973년 방콕 대회 역시 구원의 개념을 전통적인 영혼구원대신 영과 육 그리고 개인과 사회의 구원을 모두 포함하는 통전적 구원 개념을 제시하였다.⁴

즉, 통전적 선교 이해는 복음주의 신학과의 조화에서 새롭게 나온 것이기보다는 이미 에큐메니컬 진영의 선교 의식 속에 있었고 거기에다가 약간 새로운 옷을 입힌 정도의 개념이라 할 수 있으며, 그런 점에서 기본적으로 에큐메니컬 선교 이해와 거의 대동소이한 것이라 할 수 있다.

에큐메니컬 신학은 본래 기본적으로 영과 육, 교회와 세상, 인간과 피조물, 이 세상과 저세상, 개인구원과 사회구원 등을 나누고 어느 한쪽에 우선순위를 두는 시각을 거부하고 모든 것을 통전적으로 보는 시각을 지니고 있었다.⁵ 그러므로 에큐메니컬 선교 개념과 통전적 선교 개념은 기본적으로 거의 대동소이한 것이라 해도 과언이 아닐 것이다. 이 점은 임희모도 이미 언급한 바 있는데 그는 "통전적 선교 개념은 에반젤리칼주의자와 에큐메니컬주의자를 구분하지 않는다. 이들은 이미 통전성 속에서 용해되어 버린 것이다. 이들은 이론적으로 이미 에큐메니컬적 틀에 들어가 있는 것이다"⁶라고 언급하였다. 즉, 통전적 선교 개념은 기본적으로 에큐메니컬 선교 개념 속에 있던 것이었다.

그런데 위와 같은 에큐메니컬 진영의 통전적 선교 개념은 로잔 진영의 선교 개념에도 상당한 영향을 미치게 되었다. 특별히 로잔 진영 안에서 급진적 제자도를 주장하는 사람들(예를 들면, 르네 빠딜랴, 사무엘 에스코바 등)은

---

3   Lausanne Movement, "Holistic Mission," LOP 33. in WCC, *You are the Light of the World*, 『통전적 선교를 위한 신학과 실천』, 부록 2. 257-258.
4   구원의 개념이 통전적이라면 자연스럽게 선교 역시 통전적 이해와 접근이 필요한 것이며, 이런 점에서 방콕의 구원 이해는 당연히 통전적 선교의 개념을 출현시켰다.
5   이러한 시각은 스탠리 존스(Stanley E. Jones)의 "사회 복음 없는 개인의 복음은 육신 없는 영혼과 같으며, 개인의 구원이 없는 사회 복음은 영혼이 없는 육신과 같은 것이다"라는 말이 잘 대변해 주는 것이라 할 수 있다. Stanley E. Jones, *The Unshakable Kingdom and the Unchanging Person* (Nashville: Abingdon Press, 1972), 40.
6   임희모, "에반젤리칼 선교신학의 에큐메니컬 대화," 한국선교신학회 편, 『복음주의와 에큐메니즘의 대화』(서울: 다산글방, 1999), 72.

1960년대부터 불기 시작한 남미 해방신학의 영향을 많이 받고 있었기에 선교에서의 사회적 책임을 강조하였고 자연히 에큐메니컬 진영의 통전적 선교 개념과 상당한 공감대를 형성한 것으로 보인다.

이들은 로잔 신학의 기초를 형성하는데 크게 기여한 존 스토트와도 교제하면서 스토트의 통전적 선교 시각 형성에 일정 부분 영향을 미쳤다. 물론 스토트 자신도 비서구 세계의 가난을 목격하고 1968년 WCC 웁살라 총회에 참가한 후부터 점점 시각이 바뀌면서 통전적 선교의 시각을 갖게 되었다.[7]

위와 같은 사람들의 영향으로 로잔은 점차로 '복음 전도의 우선성'으로부터 복음 전도와 사회적 책임을 동등하게 보는 방향으로 나아갔다. 그리하여 1980년 3월 17일부터 21일까지 영국 호데스돈의 하이레이에서 열린 "단순한 삶에 관한 대회"(Consultation on Simple Lifestyle) 그리고 1982년에 미국 미시간주의 그랜드래피즈에서 열린 그랜드래피즈 대회 등에서 로잔은 선교에 있어 복음 전도와 사회적 책임을 거의 대등한 관계로 강조하였다.[8] 또한, 1989년 마닐라 제2차 로잔 대회는 복음 전도의 우선성을 선언하면서도 사회적 책임 부분도 균형 있게 강조하고자 하였다.[9]

---

7  John Stott, *Christian Mission in the Modern World* (Downers Grove: Inter Varsity Press, 1975), 27. 스토트는 "이제 우리가 예수님의 말씀을 왜곡시키는 잘못을 범하지 않으려면, 위임의 결과뿐만 아니라 실제로 위임 자체가 복음전파의 책임과 더불어 사회적 책임을 포함한다고 이해해야 한다"라고 주장한다. John Stott, *Christian Mission in the Modern World*, 23.

8  김은수는 그랜드래피즈 선언문에 대해 평가하기를 "보고서는 세계의 약 8억의 사람들 혹은 전 인류의 1/5이 절대 빈곤 인구이며, … 복음 전도와 사회적 책임은 그 어느 것 하나도 기독교인의 포기할 수 없는 기본적인 의무임을 밝힘으로써 복음주의 신학의 통전적인 선교와 기독교 사회 윤리의 정립에 기여하였다"라고 평가한다. 김은수, "복음주의 선교와 신학적 과제," 한국선교신학회 편, 『복음주의와 에큐메니즘의 대화』(서울: 다산글방, 1999), 43-44.

9  박보경, "로잔 복음화 운동과 한국 교회: 로잔운동에 나타난 전도와 사회적 책임의 관계," 「복음과 선교」제 22집(2013): 25-26. 박영환은 1989년에 '성 안토니오 CWME 대회'와 '마닐라 제2차 로잔 대회'가 양 진영에서 각각 열리면서 양 진영이 "… 하나의 '통전적 선교' 신학으로 바라보게 하는 통합적 결과를 도출하게 되었다"라고 평가한다. 박영환, "로잔운동의 선교신학과 WCC 선교신학의 비교," 한국로잔연구교수회 편, 『로잔운동과 선교』, 203.

그리고 2000년에 들어서면서부터 로잔 진영은 통전적 선교신학을 좀 더 적극적으로 수용하는 경향을 보였다. 예를 들면, 2001년 영국 옥스퍼드에서 결성된 "미가 네트워크"(Micah Network), 2004년 파타야 대회, 그리고 2010년 '케이프타운 제3차 로잔 대회' 등에 오면 통전적 선교가 더욱 적극적으로 수용되었다. 특별히 3차 대회인 케이프타운 선언은 전도의 우선성에 대해 언급하지 않는다는 점에서 통전적 선교를 공식적으로 천명하였다고 할 수 있다.[10]

이처럼 로잔 진영이 에큐메니컬 진영의 영향을 받아 통전적 선교로의 이해 변화의 과정 속에서도 로잔은 '통전적 선교'라는 용어보다는 '총체적 선교'라는 용어를 선호하는 경향을 보인다. 그것은 아마도 로잔이 선교 방식에서의 통전적 접근에 대해서는 동의를 하지만, 에큐메니컬 진영처럼 선교 목표까지 완전히 통전적 관점으로 바라보는 것에 대해서는 여전히 약간의 머뭇거림이 있기 때문으로 보인다. 그 상황을 다음 부분에서 좀 더 자세히 살펴보자.

## 2) 선교의 방법에서 총체성

전통적인 선교에 있어 주요한 두 가지 방법은 '복음 전도'와 '사회봉사'다. 이 두 가지 방법을 통해 '세계 복음화'라는 선교의 목표를 이루겠다는 것이 전통적인 선교 이해였다. 전통적인 선교가 사회봉사를 게을리했

---

10 박보경, "로잔 복음화 운동과 한국 교회: 로잔운동에 나타난 전도와 사회적 책임의 관계," 37. 김현진은 이러한 통전적 선교를 균형 잡힌 선교로 표현하면서 "바람직하고 균형 잡힌 선교는 새 계명(New Commandment)을 실천하는 구심적 선교와 대위임령(Great Commission)을 수행하는 원심적 선교의 조화이다"라고 기술하고 있다. 김현진, "온전한 복음과 온전한 교회 개혁의 방향성,"「복음과 선교」제42집(2018): 50. 13-61. 김성민은 통전적 선교 개념이 널리 확산되어 수용되는 상황에 대해 "무엇보다 예수 그리스도의 복음 사역이 용서와 은혜에 국한된 것이 아니라, 하나님의 공의를 실천하는 것으로서 최근 이웃 사랑의 실천이 강조된 사회정의를 구현하려는 교회와 교단이 점차 증가하고 있다"라고 분석한다. 김성민, "기독교 사회정의를 통한 사회통합적 선교 전략 연구,"「복음과 선교」제37집(2017):84.

다고 생각하는 것은 잘못된 것이다. 전통적 선교도 사회봉사에 많은 힘을 기울였다. 다만 사회봉사는 그 자체가 목적이기보다는 선교 목적을 위한 방법 차원으로 이해되었으며, 세계 복음화는 하나님과의 바른 관계가 회복되도록 만드는 일이므로 하나님과의 화해를 받아들이도록 돕는 '복음 전도'가 핵심적인 사역으로 인식될 수밖에 없었다.

실제적인 사역의 순서로 보면 상황에 따라 사회봉사가 먼저 이루어질 수 있고, 실질적인 사역의 양으로만 보면 사회봉사가 훨씬 더 많은 양을 차지한다 해도 결국 하나님과의 화해가 있으려면 복음 전도가 있어야 하므로 전통적인 선교에서는 '복음 전도'가 핵심적인 선교의 방법이었고, '사회봉사'는 이 전도를 돕기 위한 보조적인 방법으로 이해되었다.

이런 점에서 로잔언약은 5항 그리스도인의 사회적 책임에서 "물론 사람과의 화해가 곧 하나님과의 화해는 아니며 또 사회참여가 곧 복음 전도일 수 없으며 정치적 해방이 곧 구원은 아닐지라도, 우리는 복음 전도와 사회 정치적 참여는 우리 그리스도인의 의무의 두 부분임을 확언한다"[11]라고 말한다. 즉, 복음 전도와 사회 정치적 책임이 그리스도인의 의무인 것은 분명하지만 그렇다고 사람과의 화해, 사회참여, 정치적 해방이 곧 구원은 아니라는 것을 시사하고 있다. 그런 점에서 로잔언약 6항은 "교회가 희생적으로 해야 할 일 중에서 복음 전도가 최우선이다"[12]라는 말을 하면서 복음 전도가 우선적인 사역임을 천명했다.

하지만 로잔은 '사회봉사'라는 용어를 '사회참여' 혹은 '사회적 책임'으로 살짝 바꾸어 놓았다. 사회봉사는 사람들의 필요를 채워 주는 개인적인 접근이라면, 사회참여나 사회적 책임은 개인적인 접근뿐 아니라 사회구조 자체를 변화시키는 구조적 접근까지도 포함하는 것이라 할 수 있다. 이것은 로잔언약 5항에 "그러므로 우리는 모든 종류의 억압으로부터 해방

---

11  Lausanne Movement, "로잔언약," 『케이프타운 서약』, 최형근 역 (서울: IVP, 2012), 부록 2 로잔언약 5항, 219.
12  Lausanne Movement, "로잔언약," 부록 2 로잔언약 6항, 220.

하려는 하나님의 관심에 동참하여야 한다"[13]라는 표현 속에 잘 나타나 있다. 즉, 전통적인 복음주의는 기본적으로 개인적인 접근인 사회봉사에 대해 적극적이었지만, 사회 구조 자체를 변화시키는 구조적 접근인 사회적 책임에 대하여는 다소 망설임을 지니고 있었다.

하지만 로잔은 단순히 개인적 차원의 봉사를 넘어서서 사회 구조의 변혁을 위한 사회참여는 사회적 책임을 감당하겠다는 뜻을 표시한 것이다. 그리고 5항 마지막 부분에 "우리가 선포하는 구원은 우리가 개인적 책임과 사회적 책임을 총체적으로 수행하도록 우리를 변화시켜야 한다"[14]라고 말함으로써 선교의 방법에 있어 총체적 선교의 길을 열어 놓고 있다. 즉, 로잔언약은 복음 전도의 우선성을 말하면서도 총체적 선교의 물꼬를 터놓고 있는 셈이다.

그 후 로잔은 복음 전도의 우선성을 견지하면서도 전도의 우선성보다는 전도와 사회적 책임의 총체성을 강조하는 방향으로 조금씩 이동하는 경향을 보여 왔다. 예를 들면, 1980년 영국 호데스돈의 하이레이에서 열린 "단순한 삶에 관한 대회"(Consultation on Simple Lifestyle)는 "책임 있는 삶에로의 요청(call to a responsible lifestyle)은 책임 있는 증거에로의 요청(call to responsible witness)과 분리될 수 없다. 왜냐하면, 우리의 메시지가 우리의 삶과 충돌될 때 그 신뢰성이 심각하게 훼손되기 때문이다"[15]라고 주장하면서 선교에 있어 사회적 책임의 위치를 전도와 대등한 관계로 올려놓은 총체적 이해의 입장을 내어놓았다.

1982년에는 미국 미시간주의 그랜드래피즈에서 대회가 열렸고 이 대회 후 총 7장으로 구성된 "전도와 사회참여: 복음주의적 헌신"이라는 제목의

---

13  Lausanne Movement, "로잔언약," 부록 2 로잔언약 5항, 219.
14  Lausanne Movement, "로잔언약," 부록 2 로잔언약 5항, 220.
15  Lausanne Committee for World Evangelization, *An Evangelical Committment to Simple Life-Style, Lausanne Occasional Paper, No. 20* (IL: Wheaton, Lausanne Committee for World Evangelization, 1980), 26-27.

선언문이 발표되었는데,[16] 이 선언문에 대해 김은수가 "… 복음 전도와 사회적 책임은 그 어느 것 하나도 기독교인의 포기할 수 없는 기본적인 의무임을 밝힘으로써 복음주의 신학의 통전적인 선교와 기독교 사회 윤리의 정립에 기여하였다"[17]라고 평가할 정도로 로잔은 총체적 방향으로 나아갔다.

1989년에는 로잔 제2차 마닐라 대회가 열렸는데, 이 대회의 성격에 대해 박보경은 "요약하면, 1989년 마닐라 선언문은 비록 그 단어 선정에 있어서는 복음 전도의 우선성을 명백하게 선언하고 있다. 그런데도 선언문은 사회적 책임 부분도 균형 있게 강조하고자 한 노력이 보인다"[18]라고 평가하였다.

### 3) 선교의 목표에서의 총체성

앞에서 살펴본 대로 로잔은 선교 방법 차원의 복음 전도와 사회적 책임에서 복음 전도에 우선순위를 두었던 것에서 점차 총체적인 것으로 옮겨 갔다. 그리고 시간이 흐르면서 로잔은 선교의 방법 차원을 넘어서 선교의 목표 차원에서도 점차 우선순위를 배제하고 총체적 이해를 하기 시작하였다.[19] 즉, 선교의 방법인 복음 전도와 사회적 책임을 총체적으로 설정하면서 복음 전도의 목표라 할 수 있는 '복음화'와 사회적 책임의 목표라 할

---

16 박보경, "로잔 복음화 운동과 한국 교회: 로잔운동에 나타난 전도와 사회적 책임의 관계," 18-19.
17 김은수, "복음주의 선교와 신학적 과제," 43-44.
18 마닐라 대회의 총체적 성격에 대해 박보경은 다음과 같이 요약한다. "첫째, 복음 전도의 우선성을 보여 주는 4장 전체에서 전도의 우선성이라는 표현과 함께 나머지 부분의 내용들이 교회의 사회적 책임과 관련된 사항을 다루고 있다는 점이다. 둘째, 로잔언약에서는 전도라는 단어의 지속적인 반복을 통해 전도가 강조되는 반면, 하나님의 나라는 제5항에 단 한 번 등장할 뿐이다. 그에 비해 마닐라 대회는 '하나님의 나라'라는 용어가 총 6회(고백 제9항, 온전한 복음 서론에 한 번, 제4항에 세 번, 제8항에 한 번)나 등장시켜 하나님 나라가 좀 더 강조된 점이다. 셋째, 마닐라 선언문에는 로잔 대회의 문건보다 훨씬 더 '세상'의 상황에 대한 언급의 분량이 많아졌다는 점이다." 박보경, "로잔 복음화 운동과 한국 교회: 로잔운동에 나타난 전도와 사회적 책임의 관계," 25-26.
19 선교의 방법과 목표는 서로가 매우 밀접하게 연결되어 있고 서로가 서로에게 영향을 주기 때문에 이 둘을 명확하게 구분하는 것은 쉽지 않은 일이다. 그런데도 목표와 방법을 구분하는 작업은 효율적인 목표 달성을 위해 필요한 작업이다.

수 있는 '인간화'도 총체적으로 이해하기 시작하였다. 이러한 경향은 2천 년이 넘어가면서부터 본격적으로 나타나기 시작하였다고 할 수 있다.

예를 들면, 2001년 9·11 사태가 발생한 후 영국 옥스퍼드에서 결성된 미가 네트워크는 선교를 총체적 선교(Integral Mission) 혹은 통전적 변혁(Holistic Transformation)으로 표현하면서 이러한 선교는 "정의와 믿음을 통한 '의', 예배와 정치적 행동, 영적이며 물질적인 개인적 변화와 구조적 변화가 모두 함께 속해 있다. 예수의 삶과 존재와 행동과 말이 우리의 총체적 사명의 중심이 된다"[20]고 언급한다. 즉, 영적이며 물질적인 개인적 변화인 복음화와 구조적 변화인 인간화가 모두 총체적으로 우리의 사명이 되어야 한다는 것이며 선교에서도 이 모든 것을 함께 이해하는 총체적 이해의 경향을 드러낸다.

그 후 2004년에 파타야에서 열린 로잔 대회는 제3차 로잔 대회로 명명돼야 한다고 주장될 정도로 큰 규모로 열렸으며 이 대회에서 전도와 사회 참여 이슈를 다룬 그룹은 '통전적 선교'(Holistic Mission)라는 제목의 결과물을 도출했다. 이 문서는 "… 통전적 선교란 하나님의 요구를 포함한 인간의 기본적인 요구뿐 아니라 음식, 사랑, 주거, 의복, 육체적 정신적 건강, 인간의 존엄성에 대한 만족을 지향하는 선교이다"[21]라고 정의했고, 이러한 정의를 내리는 이유에 대해 "왜냐하면, 선교는 전 피조 세계와 인간의 전 삶을 포함하는 하나님의 선교에 달려있기 때문이다"[22]라고 설명한다.

즉, 하나님의 선교가 모든 피조 세계와 인간의 전 삶을 다 포함하기에 선교의 목표도 어느 하나에 우선순위를 두지 않는 총체적인 것이 되어야 한다는 것이다. 이런 점을 보면서 박보경은 "드디어 로잔 진영 안에서 전도의 우선성이 통전적 (총체적) 선교로 대치되기 시작했다는 것이다"[23]라고

---

20　Micah Network, "Micah Declaration on Integral Mission," http://www.micahnetwork.org/sites/default/files/doc/page/mn_integral_mission_declaration_en.pdf. 접속일 2019. 3. 20.
21　Lausanne Movement, "Holistic Mission," LOP 33. 부록 2. 266.
22　Lausanne Movement, "Holistic Mission," LOP 33. 부록 2. 265.
23　박보경, "로잔운동에 나타난 전도와 사회적 책임의 관계," 21.

말하면서 "… 2004년부터의 로잔운동의 흐름이 전도의 우선성보다 총체적 선교의 개념이 중심을 이루게 되었다고 판단한다"[24]고 언급하였다.

이후 2010년에 열린 케이프타운 제3차 로잔 대회에서도 선교 목표의 총체성이 분명히 나타났다. 예를 들어, 케이프타운 서약 1부 10장은 "우리가 선포하는 구원은 우리가 개인적 책임과 사회적 책임을 총체적으로 수행하도록 우리를 변화시켜야 한다"[25]라고 말하면서 교회가 총체적인 선교를 감당할 수 있도록 변해야 함을 강조하였고, 제1부 7장은 "개인과 사회와 창조 세계는 모두 죄로 인해 깨어지고 고통당하고 있으며, 또한, 하나님의 구속적 사랑과 선교에 포함되므로, 이 셋은 모두 하나님 백성의 포괄적인 선교의 대상이 되어야만 한다"[26]라고 말함으로써 선교의 대상을 포괄적으로 고려하면서 총체적 선교 목표를 설정하고 있다.

즉, 케이프타운에 오면 문서에 나타난 표현으로만 보면 이제 전통적인 로잔 진영의 선교 목표와 에큐메니컬 진영의 선교 목표 사이에 큰 차이를 발견하기가 어려울 정도로 두 진영의 선교신학은 총체적 선교 (또는 통전적 선교)라는 점에서 유사성을 보인다.[27] 따라서 에큐메니컬 진영이 말하는 통전적 선교와 로잔 진영이 말하는 총체적 선교 사이에 큰 차이가 없는 것으로 보인다.

---

24 박보경, "로잔운동에 나타난 전도와 사회적 책임의 관계," 25. 박보경은 또한, "마닐라 대회에서 두각을 드러낸 '주후 2000년과 그 이후' 운동은 10/40창의 미전도 종족 선교를 최우선 과제로 삼고 있기 때문에 1990년 이후에도 전도의 우선성은 여전히 로잔운동의 중심에 위치하고 있었다"라고 말하면서 로잔운동이 2천 년 이전에는 전도의 우선성을 유지하고 있었음을 말하고 있다. 박보경, "로잔운동에 나타난 화해로서의 선교," 한국로잔연구교수회 편,『로잔운동의 선교 동향』(서울: 올리브나무, 2015), 179.
25 Lausanne Movement, *The Cape Town Commitment: Study Edition* 1부 10장,『케이프타운 서약』, 61.
26 Lausanne Movement,『케이프타운 서약』, 45.
27 이제 로잔 진영은 복음 전도와 사회적 책임을 구분지어서 선교 개념에서 배제하거나 차선에 두었던 과거의 흐름과는 다른 모습을 보인다. 이것은 에큐메니컬 선교신학이나 포스트모더니즘의 영향이 많이 반영된 것으로 보인다. 이현모, "복음주의 선교신학의 변화와 포스트모더니즘,"「선교와 신학」Vol. 12(2003): 73.

## 2. 총체적 선교 개념이 로잔운동에 미칠 잠재적 영향력

### 1) 우선성의 포기와 복음화의 약화 가능성

로잔이 선교에서의 복음 전도의 우선성을 뒤로 하고 총체성을 추구하고 있음을 앞에서 살펴보았다. 그런데 총체적 선교란 용어는 그 용어 속에 이미 '우선성' 혹은 '핵심'이라는 의미를 담을 수 있는 여지가 없다. 특정 목표나 방법이 우선으로 중요한 것이 아니라 모두가 다 중요하다는 의미에서 '총체적'이라는 말이 쓰이기 때문이다. 즉, '총체적'이라는 말속에서는 그 어떤 요소도 특별히 더 우선적이거나 본질적이라고 해석되기 어렵다. 그렇지 않다면 '총체적' 혹은 '통전적' 이란 용어를 새롭게 쓸 이유가 없다. 전통적인 선교도 선교를 수행할 때 복음 전도만을 한 것이 아니라 사회봉사와 함께 총체적으로 선교를 수행했기 때문이다.

복음 전도의 우선성과 연관하여 로잔은 크게 대략 3단계를 거치면서 우선성에 대한 인식 변화를 거쳐 왔다고 할 수 있다. 그러한 변화는 세 차례의 로잔 대회에 잘 드러난다고 할 수 있는데 예를 들어, 제1차 로잔 대회의 경우 로잔은 사회적 책임을 논하지만 "교회가 희생적으로 해야 할 일 중에서 복음 전도가 최우선이다"[28]라는 말을 언약 6항에서 언급함으로 말미암아 복음 전도가 가장 우선적이며 핵심적인 사역임을 언급하였다. 즉, 로잔의 1단계는 총체성을 일정 부분 인정하면서도 복음 전도의 우선성에 대해서는 분명한 입장을 지녔다.

2단계는 2차 대회인 마닐라 대회에서 나타나고 있다고 할 수 있는데, 이때에는 복음과 사회적 책임과 연관하여 "우리의 주된 관심은 복음에 있으

---

[28] Lausanne Movement, "로잔언약," 220. 이러한 견해는 전통적인 선교 견해와 유사한 면이 있는데, 전통적인 선교는 선교의 궁극적인 목표를 영혼구원으로 정하였고 영혼구원을 위해서는 복음의 전파가 필수적인 사안이었으므로 복음 전도가 늘 핵심 사역의 위치를 점유하고 있었다. 신경규, "선교 해석학적 관점에서 본 복음주의의 두 기본 신학," 「복음과 선교」 29(2015): 165.

며, 모든 사람이 예수 그리스도를 구주로 영접할 기회를 얻도록 하는 데 있으므로 복음 전도가 우선이다"(1부 4항)[29]라는 선언과 "우리는 정의와 평화의 하나님 나라를 선포하고, 개인적이든 구조적이든 모든 불의와 억압을 고발하면서, 이 예언자적 증거에서 물러나지 않을 것을 단언한다"(신앙고백 9항)[30]는 선언이 함께 나타난다. 즉, 로잔의 2단계는 복음의 우선성과 선교의 총체성을 동시에 다 견지하는 태도를 지닌다고 할 수 있다.

3단계는 3차 대회인 케이프타운 대회에서 잘 나타난다고 할 수 있는데, 이 단계에 오면 로잔은 2단계 때와 달리 우선성을 거의 상실하게 된다. 즉, 우선성은 사라지고 총체적 선교만 남게 되는 것이다. 케이프타운이 복음 전도를 언급하기는 하지만 로잔과 마닐라에 나타났던 복음 전도의 긴급성과 이를 위한 헌신과 같은 말을 찾아볼 수 없게 된다.

예를 들어, 1부 7장 C 항에서 "우리는 소외되고 억압받는 자들과 연대하고 그들을 지지하는 행위를 포함해 정의를 증진하는 일에 새롭게 헌신한다. 우리는 악에 대한 이러한 투쟁을 영적 전쟁의 차원으로 인식한다"[31]라고 말함으로써 정의를 위한 투쟁을 영적 전쟁 즉 선교 사역으로 묘사하면서 '사회 행동이 곧 선교'라는 도식을 두고 복음 전도와 사회 행동 사이의 구분을 없애고 둘 사이의 어떤 우선성을 인정하지 않게 된다.

이처럼 총체적 선교를 추구하면서 우선성을 약화할 때 어떤 결과가 나타날까?

그것은 바로 복음화의 약화로 이어질 수 있다는 점이다. 이것은 단순한 추측이 아니라 에큐메니컬 진영의 학자조차도 인정하는 바이다. 예를 들면, 에큐메니컬 신학의 대표적 학자 중 하나인 이형기는 1975년 나이로비에 대해 평가하면서 "이런 의미에서 로져 바샴(Bassham)의 말대로 1975년의 나이로비 WCC는 '통전적 선교'(Holistic Mission)를 지향했다. 그러나 역시

---

29  Lausanne Movement, "마닐라 선언," 241.
30  Lausanne Movement, "마닐라 선언," 232.
31  Lausanne Movement, 『케이프타운 서약』, 47.

19세기의 복음주의적 선교적 열의로부터는 멀어져만 갔다"[32]라는 평가를 내어놓았다.

이 말에 의하면 복음의 우선성을 약화하고 모든 것을 동일하게 보는 통전적 또는 총체적 선교신학은 자연스럽게 복음화의 약화로 이어지는 결과를 낳게 됨을 보게 된다. 그는 또한, 복음 전도와 사회참여가 서로 반비례적인 성격을 지니고 있음에 대해 "복음과 교회의 정체성에 안주하는 한 교회의 사회참여를 소홀히 여기게 되고, 교회의 사회참여에 전념하다 보면 복음과 교회의 정체성을 상실하고 헤매지 않나 하는 문제가 오늘 우리 한국에서까지 심각한 문제로 등장하고 있다"[33]라고 언급한 바 있다. 이러한 반비례적인 성격에 대하여는 몰트만(J. Moltmann)도 다음과 같이 언급하고 있다.

> 신학자들의 기독교적 삶, 교회들이나 인류는 언제나 이중적 위기에 직면해 있다. 하나는 참여의 위기요, 다른 하나는 자기 정체성의 위기이다. 이 두 위기는 상호 보충적이다. 신학과 교회가 현대의 문제들에 애쓰고 관계하면 할수록 자신의 기독교적 정체성이 더욱더 위기에 떨어진다. 반면에 이들이 전통적인 교리들, 전통적인 기득권들 및 전통적 도덕 표준을 주장하려 하면 할수록, 이들은 현대의 문제들에 더욱 무관심하게 된다. 우리는 이것을 '정체성-참여'(Identity-Relevance)의 딜레마라고 표현해야 더 정확하다.[34]

정체성 즉 복음을 강조하면 참여 즉 사회참여가 약해지게 되고, 참여를 강조하면 정체성 즉 복음이 약화한다는 것이다. 이것은 옳고 그름의 문제를 말한 것이 아니다. 이것은 제한적인 인간 세계에서 나타나는 현상이다.

---

32  이형기, "에큐메니즘의 역사적 고찰," in WCC, 『세계교회협의회 40년사』 (서울: 한국장로교출판사, 1993), 235-236.
33  이형기, "WCC에 나타난 교회와 사회문제," in WCC, 『역대총회종합보고서』 (서울: 한국장로교출판사, 1993), 569.
34  J. Moltmann, *The Crucified God* (New York: Harper & Row, 1974), 7.

그래서 모든 일을 할 때 우선순위 혹은 핵심을 고려하는 것이다. 중요하고 핵심적인 일에 우선적인 힘을 기울이는 이유가 여기에 있는 것이다.

이런 이유로 예수께서도 "한 사람이 두 주인을 섬기지 못할 것이니… 너희가 하나님과 재물을 겸하여 섬기지 못하느니라"(마 6:24)[35]고 말씀하셨고, "그런즉 너희는 먼저 그의 나라와 그의 의를 구하라"(마 6:33)고 명령하셨다. 여기에서 '먼저'라는 단어의 원어 '프로톤'(*proton*)은 상대적인 순서상의 먼저 정도의 의미가 아니라 절대적인 의미의 첫 번째를 의미하는 말이며 그리스도의 제자가 추구해야 하는 삶에는 절대적인 우선성이 있음을 말씀한다.

즉, 예수의 말씀이 강조하는 바는 제자들의 삶에는 핵심이 있고 주변적인 것이 있으며, 그런 점에서 우선적으로 할 일과 후에 할 일이 있음을 말씀하고 있다.[36] 이런 명확한 우선순위가 없으면 인간은 자연스럽게 하나님보다는 재물 그리고 하나님의 나라보다는 자기 이익 쪽으로 기울어질 가능성이 큰 것이다. 로잔 역시 우선순위를 명확히 하지 않으면 점차 복음 전도가 약화하는 방향으로 갈 것으로 보이며, 이미 40여 년의 로잔 역사가 이것을 보여 주는 것 같다. 주님이 왜 우선순위와 핵심 사항을 강조하셨는지를 생각해 보아야 할 필요가 여기에 있는 것이다.

### 2) 로잔운동 자체의 약화 가능성

로잔운동이 1974년에 탄생할 당시 가장 중요한 태동 동인은 모두가 익히 아는 대로 복음 전도 중심의 선교 운동이 심각하게 훼손되고 있다는 위기감이었다. 제1차 로잔 대회에서 빌리 그래함(Billy Graham)은 "에든버러

---

35 『옥스퍼드원어성경대전』은 이 본문을 주해하면서 "여기서 예수께서는 인간이 재물을 주인으로 섬길 것인지 아니면 하나님을 주인으로 섬길 것인지 택일해야 함을 보여 준다"라고 말한다. 제자원, 『옥스퍼드원어성경대전 마태복음 1-11a장』 (서울: 제자원, 2006), 465.
36 제자원, 『옥스퍼드원어성경대전 마태복음 1-11a 장』, 481.

60년 후 많은 그리스도인이 세계 복음화의 목표를 의심하고 있을 뿐 아니라 심지어 그것이 바람직한가에 대한 의심조차 하고 있다"라고 말했다.[37] 복음주의 진영의 지도자들은 세계 복음화 명령 이행에 심각한 빨간 신호등이 켜졌다고 인식했다.

이런 배경에서 태동하였기에 로잔운동은 당연히 복음 전도를 우선순위로 삼았다. 이런 이유에서 로잔 대회의 명칭은 '세계복음화국제대회'(The International Congress on World Evangelization)였고, 이 운동을 지속할 기구의 이름은 '세계 복음화를 위한 로잔위원회'(Lausanne Committee for World Evangelization)였다.[38] 모두 다 세계 복음화가 핵심 목표로 설정되어 있다. 즉, 로잔이 결코 양보할 수 없는 정체성과 핵심 과제는 바로 세계 복음화였다.

하지만 45년 정도의 세월이 흐르면서 로잔은 어떻게 바뀌었는가?

로잔은 본래 처음부터 가졌던 복음의 우선성을 포기하고 있다. 박보경의 분석처럼, "이제 로잔운동의 초기부터 신학적 견해로 자리 잡았던 '전도와 사회적 책임은 교회의 두 가지 임무이지만 동시에 전도가 우선적이다'라는 주장은 더 이상 로잔 진영 안에서 불변의 진리는 아닌 듯하다."[39]

이형기는 이러한 변화를 다음과 같이 설명하고 있다.

> 1960년대 말 WCC를 통한 에큐메니컬운동의 선교 개념에 대한 거부 반응으로 등장한 복음주의자들의 세계 대회들은 1974년 로잔을 계기로 그리고

---

37 Billy Graham, "Why Lausanne?" in *Let the Earth Hear His Voice*, ed., J. D. Douglas (Minnepolis: World Wide Pualication, 1975), 25.
38 로잔운동의 명칭은 '로잔 세계복음화국제대회', '마닐라 세계복음대회', '세계복음화를 위한 제3차 로잔 대회' 등으로 표기되나, '로잔 세계복음화국제대회'를 공식 명칭으로 사용한다. 김은수, 『현대선교의 흐름과 주제』(서울: 대한기독교서회, 2010), 270, 340.
39 이어 박보경은 말하기를, "이제 로잔 진영은 전도와 사회적 책임이라는 두 가지 명제가 교회에 주어진 동일한 임무이며 이 두 가지 사명을 온전하게 감당하지 않으면 온전한 복음이 아니라고 확신하게 되었다"라고 한다. 박보경, "로잔운동에 나타난 화해로서의 선교," 199.

> 1989년 마닐라 Manifesto에 오면 종전의 '교회 대 세상'이라고 하는 이분법을 지양하고 1952년 빌링겐의 *Missio Dei* 이래의 에큐메니컬 선교 개념을 대폭 수용한다. 그리하여 복음주의 선교 개념에서도 삼위일체론적 복음 이해와 삼위일체론적 *Missio Dei* 그리고 종말론적 시야를 가진 하나님 나라 사랑이 지배적이 된다. 복음주의자들 역시 하나의 선교 개념 속에 교회의 사회참여를 포함하고 있다.[40]

위의 분석에 의하면 로잔의 신학 역시 협의회의 신학과 거의 차이가 없는 신학이 되어버렸다는 것이다.[41] 그런데 이와 같은 변화는 결코 작은 문제가 아니다. 로잔이 세계교회협의회처럼 총체성(혹은 통전성)을 추구하면 로잔은 협의회의 전철을 밟게 되는 것이다. 세계교회협의회는 대부분의 경우 사회참여 혹은 사회 행동을 복음 전도와 동일선상에 두거나 더 우선적인 것으로 인식하면서 나가는 단체이다. 협의회가 말은 통전적 선교를 말하지만, 실제에 있어서는 복음 전도에 대해 부차적인 관심이 있다. 이것에 대해서는 보쉬가 정확히 진단하였는데, 협의회에 있어 복음화의 과제는 '… 가장 선의를 가지고 말한다고 해도 세계교회협의회의 배경에서는 제2차적인 것"[42]이라고 말하였다. 즉, 협의회는 복음 전도에는 관심이 거의 없다고 해도 과언이 아닐 것이다.

---

40　이형기, 『복음주의와 에큐메니컬운동의 세 흐름에 나타난 신학』, 369.
41　스탠리는 이러한 변화에 대해 "더 이상 북반구에 사는 복음주의자는 복음주의 기독교인이 된다는 것의 의미를 역사적인 유럽 및 북미 교단의 자유주의적인 에큐메니컬 주류와 자신들의 차이가 논의되지 않은 가정들을 근거로 정의할 수 없게 되었다."라고 말한다. Brian Stanley, *The Global Diffusion of Evangelism*, 『복음주의의 세계확산』, 이재근 역 (서울: CLC, 2014), 275.
　　이러한 변화는 로잔 진영 안에 전도의 우선성을 강조하는 리더들은 점차로 사라져가고 총체적 선교를 강조하는 진보적 그룹이 약진하면서 복음 전도의 우선성은 더 이상 설 자리를 잃어버리므로 발생한 것이라 할 수 있다. 박보경, "로잔운동에 나타난 화해로서의 선교," 198.
42　David J. Bosch, 『선교신학』, 214.

그렇다면 도대체 어떤 단체가 이 중차대한 사명을 맡아 감당해야 하겠는가?

만약 로잔마저 협의회처럼 총체적 선교라는 미명 아래 복음 전도에 대한 헌신을 약화한다면 세계 복음화의 사명은 누가 감당할 것인지 묻지 않을 수 없다. 세계 복음화의 과제는 그리 쉬운 일이 아니다. 모든 것을 다 드리고 헌신해도 결코 쉽지 않은 일이다. 그런데 선교의 목표를 총체적으로 잡고 세상의 섬김과 함께 행한다고 하면 과연 그 일이 달성될 수 있을지 의문이다. 사회참여와 관련된 부분은 협의회가 중점적으로 하고 있으니 로잔만이라도 본래 지녔던 복음화에 더 역점을 두는 것이 현명한 선택이 아닐지 고민할 필요가 있어 보인다.

통전적 선교 개념을 가지고 복음 전도를 소홀히 한 협의회는 점점 약화하고 있는 상황이다. 알리스터 맥그래스(Alister McGrath)는 협의회의 모습에 대해 "세계교회협의회는 1998년 8월로 탄생 50주년을 맞았다. 하지만 50주년 행사는 그 누구도 축하하기를 바라지 않는 일이 되고 말았다. 누구도 그 행사에 초청받고 싶어 하지 않았다. 50여 년이 흐른 지금, 세계교회협의회는 세계의 웃음거리가 되었다"[43]라고 평가하고 있다. 협의회는 그 후에도 재정적인 어려움으로 대폭적인 인원 감축과 재정 축소를 하고 있다.[44]

세계를 섬기려면 협의회 자체가 건강하게 서야 하는데, 스스로를 지탱하기도 어려울 정도로 약화하는 모습을 보이고 있으니, 협의회가 그토록 원하는 사회참여는 쉽지 않을 것으로 보인다. 그런데 로잔마저 협의회를 따

---

43 Alister McGrath, *The Future of Christianity*, 『기독교의 미래』, 박규태 역 (서울: 좋은 씨앗, 2005), 121-122.
44 협의회가 발행하는 재무 보고서에 보면 2012년에 총수입이 3천만 스위스 프랑이었는데, 2017년에는 총수입이 2,540만 스위스프랑으로 보고 되어 있는데, 이것은 5년 만에 약 460만 프랑이 감소한 것이며, 한국 돈으로는 대략 341억 원에서 288억 원으로 약 53억 원이 감소한 것으로 볼 수 있다. WCC, "Financial Report 2012." file:///C:/Users/samsung-1803/Downloads/FinancialReport
2012.pdf. WCC, "Financial Report 2017." file:///C:/Users/samsung-1803/Downloads/WCC퍼센트20Financial퍼센트20Report퍼센트202017퍼센트20with퍼센트20Appendix.pdf. 접속일. 2019년 4월 13일.

라 총체적 선교를 표명하면서 복음 전도의 우선성을 약화하면 로잔 역시 협의회의 쇠퇴를 따라갈 가능성이 커질 것으로 보인다.

김승호도 이런 염려를 다음과 같이 표현하였다.

> 로잔운동은 WCC 처럼 관리, 통제, 감독하는 조직체 형태가 아니라, 하나의 운동(movement)이기 때문에 운동에 자유롭게 참여한 다양한 집단이 자신들의 의제를 강하게 주장하고 관철하려 할 때 로잔운동의 본질의 초점(복음 전도를 통한 세계 복음화)이 흐려지고 너무 많은 의제로 인해 운동이 산만해질 가능성과 에너지를 분산시킬 가능성이 있다는 점이다. 산만한 초점은 1974년 처음 가졌던 사명에 대한 감동과 흥분을 서서히 가라앉혔고, 로잔에 대한 열정을 가라앉게 하고 있다.[45]

복음이 약화하면 교회가 약화하고 교회가 약화하면 교인들이 줄어드는 것이고 그렇게 되면 교인들의 연합기구인 로잔 역시 약화할 것은 명약관화한 일이 아닐 수 없다. 로잔이 약화한다면 세상을 섬기는 것도 불가능하게 되는 것이다. 먼저는 로잔이 든든히 서야 한다. 그래야 섬길 수 있다. 총체적 선교 개념으로 로잔운동 자체가 약화할 가능성이 크다면 이것은 심각하게 고민해야 할 문제가 아닐 수 없다.

### 3) 개념의 혼동과 그로 인한 효율성의 약화 가능성

로잔은 '총체적 선교'라는 용어를 사용하면서 그 용어가 어떤 의미인지를 명확히 정의하지 않는다. 즉, 개념이 불분명하다.[46] 총체적 선교가 방법

---

[45] 김승호, "로잔운동의 선교 사상의 발전," 한국로잔연구교수회 편, 『로잔운동과 선교』 (서울: 올리브나무, 2014), 45.
[46] 개념은 "개개의 사물로부터 비본질적인 것을 버리고 본질적인 것만을 추출하는 사유의 한 형식"이라고 정의되어 있다. 즉, 개념을 정한다는 것은 대상의 본질을 찾아내는 작업이며, 이런 점에서 개념을 명확히 하는 것은 선교에 있어 매우 중요한 과제라 할 수 있

차원에서의 총체성을 말하는 것인지, 아니면 선교의 목표에서도 더 이상 우선순위가 없이 모든 목표가 동일하게 중요한 목표인지를 설명하지 않는다. 총체적 선교가 통전적 선교와 같은 의미인지 아니면 다른 의미인지도 설명하지 않고 그냥 사용한다.

통전적 선교가 아니라 총체적 선교를 사용한다면 도대체 왜 이런 용어를 사용하는지, 그 차이점과 공통점은 무엇인지에 대한 명확한 설명도 없다. 이런 이유로 로잔 진영 안에서도 상당한 혼동과 갈등이 존재하고 있다.

김승호는 그런 모습을 다음과 같이 그리고 있다.

> 로잔운동 내부에서 어떤 이들은 그리스도인의 사회적 책임에 대한 1-3차 문서들의 내용이 아직 충분하지 않다고 생각하기도 하며(예를 들면, 올란도 코스타스, 레네 파딜랴, 사무엘 에스코바와 같은 급진적 복음주의자들), 어떤 이들은 로잔이 본래의 목표보다 너무 많이 나갔다고 생각하는 이들도 있다. 현재 로잔 참여자 중에는 로잔이 본래의 목표이었던 '전도'에 분명한 초점을 맞추길 원하며, 전도를 교회의 다른 책임들과 산만하게 하기를 원치 않는 자들이 있다. 사회적 책임 이슈는 앞으로도 계속 로잔운동 안에서 쟁점이 될 전망이다.[47]

로잔을 바라보는 학자들의 견해도 상당히 혼란스러운 경향이 있다. 어떤 학자는 "로잔운동이 에큐메니컬과 구분되는 독특성은 그것이 통전적 선교 이해하고 있으면서도 영혼구원을 위한 복음 전도에 우선성을 둔다는 것이다"[48]라고 말하기도 하고, 어떤 학자는 "… 로잔운동이 처음에는 전도와 사회적 책임의 관계에 있어 전도가 우선성을 지닌다고 천명하였으나, 그

---

다. 김민수 외 편, 『국어대사전』(서울: 금성출판사, 1991), 91.
47  김승호, "로잔운동의 선교 사상의 발전," 33.
48  황병배, "로잔운동의 복음 전도 이해와 선교적 통찰," 한국로잔연구교수회 편, 『로잔운동과 선교신학』(서울: 올리브나무, 2014), 49.

입장이 2000년도를 넘어서면서 서서히 변화해 전도와 사회적 책임의 관계에 있어 전도가 우선적으로 인식되지 않는다는 결론을 내리고 있다"[49]고 말하기도 한다.

제3차 로잔 대회에 참석했던 한 참가자는 이런 말을 하기도 했다.[50]

"로잔의 독특성이 어디 있는가?

로잔 대회의 내용이 WCC와 같지 않은가?

나는 로잔이 마침내 그 정신을 잃어버렸다고 생각한다."

위와 같은 현상은 로잔이 총체적 선교라는 용어를 사용하면서 정확히 로잔이 의미하는 선교가 무엇인지에 대한 개념 정의도 못 하고 있는 실정이라는 것을 반증하는 것이라 할 수 있다.

오늘날은 똑같이 '선교'라는 용어를 사용하면서도 각각 그 의미를 다르게 갖고 있다. 어떤 이는 선교를 "복음 전도를 핵심적인 목표로 하는 사역"으로 생각하고, 어떤 이는 "정의, 평화, 생명을 살리는 사역"으로 생각하고, 어떤 이는 "복음 전도, 정의, 평화, 생명 살리기 등 세상을 행복하게 하는 모든 사역"으로 생각하기도 한다.

이렇게 같은 단어 하나를 놓고 정의도 내리지 못하는 상황이기에 선교학의 거장인 데이비드 보쉬(David Bosch)마저도 "궁극적으로 선교는 정의할 수 없다"[51]라는 말을 하기도 했다. 조 샘도 "… 총체적 선교는 개념적으로 혼동을 일으킬 수 있음을 기억해야 한다. … 총체적 선교의 경우에는 그 선교의 대상이 누구인가에 대한 혼동을 줄 수 있다. 잘못 생각하면 우리가 하는

---

49 박보경, "로잔 복음화 운동과 한국 교회: 로잔운동에 나타난 전도와 사회적 책임의 관계," 30. 이러한 변화의 이유에 대해 박보경은 "왜냐하면 서로 상호 깊게 연결되어 있어 불가분의 관계에 있기 때문이며 복음의 언어적 선포와 존재적 표출은 분리될 수 없기 때문이다"라고 설명하고 있다.
50 박보경은 제3차 로잔 대회에 참가해서 한 참가자가 이런 말을 하는 것을 들었다고 자기 다음 논문에 적고 있다. 박보경, "로잔 복음화 운동과 한국 교회: 로잔운동에 나타난 전도와 사회적 책임의 관계," 38.
51 David J. Bosch, 『변화하고 있는 선교』, 35.

모든 일이 선교라고 착각할 수 있다"[52]라고 분석하였다.

이와 같은 혼란을 예견하고 스티븐 니일(Stephen Neil)은 "모든 것이 선교라면 아무것도 선교가 아니다"[53]라는 유명한 말을 하였고, 중요하다고 생각되는 모든 일을 다 '선교'라고 보는 총체적 용어 사용을 하려면 세계 복음화만을 의미하는 용어를 새롭게 만들어야 한다고 주장한 바 있다.[54] 시대가 지날수록 점차 선교의 개념이 혼란스러워질 것과 이것의 문제점을 미리 내다본 혜안이 아닐 수 없다.

물론 오늘과 같이 급변하는 시대 속에서 효과적인 다양한 선교 전략을 구사해야 한다. 언어로 전하는 선교뿐 아니라 삶으로 보여 주는 선교가 수행되어야 한다. 그리고 효과적인 선교의 토대를 만들기 위한 다양한 섬김과 행동이 요구된다. 그야말로 총체적인 접근이 되어야 한다.[55] 아울러 선교의 방법은 철저히 윤리적이어야 한다. 전통적인 선교에서와 같이 일방적이고 이기적인 자세로 추진되어서는 안 된다. 에큐메니컬 진영이 강조하는 것처럼 철저히 상대를 배려하고, 존중하고, 사랑하는 자세로 이루어져야 한다.

하지만 여기에서 주의해야 할 점은 선교의 방법이 총체적이어야 한다는 것이 선교의 목표까지 총체적인 것으로 만들어서는 안 된다는 점이다. 또한, 방법이 총체적이라고 해서 선교의 목표에 도움이 되지 않거나 덜 중요한 방법까지 모두 동일한 중요도로 수용하는 총체성은 선교를 어렵게 만들 수 있음을 인식할 필요가 있다. 아무리 상황이 복잡해지고 다양화된다 해도 선교의 목표를 상황마다 바꿀 수는 없는 것이다. 선교의 목표는 사람

---

52 조샘, "로잔운동(Lausanne movement)은 선교를 어떻게 보나?" in 선교한국 편, 『한국선교 미래이슈』(서울: 선교한국, 2018), 85.
53 Stephen Neill, *Creative Tension* (London: Edinburgh House, 1959), 81.
54 Stephen Neill, *Creative Tension*, 81. 개념이란 "개개의 사물로부터 비본질적인 것을 버리고 본질적인 것만을 추출해내는 사유의 한 형식"이라고 정의되어 있다. 즉, 개념이란 가장 본질적인 것을 명확하게 규명해야 한다. 이런 점에서 로잔은 선교 개념을 명확히 정립할 필요가 있다. 김민수 외 편, 『국어대사전』, 91.
55 John Corrie, ed., *Dictionary of Mission Theology* (Downers Grove, IL: Inter Varsity Press, 2007), 243.

들을 하나님께로 인도하여 하나님의 자녀가 되게 하고 그 하나님께 영광을 돌려드리도록 하는 것에 핵심적인 우선성을 두어야 한다.[56]

그런데 로잔은 '총체적 선교'라는 용어를 말하면서 로잔이 의미하는 선교의 목표가 정확히 무엇인지, 어디에 가장 많은 에너지를 쏟아야 하는지, 어떤 방식으로 이 목표를 이룰 것인지 등에 대해 정확한 일치를 보지 못하고 세상을 잘 살게 하는 모든 것이 다 선교인 것처럼 혼란스럽게 전개를 해 가는 경향이 없지 않다. 그런데 이러한 경향은 자칫 재앙을 불러올 수 있다.

병원이 환자를 치료하는 핵심 목적 외에 무료 급식소, 주민들을 위한 복지 센터, 환경 개선을 위한 환경 센터, 노동자들의 인권을 위한 노동운동 센터 등을 만들고, 이 모든 일이 다 병원의 핵심 사역이라고 말한다면 그 병원은 어떻게 되겠는가?

병원은 병원만이 가장 잘할 수 있고 해야 하는 사역이 있다. 다른 일은 좋은 일이지만 그것이 병원의 핵심 사역은 아니다. 그것을 놓치는 병원은 결국 부실 진료 혹은 파산이라는 결과를 맞이하게 될 것이다.

교회도 마찬가지다. 교회만이 할 수 있고, 교회만이 세상에 줄 수 있는 것이 있다. 그것이 선교의 핵심이 되어야 한다.[57] 이런 이유에서 박영환은 "복음주의 선교는 에큐메니컬 선교의 사회적 참여에 관해, 더 이상 통합 혹은 총체적 과제로 하나로 정의하지 말고, 복음주의 선교의 복음 전도가

---

56 정기묵, "협력 네트워크를 통한 한국 교회 선교의 방향," 「ACTS 신학저널」 제31집 (2017): 135. (133-161). 박영환은 선교의 목표에 관해 "중요한 것은 세계 복음화(World Evangelization)다. 그리고 이는 선교의 목표다. 예수 그리스도의 제자를 만들어 온 세상에 하나님의 나라를 세우는 것이 선교의 목적인 것이다"라고 말한다. 박영환, "로잔 대회와 세속화," 한국로잔연구교수회 편, 『로잔운동의 선교 동향』 (서울: 한국로잔위원회, 2016), 291.
57 이와 연관하여 박영환은 다음과 같은 주장들을 한다. "하나님의 명령이 다 선교라고 설명되지 않는다. 명령은 명령이지, 선교는 아니다.", "사회참여는 복음 전도와 직결될 때만 선교의 과제로 볼 수 있다.", "에큐메니컬이든 복음주의 선교든 선교의 핵심적 구조는 복음 전도다. 복음주의 선교는 선교의 상황이 아니라 복음 전도라는 선교의 명령을 기반으로 한다. 그렇기에 복음주의 선교는 에큐메니컬 선교의 고향이며, 본질이다." 박영환, "로잔 대회 복음 전도와 사회참여의 근원적 이해와 접근의 방향," 한국로잔연구교수회, 『로잔운동의 신학과 실천』 (서울: 도서출판 케노시스, 2017), 252-255.

절체절명의 과제임을 재확인하고, 복음 전도를 할 때 사회참여 운동은 제자의 삶을 실현하도록 하면 된다"[58]라고 주장한다. 로잔이 총체적 선교 개념을 가지고 세상을 위한 모든 좋은 일을 다 하겠다고 하면 니일이 염려한 대로 결국 아무것도 이루지 못할 가능성이 크다.

## 3. 요약 및 전망

지금까지 로잔에서 '총체적 선교'라는 개념이 어떻게 탄생하였고 어떻게 이해되면서 변화됐는지를 살펴보았고, 이러한 이해가 로잔의 미래에 어떤 영향을 줄 것인지를 전망해 보았다. 로잔은 총체적 선교를 추구하면서 복음의 우선성을 상실하게 되고 이것은 복음화의 약화, 선교 개념의 혼동, 그리고 로잔운동 자체의 약화 등으로 이어질 가능성이 클 것으로 전망된다.

물론 이러한 전망은 많은 반대 의견에 직면하게 될 수 있다. 로잔이 복음의 우선성만을 강조한 결과 로잔의 선교가 공격적인 선교, 일방적인 선교, 사회적 측면을 무시한 선교가 되지 않았느냐는 반론을 받을 수 있다. 이러한 반론은 분명히 일리가 있고, 이런 반론에 따라 선교의 자세를 수정해야 할 것이다.

하지만 이런 문제를 고치려고 하면서 선교의 목표 자체를 수정하고 선교의 핵심 본질을 놓치는 방향으로 가서는 안 될 것이다. 의사가 의료사고를 줄이도록 최선을 다해야 하지만, 의료사고를 막기 위해 치료 행위 자체를 포기하거나 약화하는 것은 옳지 않다. "자동차나 비행기가 사고가 잦으니 아예 자동차나 비행기를 없애자"라고 말하는 것은 현실적으로 실현 불가능한 주장인 것과 마찬가지이다. 문제를 최소화하기 위해 모든 노력을 기울이지만, 그렇다고 목표 자체를 수정하거나 타협하는 것은 주님의 뜻으로

---

[58] 박영환, "로잔 대회 복음 전도와 사회참여의 근원적 이해와 접근의 방향," 255.

볼 수 없다.

'총체적 선교'를 연구하다 보면 어떤 이가 사막에서 낙타를 타고 가다가 한밤중에 낙타에게 텐트를 빼앗겼다는 유명한 이야기가 떠오른다. 잘 알려진 대로 낙타가 처음에는 주인에게 너무 추우니 코만 좀 텐트 안으로 집어넣게 해달라고 요구했고, 그 후 얼굴이 들어오고, 목이 들어오고, 앞다리가 들어오고, 결국은 주인이 텐트에서 쫓겨났다는 우스운 이야기가 있다. 이론적으로 매우 설득력 있는 이유를 대면서 양보를 요구하지만, 모든 것에는 결코 양보할 수 없는 원칙과 핵심이 있는 것이다.

이것을 한발씩 양보하고 타협하고 본질을 흐리게 하면 결국 핵심이 무너지는 것이다. 댐에 조그마한 구멍이 하나 생겼다고 방심하다가는 댐 전체가 무너지는 결과로 이어지게 된다. 선교에서는 적어도 복음 전도의 우선성만은 결코 양보해서는 안 될 것이다. 총체적 선교의 의미가 선교 자체의 본질을 혼동하게 만들고 그로 인해 선교의 효율성을 떨어뜨리게 만들고, 결국 그것이 로잔 자체의 약화로 이어지는 것이라면 심각하게 고민해 보아야 할 일이다.

제4장

# 로잔 신학에 있어 우선순위 문제

    1974년에 스위스 로잔에서 열린 로잔 대회는 에큐메니컬 진영이 선교의 목표를 복음화에서 인간화로 잡고 구원의 개념도 전통적인 의미의 영혼구원에서 통합적인 구원으로 바꾸는 것에 대한 우려 가운데 탄생한 대회였다. 이러한 관심 가운데 태동한 로잔운동은 자연히 복음화를 강조하고 여기에 우선순위를 두는 신학적 성향을 보였다.

    물론 에큐메니컬 진영의 도전을 받아 교회의 사회적 책임도 선교에 있어 놓칠 수 없는 중요한 한 가지 요소라는 것을 강조하고 둘 사이의 관계에 대해 다소 모호한 입장을 견지한 것은 사실이었지만, 여전히 복음화는 로잔 신학에 있어 우선순위를 차지하였다.

    그러나 세월이 흐르면서 로잔 진영은 우선순위에 대해 다소 변화된 견해를 보여 오다가 제1차 로잔 대회 이후 약 36년 정도의 세월이 흐른 뒤인 2010년 남아공 케이프타운에서 열린 제3차 로잔 대회에 오면 복음화의 우선순위에 대한 언급이 사라지게 되었다. 대신 '총체적 선교'(integral mission)[1]라는 용어가 자주 등장하였다.

---

[1] 통합적 선교 개념을 논할 때 로잔 진영은 주로 총체적 선교(Integral mission)라는 용어를 선호하는 반면, 에큐메니컬 진영은 통전적 선교(holistic mission)라는 용어를 사용하는 경향이 있다. 둘 다 우선순위를 인정하지 않는다는 점에서 공통점을 지닌 것으로 보이는데, 총체적 선교는 선교의 방법에 있어 총체적인 선교 방법을 추구하는 경향이 강한 것 같고, 통전적 선교는 선교의 방법뿐 아니라 목표마저도 통전적으로 인식하는 경향이 있는 것으로 보인다. 본 연구에서는 로잔 신학을 다루는 것이므로 총체적 선교라는 용어를 사용하고자 한다.

어느 한 곳에 우선순위를 두기보다는 총체적인 선교가 올바른 선교의 방향이라는 견해가 지배적으로 되었다. 로잔 신학은 우선순위에 대해 오랜 세월 동안 많은 고민을 거듭한 결과 현재로서는 로잔 신학이 처음 시작할 때 분명히 존재했던 우선순위가 사라지고 대신 '총체적 선교'라는 개념이 출현하게 된 것이다.

본 장은 로잔의 대표적인 세 개의 대회를 살펴보면서 우선순위 문제가 각 대회에서 어떻게 이해되면서 변화되어 오고 있는지를 살펴보고자 한다. 이러한 연구를 통해 로잔 신학에 있어 우선순위의 문제를 파악하고자 한다. 아울러 선교에 있어 우선순위가 왜 여전히 고려되어야 하는지를 생각하면서 로잔 신학에서의 우선순위 문제를 고민해 보고자 한다.

이러한 연구는 오늘날 선교의 방향을 두고 로잔 진영 내에서도 다양한 목소리가 나오는 상황 가운데 로잔이 처한 좌표와 나아갈 방향을 찾는 데 도움이 될 것으로 기대된다.

## 1. 세 번의 로잔 대회에 나타난 우선순위

### 1) 1974년 1차 로잔 세계복음화대회

제1차 로잔 대회가 발표한 로잔언약 5항은 "… 종종 전도와 사회참여가 상반된 것으로 잘못 생각한 데 대해 뉘우친다"[2]라고 말함으로써 약 반세기 이상 선교의 한 부분인 사회, 정치적 책임을 무시하고 양극화하여 배타적으로 생각한 것에 대해 유감을 나타내면서, "… 전도와 사회 정치적 참여는 우리 그리스도인의 의무의 두 부분임을 우리는 인정한다"[3]라고 말함을

---

2 "로잔언약," 5항, in C. Rene Padilla, *Mission Integral*, 『통전적 선교』, 홍인식 역 (서울: 나눔사, 1994), 부록, 254.
3 "로잔언약", 5항. 254.

통해 사회 정치적 참여를 선교의 한 부분으로 분명히 포함하였다.

그러나 로잔언약은 선교에 있어 복음 전도의 우선성에 대해서는 절대로 양보하지 않는다. 예를 들면, 로잔언약 6항은 "교회가 희생적으로 해야 할 일 중에서 전도는 최우선적이다"[4]라고 언급하였다.

나아가서 9항은 "목표는 가능한 모든 수단을 동원하여, 되도록 이른 시일 안에 한 사람도 빠짐없이 좋은 소식을 듣고, 깨닫고, 받아들이게 할 기회를 제공하는 일이다. 희생 없이 이 목적을 성취한다는 것은 기대할 수가 없다"[5]라고 선언한다. 즉, 로잔 대회는 복음 전도와 사회적 책임이 모두 기독교 선교의 부분임을 인정하고, 또한, 복음 전도와 함께 사회참여가 중요한 책임이라는 점 등은 인정했지만, 에큐메니컬 진영이 강조하는 구원 개념이나 인간화 개념 등은 수용하지 않았으며, 6항에서 전도의 최우선성 (Primacy of Evangelism)을 천명하면서 복음 전도의 우선순위를 강조하였다.[6]

한편 제1차 로잔 대회에서 전도와 사회적 책임의 관계에 대한 서로 다른 견해 차이로 인하여 다소 불편한 합의가 이루어졌던 것도 사실이다.[7] 즉, 우선순위를 분명히 하면서도 전도와 사회적 책임 부분의 관계에 있어서는 다소 모호한 면이 있는 마무리를 지었다고 할 수 있다. 그러나 어찌 되었든 제1차 로잔 대회는 복음 전도의 우선순위에 대해서는 분명한 표명이 이루어진 것이 사실이다.

---

4   "로잔언약", 6항, 255.
5   "로잔언약", 9항, 256.
6   김동선, 『하나님의 선교: 그 신학과 실천』 (서울: 한국장로교 출판사, 2003), 49-50.
7   이러한 불편한 합의의 배경에는 로잔이 사회적 행동(social action)에 대해 충분한 관심과 표명을 하지 않았다고 불만스러워하는 자들이 있었는데, 이들은 사회적 책임에 대한 더 강한 진술문을 원했고, "로잔에 대한 우리의 반응"(A Response to Lausanne)으로 불리는 문서를 작성했는데, '전도'에 대한 공식적 로잔언약의 문구보다 2배의 분량이었다. Peter Wagner, "Lausanne Twelve Month Later," *Christianity Today* 19 (July 4, 1975), 7-8. 이들의 영향으로 로잔은 복음 전도와 사회적 행동을 포괄하는 총체적 선교의 개념을 갖게 되었다.

## 2) 1989년 마닐라 제2차 로잔 대회

제2차 마닐라 대회의 경우 1차 대회가 제시했던 선교 과업 성취를 기념하면서 세계 복음화에 대한 헌신을 '이 세대 안에' 이룰 것을 결의하면서 "그리스도께서 오실 때까지 그를 선포하라"는 제목을 붙여서, "그러므로 기독교 선교는 긴급한 과업이다. … 마닐라에서 우리는 온 교회가 온 세상에 복음을 가지고 나아가 하나가 되어 희생적으로 주님 재림하실 때까지 긴급하게 그리스도를 선포할 것을 선언하는 바이다"[8]라는 말로 선언문을 마치고 있다. 즉, 마닐라의 경우 여전히 '우선순위'라는 용어를 사용하면서 복음에 대한 우선순위를 강조하고 있다.

그러나 제1차 로잔 대회에 비하면 제2차 마닐라 대회는 선교에 있어 총체성에 대한 강조가 더 많아진 것을 보게 된다. 예를 들어, 마닐라 선언문 제2부에서 '온전한 복음' 부분 제4항은 "우리가 하나님의 사랑을 선포할 때 우리는 사랑의 봉사에 참여해야 하며, … 영적인 은사가 다양하고, 소명과 상황이 다르더라도 복된 소식과 선한 행위는 분리할 수 없음을 믿는다"[9]라고 말함으로써 선교가 총체적으로 되어야 함을 강조한다.

박보경은 마닐라 선언문이 로잔언약과 다른 점들을 다음과 같이 정리하였다.

> **둘째**, 로잔언약에서는 전도라는 단어의 지속적인 반복을 통해 전도가 강조되는 반면, 하나님의 나라는 제5항에 단 한 번 등장할 뿐이다. 그에 비해 마닐라 대회는 '하나님의 나라'라는 용어가 총 6회(고백 제9항, 온전한 복음 서론에 한 번, 제4항에 세 번, 제8항에 한 번)나 등장시켜 하나님 나라가 좀 더 강조된 점이다.

---

8 "마닐라 선언문", 맺는말, in C. Rene Padilla, 『통전적 선교』, 부록, 273.
9 "마닐라 선언문", 2부 4항, 264.

**셋째**, 마닐라 선언문에는 로잔 대회의 문건보다 훨씬 더 '세상'의 상황에 대한 언급의 분량이 많아졌다는 점이다.

**넷째**, 로잔 선언문에는 비교적 강조되지 않았던 가난한 자들에 대한 많은 논의가 있었다는 점은 교회의 사회적 책임을 과거보다는 좀 더 수용하려는 태도를 보였다고 판단된다.[10]

박보경의 분석에 의하면 마닐라 선언은 로잔언약에 비해 전도보다 하나님 나라를 강조하고, 세상과 가난한 자들에 대한 강조를 많이 하면서 교회의 사회적 책임을 과거보다 더 강조하였다고 할 수 있다. 특별히 제2부 4항의 "…복된 소식과 선한 행위는 분리할 수 없음을 믿는다"라는 표현 속에서 복음 전도의 우선성을 주장하기 어려운 뉘앙스를 보여 준다. 둘 사이를 분리할 수 없다는 것은 둘 사이의 어떤 하나에 우선순위를 둔다는 것이 가능치 않음을 의미한다고 할 수 있다. 결국, 마닐라 선언은 로잔언약과 비교할 때 복음 전도 우선에서 사회적 책임으로 더 많이 이동했다고 볼 수 있을 것이다.

### 3) 2010년 남아공 케이프타운 제3차 로잔 대회

2010년 10월 남아공 케이프타운에서 열린 제3차 로잔 대회의 서문에 보면 다음과 같은 말로 시작한다.

**첫째**, 우리는 예수 그리스도와 그분의 모든 가르침을 전 세계에 증거하는 과업에 여전히 헌신한다.

---

10  박보경, "로잔운동에 나타난 전도와 사회적 책임의 관계", 한국로잔연구교수회 편, 「복음과 선교」제 22집(2013), 17-18.

**둘째**, 우리는 로잔운동의 주요 문서인 로잔언약(1974)과 마닐라 선언(1989)에 여전히 헌신한다.[11]

이로써 케이프타운 로잔 대회가 앞의 두 대회와 분명히 맥을 같이 하며 그 정신을 따르고 있는 대회임을 명시하고 있다.[12]

그러나 제3차 로잔 대회에 오면 제2차 로잔 대회까지만 해도 분명히 존재했던 전도의 우선성(Primacy)이라는 용어는 찾아볼 수가 없다. 전도(Evangelism)라는 단어의 사용도 과거의 선언문들에 비해 확연하게 줄었으며, 우선성이라는 용어가 나타나는 것도 전도와 연결되기보다는 하나님의 은혜의 우선성(Primacy of God's grace)이라는 표현으로 등장한다.[13]

케이프타운 서약 1부 10항은 "우리는 하나님의 선교를 사랑한다"라는 제목을 가지고 있는데, "그러므로 우리의 모든 선교에서 복음 전도와 세상에서의 헌신적인 참여가 통합되어야 하며, 이 둘은 모두 하나님의 복음에 관한 성경 전체의 계시가 명령하고 주도하는 일이다"[14]라고 언급한 후 복음 전도와 사회적 참여를 함께 강조하는 로잔언약 5항을 인용하고 있지만, 전도의 우선성을 강조했던 로잔언약 6항은 인용되지 않고 있다.[15]

아울러 "통전적 선교에 관한 미가 선언문"을 인용하면서 "총체적 선교는 복음을 선포하는 것이며 드러내는 것이다. … 총체적 선교 안에서 우리가 사람들을 삶의 모든 영역에서 사랑과 회개하도록 요청하기 때문에, 우

---

11  Lausanne Movement, *The Cape Town Commitment: Study Edition*, 최형근 역, 『케이프타운 서약』(서울: IVP, 2014), 13.
12  대회의 전체 주제는 '화해'였으나, 19일의 주제로 제시되었던 화요일에 전면에 부각되었다. 주제 강의에 나선 르완다(Ruanda)의 안토이니 루타이사이어(Antoine Rutayisire) 대표는 1990년대 극에 달했던 르완다 학살 사건을 예로 들며, 교회는 '화해의 복음을 전하는 대사' 역할을 해야 한다고 역설했다. 김은수, "2010 로잔 케이프타운 제3차 로잔 대회의 의미와 과제", 『선교신학』26집 (2011), 45.
13  박보경, "로잔운동에 나타난 전도와 사회적 책임의 관계", 24.
14  Lausanne Movement, 『케이프타운 서약』, 61.
15  박보경, "로잔운동에 나타난 전도와 사회적 책임의 관계", 25.

리의 선포가 사회적인 모습을 지니게 된다"[16]라고 언급하면서 '총체적 선교'라는 용어를 강조한다.[17]

즉, 케이프타운 서약은 우선성 문제에 대한 로잔의 수정된 입장을 공식적으로 확인한 대회였다고 할 수 있으며 여기에서 우선순위는 설 자리를 상실하고 있다.[18] 이러한 입장에 대해 여전히 로잔이 사회적 책임에 대해 불충분하다고 생각하는 사람들도 있고,[19] 다른 한편 로잔의 입장이 본래 지녔던 우선순위를 상실하고 너무 많이 나아갔기 때문에 본래 지녔던 전도에 분명한 초점을 맞추기를 원하는 사람들도 있는 것이 사실이다.

어찌 되었든 제3차 로잔 대회는 공식적으로는 복음의 우선성을 인정하지 않는 방향으로 나아갔고 이에 대해 박보경도 "복음주의를 표방하면서도 세계 복음화를 위한 운동으로서 자기 정체성을 지닌 로잔운동이 처음에는 전도와 사회적 책임의 관계에 있어 전도가 우선성을 지닌다고 천명하였으나, 그 입장이 2000년을 넘어서면서 서서히 변화하여 전도와 사회적 책임의 관계에 있어 전도가 우선으로 인식되지 않는다는 결론을 내리고 있다."[20]라고 말한다.

---

16  Lausanne Movement, 『케이프타운 서약』, 61. 김은수도 "케이프타운 서약은 하나님의 선교를 분명히 함으로써 과거 복음 전도의 우선에 치우쳐 있었던 선교의 이해에서 벗어나 통전적 선교 이해를 획득하게 되었다"라고 언급하면서 3차 로잔이 통전적 선교를 추구하였음을 언급한다. 김은수. "2010 로잔 케이프타운 제3차 로잔 대회의 의미와 과제". 『선교신학』 26집 (2011), 54.
17  '총체적 선교' 라는 용어가 로잔운동 내에서 본격적으로 다루어지기 시작한 것은 2004년도 파타야 포럼에서 발표된 로잔 공식 문서(Lausanne Occasional Paper) 33번인 '총체적 선교'(Holistic Mission)란 보고서이다. 장남혁, "로잔운동에 나타나는 지역사회개발 선교에 대한 고찰", 『복음과 선교』 제 24집(2013), 117.
18  박보경, "로잔운동에 나타난 전도와 사회적 책임의 관계", 24.
19  예를 들면, 올란도 코스타스, 레네 파딜랴, 사무엘 에스코바와 같은 급진적인 복음주의자들이 이들이다. 김승호, "로잔운동의 선교 사상의 발전", 한국로잔연구교수회 편, 『로잔운동과 선교』(서울: 한국로잔위원회, 2014), 33.
20  박보경, "로잔운동에 나타난 전도와 사회적 책임의 관계," 30. 이러한 변화의 이유에 대해 박보경은 "왜냐하면, 서로 상호 깊게 연결되어 있어 불가분의 관계에 있기 때문이며 복음의 언어적 선포와 존재적 표출은 분리될 수 없기 때문이다"라고 설명하고 있다.

## 4) 로잔 신학에 있어 우선순위 변화의 특징과 전망

### (1) 우선성으로부터 총체성으로의 흐름 경향

단순화시켜서 말하기는 다소 무리한 면이 없지 않지만, 전통적인 선교는 선교의 목표를 '세계 복음화'로 잡고 이를 위한 방법으로 '복음 전도'에 우선순위를 두었다. 물론 전통적인 선교가 복음 전도만을 한 것은 아니고 각종 구제 사역, 병원 사역, 학교 사역 등의 사역을 병행하였지만 여전히 복음화를 위한 가장 핵심적인 사역은 역시 복음 전도였기 때문에 복음 전도에 우선순위를 두었던 것이 사실이다.

그런데 에큐메니컬 진영의 경우는 하나님의 선교 개념 탄생 이후 1975년 나이로비 대회 정도까지 복음화 대신 인간화를 선교의 목표로 삼고 선교의 방법도 세계를 인간화할 수 있는 다양한 방법들을 추구하였다. 특별히, 웁살라 총회는 제2분과 위원회에서 "선교의 갱신"(Renewal in Mission)을 주제로 다루면서 "우리는 인간화를 선교의 목표로 설정했다. 왜냐하면, 우리의 역사 시대에는 무엇보다도 선교란 메시아적 목표의 의미를 전달하는 것이라고 믿기 때문이다"[21]라고 하면서 인간화 목표를 효과적으로 수행하기 위한 우선순위를 정해야 한다고 강조했다.[22]

그러나 이후 에큐메니컬 진영은 우선순위를 지양하고 통전성을 추구하는 선교의 방향을 추구하게 되었다. 예를 들어, 세계교회협의회의 선교 문서라 할 수 있는 "선교와 전도: 하나의 에큐메니컬 확언"(Mission and Evangelism: An Ecumenuical Affirmation)은 복음화와 인간화를 구분하는 것 자체를 이분법으로 보면서, "교회는 복음 전도와 사회 행동 사이의 해묵은 이분법을 극복하기 위해 세상의 가난한 사람으로부터 전혀 새롭게 선교하는 방법

---

21 WCC, *Drafts for Sections Prepared for the Fourth Assembly of the World Council of Churches* (Uppsala, Sweden: WCC, 1968), 34.
22 WCC, "제4차 총회: 스웨덴 웁살라 (1968)," *(The) Section Reports of the W.C.C - From the first to the seventh* 이형기 역, 『역대총회종합보고서』(서울: 한국장로교출판사, 1993), 267.

을 배우고 있다. 예수 안에서 '영적인 복음'과 '물질적인 복음'은 나누어질 수 없는 하나의 복음이다."[23]라고 강조한다.

에큐메니컬 진영의 이와 같은 통전적 접근은 이론적으로 보면 상당한 설득력과 논리성을 지닌 것으로 보인다. 어느 한쪽으로 치우치지 않고 양쪽 모두를 균형감 있게 추구한다는 점에서 상당한 설득력이 있는 것으로 다가온다. 로잔 진영은 처음 태어날 당시만 해도 에큐메니컬 진영의 인간화에 우선순위를 둔 선교 방향에 대한 반발로 시작되었지만, 에큐메니컬 진영이 통전적 방향으로 나아가는 것에 영향을 받아 로잔 진영 역시 점차 통전적 방향으로 나아간 것으로 보인다.

앞에서도 살펴보았듯이 로잔언약은 복음 전도의 우선순위가 명확했지만 2차 마닐라 로잔 대회로 가면 복음 전도와 함께 사회적 책임이 상당히 강조되었다. 그 후 2천 년 대에 들어서면서부터 로잔도 점차 통전적 방향으로 나아갔는데, 2004년 파타야 대회로부터 로잔의 총체적 선교에 대한 변화가 강하게 나타났다.

박보경의 분석에 의하면, "그런데도 2004년 파타야 대회가 전도의 우선성을 그룹에서 전혀 다루지 않았다는 점은 명백하게 로잔의 변화를 보여 준다고 하겠다. 드디어 로잔 진영 안에서 전도의 우선성이 통전적(총체적) 선교로 대치되기 시작했다는 것이다"[24]라고 말하면서 "… 2004년부터의 로잔운동의 흐름이 전도의 우선성보다 총체적 선교의 개념이 중심을 이루게 되었다고 판단한다"[25]라고 분석하였다.

---

[23] CWME, "Mission and Evangelism: An Ecumenical Affirmation", in WCC, *You Are the Light of the World*, 『통전적 선교를 위한 신학과 실천』, 김동선 역 (서울: 대한기독교서회, 2007), 56.
[24] 박보경, "로잔운동에 나타난 전도와 사회적 책임의 관계", 21.
[25] 앞의 글, 25. 박보경은 "마닐라 대회에서 두각을 드러낸 '주후 2000년과 그 이후' 운동은 10/40창의 미전도 종족 선교를 최우선 과제로 삼고 있기 때문에 1990년 이후에도 전도의 우선성은 여전히 로잔운동의 중심에 위치하고 있었다"라고 말하면서 로잔운동이 2천 년대 전에는 전도의 우선성을 유지하고 있었음을 말하고 있다. 박보경, "로잔운동에 나타나는 화해로서의 선교: 2004년 파타야 포럼과 케이프타운 서약문을 중심으로", 『선교신학』 38집 (2015), 146.

### (2) 선교 방법에서의 총체성으로의 변화 경향

로잔 진영에서의 총체성이란 주로 선교 방법에서의 총체성을 많이 고려한다. 즉, 선교의 목표로 이룸에 있어 복음 전도가 우선이냐 사회적 책임이 우선이냐의 문제를 두고 두 가지가 다 중요하고 어느 곳에 우선순위를 둘 수 없다는 의미의 총체성을 갖는 것이다. 그런데 로잔 진영이 처음부터 선교 방법에서의 총체성을 수용한 것은 아니었다. 초기에는 방법에서도 우선성을 고려하였다. 예를 들어, 제1차 로잔 대회의 경우 5항에서 복음 전도와 사회적 책임이 모두 기독교 선교의 과제들이라고 인정하면서 두 책임이 모두 선교에 있어 중요한 책임이라는 점 등은 인정했지만, 6항에서 전도의 최우선성(Primacy of Evangelism)을 천명하면서 복음 전도의 우선순위는 절대로 양보하지 않았다.[26] 즉, 둘 다 중요하지만, 여전히 복음 전도가 더 우선적인 선교의 과제요 방법이라는 점을 명시한 것이라 할 수 있다.

제2차 마닐라 대회에 가면 총체성이 조금 더 강조된다. 즉, 우선순위라는 용어가 없는 것은 아니지만 사회적 책임에 대한 부분이 훨씬 더 많이 강조되는 것을 볼 수 있다. 특별히 2부 4항에서 "영적인 은사가 다양하고, 소명과 상황이 다르더라도 복된 소식과 선한 행위는 분리할 수 없음을 믿는다"[27]라는 말은 선교의 방법에서 더 이상 복음 전도와 사회적 책임을 나누어 생각할 수 없고, 따라서 당연히 어느 한 곳에 우선순위를 둘 수 없다는 의미를 함축하고 있음을 보게 된다.

3차 케이프타운 서약에 오면 1부 10항에서 "그러므로 우리의 모든 선교에서 복음 전도와 세상에서의 헌신적인 참여가 통합되어야 하며, 이 둘은 모두 하나님의 복음에 관한 성경 전체의 계시가 명령하고 주도하는 일이다"[28]라는 언급을 통해서 선교의 방법에서는 우선순위를 둘 수 없고 철저히 총체적이어야 함을 강조한다. 또한, 통전적 선교에 관한 미가 선언문을

---

26 김동선, 『하나님의 선교: 그 신학과 실천』, 49-50.
27 "마닐라 선언문", 2부 4항, in C. Rene Padilla, 『통전적 선교』, 부록, 264.
28 Lausanne Movement, 『케이프타운 서약』, 61.

인용하면서 선교는 총체적 선교가 되어야 함을 강조하고 있다.[29]

### (3) 선교 목표에서의 총체성으로의 변화 경향

앞에서 살펴본 대로 로잔 1차와 2차 대회까지 선교의 목표는 복음화에 분명한 강조점이 주어져 있었다. 그러나 제3차 로잔 대회에 오면 선교의 목표도 우선순위를 지양하고 총체성을 추구하는 경향이 강해진다.

예를 들어, 제1부 10항에 보면 "교회는 영원토록 하나님을 예배하고 영화롭게 하며 역사 속에서 하나님의 변혁하시는 선교에 참여하기 위해 존재한다. 우리의 선교는 온전히 하나님의 선교로부터 나오며, 하나님의 창조 세계 전체를 다루며, 그 중심이 십자가의 구속하시는 승리 위에 세워져 있다"[30]라고 말함으로써 하나님을 영화롭게 예배하는 것과 창조 세계 전체를 대상으로 역사 속에서 변혁하는 선교에 참여하는 선교가 우선순위를 가릴 수 없이 총체적으로 나타난다. 또한, 1부 10조 B 항 "우리의 선교가 지녀야 할 총체성"이란 제목 아래 다음과 같은 내용이 언급한다.

> 우리의 복음 전도 과제는 그 좋은 소식을 모든 나라들에 알리는 것이다. 우리의 모든 선교가 이루어지는 장소는 우리가 살아가는 세상, 곧 죄와 고통과 불의와 창조 질서의 왜곡으로 가득한 세상이며, 이런 세상으로 하나님은 그리스도를 대신해 사랑하고 섬기도록 우리를 보내신다. 그러므로 우리의 모든 선교에서 복음 전도와 세상에서의 헌신적인 참여가 통합되어야 하며, 이 둘은 모두 하나님의 복음에 관한 성경 전체의 계시가 명령하고 주도하는 일이다.[31]

---

29 Lausanne Movement, 『케이프타운 서약』, 61.
30 Lausanne Movement, 『케이프타운 서약』, 60.
31 Lausanne Movement, 『케이프타운 서약』, 60-61.

즉, 케이프타운 서약에서는 죄와 고통과 불의와 창조 질서의 왜곡으로 가득 찬 세상에 복음을 전하면서 그리스도를 대신하여 세상을 섬기는 것이 선교의 목표로 인식되고 있다. 그런데 위의 인용 바로 이어서 케이프타운은 로잔언약 4항과 5항을 선별적으로 인용하면서 "복음 전도 자체는 … 역사적이고 성경적인 그리스도를 구원자와 주로 선포하는 것이다. … 복음 전도의 결과는 그리스도에 대한 순종과 그의 교회로의 연합 그리고 세상에서의 책임 있는 섬김을 포함한다"[32]라고 언급한다. 이 인용을 보면 케이프타운은 선교의 목표를 이룸에 있어 순차성 즉 복음화와 그로 인한 결과를 나누어서 생각하는 것 같은 경향을 보이기도 한다.

즉, 케이프타운은 선교의 목표를 총체적으로 보고 우선순위를 인정하지 않는 제스처를 취하면서도 한편에서는 여전히 순서에 있어서는 복음화에 다소 우선순위를 두는듯한 모습을 보이기도 한다. 이런 점에서 로잔 진영이 선교의 목표에 있어서는 총체성에 대한 혼란을 겪고 있는 것이 아닌가 하는 생각을 해본다.

어찌 되었든 로잔 신학은 선교의 목표에도 우선순위를 인정하지 않는 총체성을 공식적인 입장으로 보이고 있으며, 이런 점에서 박보경은 "이 선언문은 2010년의 케이프타운 대회의 방향이 전도의 우선성보다는 총체적 선교의 방향으로 흘러가고 있음을 보여 주었다. 그동안 다소 기피되었던 선교의 포괄적 이해가 이제는 로잔 진영 안에서도 적극적으로 받아들여지고 있음을 알리는 신호였다"[33]라고 언급하고 있다.

---

32  Lausanne Movement, 『케이프타운 서약』, 61.
33  박보경, "로잔운동에 나타난 전도와 사회적 책임의 관계", 23.

## 2. 여전히 우선순위를 구해야 하는 이유

오늘날 선교에 있어 '우선순위'라는 말은 아주 진부하고 무가치한 용어가 되어버린 것 같은 형국이다. 에큐메니컬 진영은 말할 것도 없이 복음화의 우선순위를 핵심으로 붙들던 로잔 진영마저도 우선순위를 지양하고 총체적 선교를 부르짖는 마당에 우선순위를 논한다는 것 자체가 시대에 뒤떨어진 논의로 보일 수 있다. 또 우선순위를 거부하는 배경에는 나름대로 타당한 이유가 존재한다.[34] 하지만 여전히 우선순위 문제는 오늘의 선교에서 심각하게 고민하지 않으면 안 되는 주제이다. 모든 일을 할 때 우선순위를 설정하는 것은 가장 기본적이고도 중요한 일이기 때문이다. 로잔운동이 통합적인 접근을 추구하면서도 여전히 핵심적인 우선순위를 지닐 때 다음과 같은 유익들이 있을 것으로 기대된다.

### 1) 집중력의 향상

로잔 신학이 처음 시작되는 1974년 로잔언약에서는 복음 전도에 우선순위를 두었다가 2010년 3차 케이프타운 서약을 계기로 총체성을 추구한 것을 보았다. 총체성을 추구한다는 것은 다른 말로 하면 더 이상 우선순위를 고려하지 않고 모든 것을 함께 추구한다는 것을 의미한다. 이것은 일견 적절한 접근으로 보이지만 현실적으로는 상당한 한계점도 있을 수 있다.[35]

---

34 크리스토퍼 라이트(Christopher J. H. Wright)는 우선순위를 둘 때 다음과 같은 문제들이 발생할 수 있다는 것을 강조한다. 1) 우선성이라는 것을 말하면 다른 것들은 다 중요하지 않은 이차적인 일이 되어버리게 된다. 2) 복음은 모든 것을 다 다루기 때문에 육체적, 정신적, 영적, 사회적 차원을 모두 살펴야 한다. 3) 우선순위를 둔다는 것이 실제 상황에서는 항상 가능하거나 바람직한 일만은 아니다. 4) 우선순위를 둔다는 것은 예수님의 실제 행동과는 맞지 않는다 등의 문제점들을 지적한 바 있다. Christopher J. H. Wright, *The Mission of God*, 『하나님의 선교』, 정옥배·한화룡 역 (서울: IVP, 2010), 399-401.

35 우선순위를 배제한 신학이 소위 말하는 통전적 선교신학이라 할 수 있는데, 이와 연관하여 김영동은 공적 선교신학을 논의하는 이유에 관해 설명하면서, "필자가 공적 선교신학을 모색하고 그 실천 방향까지 탐구하려는 이유는 하나님의 선교가 천명되고 토론

왜냐하면, 실제로 어떤 일을 함에서 가장 중요한 일 중의 하나는 명확한 목표의 설정이고 이 목표 달성을 위하여 선택과 집중을 하는 일이다. 모든 것을 다 하겠다고 하면 하나도 제대로 할 수 없게 될 수 있다.[36] 이런 이유에서 스티븐 니일(Stephen Neil)은 이미 오래 전에 "모든 것이 선교면 아무것도 선교가 아니다"(If everything is mission, nothing is mission)[37]라는 귀한 통찰력을 담은 경고를 하였다.

특별히, 오늘날 기독교는 유럽 등 서구 지역을 중심으로 심각한 감소 현상을 보인다. 로잔 문서도 오늘날 기독교가 두 가지 심각한 도전 앞에 서 있다는 것을 지적하였는데, 하나는 공적 영역에까지 넓게 펼쳐진 세속주의이고 다른 하나는 유럽 일부에 확대되어 가는 이슬람의 세력이라는 점을 지적했다.[38] 실제로 많은 영국 교회들이 회사, 술집, 디스코장 등으로 팔리는 것을 볼 수 있다.[39] 멀리 갈 것도 없이 2/3세계 기독교 선교의 핵심 주자

---

과 담론을 한 지가 벌써 60년이 지나가지만, 여전히 선교 현장에서는 진정한 삼위일체 하나님의 선교가 온전히 실현되지 못하는 상황을 극복하려는 의도이다. 통전적 선교 역시 그와 비슷한 역사적 흐름을 가지고 있지만, 선교에 대한 이해를 둘러싸고 갈등과 야기되는 문제들이 여전히 남아 있는 것 또한, 좀 다른 신학적 관점에서 해결해 보려는 노력이다"라고 언급한다. 김영동, "공적 선교신학 형성의 모색과 방향",「장신논단」제 46-2집 (2014), 319. 여기에서 김영동도 통전적 선교신학이 상당한 시간이 지났지만 여전히 선교에 대한 이해를 둘러싸고 갈등과 문제들이 있음을 언급한다. 통전적 선교신학은 많은 논의는 있지만, 실제로 이것이 선교의 실제적 수행에 얼마나 기여했는지는 확실치 않아 보인다.

36 우선순위 설정의 중요성과 관련해 하나의 예를 들어,보자. 한 국가가 해야 할 일이 수도 없이 많은데 그 모든 일에 다 동일한 관심과 에너지를 쓸 수는 없는 것이다. 따라서 국가는 가장 중요하고 핵심적인 일부터 우선순위를 세워 놓고 선택과 집중을 해야 하는 것이다. 엄청난 인력과 재원을 가진 국가마저도 우선순위를 세우지 않고 향방 없이 힘을 쓰면 부도를 맞게 될 수도 있다. 하물며 국가보다 여러 가지 면에서 힘이 제한된 교회가 선교를 수행함에 있어 우선순위를 세우지 않고 모든 일이 다 중요하며 그러므로 모든 일을 다 하겠다고 하는 것은 결코 효율적이지 않으며, 이처럼 효율성이 떨어지는 선교는 결국 실패할 가능성을 높이는 것이다.

37 Stephen Neil, *Creative Tension* (London: Edinburgh House, 1959), 81.

38 Jim Memory, "Europe's Crisis" *Lausanne Global Analysis*, Volume 4 / Issue 2 (March 2015) http://www.lausanne.org/content/lga/2015-03/europes-crisis

39 오랫 동안 선교지에서 사역한 후 자기 고국인 영국에 돌아온 레슬리 뉴비긴(Lesslie Newbigin)은 선교지 보다도 더 영적으로 황량해진 고국 교회의 모습을 보면서 선교적 본질을 회복하고 복음의 공적 영향력을 회복하는 것이야말로 가장 중요한 문제임을 강

역할을 해오던 한국 교회마저 감소하는 모습을 보인다는 점은 참으로 안타까운 일이 아닐 수 없다. 기독교는 전반적으로 활력을 많이 상실하고 있는 형국이며, 한번 활력을 잃은 지역은 다시 부흥되기 쉽지 않다.

이런 상황이라면 로잔의 총체적 신학이 과연 오늘의 선교 현실을 타개할 수 있는 방향의 신학인지를 심각하게 고민해 보아야 할 필요가 있다. 교회는 기본적으로 교회가 꼭 해야 하고 가장 잘할 수 있는 일에 집중할 필요가 있다.[40] 딘 켈리(Dean M. Kelly)는 쇠퇴하는 교회들이 안 되는 이유에 대해 "사회를 섬기는 일을 해서가 아니라 교회만의 본질적인 일을 게을리해서…"라고 분석하였는데 설득력이 있는 분석이 아닐 수 없다.[41] 이런 점들과 연관하여 김승호의 다음 말은 로잔운동의 방향성에 대해 좋은 통찰력을 주는 말이라 할 수 있다.

> 로잔운동은 WCC처럼 관리, 통제, 감독하는 조직체 형태가 아니라, 하나의 '운동'(movement)이기 때문에 운동에 자유롭게 참여한 다양한 집단들이 자

---

조하면서 '선교적 교회론'을 주장하였다. L. Newbigin, *The Household of God*, 『교회란 무엇인가?』, 홍병룡 역 (서울: IVP, 2010), 13-25.

[40] 이와 연관하여 이종성도 "그리스도 침투 운동은 교회만이 할 수 있으나 민권 운동은 누구든지 할 수 있는 운동이다. 교회는 하나님으로부터 성서를 통해서 주어진 일만을 수행하는 것이나 민권 운동은 교회가 아니라도 할 수 있는 운동이다. 교회가 필요에 따라 사회 운동에 동참할 수 있으나 그것은 어디까지나 비 본래의 것이다. 그러므로 교회는 먼저 해야 할 일을 먼저하고 나중에 해도 좋은 일은 나중으로 돌리는 것이 옳다"라고 언급한 바 있다. 이종성, 『교회론 I』, 489-490.

[41] Dean M. Kelly, *Why Conservative Churches are Growing: A Study in Sociology of Religion with a new preface for the Rose edition* (Macon, Georgia, Mercer University Press, 1986), xx-xxi. 이와 연관하여 캔트 헌터 (Kent Hunter)도 "교회는 교회만이 할 수 있는 일을 사람들에게 제공할 때 성장한다. 이러한 교회는 성경이 말하는 우선순위에 대한 감각 부족으로 다양한 일들에 몰입되는 교회들과 대조를 이룬다"라고 말하였다. Kent R. Hunter, "Membership Integrity: The Body of Christ with a Backbone," in *Church Growth State of the Art*, C. Peter Wagner, ed. (Wheaton, IL: Tyndale House Publishers, Inc., 1986), 95. 그리고 흥미로운 사실은 사회참여를 강하게 외치는 진보적 주류 교단들은 점점 쇠퇴하면서 사회를 섬길 수 있는 역량을 점점 더 상실해 가는 반면, 복음화를 강조하는 보수적 교단들은 역동적으로 성장하면서 오히려 사회봉사를 잘하는 현상이 나타나고 있다. 김성건, 『한국 사회와 개신교』(서울: 서원대학교출판부, 2005), 151.

신들의 의제를 강하게 주장하고 관철하려 할 때 로잔운동의 본질의 초점(복음 전도를 통해 세계 복음화)이 흐려지고 너무 많은 의제로 인해 운동이 산만해질 가능성과 에너지를 분산시킬 가능성이 있다는 점이다. 산만한 초점은 1974년 처음 가졌던 사명에 대한 감동과 흥분을 서서히 가라앉혔고, 로잔에 대한 열정을 가라앉게 하고 있다. 얼마 가지 못해 로잔운동도 WCC처럼 모든 영역에 대해 견해 표명을 해야 할 가능성도 있다. 로잔 내부의 다양한 이해 그룹들이 자신의 처지에 서서 서로를 잡고 잡아당기면 운동의 에너지가 흩뜨려져서 어떤 것도 실질적으로 성취할 수 없고 궁극적으로 처음 시작된 본래 사명을 상실한 채 해체되거나 운동의 형태가 아니라 복음주의자들이 세계 복음화를 위한 자신들의 의견을 교환하는 하나의 포럼(forum) 형태로 나아가게 될 가능성도 있다.[42]

로잔운동이 다양한 차원의 사역을 고려하면서도 여전히 로잔운동만의 핵심적인 우선순위를 정하고 그 일을 위하여 선택과 집중을 하면서 구체적인 헌신을 해나가는 것을 고민해야 할 필요가 있으며, 이런 점에서 로잔이 우선순위를 명확히 할 때 선교에서의 집중력과 효율성을 향상할 수 있을 것이다.

### 2) 전도 동력의 향상

선교는 기독교에만 있는 것이 아니라 모든 종교가 수행하는 종교의 확장 활동이다. 한자어 의미로 볼 때 선교(宣敎)란 '베풀 선'과 '가르칠 교'의 합성어로 "종교를 널리 베풀고 펼치는 행위"를 말한다. 즉, 모든 종교는 나름대로 진리 전파를 통한 선교 활동을 통해 그 교세를 확장해 가는 것이다. 기독교와 이슬람이 큰 종교로 성장한 것도 선교에 열심을 낸 결과라 할

---

42  김승호, "로잔운동의 선교 사상의 발전," 45-46.

수 있는 것이다. 특별히 기독교는 하나님을 알지 못하는 사람들이 그리스도를 믿고 하나님의 백성이 되도록 하면서 선교 활동을 펼쳐왔다. 이런 점에서 그리스도를 알도록 소개하는 행위 즉 복음 전도는 선교에 있어 꼭 필요한 사역이 아닐 수 없다.

그런데 이 복음 전도의 과제는 결코 쉬운 일이 아니다. 목숨을 다 바쳐서 해도 그 성공 여부를 장담할 수 없는 일이다. 그래서 이 일에 전심전력을 기울여야 한다. 19세기의 선교에 많은 부정적인 면이 없었던 것은 아니지만 그래도 19세기의 선교사들이 목숨을 바쳐가면서까지 복음을 전한 결과로 기독교는 오늘의 모습으로 성장하게 되었다고 할 수 있다.[43] 19세기의 선교가 사회봉사나 사회 행동 등을 하지 않은 것은 아니었다. 외형으로만 보면 오히려 복음 전도보다 사회봉사 등의 일을 더 많이 행한 면도 있다.

하지만 19세기 선교는 선교의 핵심에 늘 복음 전도를 두었다. 물론 실제 순서에 있어서는 현장의 상황에 따라서 전도가 먼저 오기도 하고 사회봉사가 먼저 오기도 하였다. 그러나 언제나 복음 전도가 선교의 핵심이었고 우선순위를 차지한 것 또한, 사실이었다. 이런 이유로 전통적인 선교는 선교 동력이 강했다고 할 수 있다.

하지만 최근의 로잔 신학처럼 우선순위를 배제하고 총체성을 추구하게 되면 자연스럽게 복음 전도에 주어졌던 힘은 그만큼 약해질 가능성이 높아지는 데 에큐메니컬 진영의 학자인 이형기도 이런 사실을 기술하고 있다.[44] 그것은 좋고 나쁨 혹은 옳고 그름의 문제가 아니라 한계를 지닌 인간

---

43 한 가지 예를 들면, "1823년에 교회선교협회(The Church Missionary Society)는 12명의 선교사를 시에라리온에 파송했다. 18개월이 지나는 동안 그들 중 10명이 열병으로 죽었다. 그러나 CMS는 시에라리온을 포기하지 않았다. 또 다른 선교 헌신자들이 그 곳으로 가기 위해 항상 준비되어 있었다." David J. Bosch, 『변화하고 있는 선교』, 439.

44 총체적 선교는 포괄성과 균형성을 추구하는 점에서 강점이 있어 보이지만, 실제로는 기독교 선교에서 본래부터 주어졌던 복음 전도의 우선성을 약화하는 결과를 낳게 되고 이것은 종국적으로 기독교 자체의 약화로 이어지게 될 수 있는 것이다. 정흥호, "이구아수 선언문을 통해서 본 복음주의 선교신학의 방향," 『복음과 선교』 Vol. 7 (2006), 202-203. 이러한 문제에 대해서는 에큐메니컬 신학의 대가인 이형기의 평가에서도 찾아볼 수 있는데, 그는 1975년 나이로비에 대해 평가하면서 "이런 의미에서 로져 바샴(Bassham)의

의 모습이라 할 수 있다. 에큐메니컬 신학은 말할 것도 없고, 에큐메니컬 신학의 영향을 받아 모든 것을 선교에 포함하는 로잔의 총체적 선교와 그 포괄성 역시 결국 전도 동력을 현저히 약화시킬 가능성을 높이는 것이다.[45] 따라서 오늘과 같이 기독교가 심각하게 약화하여지어 가는 상황에서는 전도의 역량을 높이는 것이 필요하다.[46] 선교에 있어 모든 것을 통합적으로 고려한다 해도 여전히 전도에 우선순위를 둘 때 전도 동력이 향상되고 기독교가 21세기에도 여전히 살아남아 세계 변혁에 선한 영향력을 미칠 수 있을 것이다. 기독교 자체가 사그라지면 세상을 섬기는 일은 현실적으로 불가능한 일이 되는 것이다.

### 3) 명확한 선교 개념 정립에 기여

케이프타운 선언 제1부 7장 A항은 "우리는 책임 있게 다스리고 관리함으로써 인간의 복지와 필요를 제공하라는 명령을 거룩하게 성취하는 그리스도인들뿐 아니라, 환경운동과 그를 위한 행동에 특별한 선교적 부르심을

---

말대로 1975년의 나이로비 WCC는 '통전적 선교(Holistic Mission)를 지향했다. 그러나 역시 19세기의 복음주의적 선교 열의로부터는 멀어져만 갔다"라는 평가를 내어놓았다. 이형기, "에큐메니즘의 역사적 고찰," in WCC, *And So Set Up Signs*, 『세계교회협의회 40년사』, 이형기 역 (서울: 한국장로교출판사, 1993), 235-236.

45 서구 지역은 기본적으로 기독교 사회 즉 크리스텐덤(Christendom)이다. 이 경우 기독교와 정부가 결합되어 교인 확보가 저절로 이루어지므로 교회는 교인 확보를 위한 전도보다는 기독교의 문화에 더 관심을 두는 경향이 있다. 에큐메니컬 선교신학이나 통전적 선교신학이 논의된 서구 지역은 전도의 절박한 필요에 대한 인식이 덜할지 몰라도 비서구의 경우는 교회가 전도를 소홀히 하면 그것은 바로 교회의 존립에 영향을 미치는 것이다. 한국일, "한국적 상황에서 본 선교적 교회: 지역교회를 중심으로", 「선교와 신학」 제30집 (2012), 80. 참조.

46 한편 박보경은 "로잔운동은 세계 복음화를 위한 전도의 긴급성과 궁극적 중요성을 포기한 적이 없다. 다시 말해, 최근 로잔운동의 신학은 전도의 중요성을 약화시키지 않으면서도 선교의 통전성을 지향하고 있다"라고 말하면서 로잔은 통전성을 추구하면서도 전도의 중요성을 포기한 적이 없다고 강조한다. 박보경, "로잔운동에 나타나는 화해로서의 선교: 2004년 파타야 포럼과 케이프타운 서약문을 중심으로," 『선교신학』 38집 (2015). 143.

받은 그리스도인들을 지지한다"[47]라고 말하는데, 여기에서 환경운동과 그를 위한 행동에 부름을 받은 것을 선교적 부르심이라고 부르는 것에서 로잔의 선교 개념에는 사회적 책임도 포함된 것을 볼 수 있다.

로잔운동의 경우 제1차 로잔 대회 때만 해도 전도와 사회적 책임의 관계에 있어 전도가 우선성을 지닌다는 점을 분명히 천명하였지만, 2000년을 넘어서면서 점차로 전도와 사회적 책임의 관계에 있어 전도의 우선순위를 인정하지 않고 있다. 이것을 총체성이라는 용어로 표현하고 있는데, 이것이 명확하게 어떤 것인지에 대한 설명이 다소 불충분하기도 하다.

에큐메니컬 진영처럼 선교의 목표에서도 확실하게 통전적 선교(Holistic Mission)를 추구하기보다는 주로 방법적 차원에서의 총체적 선교(Integral Mission)를 의미하면서도 동시에 목표에서도 총체성을 보이는 면이 있다.

이런 이유에서 로잔의 참여자들 가운데서도 로잔의 분명한 정체성과 로잔의 분명한 선교신학이 무엇인지에 대한 혼선을 겪으면서 다음과 같은 목소리들이 나오면서 우려와 박수가 함께 나오는 것 같다.

"로잔의 독특성이 어디 있는가?"

"대회의 내용이 WCC와 무엇이 다른가?"

"로잔이 마침내 그 정신을 잃어버렸다."[48]

용어적인 측면에서 분석해 보자면, 총체적 선교란 전통적 의미의 선교 명령인 '복음 전도'와 전통적 의미의 윤리적 과제인 '사회적 책임'을 혼합하여 '선교'라고 명명하고 있다. 전통적인 의미에서 선교란 증인이 되어 복음을 전하고 예수님을 모르던 사람들을 제자로 삼는 사역이다.

그리고 제자가 된 사람들이 하나님의 뜻을 따라 빛과 소금의 삶을 살면서 이 세상을 참으로 사람 살만한 곳으로 만드는 일이 바로 윤리적 과제이다. 두 가지 책임 모두 다 그리스도인의 중요한 책임임은 틀림없다. 특별히 오늘날 윤리적 과제는 아무리 강조해도 지나치지 않을 정도로 중요하다.

---

47  Lausanne Movement, 『케이프타운 서약』, 44.
48  박보경, "로잔운동에 나타난 전도와 사회적 책임의 관계", 30.

윤리적 과제를 제대로 수행하지 못하면 선교를 잘해도 선교 열매가 제대로 맺히지 못하기 때문이다.

그런 점에서 윤리적 과제는 선교를 위한 중요한 선교 방법에 해당할 수 있다. 하지만 윤리가 아무리 중요해도 윤리적 과제를 선교라고 명명하는 것은 개념에 혼란을 줄 수 있고, 결국 이것은 결국 선교 개념 자체를 혼란스럽게 만들 수 있는 것이다.[49]

교회가 이 사회를 향한 책임을 잘 감당하는 것은 아무리 강조해도 지나치지 않는다. 그런데 교회가 세상을 변화시키고 인간다운 삶을 살 수 있게 하는 가장 첫걸음은 다른 것이 아니라 바로 복음을 전하는 것이다. 또한, 교회가 세상을 위해서 할 수 있는 가장 큰 공헌 역시 복음을 전하는 것이라 할 수 있다. 이런 점에서 이종성도 "우리는 물론 사회 개혁에 관심이 있다. 그리고 우리가 그러한 관심이 있으므로 그러한 개혁에 도움을 주기도 한다. 그러나 사회가 근본적으로 필요로 하는 것은 개혁이 아니라 구원이다. 교회는 이 구원을 제공한다. 교회만이 이 보화(mystery)를 가지고 있다"[50]라고 천명한 바 있다.

교회만이 가진 최고의 보배, 세상을 근본적으로 변혁시킬 수 있는 가장 중요한 첫 단추가 바로 복음이다. 이것을 명확히 하고 전도에 우선성을 두는 선교 개념을 지닐 때 그 개념이 명확해지는 것이다.

박보경도 로잔운동의 통전적 접근에 대해 다음과 같이 언급하였다.

---

49 이것은 아이를 태어나게 하는 출산과(전도를 통한 영혼구원하는 일) 태어난 후에 사람다운 사람이 되는 일을 두고(기독인으로서 윤리적 책임을 수행하는 일), 출생 후 사람다운 사람이 되는 것이 중요하다고 해서 두 가지를 합하여 출산이라고 부르는 것과 같은 혼선을 불러올 수 있다.

50 이종성,『교회론 1』, 489-490. 유사하게 비체돔(Georg F. Vicedom)도 "만약 죄가 하나님으로부터 인간을 분리시키는 것으로서 죽음이라고 한다면, 용서를 통한 죄의 정복이 생명의 전제이다. 하나님의 나라는 용서가 있는 곳에서만 시작될 수 있다"라고 주장하였는데, 결국 복음화와 인간화 중에 복음화가 우선적으로 시행되어야 인간화가 이루어질 수 있다고 볼 수 있는 것이다. Georg F. Vicedom,『하나님의 선교』, 52.

… 로잔운동은 이 세상을 변화시키려는 노력이 결국 개인 내면의 문제를 해결하지 않고는 완성할 수 없다는 것을, 또한, 이 개인 내면의 문제는 2000년 전 나사렛에서 활동하였던 예수께서 메시아 되심을 믿는 원초적인 신앙고백을 통해 이루어진다는 사실을 다시 한번 상기할 필요가 있다. 바라기는 로잔 진영의 선교 운동이 개인 회심을 위한 전도 사역을 약화하지 않으면서도, 에큐메니컬적 주제들을 충분히 수용하여 선교의 온전한 통전성을 이룰 수 있기를 희망한다.[51]

## 3. 요약 및 전망

지금까지 3차에 걸친 로잔 대회에 나타난 우선순위를 분석하고 그 변화의 특징을 살펴보았다. 로잔 신학은 우선성을 가지고 시작했지만, 총체성으로 흐르는 경향을 보이고 있고, 선교의 방법과 목표에서도 총체성으로 변화하는 경향을 보이고 있음을 살펴보았다. 이제 로잔 신학의 대세는 우선순위를 인정하지 않고 선교를 총체적으로 수행하는 방향으로 나아가고 있다. 물론 총체적 선교는 일정 부분 이론적 강점이 있고 설득력이 있다.

하지만 여전히 우선순위 문제를 고민하지 않을 수 없는 이유가 있다. 모든 운동, 모든 기구는 선택과 집중을 해야 효율적으로 성공적으로 사명을 감당할 수 있는데 총체적 선교는 선택과 집중 대신 모든 것을 다 똑같이 중요한 것으로 보면서 접근하기에 효율성을 약화하는 면이 있다. 본 연구는 로잔 신학이 종합적인 접근을 하면서도 여전히 우선순위를 고려할 때 선교에 있어 집중력이 높아지고, 전도의 동력이 향상되고, 선교의 개념이 명확하게 되므로 말미암아 선교가 효율적으로 수행될 수 있는 유익들이 있음을 살펴보았다.

---

51 박보경, "로잔운동에 나타나는 화해로서의 선교: 2004년 파타야 포럼과 케이프타운 서약문을 중심으로", 『선교신학』 38집 (2015), 166.

물론 여전히 총체적 선교가 확실한 대안이라는 패러다임을 가진 관점에서 보면 이러한 논의 자체가 구시대적인 이분법이고, 교회 확장주의적 사고이고, 제국주의적 사고로만 보일 수 있을 것이다.[52] 마치 진화론과 창조론이 똑같은 우주 만물을 보면서도 서로의 이론을 도저히 수용하기 어려운 것처럼 총체적 선교 개념을 지니면 우선순위에 대한 논의를 이해하기 어려울 수도 있을 것이다.

다만 한 가지 분명한 것은 총체적 선교든 우선순위를 논하는 선교든 선교란 기본적으로 교회가 역동적으로 존재할 때 모든 논의가 가능해진다는 부분과 우선순위를 거부하는 선교 경향은 교회를 심각하게 약화할 가능성이 크다는 점을 강조하고 싶다. 로잔의 선교 방향이 이런 점을 심각하게 고민하여 종합적으로 다양한 사항을 고려하면서도 여전히 우선성을 지님으로써 미래에도 여전히 세계 선교에 이바지하는 운동이 되기를 기대해 본다.

---

[52] 특별히 서구지역의 경우는 교회 성장이란 것이 그리 절박한 화두가 아닐 수 있다. 서구지역은 기본적으로 기독교사회 즉 크리스텐덤(Christendom)이다. 이 경우 기독교와 정부가 결합되어 교인 확보가 저절로 이루어지므로 교회는 교인 확보를 위한 전도보다는 기독교의 문화에 더 관심을 갖는 경향이 있다. 에큐메니컬 선교신학이나 통전적 선교신학이 논의된 서구 지역은 전도의 절박한 필요에 대한 인식이 덜 할지 몰라도 비서구의 경우는 교회가 전도를 소홀히 하면 그것은 바로 교회의 존립에 영향을 미치는 것이다. 참조, 한국일, "한국적 상황에서 본 선교적 교회: 지역 교회를 중심으로," 80.

## 제2부
# 로잔운동과 선교 현장 – 로잔운동의 오늘

제1장  로잔운동과 북한선교
제2장  로잔운동과 박해 현장의 성도들
제3장  로잔운동과 4차 산업혁명 시대의 선교
제4장  로잔운동과 뉴 노멀 시대의 선교

---

모든 선교 운동은 현장에서 실천된다. 현장이 없는 선교 운동은 없다. 그런 점에서 다양한 선교 현장에 대한 냉철한 분석과 그에 기초한 선교 방향과 전략 수립은 선교에 있어 매우 중요한 과제가 아닐 수 없다. 이런 이유에서 제2부는 다음과 같은 선교 현장에서의 선교 방향과 전략 등을 로잔신학의 관점에서 살펴보았다.

(1) 한국 상황에서 중요한 이슈인 북한선교 현장
(2) 이슬람권에서 박해받는 기독교 형제자매들의 선교 현장
(3) 4차 산업혁명 시대의 선교 현장
(4) 코로나19로 발생한 뉴 노멀 시대의 선교 현장

이상과 같은 선교 현장과 그에 대한 적절한 선교 방향과 전략 등에 대한 연구들을 통해 독자들은 변화하는 시대 속에서 교회가 추구해야 할 바람직한 선교 방향과 전략 등에 대한 지혜들을 얻을 수 있을 것으로 기대된다.

# 제1장

## 로잔운동과 북한선교[1]

    통일은 우리 민족이 이루어야 할 가장 중차대한 과제이며, 북한은 한국 교회가 감당해야 할 가장 중요한 선교 지역 중 한 곳이다. 이런 점에서 한국 교회는 통일과 북한선교에 대해 지대한 관심을 가져왔다. 그런데 북한선교를 바라보는 시각은 진보 진영과 복음주의 진영 간에 상당한 차이를 보여 왔다.

    좀 단순화시켜 표현하자면 진보 진영은 남북 교류와 협력을 통해 화해와 평화를 이루어 민족 통일을 이루는 것에 깊은 관심을 가지지만, 복음주의 진영은 다양한 방법을 통해 북한에 복음을 전하고 신앙 공동체를 세우는 것에 깊은 관심을 두는 경향을 지닌다. '북한선교'를 바라볼 때 진보 진영은 '통일'에 방점을 찍고 복음주의 진영은 '복음화'에 강조점을 두는 경향을 두는 것이다.[2]

---

[1] 본 연구에서 '북한선교'라는 용어는 통일과 복음화를 모두 포함하는 용어로 사용될 것이다. 북한선교는 통일과 복음화를 함께 생각하지 않고는 불가능하기 때문이다. 통일과 복음화를 함께 생각하면서도 통일에 우선순위를 두는 견해는 '통일 선교'라는 용어를 선호하고, 복음화에 우선순위를 두는 견해는 '복음 통일'이라는 용어를 선호하는 경향이 있는데, 본 연구에서는 후자와 가까운 경향이 있지만 보편적으로 수용되는 용어인 '북한선교'라는 용어를 사용할 것이다.

[2] 임희모, 『한반도 평화와 통일 선교』 (서울: 다산글방, 2003), 104-105. 박영환은 이러한 차이에 대해 "1990년대 기도회 중심의 반공주의 운동으로 대표되는 기독교 보수 세력의 북한 이해와 북한 중심 통일 운동으로 대표되는 기독교 진보 세력의 북한 이해는 기찻길처럼 평행선을 이루고 있었다"라고 평가한다. 박영환, "기독교 진, 보수 세력의 북한 이해를 통한 북한선교의 접근방법론의 유형," 『복음과 선교』 19집 (2012년), 209.

좀 더 구체적으로 허성엽은 한국 기독교 내에 존재하는 북한선교 운동을 크게 네 가지로 구분하였다.

**첫 번째**, 한국교회협의회를 중심으로 하는 진보적 성향의 운동으로서 조선 그리스도 연맹과 동역하면서 통일을 통해 남북을 치유하자는 통일 지향적 성향이다.[3]

**두 번째**, 다소 보수적인 성향의 교회들을 중심으로 하는 운동으로서 북한 지하 교회를 육성하는 일과 통일 후 북한 교회 재건 등에 관심을 가지며 인도적 차원에서 북한 동포 돕기 등을 수행하는 성향이다.[4]

**세 번째**, 위의 두 가지 성향을 동시에 추구하지만, 북한선교 사역에 관심을 갖는 한기총의 방향보다는 평화통일 운동에 관심을 두는 한교협의 방향에 좀 더 기울어진 성향으로써 주로 대한예수교장로회 통합교단을 중심으로 추진되고 있다.[5]

**네 번째**, NGO를 통한 선교구조로서 빈곤, 기아, 질병, 문맹으로 시달리며 고통을 겪는 북한 사회를 지원함으로써 삶의 질과 환경을 개선하는 것에 관심을 두는 성향이다.[6]

북한선교에 대해 이상과 같이 다양한 견해가 존재하는 가운데 본 장은 선교의 양대 진영 중 하나인 로잔운동의 관점에서 북한선교의 방향성을 찾아보고자 한다. 로잔운동이 북한선교를 직접적으로 거론하지는 않지만, 로잔은 북한선교의 방향을 잡는데 일정 부분 중요한 나침반을 제공한다.[7]

---

3 허성엽, "남북관계에서 본 북한선교정책 전망: 한국 교회의 북한선교 방향성 고찰," 「선교신학」, Vol. 39(2015), 407-409.
4 허성엽, "남북관계에서 본 북한선교정책 전망: 한국 교회의 북한선교 방향성 고찰," 409-410.
5 허성엽, "남북관계에서 본 북한선교정책 전망: 한국 교회의 북한선교 방향성 고찰," 411.
6 허성엽, "남북관계에서 본 북한선교 정책 전망: 한국 교회의 북한선교 방향성 고찰," 412.
7 김승호는 지난 40여 년간 로잔의 선교신학에 나타난 이슈들을 세 가지 그룹으로 나누었는데, 첫째 그룹은 40년 동안 변화가 없었던 이슈들 즉 핵심적이라 할 수 있는 이슈들이

특별히 로잔이 제시하는 선교 이슈 중에 본 장은 다음 주제를 중심으로 북한선교의 방향성을 찾아보고자 한다.

(1) 복음 전도의 우선순위와 미전도 종족 선교
(2) 선교에서의 성령의 사역과 기도
(3) 그리스도인의 사회적 책임
(4) 선교에서의 협력
(5) 평신도 사역과 디아스포라 선교

## 1. 복음 전도의 우선순위와 미전도 종족 선교

### 1) 로잔운동의 우선적인 관심인 미전도 종족 선교

전통적인 로잔 신학의 가장 주된 관심 중의 하나는 복음 전도이다. 로잔 언약 7항은 "교회가 희생적으로 해야 할 일 중에서 전도가 최우선이다."라고 선언하였고, 마닐라 선언문 역시 "우리의 주된 관심은 복음에 있으며,

---

었는데, 여기에 속한 이슈들은 1) 예수 그리스도의 유일성, 2) 복음 전도의 우선순위, 3) 미전도 종족 선교 등이다. 둘째 그룹은 40년 동안 상당한 발전과 진전이 있었던 이슈들인데, 여기에 속한 이슈들은 1) 그리스도인의 사회적 책임, 2) 타종교의 책임과 타종교인들에 대한 기독교인의 임무, 3) 전도에서의 성령의 사역, 4) 평신도 사역 등이다. 셋째 그룹은 앞의 대회들에는 나타나지 않았지만 후의 대회들에 새롭게 나타난 이슈들인데 1) 유대인들에 대한 전도, 2) 여성들의 역할, 3)디아스포라 선교 등이 여기에 속한다. 김승호, "로잔운동의 선교 사상의 발전," 한국로잔연구교수회 편, 『로잔운동과 선교』, 22-43. 한편 홍기영은 로잔 신학의 주요 주제들을 1) 하나님의 목적, 2) 성서의 권위와 능력, 3) 그리스도의 유일성과 보편성, 4) 전도의 성격, 5) 기독교의 사회적 책임, 6) 교회와 전도, 7) 전도에서의 협력, 8) 복음 전도에 동역하는 교회들, 9)복음 전도의 긴박성, 10)복음 전도와 문화, 11) 교육과 리더쉽, 12) 영적 갈등, 13) 자유와 박해, 14)성령의 능력, 15) 예수 그리스도의 재림 등으로 구분하였다. 홍기영, "로잔 세계 복음화 운동에 나타난 주요 선교신학적 주제들," 한국로잔연구교수회 편, 『로잔운동과 선교』(서울: 올리브나무, 2014), 131-150.

모든 사람이 예수 그리스도를 구주로 영접할 기회를 얻도록 하는 데 있으므로 복음 전도가 우선이다"(마닐라 선언문 1장 4항)라고 선언하였다. 또한, 3차 대회인 케이프타운 서약에서도 "예수님의 제자로서 우리는 복음의 사람이다. 우리의 정체성의 핵심은 예수 그리스도를 통한 하나님의 구원 사역이라는 성경의 기쁜 소속에 대한 우리의 열망에 있다"(케이프타운 서약 2부 8항)라고 언급함으로써 로잔 신학의 핵심적인 관심이 바로 복음 전도에 있음을 나타내고 있다.

이와 같은 경향을 보면서 김승호는 "3차에 걸친 로잔 대회에서 복음 전도(Evangelism)와 함께 그리스도인의 사회적 책임(Social Responsibility)은 동시에 강조되었지만 그런데도 로잔운동의 특징은 변함없이 '전도의 우선순위'를 강조해 왔다"[8]라고 정리하고 있다. 로잔 신학은 복음 전도에서도 특별히 미전도 종족 전도에 깊은 관심을 두고 있는데, 케이프타운은 다음과 같이 언급한다.

> 우리는 그리스도에 대한 증거를 통해 아직도 그러한 지식에 도달하지 못한 수천 개의 미전도 종족이 이 세상에 존재한다는 것은 안타깝고도 수치스럽게 인정한다. 이 종족들 가운데 신자들도 없고 교회도 없다는 점에서 이들은 복음을 듣지 못한 사람들이다. 현재 우리가 알고 있는 바와 같이, 교회가 없거나 그들과 복음을 나누려고 시도하는 선교단체도 없다는 점에서, 미전도 종족들 가운데 많은 종족이 선교에서 소외된 종족이다. 실로 아주 미미한 퍼센트의 교회 자원(인적, 물질적 자원)이 가장 소외된 미전도 종족들에게 사용되고 있다(케이프타운 서약 2부 4항).[9]

---

8  김승호, "로잔운동의 선교 사상의 발전," 26. 홍기영 역시 "로잔언약, 마닐라 선언, 그리고 케이프타운 헌신은 공히 하나님의 선교는 세계 복음화라고 하는 분명한 명제를 다른 무엇과도 타협하지 않고 주장하면서 이 목표를 이루기 위한 순순한 동기와 겸손한 태도와 효과적인 방법들을 논의하고 제시하였다"라고 기술하고 있다. 홍기영, "로잔운동에 나타난 주요 선교신학적 주제들," 149.
9  마닐라 선언문 역시 미전도 종족 선교에 관심을 표현하면서 "현재 2,000여 개의 큰 민족 속에 그와 같은 약 12,000여 개의 미전도 종족이 있으며 그들을 전도한다는 과제

## 2) 미전도 지역으로서의 북한

전 세계 국가들을 대상으로 '기독교 박해 지수'를 발표하고 있는 오픈도어선교회 김성태 대표에 따르면 현재 북한 신자는 20-40만 명 정도로 추산된다. 이 숫자는 북한 전체 인구의 약 1-2퍼센트 정도가 기독교인인 셈이며 복음 전파가 매우 어려운 미전도 종족 지역에 속한 것이다.[10] 한편 북한의 성도들은 약 1/10이 혹독한 환경의 정치범 수용소에 갇혀 있고, 6-8만 명은 오지로 강제 추방되어 처참한 삶을 살아가고 있다.

연속해서 8년째 기독교 박해 지수 1위 국가가 될 정도로 북한의 기독교 박해는 심각한 수준이다.[11] 전통적인 로잔 신학의 관점에서 보면 미전도 종족이며 극심한 박해 가운데 있는 북한을 향한 가장 주요한 과제 중의 하나는 바로 복음 전도가 될 것이다.

---

는 전혀 불가능한 것이 아니다. 그러나 현재 전체 선교사의 겨우 7퍼센트만이 이 일에 전념하고 있으며, 나머지 93퍼센트는 세계의 절반이 되는 지역, 곧 이미 복음화된 지역에서 일하고 있다. 이와 같은 불균형을 시정하려면 선교 인력을 전략적으로 재배치해야 할 것이다(마닐라 선언문 2부 11항)"라고 언급하였다. 마닐라 선언 2부 11항, Lausanne Movement, *The Cape Town Commitment: Study Edition*, 『케이프타운 서약』, 257.

10 미전도 종족(the unreached people or Least-Reached peoples)의 정의에 대해서는 다소 논란의 소지가 있지만 일반적으로 특정 종족 안에 복음적인 그리스도인이 2퍼센트 미만일 때 또는 전체 기독교인 숫자가 5퍼센트 미만인 경우를 미전도 종족이라고 본다. Ralph Winter, "Unreached Peoples: Recent Developments in the Concept," *Mission Frontier*(August-September, 1989), 2-3.

11 Lausanne Global Analysis는 전 세계적으로 약 55억의 사람이 종교적 핍박이 있는 나라에 살며 이것은 전 세계 인구의 약 77퍼센트에 이른다고 보고하면서 핍박이 심한 나라들로 중국, 사우디아라비아, 북한, 미얀마, 베트남, 수단, 파키스탄 등을 거론하였다. Thomas Harvey, "The State and Religious Persecution," *Lausanne Global Analysis*, Vol.5 / Issue2 (March 2016).
https://www.lausanne.org/content/lga/2016-03/state-and-religious-persecution. 2016년 5월 19일 접속. 김성태에 의하면 "북한 정부는 기독교의 확산을 막지 못하면 동유럽과 소련에서처럼 정부를 붕괴시킬 수 있는 혁명적 기운으로 발전할 것으로 생각, 이를 두려워한다"라며 "기독교인 색출을 위해 가짜 교인과 교회를 만들기도 한다"라고 설명했다. 김성태, "8년째 기독교 박해 1위국 북한 지하 교회 도움 절실," 2016년 4월 23일 접속. http://www.jtntv.kr/?mid=interview_people&sort_index=regdate&order_type=desc&document_srl=12483

물론 북한선교에 있어 통일과 복음 전도는 분리할 수 없는 긴밀한 연관성을 지니고 있다. 통일되어야 복음 전도가 효율적으로 수행될 수 있고, 복음 전도가 잘 되면 이것이 통일의 중요한 밑거름이 될 수 있다. 복음이야말로 북한을 개방으로 이끄는 가장 강력한 햇볕이 될 수 있는 것이다. 통일과 복음 전도는 북한 주민들의 행복과 민족 번영을 위해 상호 보완적인 필수 과제이다. 북한의 온전한 복음화는 통일을 생각지 않고는 불가능하며, 동시에 한국 교회의 통일 운동이 통일로만 끝나서는 안 된다. 북한 주민들에게 있어 진정한 복은 통일 그 자체를 넘어 하나님의 자녀 됨을 누리는 것이기 때문이다.

오랜 세월 동안 인본주의적 사회주의 계급 투쟁과 김일성의 주체사상, 그리고 잘못된 통치 이데올로기에 의해 몸과 마음이 철저하게 병들고 지친 저들에게 복음은 참된 치유와 회복을 줄 수 있는 것이다.[12] 기독교의 통일 운동은 이것을 바라보아야 한다. 그래야 기독교 외의 다양한 통일 운동과 차별성을 지니는 기독교의 통일 운동이 되는 것이다.

이상과 같이 통일과 복음 전도를 함께 바라보면서도 복음 전도에 우선순위를 두는 북한선교는 다양한 전략을 통해 수행될 수 있을 것이다. 북한 당국 및 조선그리스도연맹과의 접촉 및 협력, 각종 경제 협력 및 인도적 대북 지원 사역, 조선족이나 탈북자를 통한 복음 전도 사역, 방송이나 풍선 등을 통한 전도 사역,[13] 통일 후 북한에 자립 교회를 세우는 사역 등 통일과 복음 전도를 위해 필요한 모든 사역을 총체적으로 수행해야 할 것이다. 그리고

---

12 최원진, "통일 한국을 향한 한국 교회의 선교적 과제," 「복음과 선교」 제26집(2014), 171.
13 북한의 진실을 알리는 것은 북한 정권을 끝내게 하는 가장 중요한 일이다. 이런 일을 위해 라디오 비디오, USB, 종이 삐라, 음성 삐라(소형 MP3형 오디오 장치), 성경 수첩 및 한류 컨텐스 등을 북한으로 유입시키는 것이 필요하다. 특별히 풍선에 들어있는 전단지는 북한 정권의 허구성과 기독교 복음 등이 들어있는데, 이것의 효과는 아주 강력해서 북한은 이 전단지들은 미국의 미사일보다 더 큰 위협으로 생각한다고 한다. 현재 북한을 붕괴시키는 가장 큰 잠재적 적은 미국이나 남한이 아니라 기독교라 할 수 있다. 김성욱, 『북한을 선점하라!』 (서울: 세이지, 2022), 220.

이 모든 사역은 늘 통일을 넘어 북한이 복음화되고 북한 전역에 건강한 자립 교회가 세워지는 것까지를 내다보는 선교가 되어야 한다.

## 2. 성령의 사역과 기도

### 1) 선교의 주역이신 성령

로잔은 선교에서의 성령의 사역을 강조한다.[14] 로잔언약 14항은 "우리는 성령의 능력을 믿는다. 아버지 하나님은 아들을 증거하라고 그의 영을 보내셨다. 그의 증거 없는 우리의 증거는 헛되다"[15]라고 언급하였고, 마닐라 선언 역시 제1부 10항에서 "우리는 그리스도에 대한 성령의 증거가 복음전도에 있어 절대 필요하며, 따라서 성령의 초자연적인 역사가 없이는 중생이나 새로운 삶이 불가능하다는 것을 단언한다"[16]라고 말함으로써 선교에 있어 성령의 역사가 필수 불가결임을 선언한 후 11항에서 "우리는 영적인 싸움을 위해서는 영적 무기가 필요하므로, 성령의 능력으로 말씀을 선포하며, 정사와 악의 권세를 이기신 그리스도의 승리에 참여할 수 있도록 항상 기도해야 함을 단언한다."[17]

이렇게 함으로써 세상의 악한 권세를 이기는 그리스도의 승리에 참여하기 위해서는 기도가 필요함을 선포하면서 성령과 기도를 긴밀하게 연결하고 있다.

---

14  로잔운동은 2004년 파타야에서 세계 복음화를 위한 로잔 회의를 열고 이때 Lausanne Occasional Paper의 주제를 "전도 속의 기도"(Prayer in Evangelism)로 잡고 기도에 대한 종합적인 연구를 담았다. 기도에 대한 로잔의 관심을 보여 주는 대목이 아닐 수 없다. Lausanne Movement, "Prayer in Evangelism," Lausanne Occasional Paper, No. 42. https://www.lausanne.org/wp-content/uploads/2007/06/LOP42_IG13.pdf.

15  로잔언약 14항, Lausanne Movement, 『케이프타운 서약』, 226.

16  마닐라 선언 1부 10항, Lausanne Movement, "마닐라 선언," 『케이프타운 서약』 부록, 242. 232.

17  마닐라 선언 1부 11항, 232.

케이프타운 서약은 다음과 같이 성령의 사역 범위를 좀 더 확장하고 있다.

> 따라서 우리의 선교 사역은 성령의 임재와 인도와 능력이 없이는 의미도 없고 열매도 없다. 이것은 선교의 모든 차원, 곧 복음 전도, 진리 증거, 제자 훈련, 화평케 함, 사회참여, 윤리적 변혁, 창조 세계를 돌봄, 악한 세력을 물리침, 악한 영의 축출, 병든 자의 치유, 박해 아래 겪는 고난과 인내에 모두 해당한다. 우리가 그리스도의 이름으로 행하는 모든 것은 성령의 인도하심과 능력을 받아야만 한다.[18]

케이프타운은 선교 사역의 모든 차원 즉 소위 말하는 복음화에 해당되는 사역뿐 아니라 인간화에 해당하는 사역까지도 모두 성령의 역사가 있을 때 가능하다는 점을 강조하는 것이다. 성령은 모든 선교의 계획자이시며 수행자이시고 동시에 선교 일꾼들이 선교를 수행할 수 있도록 인도하시며 능력을 주시는 분이시라는 점을 로잔은 분명히 하고 있다.

### 2) 북한선교와 성령의 사역

통일과 북한 복음화의 문제는 참으로 복합적인 일이 아닐 수 없다. 현재의 북한 체제 하에서 복음을 전한다는 것은 거의 불가능에 가까운 일이라 해도 과언이 아니다. 또한, 통일 문제 역시 참으로 복합적인 문제이다. 통일의 문제는 남북한의 문제이자 동시에 미국, 중국, 러시아, 일본 등 주변 강대국들의 이해관계가 복합적으로 얽혀져 있는 문제이다. 따라서 주변 강대국들의 협력이 통일에 필수적이다.[19]

---

18 케이프타운 서약 1부 5항 C, Lausanne Movement, 『케이프타운 서약』, 37-38.
19 주변 강대국들의 한반도 통일에 관한 셈법은 매우 복잡하다. 예를 들어, 통일연구원은 "… 미국의 입장에서 통일 이후 한미동맹이 약화되고 한국의 외교 정책이 친중(친중)적으로 선회하며 미중관계가 긴장 관계가 될 경우 미국에게 큰 안보 비용이 발생하는 것으로 분석하였다." 김규륜 외, 『한반도 통일의 미래와 주변 4국의 기대』(서울: 통일연구

또한, 시기적으로 보아도 남한의 준비가 미흡한 상황에서 너무 빨리 통일이 되거나 혹은 너무 늦어질 때 분단이 고착화할 수 있다. 따라서 통일은 역사를 주관하시는 하나님의 역사하심으로 하나님의 타이밍에 맞추어져 이루어야 하는 일이다. 이런 점에서 볼 때 참된 북한선교는 철저하게 성령의 도우심이 있어야 하고 이를 위해 한국 교회는 눈물의 기도를 쌓아야 하는 것이다.

독일의 통일 과정을 보아도 통일의 과정에 있어 기도의 역할은 참으로 중요한 것이었다. 물론 통일을 가져다준 다양한 요인이 있었지만, 하나님의 강권적 역사하심과 이것을 위한 독일 교회의 기도가 결정적인 역할을 했다는 것은 부인할 수 없다.

특별히 동독의 라이프치히(Leipzig)에 있는 니콜라이교회는 1983년부터 통일을 외치는 동독 젊은이들의 은신처가 되었고, 1989년 5월에는 동독 공산당 지방 선거에서 부정선거 때문에 시위가 일어날 당시 니콜라이교회(St. Nicholas Church)에서 시작된 자그마한 촛불기도회가 통일을 위한 하나의 중요한 도화선이 되었다. 즉, 니콜라이교회에서 시작된 작은 촛불기도회가 베를린 장벽을 무너뜨리고 독일에 통일을 안겨 준 결정적인 역할을 했다.[20]

언뜻 생각하면 통일을 위한 성령의 사역이나 이를 위한 기도와 같은 것은 통일에 있어 효과가 매우 미미한 사역처럼 보일 수 있다. 그러나 독일

---

원, 2013), 169.
20　최원진, "통일 한국을 향한 한국 교회의 선교적 과제," 157. 1983년 가을, 50여 명의 동독 청년들이 동서독에 핵무기가 배치되는 것을 반대해 라이프치히 광장에서 촛불 시위를 벌였다. 경찰이 체포하려고 하자, 그들은 니콜라이교회로 피신했다. 이때부터 니콜라이교회는 동독에서 자유와 평화 그리고 통일을 위한 중심지가 되었고, 동독 재야인사들의 최후 보루(堡壘)가 되었다. 그 후 1986년 여름, 라이프치히 교구가 보네베르거를 월요평화기도회의 지도자로 임명하자 보네베르거는 니콜라이교회의 퓌러와 함께 평화기도회를 주관했다. 동독 정권은 이 기도회를 열지 못하도록 많은 방해를 하였지만, 1989년 9월 4일 월요평화기도회에서부터 분위기가 바뀌기 시작했다. 동독 청년들이 동유럽을 통해 서독으로 탈출하면서 참석자의 수가 2,000여 명으로 급증했고, 이런 과정을 통해 독일 통일에 결정적인 기여를 하였다. Thomas Mayer, *Der nicht aufgibt-Christoph Wonneberger*, 이규영 감수, 『포기하지 않는 자』(서울: 사단법인 우리민족교류협회, 2015), 113-114.

통일에서 볼 수 있듯이 서독과 동독 교회의 기도는 어려워 보였던 통독의 물꼬를 터준 마중물과 같은 결정적인 역할을 감당했다.

따라서 한국 교회는 북한선교를 위해 그 어떤 다른 사역보다 기도에 더 많은 관심을 두고 헌신해야 한다. 특별히 북한에서 목숨을 걸고 신앙생활을 하는 지하 교회 성도들과 지도자들 그리고 북한 강제노동수용소에 있는 성도들을 위해 기도해야 한다. 구체적으로 마지막 승리를 얻을 때까지 목숨을 건 신앙의 사투를 잘 견디는 힘을 달라고 기도해야 한다.

아울러 북한에 들어가서 전도하는 탈북자들이나 중국 방문자들이 처절한 핍박과 순교를 각오하고 수행하는 복음 사역을 잘 감당할 수 있도록 기도해야 할 것이다. 또 북한으로 들어가는 인도적 지원이 북한 주민들의 실제적인 문제를 해결하는 데 도움이 될 수 있도록 기도해야 할 것이다.[21] 특별히 북한 정권이 하나님의 선하신 인도하심 가운데 정리되고 민족에 의한 자주적이고 평화로운 통일이 하나님의 계획 가운에서 이루어지고 그 후에 북한 교회의 교회 재건 사역이 잘 이루어질 수 있도록 기도해야 하는 것이다.

## 3. 북한선교에서의 협력 방향

### 1) 선교에 있어 협력 자세의 중요성

선교에서의 협력 이슈는 에큐메니컬 선교의 주된 강점이지만 로잔 진영 역시 선교에 있어 협력을 강조한다. 로잔언약 7항은 "이는 우리의 불일치

---

21 김성태에 의하면 북한 당국자들은 북한 지하 교회의 실체를 알면서도 모르는 채 방치하다가 교인으로 위장하여 외부 성도들을 끌어들이기도 하고, 지하 교회의 존재를 알게 되었음에도 일망타진하기 위해 함정을 파놓고 기다리며 다른 사람들을 끌어들이는 일도 있다고 말한다. 기독교 박해 지수가 8년 연속 세계 1위인 북한에서 신앙생활을 한다는 것은 최악의 고난의 터널을 지나는 것이므로 기도가 절실히 요구된다. 김성태, 『북방선교의 실상』 (서울: 생명의말씀사, 1994), 207.

가 우리가 전하는 화해의 복음을 훼손하는 것 같이, 우리의 하나 됨은 우리의 증거를 더욱 힘 있게 만들기 때문이다"[22]라고 언급한 후 "우리는 교회의 선교 사역을 확장하기 위해, 전략적 계획을 위해, 서로 격려하기 위해 그리고 자원과 경험을 서로 나누기 위해 지역적이며 기능적인 협력을 개발할 것을 촉구한다"[23]라고 선언하였다.

마닐라 선언 17항도 "우리는, 교회와 선교단체 그리고 그 외 여러 기독교 기관이 복음 전도와 사회참여에 있어 경쟁과 중복을 피하면서 상호 협력하는 것이 절실히 필요함을 단언한다"[24]라고 선언한다. 케이프타운 헌신 역시 "… 선교에서 남과 북, 동과 서의 참된 상호 관계, 서로 주고받는 상호 의존, 존중과 존엄성을 추구하자. 그것이야말로 진정한 우정과 참된 동반자 됨의 특징이다."[25]

이상과 같은 로잔의 협력 정신은 북한선교를 위해서도 좋은 지침이 된다. 북한선교를 위한 협력을 생각할 때 우선 생각할 수 있는 것은 북한선교를 행하는 기구 간의 협력일 것이다. 앞에서도 보았듯이 북한선교를 평화통일이나 자주 통일 등의 관점에서 생각하는 진영과 북한선교를 주로 북한의 복음화 방향에서 보는 두 가지 진영이 존재한다. 두 진영 사이에는 상당한 견해 차이와 갈등이 존재한다. 그러나 넓게 보면 모두 다 북한선교를 하는 것이므로 서로 정죄하는 것을 피해야 한다. 각자 나름대로 다 북한선교를 위해 기여하는 것으로 이해할 필요가 있다. 양 진영이 서로 질타하면서 적대적인 자세를 취하기보다는 긴밀한 협력을 한다면 북한선교는 훨씬 더 효율적으로 이루어질 것이다.

물론 현실적으로 이 둘 사이에는 관점의 차이가 매우 크기 때문에 긴밀한 협력이 이루어지기는 쉽지 않을 것이다. 또한, 협력이 좋다고 해서 무조

---

22 로잔언약 7항, Lausanne Movement, 『케이프타운 서약』, 221.
23 로잔언약 7항, Lausanne Movement, 『케이프타운 서약』, 222.
24 마닐라 선언 1부 17항, Lausanne Movement, 『케이프타운 서약』, 233.
25 케이프타운 헌신 IIF-2-B, Lausanne Movement, 『케이프타운 서약』, 123.

건 무리하게 양 진영을 합하거나 의견이 일치된 사역만을 하려 하는 것만이 능사는 아니다. 로잔 역시 협력의 필요성을 강조하면서도 "조직적인 일치단결은 여러 형태가 있고, 그것이 반드시 복음 전도를 진척시키지 않을 수도 있음을 인정한다"[26]라고 언급한 바 있다. 따라서 현 상태에서는 양 진영의 견해 차이가 있음을 인정하고 각 진영이 나름대로 기여하는 바가 있음을 서로 인정하는 것이 좋을 것이다. 그러면서 함께 할 수 있는 인도적 차원의 지원과 같은 사역을 함께 하면 될 것이다.[27]

## 2) 북한 교회와의 바람직한 협력 방향

북한 교회는 북한 정권의 지지를 받는 조선그리스도교연맹(이하 조그련)과 그 지도를 받는 가정 교회가 있고, 북한 정권의 철저한 탄압을 받는 지하 교회로 구성되어 있다. 가정 교회는 약 1만 3천여 명 정도 되고 지하 교회는 약 10만-30만 정도 규모로 추산되고 있다.[28] 한국의 진보 진영은 주로 조그련과 가정 교회와의 협력을 추구하는 반면, 복음주의 진영은 주로 지하 교회와의 협력을 통해 북한 내의 복음화에 깊은 관심을 둔다.

그런데 북한선교는 이 두 가지 형태의 교회 모두와 협력해야 할 것이다. 조그련과 여기에 속한 교회들을 완전히 무시하고 북한선교를 하는 것은 현

---

26 로잔언약 7항, Lausanne Movement, 『케이프타운 서약』, 221.
27 예를 들면, 1994년 12월에 120여 개 교단이 모여 북한동포돕기운동과 북한교회재건운동을 함해 '한국기독교평화통일추진위원회'를 결성하였는데, 이것은 기독교 진, 보수 세력이 연합된 최초의 남한 기독교의 북한선교 조직체였다. 박영환, "기독교 진, 보수 세력의 북한 이해를 통한 북한선교의 접근방법론의 유형," 209.
28 북한의 지하 교회는 10여 명 혹은 20-30명 많게는 70여 명의 네트워크 형태로 구성된 것으로 알려져 있다. 지하 교회는 철저히 가족 혹은 친척 위주로 구성되어 있고 숫자를 파악하는 것이 매우 어렵다. 존스톤은 다양한 정보를 종합해 지하 교회의 성도들을 28만에서 최대 35만까지 추측하였다. 현재 북한의 지하 교회는 평양에서부터 중국 접경지역까지 거의 전 지역에 분포된 것으로 알려져 있고 1995년 이후로 최소 4천여 명이 처형을 당했지만, 현재도 급속도로 증가하고 있는 것으로 보고되고 있다. Patrick Johnstone, *Operation World*, 『세계기도정보』, 죠이선교회 역 (서울: 죠이선교회, 2002), 363.

실적으로 쉽지 않은 면이 있다.[29] 한편 조그련에 속한 교회들은 현실적으로 선전용으로 사용되고 정치적으로 이용되고 있으며, 북한 정권의 요청에 따라 북한 정권을 위해 움직이는 교회라는 것도 기억할 필요가 있다.[30]

따라서 조그련 계통의 교회들과의 협력은 상당히 신중할 필요가 있다. 이러한 협력을 통해 엄청난 액수의 헌금이 보내지지만, 이 돈이 북한 정권의 유지를 위해 사용될 수도 있기 때문이다.[31] 북한 교회와의 협력은 고난 가운데 있는 지하 교회 성도들의 신앙을 북돋아 주고 교회들이 든든히 서 갈 수 있는 방향으로의 협력이 필요할 것이다.[32] 바람직한 북한선교는 일방적인 물량 공세나 우월 의식에 사로잡힌 선교 방식이 아니라 북한 교회를 인정하고 존중하는 협력 선교가 되어야 할 것이다.[33] 현 상황에서 북한 교회는 여러 가지로 미약한 가운데 있지만 그런데도 북한선교의 주역은 북한 교회임을 잊어서는 안 될 것이다.

다음으로 생각할 것은 통일 이후의 협력에 관한 것이다. 북한선교의 바람직한 방향은 통일 이후에 북한 지역에 건강한 교회가 서고 이 교회들을 통해

---

29  홍기영은 북한선교를 위하여 조그련에 속한 교회들과 지하 교회 모두와 협력해야 할 이유에 대해 "한국 교회가 긴급구호나 장기 프로젝트를 통해 지원할 때 조그련을 통해 지원함으로써 상호 신뢰를 쌓아가야 한다. 특히, 조그련이 가정 교회를 관할하기 때문에 조그련을 통해 가정 교회를 지원하고 가정 교회가 부흥하고 성장할 수 있도록 지원하는 것이 바람직하다. 한편, 조선족 교회를 통해 다양한 방법으로 지하 교회를 지원하고 돕는 것이 중요하다. 왜냐하면, 지하 교회가 유형이든 무형이든 미래의 북한선교의 그루터기이기 때문이다"라고 강조한다. 홍기영, "통전적 모델을 통한 효과적인 북한선교전략," 「선교신학」 제18집(2008), 295-296.
30  박영환, 『북한선교의 이해와 사역』(서울: 올리브나무, 2011), 278. 박영환은 조그련에 속한 교회들이 북한 정권에 의해 움직이는 교회들임을 말하면서도 그래도 이 교회를 인정하고 이 교회를 세워 주어야 한다고 강조하면서 이 교회가 북한선교의 못자리이며, 원동력이며, 정책과 전략이라고 강조한다. 박영환, 『북한선교의 이해와 사역』, 269.
31  김성욱은 "북한의 가짜 교회 봉수교회로 흘러가는 남한 교계의 이른바 '선교헌금' 용처도 마찬가지다. 39호실을 거쳐 무기 개발, 대남 공작에 사용된다"라고 강조한다. 김성욱, 『북한을 선점하라!』, 116.
32  남한 교회에는 지하 교회를 부인하고 이들을 위한 지원은 남북 충돌의 소지가 있으므로 금지되어야 한다는 주장이 있는가 하면, 지하 교회야 말로 진정한 교회이며 이들을 돕는 것이 북한 복음화의 핵심이라고 주장하는 입장이 대치되고 있다. 김홍수·류대영 공저, 『북한 종교의 새로운 이해』(서울: 다산글방, 2002)), 315-316.
33  김성태, 『북방 선교의 실상』, 194.

북한의 복음화가 왕성하게 일어나며 이들이 세계 복음화의 일꾼으로 성장하게 되는 것이다. 이러한 협력은 북한 교회 재건론에 잘 나타나고 있는 것으로 보이는데, 북한 교회 재건론의 주요 원칙은 다음과 같이 정리될 수 있다.

(1) 남한 교회와 해외 동포 교회가 연합체를 구성하여 북한 교회 재건을 추진해야 한다는 연합의 원칙
(2) 북한에 하나의 단일한 개신교 교단을 만들어야 한다는 단일의 원칙
(3) 북한에 자립하는 교회를 설립하여 남한 교회로부터 독립된 교회를 세워야 한다는 자립의 원칙 등[34]

특별히 북한 교회 재건을 위해 모든 교회가 연합해야 한다는 협력 원칙의 이유를 임희모는 다음과 같이 정리하고 있다.

> 남북통일이 이루어지면 북한 지역에 수많은 선교사가 몰려들어 경쟁함으로써 효과적인 선교가 이루어지지 않고 부정적 결과를 맺어 북한 주민들을 복음화 할 수 없을 것이라는 염려, 남한 교회가 북한에 자교회를 세운다는 차원에서 교회를 개척할 우려, 남한 교회가 돈 선교를 함으로써 선교지를 오염시키고 타락시킬 염려도 있다는 것이다. 이러한 부작용은 이미 중국 조선족 선교와 러시아 선교에서 익히 드러났다는 것이다.
> 그러므로 이러한 여러 염려를 불식하고 효과적인 선교를 하기 위하여 교단 간에 협력하여 창구를 일원화하여야 한다는 것이다. 또한, 대(對)북한 창구도 일원화해야 한다는 것이다. 남한에 존재하는 특정 기구를 통해 질서 있게 북한에 들어가서 교회 설립을 추진하도록 해야 한다는 것이다.[35]

---

34  임희모, 『한반도 평화와 통일선교』, 108-109.
35  임희모, 『한반도 평화와 통일선교』, 108-109.

바람직한 북한선교의 방식은 모두의 마음과 뜻이 잘 모이는 협력 선교이며 특별히 북한선교의 가장 중요한 주체는 외부인이 아니라 미약하지만, 북한 교회요 북한 성도들임을 인식하고 저들을 존중하고 저들과 힘을 합하는 협력 선교임을 기억해야 할 것이다.

## 4. 북한선교에 있어 기독인의 사회적 책임

### 1) 로잔이 말하는 선교에 있어 사회적 책임의 중요성

로잔운동은 복음 전도와 사회적 책임을 그리스도인의 양대 의무로 강조하고 있다. 로잔언약은 "물론 사람과의 화해가 곧 하나님과의 화해는 아니며 또 사회참여가 곧 복음 전도일 수 없으며 정치적 해방이 곧 구원은 아닐지라도, 우리는 복음 전도와 사회 정치적 참여는 우리 그리스도인의 의무의 두 부분임을 확언한다"[36]라고 언급한다.

마닐라 선언 역시 8, 9, 18, 21항 등에서 그리스도인의 사회적 책임을 언급했고 특별히 4항에서 "신빙성 있는 참된 복음은 변화된 성도들의 삶 속에 뚜렷이 나타나야 한다. 우리가 하나님의 사랑을 선포할 때, 우리는 사랑의 봉사에 참여해야 하며 우리가 하나님 나라를 선포할 때, 우리는 정의와 평화에 대한 그 나라의 요청에 헌신적으로 응답해야 한다"[37]라고 언급하였다.

케이프타운 서약 역시 "우리의 모든 선교가 이루어지는 장소는 우리가 살아가는 세상, 곧 죄와 고통과 불의와 창조 질서의 왜곡으로 가득한 세상이며, 이런 세상으로 하나님은 그리스도를 대신해 사랑하고 섬기도록 우리

---

36  로잔언약 5항, Lausanne Movement, 『케이프타운 서약』, 219-220.
37  마닐라 선언 1장 4항, Lausanne Movement, 『케이프타운 서약』, 240-241.

를 보내신다"[38]라고 말하면서 사회적 책임을 강조한다. 물론 로잔 진영 안에서 사회적 책임의 정도에 관한 이견들이 여전히 존재하고 있지만[39] 사회적 책임이 그리스도인의 중요한 의무로 인식되고 있다.

### 2) 북한선교를 위한 나눔과 섬김의 바람직한 방향

북한선교에서도 나눔과 인도적 지원 등은 말씀을 행위로 보여 주는 선교이다. 나누고 섬기는 것은 복음의 실천적 행동이기 때문이다. 이러한 나눔은 복음 증거의 결실을 바로 거두는 데는 다소 한계가 있을 수 있지만, 기독교에 대한 이미지를 향상해 장기적으로 북한 복음화에 도움이 될 수 있다. 이런 점에서 한국 교회와 기독교 관련 NGO 단체들은 북한을 위한 인도적 지원 사역을 많이 행해 왔다.

복음주의 성향의 교회들도 1992년 남북 교류에 대한 협의서가 시행된 이래 인도주의적 협력과 지원을 행해 왔다. 이러한 행동은 구체적인 조직체로 나타났는데, 1993년에 진보와 보수가 연합하여 '평화와 통일을 위한 남북 나눔 운동'을 조직하였고, 1994년에는 북한 동포 돕기 운동과 북한 교회재건운동이 합하여 '한국기독교평화통일추진위원회'가 결성되어 진보와 보수를 아우르는 북한선교 조직체가 시작되었다.[40]

한국 교회는 식량난을 겪고 있는 북한에 쌀, 옥수수, 밀가루 등을 보내고 빵 공장, 국수 공장, 떡 공장, 두유 공장 등을 설립해 주기도 하고, 비료나

---

38 케이프타운 서약 1부 10항, Lausanne Movement, 『케이프타운 서약』, 60-61.
39 "로잔운동 내부에서 어떤 이들은 그리스도인의 사회적 책임에 대한 1-3차 문서들의 내용이 아직 충분치 않다고 생각하기도 하며(예를 들면, 올란도 코스타스, 레네 파딜랴, 사무엘 에스코바와 같은 급진적 복음주의자), 어떤 이들은 로잔이 본래의 목표보다 너무 많이 나갔다고 생각하는 이들도 있다. 현재 로잔의 참여자 중에는 로잔이 본래의 목표이었던 '전도'에 분명한 초점을 맞추길 원하며, 전도를 교회의 다른 책임들과 산만하게 하기를 원치 않는 자들이 있다. 사회적 책임 이슈는 앞으로도 계속 로잔운동 안에서 핫 이슈가 될 전망이다"라고 김승호는 정리하고 있다. 김승호, "로잔운동의 선교 사상의 발전," 33.
40 박영환, "기독교 진, 보수 세력의 북한 이해를 통한 북한선교의 접근방법론의 유형," 209.

농기계 등을 보내기도 하였다.[41] 또한, 영양 부족과 의약품 부족으로 절대 다수가 건강이 좋지 않은 상태에 있는 북한에 의약품과 의료기기 등을 지원하는 사역을 해 왔다.

특별히 아이들을 돕는 사역은 아무리 강조해도 지나치지 않을 정도로 중요하다. 영양실조로 뼈는 앙상하고 배만 볼록 튀어나온 아이들이 제대로 살기 어렵고 혹 산다 해도 정상적인 생활을 하기 어려운 상황이다. 이 아이들의 문제는 통일 한국의 큰 어려움이 될 것이다. 한국 교회는 이들의 영양 공급과 치료를 위한 원조에 더 많은 역량을 쏟아부어야 할 것이다.

그런데 모든 일을 함에서 그렇듯이 북한을 위한 원조를 함에 있어서는 특히 지혜가 필요하다. 그것은 북한이 독특한 사회 체계를 지니고 있기 때문이다. 북한은 원조를 원하지만, 그것이 체제에 위협이 되는 것을 원치 않는다. 따라서 북한 정권은 남한 교회의 대북 지원 사업이 자신들의 체제를 위협하는 것으로 인식하고 철저하게 경계한다. 이런 이유로 2006년 봄에 기독교 서적과 관련 문건들을 색출하고 공개적으로 거부한 일도 있었다.[42]

북한은 공개된 교회들을 통해 많은 원조 받지만 다른 한편으로는 지하 교회를 철저하게 탄압하는 이중적 모습을 보이는 것이다.[43] 한국 교회가 지혜롭지 못하게 원조하면 그것은 북한 주민과 어린이들의 문제를 해결하기 보다는 오히려 김정은 체제만 더 공고하게 만들 가능성도 있다.[44]

---

41 박영환, 『북한선교의 이해와 사역』, 165-168. 기독교 NGO 활동들도 그 활약상이 두드러진다. "월드비전은 예수 그리스도의 정신과 사랑으로 북한에 국수 공장, 채소 생산사업, 수경재배, 씨감자생산 사업 등을 하고 있다.47) 유진벨은 예수 그리스도의 사랑을 가지고 북한 결핵병원과 결핵 요양소에 의약품과 진단기구와 영양제를 공급하고 있다. 한민족복지재단은 의약품을 지원하고, 수십 차례에 걸쳐 많은 한국 교회의 지도자들이 방북할 수 있도록 하였으며 제약공장설립과 병원설립에 재정적으로 지원하였다." 허성업, "남북관계에서 본 북한선교 정책 전망: 한국 교회의 북한선교 방향성 고찰," 414.
42 박영환, 『북한선교의 이해와 사역』, 287-288.
43 평양에는 선전을 위한 전시용 교회가 3개 있고 이를 통해 많은 원조를 받지만 10만 명 정도의 지하교인들이 정치범 수용소에 억류된 것으로 알려졌는데 종교에 대한 북한의 이중성을 보여 주는 것이라 하겠다. Patrick Johnstone, *Operation World*, 『세계기도정보』, 364.
44 대북 지원의 효과에 대해 김성욱은 미국 북한인권위원회 장윤옥 연구원의 설문조사 등

따라서 인도적인 차원의 지원이나 경제 협력하되 분배의 투명성이 최대한 보장되는 범위에서 시행해야 한다. 또 단순 구호 차원의 도움보다는 빈곤 문제 등이 근본적으로 해결되고 북한 주민들의 삶의 질을 향상할 수 있는 중장기적 개발 구호적 차원의 원조 방향으로 나가야 한다.[45]

## 5. 디아스포라와 평신도 선교

### 1) 디아스포라에 대한 로잔의 관심

로잔 신학에 있어 '디아스포라'에 대한 관심은 제3차 케이프타운 대회에서 나타났다. 즉, 앞의 로잔 제1차와 제2차 대회에서는 랄프 윈터(Ralph Winter)와 도널드 맥가브런(Donald MacGavran) 그리고 루이스 부시(Louis Bush) 등에 의하여 미전도 종족에 관한 관심이 높았다면, 3차 대회에 오면 미전도 종족 이슈에 더해 '디아스포라' 선교에 관한 관심이 높게 나타났다. 케이프타운은 디아스포라를 다음과 같이 정의한다.

> '디아스포라'(diaspora)라는 말은 어떤 이유에서건 자신들의 출생지를 떠난 사람들을 가리키는데, 그리스도인을 포함하여 다양한 종교적 배경을 지닌 수많은 사람이 디아스포라로 살고 있다. 일자리를 찾는 경제적 이주자들, 전쟁이나 자연재해로 인한 국내 이주민들, 난민과 망명자들, 인종청소의 희생자들, 종교적 폭력과 박해를 피해 도망친 사람들, 가뭄이나 홍수, 전쟁으

---

을 바탕으로 하여 "현재 이뤄지는 대북 지원은 돌고 돌아 북한의 조그련, 조불련이나 통전부를 통한 정권(政權)에 대한 지원으로 귀결된다. 정권에 대한 지원은 주민에 대한 폭압을 강화하는 동력이 된다. 현금이 아닌 현물 역시 북한의 특권층이 독식하거나 군부대가 전용한다. 남는 게 있어도 장마당에 내다 팔아 특권층의 배만 불린다. 결과는 마찬가지다"라고 말한다. 김성욱, 『북한을 선점하라!』, 98-104.

45  최원진, "통일 한국을 위한 한국 교회의 선교적 사명," 175.

로 인한 기근 피해자들, 도시로 이주한 빈농들이 모두 그런 이들이다.[46]

이어서 케이프타운은 다양한 종교 문화적 배경 하에서 이루어지는 증거는 " … 이방인을 사랑하고, 외국인의 처지를 변호하며, 갇힌 자를 돌아보고, 환대를 실천하고, 우정을 나누고, 그들을 우리의 가정으로 초청하고, 돕고 섬기라는 성경의 풍부한 명령들에 순종함으로써 이루어진다"[47]라고 말하면서 선교에 있어 디아스포라들을 향한 섬김을 강조하였다.

### 2) 디아스포라로서의 탈북자 선교의 의미와 방향

북한선교의 관점에서 보면 디아스포라는 탈북자라 할 수 있다. 그런데 탈북자는 케이프타운이 강조하는 것과 같이 우리의 선교에 있어 돌봄의 대상이기도 하지만 동시에 북한선교를 위한 최적의 일꾼이기도 하다. 마닐라 선언은 선교에 있어 평신도의 중요성에 대해 "복음 전도자이신 하나님은 그의 백성에게 '하나님과 함께 일하는 자'(고후 6:1)가 되는 특권을 주신다. 그러므로 여러 세기 동안 '믿는 자 모두의 제사장직'을 주장해 온 우리는 이제 또 믿는 자 모두가 사역자임을 주장한다"[48]라고 강조하였는데, 북한선교에 있어 탈북자들은 디아스포라 평신도들로서 북한선교를 위한 잠재력을 지닌 사역자들이다. 이러한 탈북자들이 한국에 약 30,000명 정도 들어와 살고 있다.[49] 이들이 북한선교를 위해 지닌 잠재력을 살펴보자.

---

46  케이프타운 서약 IIC-5항, Lausanne Movement, 『케이프타운 서약』, 97.
47  케이프타운 서약 1부 10항, 로잔운동, 98. 한편 Lausanne Global Analysis는 UN 개발프로그램을 인용하여 전 세계적으로 2억 1천 4백만의 디아스포라가 있으며 세계의 인구, 경제, 정책, 문화, 사회 등에 영향을 미친다고 보았다. Sadiri Joy Tira, "Diasporas from Cape Town 2010 to Manila 2015 and Beyond," Lausanne Global Analysis, Vol.4/ Issue2 (March 2015). http://mail2.daum.net/hanmailex/Top.daum#ReadMail 2016년 5월 19일 접속.
48  마닐라 선언 2부 6항, Lausanne Movement, 『케이프타운 서약』, 244-245.
49  2022년 현재 국내에 입국한 북한 이탈 주민의 현황을 보면, 남자 9,510명, 여잔 24,372명, 합계 33,882명으로 여성의 비율이 71.9퍼센트를 차지함을 볼 수 있다. 통일부, "북한 이탈주민 현황" https://www.unikorea.go.kr/unikorea/business/NKDefector-

**첫째**, 한국 교회는 탈북자들에 대한 선교를 통해 북한선교가 어떤 것인지를 미리 이해하는 데 큰 도움을 얻을 수 있다. 북한 주민들은 자본주의 사회와는 완전히 다른 사회주의 사회에서 살아온 사람들이다. 또한, '김일성 주체사상'이라는 특별한 사상 교육받으며 완전히 통제된 사회에서 살아온 사람들이기 때문에 같은 민족이고 같은 언어를 사용한다고 하지만 사고와 가치관과 문화가 완전히 다른 이들이다. 어떤 면에서 보면 타민족보다 훨씬 더 이질적인 문화 특징을 지닌 사람들이기도 하다.

이들은 한국에 나와서도 너무 다른 문화 차이 때문에 혼란과 갈등을 느끼면서 한국 사회에 제대로 정착하지 못하고 불행한 삶을 살아가는 경우가 많다. 따라서 작은 숫자로 우리 곁에 온 탈북자들을 잘 돌보면서 선교한다는 것은 사랑의 실천이며 동시에 앞으로 통일 이후에 이루어질 북한 복음화를 미리 예습하는 선교가 될 것이다.[50]

**둘째**, 탈북자들은 남한과 북한을 연결해 주는 연결망과 같은 역할을 하고 있다. 통일을 위해서는 북한 주민들의 의식이 점진적으로 깨어나서 남한과 유사한 정도의 문화를 갖는 것이 중요한데 탈북자들이 그런 역할을 하는 것이다. 탈북자들은 북한에 남아 있는 자기 가족이나 친척을 한국 선교단체에게 알려 주고 연결해 주는 통로의 역할도 하고 있다.

한국에 들어온 탈북자 80퍼센트는 북한에 있는 가족과 친척에게 전화 통화를 하고, 탈북자 59퍼센트는 자기 가족들을 위해 북한으로 일 년에 한 번이라도 송금하는 것으로 나타나고 있다.[51] 북한과 같이 외부와 철저히 단절

---

sPolicy/status/lately/ 접속일: 2023년 3월 9일.
50 임희모, 『한반도 평화와 통일선교』, 127-128. 조은식은 "우리 주변에 북한 이탈 주민이 있다는 것은 축복이다. 이들과 부대끼고 살면서 우리는 앞으로 통일된 후 북한에 있는 동포들과 이질감을 줄이고 화합할 수 있는 방법을 배우게 될 것이다"라고 말하면서 우리 곁에 있는 탈북자들을 향한 관심을 강조한다. 조은식, 『통일선교: 화해와 평화의 길』 (서울: 미션아카데미, 2007), 161.
51 소피아대학교(Sofia University) 산드라 페이(Sandra Fahy) 교수 역시 한국경제연구소(KEI) 주최 학술 회의에서 탈북자들의 역할을 긍정적으로 평가했는데, "…최근 탈북자들은 북한에 남은 가족들과 핸드폰과 송금을 통해 연락을 유지하고 있는데, 이를 통해 탈북자들이 북한 사람들과 일종의 연결망(network)을 형성·확대해 가고 있다"라고 언

된 세계에 외부의 소식이 북한 이탈 주민들을 통해 전해지고 있으며, 이런 점에서 북한 이탈 주민들은 통일의 마중물 역할을 감당하고 있다.

**셋째**, 탈북자들은 누구보다 북한을 잘 알기에 북한선교를 위한 최적의 사람들이다. 북한에 오랜 세월 동안 살았기에 북한 복음화를 위해 최적의 잠재력을 갖춘 사람들이다. 탈북자들은 급격한 가치관의 붕괴와 심리적인 불안 그리고 외부의 도움에 대한 갈구 등으로 인해 이런 점에서 복음에 대해 수용성이 높다. 그리고 일단 복음으로 무장이 되면 이들은 북한으로 들어가 복음을 전할 수도 있으므로 북한 복음화를 위한 직접적인 사역을 감당할 수 있는 최적의 사람들이라 할 수 있다.[52]

이러한 탈북자 선교는 주로 동북삼성(東北三省) 지역에서 조선족 선교를 하던 선교사들이 탈북자들에게 신앙 훈련을 시키는 형태였다. 특별히 중국을 단기간 방문한 북한 주민들에게 강한 신앙 훈련을 시킨 후 성경책, 찬송가, MP3(성경), 라디오, CD 등을 가지고 다시 북한으로 돌아가 지하 교회를 시작하게 하는 사역도 은밀히 진행되는 것으로 알려져 있다. 이들의 신앙생활이 발각될 경우 저들은 강제 수용소로 보내지거나 처형을 당하게 되는데 그런데도 저들의 복음 열정은 수그러들지 않고 오히려 더 강하게 타오르고 있는 것으로 알려졌다.[53]

**넷째**, 탈북자들은 현재 탈북자들의 신앙생활을 가장 잘 지도할 수 있는 목회 적임자들이다. 탈북자들이 남한에 나와서 남한의 자본주의 사회에 적응하며 산다는 것은 보통 버거운 일이 아니다. 그들이 살아온 방식과 남한의 삶의 방식이 너무나 다르기 때문이다. 또한, 신앙생활 역시 쉬운 일이

---

급하였다. JTBC 뉴스, "휴대전화로 탈북자-가족 연락 … 통일에 긍정적 효과," http://news.jtbc.joins.com/article/ArticlePrint.aspx?news_id=NB10829613, 접속일: 2016년 4월 24일.

52　김성태, 『북방 선교의 실상』, 212.
53　이러한 사역은 특별히 모퉁이돌선교회가 잘 감당하고 있는데 알려진 바로는 현재 1,200개 지하 교회 가운데 500-600개 교회가 모퉁이돌선교회의 사역을 통해 세워진 것으로 알려져 있다. 김영호, "북한의 선교 현황과 한국 교회의 북한선교 전략 및 준비," 「선교와 교회」Vol. 3 (2015), 55. (50-82).

아니다. 따라서 탈북자들을 위한 목회자가 필요한데, 여기에는 탈북자가 가장 적임자다. 아울러 통일 이후에도 북한 지역 복음화를 위한 최적의 목회 적임자들은 바로 탈북자들이다.[54]

남한의 목회자들이 북한에 가서 선교를 하는 것보다 탈북자 출신 목회자들이 북한에 가서 선교한다면 그 효과는 말로 할 수 없이 클 것이다. 이런 점에서 탈북자 중에서 신학 훈련을 시켜서 탈북자 교회를 세우게 하고, 또 통일 후에는 북한에 들어가서 북한 주민들을 위해 목회할 수 있도록 준비시키는 것은 북한 복음화를 위해 가장 중요한 준비 중 하나가 될 것이다.[55]

이처럼 탈북자들은 북한선교에 있어 직접적인 선교 대상이고 동시에 가장 중요한 북한선교의 일꾼이지만 현실적으로 탈북자들을 위한 선교는 많은 문제점을 안고 있는 것도 또한 사실이다. 한국 교회는 탈북자 문제에 관한 한 다른 종교나 기관에 비해 훨씬 많은 노하우를 축적하고 실제로 많은 성과를 내기도 하지만, 동시에 많은 문제를 일으키기도 하였다.[56]

조천현은 탈북자 선교의 문제점을 다음과 같이 보고하였다.

> '복음화'는 뒷전이고 소속 단체나 교단의 깃발을 먼저 흔들기 위해 여러 가지 이벤트에만 치중했다. 새로운 탈북자를 찾아 복음화를 하는 게 아니라 타교단에서 보호하는 탈북자를 빼가는 일이 비일비재했다. 선교사들끼리도 서로 시기하고 질투하는 등 탈북자들에게까지도 웃음거리가 되었다. 비기독교적인 필자는 이들이 선교사인지, 이벤트 기획자인지, 인권활동가인지, 정보원인지, 스파이인지 구분하기 힘들었다.[57]

---

54  조은식, 『통일선교: 화해와 평화의 길』, 156.
55  홍기영, "통전적 모델을 통한 효과적인 북한선교 전략," 「선교신학」 제18집(2008), 281.
56  조천현, "탈북자 선교 10년 그 명과 암", 『월간 말』, 2007년 6월호, 104-105.
57  조천현, "탈북자 선교 10년 그 명과 암," 98.

한국 교회는 이러한 문제가 더 이상 발생하지 않도록 철저한 평가와 감독과 협력을 하여 탈북자 선교가 제대로 효과를 발휘할 수 있도록 지속해서 노력해야 한다. 아울러 이미 남한 사회에 와서 발을 붙이고 살고 있지만 여전히 제대로 안착하지 못하고 방황하고 있는 탈북자들을 보살피는 방안을 찾아야 한다. 탈북자들의 이러한 모습은 북한선교의 큰 과제가 아닐 수 없다.[58] 탈북자들은 우리 곁으로 하나님이 보내주신 북한선교의 마중물이므로 이들을 잘 섬기고 훈련하는 것은 북한선교의 가장 중요한 과제 중 하나가 되는 것이다. 탈북자 선교를 제대로 하지 못하면 북한선교는 더더욱 어려운 과제가 될 것이다.

## 6. 요약 및 전망

지금까지 로잔 신학의 관점에서 북한선교의 방향을 고찰하여 보았다. 전통적인 로잔 신학의 핵심 사항 중 하나는 복음화의 우선순위와 미전도 종족 선교에 있다. 따라서 전통적인 로잔 신학의 관점에서 보는 북한선교는 통일과 북한 복음화를 모두 선교의 핵심 사항으로 여기며 모두를 선교에 포함하지만, 여전히 복음화에 최종적인 관심을 두는 선교라고 할 수 있다. 서언 부분에서 허성업은 남한의 북한선교운동을 다음과 같이 정리한 바 있다.

(1) 진보 진영의 통일 운동
(2) 복음주의 진영의 복음화 및 교회재건운동
(3) 위의 양자를 통합적으로 추구하면서도 평화 통일에 기울어진 운동
(4) NGO 중심의 지원 운동

---

58　박영환, 『북한선교의 이해와 사역』, 363.

이상의 여러 관점 중에서 전통적인 로잔 신학의 관점에서 보는 북한선교의 방향은 3번의 통전적인 운동의 성격을 지니면서도 복음화 방향에 더 우선순위를 두는 방향이라고 정리할 수 있다.

그리고 이와 같은 선교를 친히 인도하시고 가능케 하시는 분은 바로 성령이시며 여기에 우리의 간절한 기도가 북한선교를 가능케 하는 원동력이 되는 것이다. 기도의 무릎들이 있을 때 북한선교는 더욱 힘을 얻게 된다. 북한선교는 또한, 복음의 전달과 함께 우리의 것을 사랑으로 겸손하게 나누는 섬김을 통해 가능해진다. 지혜롭지 못한 물량 공세는 절제하고 투명한 관리가 가능한 지원을 한다는 기본 원칙에 따라 남한 교회는 인내심을 가지고 지속해서 섬겨야 한다. 그리고 모든 선교가 그렇듯이 북한선교는 협력 선교가 되어야 한다.

남한 내에 있는 모든 교회와 선교단체가 협력해야 하고 지금은 비록 미약하지만, 북한선교의 핵심 주체인 북한의 다양한 교회들과 협력해야 한다. 기구와 제도의 통일보다 더 중요한 것은 사람과 사람 사이의 화합과 조화이므로 협력하는 영성을 지금부터 훈련해야 한다. 또한, 자유를 찾아 북한 땅을 떠날 수밖에 없었던 탈북자들은 돌봄의 대상이기도 하지만 동시에 가장 큰 잠재력을 지닌 선교의 일꾼임을 알고 저들과 함께 북한선교를 추진하고 통일과 그 이후를 준비해야 할 것이다.

제2장

## 로잔운동과 기독교 박해 현장의 성도들

    기독교인들의 박해 상황을 조사하고 보고하는 오픈도어스는 "2023 세계 기독교 박해 지수"를 발표하면서 전 세계적으로 기독교 박해가 가장 심한 국가 50개국을 발표했다. 이 보고서에 의하면 2022년에 2,100개 이상의 교회가 공격받거나 폐쇄되었고 5,600명 이상의 기독교인이 그들의 믿음 때문에 순교를 당했다고 보고하고 있다.[59]

    종교적 박해는 기독교인만 겪는 것은 아니지만 그런데도 종교 박해는 75퍼센트가 기독교인들을 대상으로 한다는 점에서 찰스 티젠(Charles Tieszen)은 "기독교인들은 오늘날 세계에서 가장 널리 박해를 받는 단일 종교 집단이다"라고 주장한다.[60]

    이어서 그는 존슨과 크로싱의 견해를 따라서 "…20세기는 특히 기독교 순교와 관련하여 '피투성이의 세기'였지만, 21세기는 2013년에 약 10만 명의 순교자를 내었고, 이 추세는 증가될 것으로 예상한다"[61]라고 주장하였다.

---

59  「크리스채니티투데이」, "2023년 기독교 박해가 가장 심한 50개국," 2023년 1월 17일 자. https://www.christianitytoday.com/news/2023/january/christian-persecution-2023-open-doors-watch-list-kr.html. 2023년 3월 8일자 접속.

60  Charles Tieszen, "Persecution of Christians in the World Today," Lausanne Global Analysis Vol. 2/ Issue 4(2013). https://www.lausanne.org/content/lga/2013-09/persecution-of-christians-in-the-world-today-current-trends-and-their-implications-for-the-global-church (2019년 12월 20일 접속)

61  Charles Tieszen, "Persecution of Christians in the World Today," Lausanne Global Analysis Vol. 2 /Issue 4(2013).

이와 같은 기독교 박해의 경향에 대해 오픈도어스는 크게 다음과 같은 세 가지 경향을 다룬다.

(1) '국가 권위주의의 확산'
(2) '초강력 민족주의에 기초한 정부의 기독교 배척'
(3) '중동에서 사하라 사막 이남으로 과격 이슬람 세력의 확산'

특별히 기독교 박해가 심각하게 일어나는 지역을 크게 분류해 보면 다음과 같다.

**첫째**, 북한, 중국, 베트남 등과 같이 전체주의 국가의 독재 체제 유지를 위해 정책적으로 기독교를 박해하는 지역이다.
**둘째**, 인도, 네팔, 부탄, 미얀마처럼 민족과 종교의 하나 됨을 강조하면서 민족의 번영을 위해 하나의 종교만을 믿어야 한다는 이념 아래 소수 종교를 박해하는 경우다.
**셋째**, 이슬람이 우세한 중동지역과 이슬람 세력이 강하게 밀어닥치는 사하라 이남의 아프리카 지역 같은 경우다.[62]

이상과 같이 기독교에 대한 박해는 매우 다양한 상황에서 발생하고 있는데, 이 세 경우 중에서 가장 지속적이고 잔학한 박해는 역시 세 번째 경우인 중동지역에서의 기독교 박해이다. 물론 세계 최악의 기독교 박해 국가 명단에 북한의 이름이 올라가는 경우가 있지만, 기독교 박해가 가장 심한 지역은 이슬람권 국가들이 대부분을 차지한다.[63]

---

62 조준영, "오픈도어선교회 2019 세계기독교 박해 보고서' 발표,"『기독신문』, 2019년 1월 18일 자.
http://www.kidok.com/news/articleView.html?idxno=113378 (2020년 1월 11일 접속).
63 「크리스채니티투데이」, "2023년 기독교 박해가 가장 심한 50개국," 2023년 1월 17일 자.

이런 점에서 본 장은 세 번째 박해 범주인 이슬람 국가에서의 기독교 박해로 한정하여 박해의 상황과 원인 그리고 대책 등을 살펴볼 것이다. 특별히 이 연구는 로잔이 발행한 '로잔 글로벌 분석'(Lausanne Global Analysis) 문서를 중심으로 기독교 박해에 대해 살펴볼 것이며, 한 걸음 더 나아가 로잔 문서들이 놓치고 있는 부분에 대해서도 고민해 볼 것이다.[64]

이와 같은 연구는 지금도 심각한 박해의 상황에 놓여 있는 믿음의 형제자매들을 도와 하루속히 저들이 그 고난에서 벗어나는 것을 돕는데 일정 부분 기여할 것이라 기대된다.

## 1. 기독교 박해의 상황 및 유형

### 1) 이슬람 지역의 기독교 박해 상황

이슬람이 다수인 국가들 특히 중동과 북아프리카의 국가들(Middle East & North Africa, 이하 MENA로 표기)과 그 주변의 국가들에서는 이슬람 정부와 테러리스트들에 의한 기독교 박해가 심각하게 발생하고 있다. 특별히 기독교는 소수 종교 중에서는 가장 큰 규모이기에 이슬람 박해의 주요 대상이 되는 상황이다. 티젠은 이 지역의 종교적 특징에 대해 "많은 MENA 국가들은 다른 종교에 해를 끼칠 정도로 한 종교만을 선호한다. 사실 MENA는 종교 편애에서 다른 세계의 국가들보다 8배나 높다"[65]라고 언급하면서, "비슷한 방식으로 MENA 국가들은 다른 세계 국가보다 종교 제한과 관련된 폭력에서 거의 4배나 높은 순위를 차지하고 있다"[66]라고 분석하였다.

---

64  로잔의 문서 중 '로잔 글로벌 분석(Lausanne Global Analysis)에 기독교 박해와 연관된 문서들이 많이 나와 있다. 그런데 이 문서들은 출판물이 아닌 인터넷상에서 배포되는 성격의 문서이므로 페이지 수를 기재하지 못하는 애로점이 있음을 미리 밝힌다.
65  Charles Tieszen, "Persecution of Christians in the World Today."
66  Charles Tieszen, "Persecution of Christians in the World Today."

유사프 사디크(Yousaf Sadiq)의 분석에 의하면 세계 곳곳에서 기독인들은 엄청난 핍박을 당하고 있다. 예를 들면, 이집트, 나이지리아, 이라크 및 파키스탄 등에서는 교회에 대한 자살 공격이 빈번하게 발생하고 있고, 이란에서는 목회자들이 비참하게 살해당하거나 수감되는 경우가 발생하고 있고, 파키스탄 등에서는 기독교인들의 재산을 빼앗기 위해 신성모독의 죄를 덮어씌우는 경우가 많으며, 나이지리아 등에서는 보코하람 등의 테러단체들에 의한 대형 납치 테러가 자행되고 있다.[67]

유엔에 따르면 나이지리아 동북부에서는 지난 10년간 이슬람 극단주의자들의 무장봉기 때문에 3만 6천 명이 살해되고 200만 명의 피란민이 발생한 바 있다.[68] 또한, 오픈도어스의 보고서에 의하면 2018년에 비해 2019년에 엄청나게 큰 기독교 박해가 다음과 같이 발생하였다.

(1) 신앙으로 인해 희생된 기독교인들은 3,029명에서 4,283명으로 41퍼센트의 증가를 보였다.
(2) 재판 없이 체포되거나 투옥된 기독교인들은 1,900명에서 3,127명으로 64퍼센트의 증가를 보였다.
(3) 파괴된 교회들과 기독교 소속 건물들은 655개에서 1,467개로 123퍼센트의 증가를 보였다.[69]

---

67 Yousaf Sadiq, "How should we respond to the Persecution of Christians?" Lausanne Global Analysis. Vol. 8/Issue 1(2019).
https://www.lausanne.org/content/lga/2019-01/how-should-we-respond-to-the-persecution-of-christians. 2019년 12월 17일 접속.
68 하현종, "IS, 성탄절 맞춰 나이지리아에서 기독교인들 10명 참수," SBS 뉴스 2019년 12월 28일 자.
https://news.sbs.co.kr/news/endPage.do?news_id=N1005582083&plink=ORI&cooper=NAVER. 2020년 1월 22일 접속.
69 오픈도어스, "2019 세계기독교 박해보고서." III-1.

오픈도어스는 이러한 보고가 전 세계의 상황을 포함한 것이 아니므로, 전 세계 자료를 파악하기 위해서는 오스트리아 비엔나에 있는 "유럽 기독교인들에 대한 편견과 차별 관찰기구"(the Observatory on Intolerance and Discrimination against Christians in Europe) 등의 자료를 추가해야 한다고 언급하였고,[70] 이러한 통계는 이슬람 국가에 관한 통계만을 제시한 것이 아니기에 한계가 있지만, 전 세계적으로 기독교에 대한 박해가 갈수록 더 심해져 가는 경향을 보이는 것은 분명해 보인다.

### 2) 납치 살해 및 노예화

기독교 박해의 상황은 광범위하고 다양한 박해의 형태가 복합적으로 발생하기 때문에 그 유형을 분류하는 것이 쉽지 않다. 그런데도 쉬운 이해를 위해 박해의 상황을 분류하여 설명하는 것이 좋을 것이다. 가장 먼저 떠올릴 수 있는 것은 테러리스트들에 의한 집단적 박해다.

IS(Islamic State, 이슬람 국가) 같은 과격 테러 집단들은 기독교 마을을 급습하여 잔악한 박해를 하였는데, 예를 들면, 2014년 8월에 야디지족 마을을 급습하여 남성 5천 명을 살해하고, 여성 6천 명을 납치해 성 노예로 학대하였다.[71] 나이지리아의 "보코하람"(Boko Haram)에서 분리된 "서아프리카 IS"(Islamic State West Africa Province)와 같은 테러 단체는 기독교 여성과 소녀들을 노예화하여 전략적 요소로 악용하기도 하였다.[72]

특별히 기독교와 이슬람의 규모가 비슷한 나이지리아에서 테러가 많이 발생하였는데, 2019년에만 최소 3,700여 명의 기독교인이 그들의 신앙 때

---

[70] 오픈도어스, "2019 세계기독교 박해보고서." III-1.
[71] 연합뉴스, "야지디족 성노예들이 IS 외국인 전쟁범죄자 실체 밝힌다," 『연합뉴스』 2020년 1월 2일 자. https://www.yna.co.kr/view/AKR20200102073000009?section=international/middlee-ast-africa. (2020년 1월 22일 접속).
[72] 오픈도어스, "2019 세계기독교 박해보고서" I-3.

문에 희생당했다고 보고되고 있다. 이러한 수치는 2천여 명으로 기록된 2018년의 수치보다 2배 정도 늘어난 수치다. 2019년에도 성탄절에 맞추어 나이지리아에서 기독교인 10명을 참수하고 그 영상을 유포하였다.[73]

이와 같은 박해 상황에서 살아남은 기독교인들은 박해를 피해 마을을 떠나 새로운 터전을 찾아 떠나야 하기에 이중의 고통을 안고 있으며, 그들이 떠난 지역에 테러리스트들이 들어오면서 자연스럽게 그 지역들이 이슬람 지역으로 변화되는 문제를 낳고 있다.[74] 더 큰 문제는 이렇게 기독교인들이 속수무책으로 당하는데도 예나 지금이나 이러한 박해를 저지할만한 대책이 거의 나오지 않는다는 점이다.[75]

### 3) 기독교 지도자들에 대한 협박, 투옥, 살해

어떤 조직이든 그 조직을 이끄는 지도자들의 역할이 중요하다는 것은 두말할 나위가 없다. 이런 사실을 잘 아는 이슬람 조직은 기독교의 지도자들을 협박하고 투옥하고 살해하는 일을 서슴없이 자행한다. 이란과 같은 나라에서는 기독교 목회자들을 감옥에 집어넣거나 무참하게 살해하는 경우가 자주 발생한다. 이집트에서는 이집트 인구의 10퍼센트를 차지하는 기독교 종파인 콥트 교회의 지도자 또는 존경받는 평신도 의사나 수의사 등을 살해하여 기독교인들이 공포심을 느끼고 위축되도록 만들고 있다.[76]

이슬람 테러 조직들은 기독교가 다수인 사하라 사막 이남 지역 특히 말리, 부르키나파소, 기타 국가에서 기독교 구호 단체 활동가들을 인질로 삼아 협박하고 기독교 활동을 위축시키고 있는데, 이런 단체들이 자그마치 30여 개 이상 되는 것으로 보고되고 있다. 악명 높은 보코하람은 적십자 구

---

73  하현종, "IS, 성탄절 맞춰 나이지리아에서 기독교인들 10명 참수."
74  오픈도어스, "2019 세계기독교 박해보고서." I-3.
75  강승삼, "현대 이슬람 세계의 기독교에 대한 도전과 선교적 방안,"『신학지남』69-4호 (2002):75.
76  오픈도어스, "2019 세계기독교 박해보고서." I-3.

호 활동에 도움을 주는 무슬림까지도 살해하는 만행을 저지르면서, 끊임없이 치명적인 공격을 감행하고 있다.[77] 이러한 테러 행위는 지도자들을 제거함으로써 기독교인들의 대오를 분열시키고 약화하는 효과와 더불어 지도자들이 전면에 나서는 것을 두려워하게 만드는 이중적인 효과를 낳고 있다.

### 4) 교회나 버스 등에 대한 폭탄 테러와 협박

이슬람 테러 단체들은 기독교인들이 많이 모이는 교회 혹은 버스 등에 폭탄을 투하하거나 방화하여 기독교를 박해하고 있다. 인도네시아에서는 세 개의 교회를 하루에 동시다발적으로 공격하는 등 교회를 향한 테러가 끊임없이 발생하였다. 이집트에서는 2017년 크리스마스 직전에 교회에 폭탄을 투하해 수많은 사상자를 내었으며, 18개월 후에는 그 교회 주변 도로에서 버스에 탄 순례객들을 상태로 테러를 자행하기도 하였다.[78]

강승삼은 그가 나이지리아에서 사역할 당시 북쪽 카두나(Kaduna)주 내에 152개의 개신 교회 건물이 무슬림 폭도들에 의해 전소되고, 자기 사역 지었던 바우치(Bauchi)주에 있는 개신 교회당 40여 개가 완전히 전소된 것을 보고하였다.[79]

이상과 같은 직접적인 테러와 방화 등에 더하여 이슬람 테러 조직들은 끊임없이 기독교를 향해 협박을 가한다. 이집트에서는 IS가 이집트의 모든 콥트 교회를 다 몰살하겠다고 선언하였으며, 유사하게 심지어 사하라 사막 이남의 기독교 우세 지역에서도 테러 집단들은 교회를 향해 공공연하게 파괴 협박을 일삼고 있다.[80]

---

77 오픈도어스, "2019 세계기독교 박해보고서." I-3.
78 오픈도어스, "2019 세계기독교 박해보고서." I-3.
79 강승삼, "현대 이슬람 세계의 기독교에 대한 도전과 선교적 방안," 90.
80 오픈도어스, "2019 세계기독교 박해보고서." I-3.

심지어 이러한 협박은 테러 집단만의 소행이 아니다. 소위 말하는 공식 지도자였던 리비아의 가다피마저도 "아프리카는 무슬림의 땅이다. 그러므로 기독교가 아프리카에 설 땅이 없게 하라"고 공공연하게 외칠 정도였다.[81]

교회를 공격하면 기독교인들은 당연히 교회 예배에 참여하는 것을 두려워하게 되고, 교회 모임이 위축될 가능성이 커진다. 이것이 지속되면 기독교는 자연히 감소하는 결과를 맞이하게 될 것이다. 이러한 사실을 잘 아는 이슬람 테러 집단들은 기독교인들을 제거하는 동시에 남은 자들에게는 공포심을 유발하는 이중의 효과를 노리면서 교회와 버스 등을 향한 테러를 자행하고 있다. 그러나 그런데도 이슬람권의 기독교인들이 이런 환난과 핍박 속에서도 꿋꿋하게 신앙을 지켜가고 있음은 우리에게 큰 도전이 된다.

### 5) 정부의 묵인과 방조 하에 자행되는 광범위한 박해

이슬람이란 종교는 기본적으로 정치와 종교를 구분하지 않는다. 종교가 정치뿐 아니라 삶의 모든 분야를 통제하는 시스템이다. 특별히 이슬람 신앙에 기초한 샤리아법을 만들어 국가 전체를 이슬람에 기초한 체제에서 운영하는 시스템을 만든다. 이런 이유로 이슬람이 일정 지역에 들어가 권력을 잡게 되면 비이슬람교도들은 다양한 형태의 손해와 억압과 핍박을 받게 되어 있다.

오늘날은 이슬람국가의 정부라 하더라도 이슬람을 내세운 폭력에 대해서는 적절한 통제를 하지만, 여전히 이슬람 정부들은 비이슬람교도들을 향한 박해를 묵인하거나 때로 암묵적으로 지원하는 경향을 보이는 것도 사실이다.[82]

---

81　강승삼, "현대 이슬람 세계의 기독교에 대한 도전과 선교적 방안," 90.
82　물론 이슬람 지도자들은 종교 간 분쟁을 막으려 하고, 과격분자들의 테러 문제를 해결하려고 노력을 기울이고 있다. 예를 들면, 나이지리아에서 2019년 성탄절쯤에 기독교인 10명을 살해한 사건을 두고 무함마두 부하리 대통령은 IS의 만행을 규탄하며 자국이 종교적으로 분열되어서는 안 된다고 강조하였고, "어떤 상황에서도 기독교인들이 무슬림들을 향해 등을 돌리도록 하는 테러리스트들의 수법에 넘어가 갈라지면 안 된다"라고 말했다. 하지만 여전히 테러 해결에 역부족이고 해결 의지도 약한 경우도 많다. 하현종,

나이지리아의 경우는 주별로 상황이 다른데 12개 주에서 샤리아법을 시행하고 있다. 이런 주들에서는 기독교인들의 경우 헌법이 보장하는 권리와 기회 그리고 보호받지 못하고 있다. 이런 지역에 사는 기독교인들은 교육의 기회를 박탈당하거나 안전한 직업을 가질 기회가 주어지지 않는 경우가 많다. 카노주의 경우에는 커리큘럼에 이슬람 과목을 첨가하지 않는다는 이유로 많은 기독교 학교가 폐교당했다. 또한, 이슬람 교육제도를 따르지 않거나 이슬람 성직자를 고용하지 않는다는 이유로 폐교당하기도 하였다.[83]

이 외에도 수많은 교회가 불타고 많은 기독교인이 신앙의 이름으로 살해당해도 정부는 이런 문제를 적극적으로 해결할 의지가 부족하므로 적절한 대책을 내어놓지 않고 있다. 오히려 대부분이 이슬람을 믿는 지도자들이기에 이러한 박해를 적당히 묵인하는 경향을 보인다.[84]

## 2. 기독교 박해의 원인들

### 1) 반서구 감정

이슬람 지역에서 기독교인들에 대한 박해가 빈발하는 원인은 매우 다양하며, 원인에 대한 해석도 매우 다양하기에 그 원인을 단순하게 설명하는 것은 결코 쉬운 일이 아니다. 하지만 그런데도 보다 쉬운 이해를 위하여 몇 가지 핵심적인 원인을 살펴보자면 가장 먼저 반서구 감정을 생각할 수 있다.

---

"IS, 성탄절 맞춰 나이지리아에서 기독교인들 10명 참수."
83  강승삼, "현대 이슬람 세계의 기독교에 대한 도전과 선교적 방안," 95.
84  이슬람이 지배적인 국가에서 이슬람에 대해 의문을 제기하는 타종교의 존재는 정치가들에게는 하나의 도전이 될 수 있고, 그런 점에서 통치자들은 통치에 혼란을 줄 수 있는 소수 종교에 대한 핍박을 적극적으로 막으려고 하지 않는 경향이 있다. 참고. Thomas Harvey, "The State and Religious Persecution," Vol. 5/ Issue 2 (2016).
https://www.lausanne.org/content/lga/2016-03/state-and-religious-persecution (2019년 12월 15일 접속).

무슬림들의 반서구 감정은 멀게는 1096년에 시작하여 1291년에 막을 내린 참혹한 십자군 전쟁[85] 그리고 19세기에 서구에 의한 식민 통치 경험[86] 그리고 그 이후의 다양한 역사적 경험 등에 그 뿌리를 두고 있다. 특별히 이스라엘의 건국 과정에서 철저히 이스라엘 편을 들어준 영국과 미국 등을 보면서 서구에 대한 큰 적개심을 갖게 되었다. 한 무슬림 지도자는 기독교 방송네트워크(CBN)와의 인터뷰에서 "이스라엘은 서방 국가들과 미국이 심어놓은 암세포이며 이스라엘을 완전히 제거하기 위한 노력에 참여하는 것은 전 세계 무슬림의 책임이다"[87]라고 말할 정도로 서구에 대한 적대 감정은 컸다.

서구에 대한 이러한 적개심은 일정 부분 기독교인에 대한 적개심으로 연결이 된 것으로 보인다. 엄밀히 말하자면 서구가 다 기독교 국가는 아니며, 기독교 지역이라도 해도 많이 세속화되어 기독교의 껍데기만 남은 경우가 많기에 서구를 기독교와 동일시하는 것은 문제가 있지만, 어찌 되었든 이슬람권에서는 서구를 기본적으로 기독교 문명권으로 인식하면서 서구와 함께 기독교까지 배척하는 경향이 있다.[88]

그리하여 서구의 암세포인 이스라엘을 몰아내고 서구의 앞잡이로 여겨지는 자국 내의 기독교인들을 몰아내는 것이 무슬림의 의무인 것처럼 생각

---

[85] 십자군 병사들은 '이교도'들의 눈과 귀를 도려내는 잔인한 학살을 자행하였고, 예루살렘에서 이틀 동안 7만 명을 죽일 정도로 비참했다. Tamim Ansary, *Destimy Disrupted*, 『이슬람의 눈으로 본 세계사』, 류한원 역 (서울: 뿌리와 이파리, 2011), 234. 그러나 본래 예루살렘이 기독교 지역이었는데 이슬람에 의해 빼앗겼던 지역이며, 당시에는 전쟁을 통해 빼앗긴 지역을 찾는 것이 일반적인 상황이었음도 상기할 필요가 있다. 즉, 십자군의 문제는 기독교와 이슬람 양쪽에 책임이 있는 것이라 할 수 있다. 그러나 어찌 되었든 무슬림들은 십자군을 떠올리면서 기독교에 대한 적개심을 갖고 있는 것이 사실이다.

[86] 무슬림들의 입장에서 볼 때 기독교 서구 열강은 자기들의 자연 자원을 약탈하고 서구인들을 이주시켜 식민 지배를 공고히 하면서 자기들에게 피해를 입힌 장본인들이었던 것이다. Mark. A. Gabriel, 『이슬람과 유대인 그 끝나지 않은 전쟁』, 4HIM 역 (서울: 글마당, 2009), 186.

[87] Mark. A. Gabriel, 『이슬람과 유대인 그 끝나지 않은 전쟁』, 222.

[88] Ziauddin Sardar & Merryl Wyn Davies. *The No-Nonsense Guide to Islam*, 『이슬람, 우리는 무엇을 알고 있나?』, 유나영 역 (서울: 이후, 2007), 184.

하는 경향이 이슬람 사회에 팽배해 있으며 이런 사고가 기독교 박해를 가져오는 하나의 원인이 되는 것으로 분석된다.

## 2) 원리주의자들의 증가와 선동

이슬람 국가들은 1,400년 전의 이슬람 법체계인 샤리아를 그대로 실현하고자 하면서 합리성, 개방성, 근대성 등을 멀리하므로 사회 자체가 합리적으로 발전하기 어려운 구조를 지닌 측면이 있다. 아울러 이슬람 국가들은 종교와 정치가 유착되어 독재가 심하고 그로 인해 부가 특정 계층에 몰리면서 사회 빈곤이 더욱 심화하는 상황이다.[89]

하지만 원리주의자들은 이 모든 문제의 원인을 종교와 정치의 잘못된 유착과 비합리적인 사회 시스템에서 찾는 것이 아니라 과거 서구의 식민 지배에서 그 원인을 찾는 경향이 강하다. 또한, 서구 식민 통치가 끝나면서 서구 문명과 함께 퇴폐주의, 이혼, 동성연애, 마약, 술, 담배 등이 함께 밀려 들어왔고 이런 것들로 알라의 진노가 임했다고 믿는다.[90]

이런 사고의 바탕 위에서 원리주의자들은 자기들을 억압했고 부정적인 폐습까지 가져다 주는 서구를 철저히 물리치고 꾸란에 근거한 나라를 세우는 것만이 무슬림들의 살 길이라고 굳게 믿는다. 그리하여 "원래의 이슬람으로 돌아가자"는 모토를 내세우고 철저한 이슬람 율법 준수를 강조하며,[91] 이것의 실천을 위해 사람들을 선동하고 정치를 그 방향으로 나가게

---

[89] 이와 연관하여 사르다르와 데이비스는 "사실상 현대의 모든 이슬람 국가는 권위주의적이고 억압적이다. 사우디아라비아, 혁명 이란, 수단이 그 좋은 사례다"라고 언급하고 있다. Ziauddin Sardar & Merryl Wyn Davies. 『이슬람, 우리는 무엇을 알고 있나?』, 174.

[90] Robert van de Weyer, *The Shared Well: a Concise Guide to Relations between Islam and the West*, 『이슬람과 서양: 이슬람과 서구의 반목의 역사』, 손도태, 곽순례 역 (서울: 좋은 글, 2001), 43-44.

[91] 원리주의는 근본주의, 이슬람주의, 이슬람부흥운동, 와하비즘 등으로 불리는 개념인데, 모두 유사한 개념으로서 본래의 이슬람으로 돌아가 이슬람의 이상을 실현하자는 운동인 것이다. 김아영, "우리 시대의 다양한 무슬림 공동체: 침묵하는 다수(Silenced Majority?)," *Muslim-Christian Encounter*, Vol.6 No.2 (2013), 42.

만들기 위해 모든 수단을 동원하고 정당화한다.

이들은 개인이든 국가든 자기들이 생각하는 기준에 미치지 못하는 상황을 참지 못한다. 이들은 무슬림 정치 지도자들이 현대화를 추구하는 것을 세속화와의 타협이라고 생각하며 분노한다. 이들의 분노는 단순한 감정으로 끝나지 않고 정치가들과 이슬람화에 방해가 된다고 여겨지는 자들에 대한 테러로 나타나게 된다. 또한, 이와 같은 원리주의자들의 영향력이 매우 강하기 때문에 온건한 무슬림들과 정치가들 역시 원리주의자들의 요구를 따라가는 경향이 있다.[92]

이런 상황 속에서 원리주의자들은 기독교인들을 온갖 흉악한 방법으로 박해하는데, 정부나 온건한 무슬림들은 이런 핍박을 묵인하거나 은근히 동조하기에 기독교도들에 대한 박해 문제가 쉽게 끝나지 않는다.

### 3) 꾸란에의 순종

이슬람은 꾸란에 대한 순종을 매우 강조하는 종교다. 아도니스는 이에 대해 "… 인간은 꾸란의 내용을 변형하거나 대치할 수 없습니다. 인간은 오로지 꾸란을 믿고, 꾸란에 복종하며, 꾸란에 따라 실천할 의무만이 있습니다"[93]라고 정리한다.

원리주의자들은 더욱 철저하게 꾸란을 순종하려는 사람들이고 온건한 무슬림들도 원리주의자들보다는 부족하지만, 어찌하든 꾸란의 명령을 순종하려고 애쓰는 사람들이다. 그런데 이 꾸란의 가르침은 기본적으로 이슬람 외의 다른 종교를 철저히 배격하는 가르침을 베푼다.

아도니스는 이것을 다음과 같이 정리한다.

---

92 Mark A. Gabriel, *Culture Clash- Islam's War on the West*, 『이슬람 서방 세계와 문화 충돌』, 최상도 역 (서울: 글마당, 2009), 245-246. 원리주의자들은 심지어 아예 자기들이 철저한 꾸란 중심의 국가를 세우기도 하는데, 대표적인 것이 바로 한 때 맹위를 떨쳤던 IS(이슬람 국가)인 것이다.
93 Adonis, *Violence et Islam*, 『폭력과 이슬람』, 은정 펠스너 역 (서울: 한울, 2019), 207.

'이슬람만이 유일한 종교이다.' 우리는 이 문장을 다음과 같이 이해해야 합니다. '이슬람은 이슬람의 계명에 복종하는 종교 이외에 이슬람 이전에 존재한 모든 종교를 일소한다.' 이슬람은 자신에게 복종하지 않는 모든 종교를 배척합니다. 이슬람은 이슬람 이전에 있었던 종교와 동시에 이슬람 이후에 생겨난 모든 종교를 용납하지 않습니다.[94]

실제로 꾸란은 여러 곳에서 타종교의 박멸을 지시하고 있다. 예를 들면, 꾸란 8장 39절은 "소동이 없어질 때까지 그리고 종교가 모두 알라께로 귀일할 때까지 그들과 싸움을 계속하라…"[95]고 명한다. 즉, 모든 종교가 이슬람으로 통일될 때까지 지하드를 행하라는 말이다. 이런 이유 때문에 이슬람 역사에서 비무슬림에게 두 가지의 선택이 있었는데, 하나는 불신자로 남아 배척되거나 처형되는 선택, 다른 하나는 이슬람 정권에서 살아남기 위하여 세금을 내는 선택이다.[96]

이런 이유로 오늘날은 다소 박해의 형태가 달라졌지만, 여전히 이슬람권에 사는 비무슬림들은 여러 가지 다양한 형태의 핍박 가운데 살아가고 있어야 한다. 특별히 꾸란에서 명하는 세계 이슬람화에 가장 큰 장애가 되는 자들이 바로 기독교인이기에 이들은 방해물 혹은 적으로 생각하며, 자연히 이들에 대한 박해가 신실한 무슬림들에게 있어서는 의무로 여겨지는 것이다.[97]

---

94 Adonis, 『폭력과 이슬람』, 208.
95 『코란(꾸란)』, 김용선 역주 (서울: 명문당, 2013), 211.
96 『코란(꾸란)』, 209.
97 꾸란 5장 82절에 "그대는 믿는 자에 대해 더 심한 적의를 가진 것이 유태교도와 다신교도라는 것을 알고 있을 것이다…" 라고 말한다. 여기서 다신교도는 삼위를 믿는다고 여겨지는 기독교도의 다른 표현이며, 기독교도는 이슬람의 가장 큰 적이라는 가르침을 말한다.

## 4) 폭력을 용인하는 전반적인 사회 분위기

무슬림들이 존중하고 순종하기를 원하는 꾸란은 곳곳에서 알라를 위한 지하드를 명하고 있으므로 폭력에 대한 무슬림들의 사고는 기본적으로 꼭 부정적인 것만은 아니다. 적어도 폭력을 행할 때 '알라를 위하여' 또는 '이슬람화를 위하여'라는 명분만 부여될 수 있다면 폭력은 알라를 위한 최고의 헌신이며 큰 축복을 가져다 주는 행위가 되는 것이다.

또한, 폭력은 무함마드 때나 지금이나 세계 이슬람화를 위한 가장 효율적인 전략 중 하나로 여긴다. 즉, 오늘날 서구 문명이 자리 잡은 대부분 사회에서는 폭력을 어떤 이유로든지 정당화할 수 없지만, 이슬람 사회는 알라를 위한 폭력에 대해 일부 긍정적인 관점을 지니고 있다.

이슬람 사회의 이러한 폭력관은 개인, 단체, 국가 할 것 없이 넓게 퍼진 것으로 보인다. 이런 점에서 페인(James L. Payne)은 "이슬람과 전투력 사이에는 명백한 연관성이 있다"[98]라고 언급한 바 있고, 헌팅턴(Samuel P. Huntington)은 무슬림들 가운데 있는 기본적인 호전성 혹은 폭력성에 대해 "이슬람교도는 또한, 국제적 위기 상황이 벌어졌을 때 폭력에 의존하는 성향이 남달리 높아 1928년부터 1979년까지 그들이 연루된 총 142건의 분쟁 중에서 76건을 폭력으로 해결하려 들었다. 그중 25건은 폭력이 분쟁을 처리하는 으뜸가는 수단이었으며 51건은 이슬람 국가들이 다른 수단들과 병용하여 폭력을 사용하였다"[99]라고 분석하고 있다.

이처럼 이슬람 사회는 기본적으로 폭력에 대해 긍정적인 관점을 지니고 있기에 기독교인들을 다루는 문제에서도 폭력을 사용하고 박해하는 것을 좀 더 쉽게 행하는 경향이 나타나는 것이라 할 수 있다.

---

98  James L. Payne, *Why Nations Arm* (Oxford: B. Blackwell, 1989), 124.
99  Samuel P. Huntington, *The Clash of Civilizations and the Remaking of World Order*, 『문명의 충돌』, 이희재 역 (서울: 김영사, 2003), 350-351.

## 3. 박해 지역 성도들을 위한 로잔의 제언들

### 1) 기도

로잔은 박해받는 기독교인에 대해 많은 관심을 기울이며 이 문제와 연관된 다양한 글들이 '로잔 글로벌 분석'(Lausanne Gloabal Analysis) 지에 올라오고 있다.[100] 본 연구에서는 특별히 유사프 사디크(Yousaf Sadiq)의 글 "우리는 기독교인의 박해에 어떻게 반응해야 하는가?"의 글을 중심으로 로잔이 말하는 기독교 박해에 대한 대응과 도움 방안을 요약 정리해 보고자 한다.

가장 먼저 제기되는 도움의 길은 기도이다. 고난받는 기독교인들을 위한 가장 중요하고 우선적인 일은 당연히 기도다. 이것은 결코 선택사항이 아니다. 반드시 해야 할 필수사항이다. 사디크는 찰스 스펄전의 말을 따라 '성도들에 대한 박해에 관해 기도로 하나님께 아뢰어야 한다"라고 주장한다.[101]

이를 위해 교회는 '국제 기도의 날'과 같은 것을 만들어서 고난받는 교회들과 성도들을 위해 기도해야 한다. 특별히 이슬람권과 같이 끔찍하고 장기적인 박해 상황 하에 놓여 있는 개인들, 가족들, 교회들 그리고 나라들을 선택하여 집중적으로 기도해야 한다. 너무 어렵게 생각하지 말고 일단 시간을 정하고 모임을 시작해야 한다. 그리고 이날을 널리 홍보하고 더 많은 사람이 참여할 수 있도록 격려해야 하는 것이다.[102]

---

[100] 이와 연관된 글들은 유사프 사디크(Yousaf Sadiq)의 "우리는 기독교인의 박해에 어떻게 반응해야 하는가?", 토마스 하비(Thomas Harvey)의 "국가와 종교 박해", 그리고 테미나 아 로라(Tehmina Arora)의 "종교적 정체성, 민족주의 그리고 폭력"과 찰스 티젠(Charles Tieszen)의 "오늘날 세계의 기독교인 박해" 등의 글이 있다. 이 중에서 박해받은 이들을 위해 기독교인들이 해야 할 일에 대해 사디크의 글이 가장 간결하고 실제적인 지침들을 담고 있다.

[101] Yousaf Sadiq, "How should we respond to the Persecution of Christians?"
[102] Yousaf Sadiq, "How should we respond to the Persecution of Christians?"

## 2) 박해 상황을 인식하도록 돕기

이슬람 지역이나 공산권 지역 또는 기독교를 배척하는 특정 지역 외에 사는 기독교인들은 사실 기독교 박해에 대해 막연한 정보만을 가지고 있는 경우가 많다. 그들은 신앙의 자유를 가지고 있으므로 많은 신자가 신앙 때문에 상상 이상의 고난 가운데 살아간다는 사실을 잘 인식하지 못한다. 혹 인식한다 해도 당장 자기에게 그런 고난이 닥쳐오는 것이 아니므로 시간이 흐르면서 점차 망각하는 경향이 있다. 하지만 지구 한편에서는 많은 신자가 신앙 하나 때문에 모욕당하고, 고립되고, 굴욕당하고, 차별당하고, 체포되거나, 구타당하거나, 고문당하거나, 악랄한 방법으로 죽임을 당하고 있는 상황이다.

하지만 박해받는 현지의 기독교인들은 스스로 그 문제를 해결할 수 있는 능력이 거의 없다. 해당 사회에서 철저하게 소외되고, 배제되고, 눌림을 당하기 때문에 어떤 고난을 겪어도 마땅히 대항할 만한 힘과 전략을 쓰고 있지 못하다. 이런 상황이기 때문에 신앙의 자유를 누리는 지역의 기독교인들이 이들을 적극적으로 도와야 한다.

이를 위해 먼저 박해받는 성도들의 상황을 널리 알리도록 하는 것이 매우 중요하다. 알아야 그들에게 관심을 가지고, 그들을 위해 기도하며, 그들의 문제를 해결할 수 있도록 방안들을 찾고, 실천해 나가게 될 것이기 때문이다. 이런 이유에서 교회는 세미나, 워크숍, Q&A 세션 등을 개최하여 교인들이 박해받는 기독교인들의 실상을 알게 하고 그 문제의 해결 필요성과 이를 위해 해야 할 과제 등을 인식할 수 있도록 힘써야 할 것이다.

## 3) 박해받는 자들과 함께하기

가족 중의 한 사람이 고통을 당할 때 다른 가족 구성원이 무관심하게 있다면 그것은 제대로 된 가족이 아닐 것이다. 또 몸의 한 지체가 고통을 당할 때 다른 지체가 아무런 고통도 느끼지 못한다면 그것은 정상적인 몸이 아닐 것이다. 이런 점에서 바울은 고린도에 있는 교회에 편지하면서 "만일 한 부분이 고통을 받으면 모든 지체가 함께 고통을 받고 …"(고전 12:26)라고 기록한다. 즉, 그리스도 안에서 한 지체된 모든 형제자매는 고통받는 지체들의 고통을 당연히 함께 나누어야 한다는 점을 강조한 것이다. 이러한 것은 지역 교회에서만 적용되는 사항이 아니다. 전 지구적으로 모든 교회에 적용되어야 할 것이다.

오늘날 지구의 다른 편에서는 기독교인이라는 이유 하나만으로 상상도 할 수 없는 고난 가운데 있는 믿음의 지체들이 매우 많다. 신앙의 자유를 누리는 성도들은 이 지체들에게 관심을 두고 이들과 함께해야 할 것이다. 한 가족처럼 행동하고 저들을 위로하고 지지해야 한다.

이를 위한 구체적인 한 방안으로 사디크는 박해받는 성도들에게 격려와 감사의 편지 보내기를 제안한다. 이 편지 속에서 그들을 위해 기도하겠다는 약속을 표현하고, 그들의 믿음이 자유지역의 성도들에게 영적으로 얼마나 큰 도전과 귀감이 되는지 등을 표현할 수 있을 것이다. 이런 시도들은 핍박받는 성도들에게 큰 위로와 힘이 될 것이다.[103]

### 4) 피해자들에 대한 거처 마련과 법적 도움 등 제공

이슬람 지역의 기독교인들은 극단주의자들의 공격으로 거주하는 집이나 한 마을 전체가 공격당하는 경우가 종종 있다. 심지어 집이 파손되거나 불에 소실되어 살 곳이 없어지는 경우도 많다. 이 경우 가까운 친척 집을 찾아 떠나거나 정처 없이 유리방황하게 된다. 시간이 흘러 그들이 살던 곳으로 다시 돌아갈 수 있다고 해도 다시 집을 지을 수 있는 형편이 안 된다. 아울러 정부도 이들의 거처 마련을 위해 무언가를 해 줄 수 있는 능력도 의지

---

103 Yousaf Sadiq, "How should we respond to the Persecution of Christians?"

도 없는 상태다.

하지만 이들은 결국 다시 돌아가는 것이 거의 유일한 선택이 되므로, 이들을 위한 거처가 필요하게 된다. 교회는 이들이 다시 살던 곳으로 돌아가서 집을 짓고자 할 때 재건축을 위해 도움을 주어야 한다. 세계 교회는 해당 지역에서 활동하고 있는 비정부기구 및 기독교 사역 기구 등과 협력하여 피해자들의 정착 과정에 도움을 주어야 할 것이다.[104]

그 외에도 현지 기독교인들은 다양한 박해의 상황에서 무엇을 어떻게 대처해야 할지 알지 못한다. 지식도 없고 능력도 없고 재력도 없다. 속수무책으로 당할 수밖에 없는 상황에 부닥쳐 있는 것이다. 이런 때 교회는 피해자들과 함께하면서 법 전문가들을 통한 법적 지원을 제공함으로써 문제 해결에 도움을 줄 수 있을 것이다.[105]

### 5) 크리스천 난민 돕기

이슬람 지역의 기독교인들 가운데는 종교적인 핍박 등으로 인해 정처 없이 고향을 떠난 난민들이 많이 있다. 이들 앞에 놓인 삶은 처참하기 그지없다. 처절한 빈곤, 안정적인 거처의 부재, 의사소통의 어려움, 낯선 문화와 삶의 방식에 적응의 어려움, 자녀들의 교육 문제 등 수없이 많은 문제가 그들 앞에 산적해 있다.[106]

또한, 난민으로 보호받기 위해 서류를 신청하고 기약 없는 세월을 기다려야 한다. 한 예로 태국에는 파키스탄으로부터 온 5,000명 이상의 크리스

---

104 Yousaf Sadiq, "How should we respond to the Persecution of Christians?"
105 Tehmina Arora, 'Religious Identity, Nationalism, and Violence,' Vol.7/Issue3 (2018). https://www.lausanne.org/content/lga/2018-05/religious-identity-nationalism-and-violence. (2019년 12월 16일 접속).
106 소윤정은 터키, 레바논, 요르단을 중심으로 시리아 난민을 위한 난민 교회 설립에 대한 연구를 진행하면서 이들의 고통을 기술한 바 있다. 소윤정, "시리아 난민 교회 개척을 위한 선교적 함의(含意): 터키, 레바논, 요르단을 중심으로," 『영산신학저널』 Vol. 44(2018): 296-298.

천 명 망명 신청자들이 있는데 이들은 대부분 방콕의 열악한 구류 센터에서 기약 없는 삶을 이어가고 있다.[107]

전 세계의 기독교 공동체가 이런 난민들에게 관심을 갖고 저들을 도와야 할 것이다. 사디크는 이러한 도움의 하나로 박해받는 성도들이 있는 곳으로의 단기 선교 여행 같은 것을 제안한다. 그런 시간 속에서 박해받는 성도들과 함께 대화를 나누고 기도하며 격려하는 것은 박해받는 성도들에게 큰 힘이 될 것이며 동시에 선교팀에게도 의미 있는 시간이 될 것이다.[108]

### 6) 기독교 상담 및 종교 간 대화

박해받은 기독교인들은 심리적, 정서적 스트레스로 큰 어려움을 당하고 있다. 언제 어느 때 어떤 피해를 당할지 모른다는 불안감 때문에 많은 고통을 당하고 있다. 특별히 자살 공격 등으로 인해 가족이나 지인들을 잃었을 때 그 고통은 말할 수 없이 크며 그러한 충격으로 인한 외상 후 스트레스는 지속해서 괴로움을 주는 것이다. 하지만 이들의 치료를 위한 상담 프로그램이 매우 부족한 상황이다. 이들의 상담을 위해 상담가들을 보내 도움을 줄 필요가 있으며, 장기적으로는 현지에서 지속해서 도움을 줄 수 있는 현지인 상담가 그룹을 양성하는 것이 필요하다.[109]

아울러 사디크는 기독교인들을 핍박하는 자들과의 대화를 제안한다. 물론 박해 상황에 있는 기독교인들이 자기들의 박해자들과 대화를 나눈다는

---

107 Yousaf Sadiq, "How should we respond to the Persecution of Christians?"
108 Yousaf Sadiq, "How should we respond to the Persecution of Christians?"
109 2013년 파키스탄의 한 교회에서 두 차례의 자살 공격으로 78명의 신자가 순교하고 130명이 부상을 당했다. 이 때 이들의 심리 치료를 위해 기독교 상담학을 공부하고 상담가로 활동한 사람들이 나타났다. Ismail Khan and Salman Masood, 'Scores Are Killed by Suicide Bomb Attack at Historic Church in Pakistan,' The Newyork Times, 2013.9.22. 일 자.
https://www.nytimes.com/2013/09/23/world/asia/pakistan-church-bombing.html. (2020년 1월 5일 접속).

것은 결코 쉬운 일이 아니지만, 그래도 상황이 더 악화하는 것을 막는데 대화는 일정 부분 기여할 수 있을 것이다. 특별히 전 세계의 기독교 지도자들이 기독교를 박해하는 국가들의 지도자들과 기독교인 박해에 관하여 대화를 나누면서 박해자들의 잔인성에 대해 언급하는 것은 박해 지역에 영향을 주어 박해를 줄이는 데 어느 정도 도움을 줄 수 있을 것이다.[110]

## 4. 박해 문제 해결을 위한 보다 더 근본적인 방안들

### 1) 이슬람 사회를 향한 서구 사회의 반성과 도움

앞 장에서 박해받는 기독교인들을 돕기 위한 로잔의 도움 방안들을 살펴보았다. 이러한 방안들은 박해받는 기독교인들을 돕는 데 분명히 도움이 될 것이다. 하지만 이런 정도의 대책으로는 기독교인들의 박해 문제를 해결하는 데 한계가 있다. 보다 더 근본적인 해결책을 모색하고 실천하는 것이 필요할 것이다. 마치 강도 만난 이웃을 돕는 것도 중요하지만 강도 자체가 생기지 않도록 근본적인 대책을 세우는 것이 더욱 필요한 것처럼 말이다.

본 장에서는 로잔의 제안을 넘어서는 보다 근본적인 대책들을 찾아보고자 한다. 가장 먼저 생각할 수 있는 것은 이슬람 사회를 향한 서구의 반성과 구체적인 도움이다. 앞에서 언급한 대로 이슬람 사회에 테러가 발생하는 주요 원인 중의 하나는 서구에 대한 적개심이고, 이러한 적개심의 일부가 서구의 종교로 인식되는 기독교를 믿는 자들에게 나타나는 것이라 할 수 있다. 이슬람 국가들은 식민 통치와 이스라엘 건국 등의 시간 속에서 많

---

[110] 사디크는 서구에 사는 이집트의 무슬림 지도자들과 기독교 지도자들이 모여 이집트에서 기독교인들에게 잔인한 행동을 한 것에 대해 대화한 것이 이집트 지역에 알려지면서 기독교 박해를 줄이는 데 일정 부분 기여한다고 말한다. Yousaf Sadiq, "How should we respond to the Persecution of Christians?"

은 억압과 착취를 당해 왔다. 따라서 중동 지역의 무슬림들은 자기들이 겪고 있는 문제의 원인이 상당 부분 서구 때문이라는 사고를 지니고 있으며 이러한 이유로 저들은 서구에 대한 분노를 품고 있다.[111] 따라서 기독교는 서구 국제사회를 설득해 이슬람권을 향한 서구의 잘못된 과거를 반성하고 이슬람권의 정치 경제적 발전을 위해 지속적으로 도움을 주도록 해야 할 것이다.[112] 이슬람 지역이 경제적으로 일정 부분 성장하고 정치적으로 민주화가 된다면 기독교인들을 향한 테러와 핍박은 일정 부분 감소될 것이다.

### 2) 테러에 대한 의식 교정 교육 및 계몽

이슬람 테러의 원인에 대해 정의길은 "화해할 수 없는 세계관의 차이가 오늘날 이슬람권 분쟁의 배경이다"[113]라고 설명한다. 이슬람 세계관에서는 전 세계를 '전쟁의 집과 평화의 집'으로 나눈다. 이슬람화가 안 된 곳은 아직 전쟁의 집이며, 이런 곳에서는 테러 등 모든 수단을 동원해 그곳을 이슬람화가 이루어진 곳 즉 평화의 집으로 바꾸어야 한다는 관점을 지니고 있다.[114]

이러한 관점 때문에 세계 이슬람화를 위한 폭력은 모든 무슬림의 의무이며 가장 고귀한 순종과 헌신의 행위가 된다. 따라서 무슬림에 신과 세계 이슬람화를 위한 일이라는 명분만 붙일 수 있다면 폭력은 가장 고귀한 사역

---

[111] 김정준, "이슬람 테러리즘과 한국 교회 영성 교육의 방향 - IS 테러리즘을 중심으로," 『기독교교육논총』 48집(2016): 232. 이슬람권의 빈곤과 소외는 단지 서구에만 문제의 원인이 있는 것은 아니며, 이슬람권 국가들의 정치적 후진성과 비효율적인 경제 시스템 등에도 그 원인이 있다. 하지만 원리주의자들은 이 모든 문제의 원인을 서구로 돌리는 경향이 있다.
[112] 박기범 등은 이런 과제와 연관해 "이슬람 원리주의에 따른 중동 테러리즘에 대한 최선의 방지책은 테러의 원인이 되고 있는 상황들을 개선하는 것이다. 미국과 서방세계에 의한 신 세계질서 차원에서의 이분법적인 기준에 이슬람 국가들을 차별해서는 안 된다"라고 주장한다. 박기범, 김민완, 전용태, "이슬람 원리주의를 통해 본 중동지역 테러리즘의 이해," 『시큐리티 연구』 Vol. 12(2006): 170.
[113] 정의길, 『이슬람 전사의 탄생』 (서울: 한겨레출판, 2015), 5.
[114] 김영한, "기독교와 이슬람의 공존," 『선교와 신학』 Vol.16 (2005):139.

이 되는 것이다.[115] 즉 폭력에 대한 기본적인 관점 자체가 다른 것이다. 비무슬림들에 어떤 이유로든 폭력은 정당화될 수 없는 악으로 여겨지지만, 무슬림들 특히 원리주의자들에게 폭력은 알라를 위한다는 전제만 갖추어진다면 긍정적인 선이 되는 것이다.

이런 상황에서 이슬람권의 현지 기독교인들을 향한 박해를 줄이기 위해서는 폭력의 문제점을 교육하고 계몽하여 폭력에 대한 의식 자체를 바꾸는 작업이 중요하다. 꾸란에서 세계 이슬람화를 위한 지하드를 명한 것은 전쟁으로 종교의 영역을 확장하는 것이 가능한 시대 상황 속에서 주어진 계명일 뿐이다. 이러한 계명을 오늘에도 그대로 적용하는 것은 모두를 불행하게 만드는 것이 된다. 무슬림이 다수인 국가들은 이러한 사항을 국민에게 가르치고 계몽해야 할 것이다.

물론 이것은 결코 쉬운 일이 아닐 것이다. 하지만 이슬람 국가들은 아도니스가 지적한 대로 "… 문화 전체에 대한 새로운 해석과 역사에 대한 새로운 해석이 필요"[116]하며, "… 과거의 기억을 간직하는 것이 아니라 우리를 과거와 그 기억에서 해방"[117]하는 것이 필요할 것이다. 서구 사회도 이슬람 다수 국가가 이러한 교육과 계몽을 할 수 있도록 외교적 차원에서 유도와 압박을 지혜롭게 병행해야 할 것이다.

### 3) 테러에 대한 실제적인 억제책 실천의 필요

앞에서도 언급했듯이 무슬림이 다수인 국가들에서는 알라를 위한다는 명분만 있다면 폭력이 긍정적으로 수용되는 분위기를 지닌다. 이러한 분위기

---

115 이런 점에서 가브리엘은 지하드의 "문제는 일부 광신적인 급진주의자들만의 전유물이 아니다. 문제는 어떤 특정한 개별적 정부에 의해서만 발생 되는 것도 아니다. 진짜 문제는 1천4백 년이나 지속되어 오고 있는 종교와 문화에서 기인하고 있는 것이다"라고 밝히고 있다. Mark A. Gabriel, *Culture Clash: Islam's War on the West*, 『이슬람 서방 세계와 문화 충돌』, 최상도 역 (서울: 글마당, 2009), 243.
116 Adonis, 『폭력과 이슬람』, 214.
117 Adonis, 『폭력과 이슬람』, 205.

속에서 과격한 원리주의자들은 과격하고 잔인한 테러를 행할수록 언론에서 더 명성을 얻고 전 세계로부터 쇄도하는 지원금을 받게 된다.[118] 원리주의자들이 자국 내에 있는 기독교인들을 향해 잔인한 학살과 테러를 자행하는 것 속에는 이런 이유도 일정 부분 작용을 한다. 또한, 온건한 무슬림들 역시 자기의 이익을 위해 소수자인 기독교인들을 향해 폭력을 행하기도 한다.[119]

그런데 문제는 이러한 폭력이 행해져도 그에 대한 처벌이 적절히 이루어지지 않는다는 것이다. 물론 이슬람 국가의 공권력은 나름대로 이러한 폭력에 대처하고 폭력을 근절하기 위해 노력하지만, 공권력의 집행자들 역시 대부분 무슬림이기 때문에 소수 기독교인을 향한 폭력에 대한 문제의식이 약하다. 저들은 기본적으로 이슬람 편이기 때문에 기독교인들을 향한 테러에 관한 법 해석과 법 시행에 있어 미온적인 경향이 있다. 즉, 소수 기독교인을 향해 폭력을 행한 자들이 받는 처벌이 너무 약하거나 거의 없는 상황 자체가 폭력을 더욱 부추기는 것이다.[120]

이런 상황에서 이슬람 국가들이 스스로 폭력 해결을 위한 법의 해석과 시행을 개선하기를 기대하는 것은 너무 많은 시간을 요구하는 일이다. 따라서 비이슬람권의 자유 문명국가들은 이슬람 국가들에 테러 방지를 위한 공정한 법 집행을 시행하도록 분위기를 만들어 가야 할 것이다. 유엔 등의 국제무대를 통해 폭력에 대한 실질적이고 확실한 처벌이 시행되도록 적절한 설득과 압력을 가해야 할 것이다.

---

[118] 온건한 무슬림들은 자살폭탄 테러 등을 보면서 자기들의 신앙이 아직 알라를 위한 지하드에 도달하지 못한 것에 대한 죄의식을 느끼는데 이들은 원리주의자들에 대해 존경심을 느끼면서 이들의 활동을 위한 헌금을 보낸다. Mark A. Gabriel, *Journey Into the Mind of an ISLAMIC Terrorist*, 『이슬람 테러리스트의 마음 엿보기』, 최상도 역 (서울: 글마당 2011), 272-274.

[119] 파키스탄과 같은 나라들의 경우 무슬림들은 주위에 있는 기독교인들의 토지와 가옥을 빼앗기 위해 기독교인이 '신성모독'을 했다고 덮어씌우고 이런 죄목으로 기독교인이 감옥에 가면 그 재산을 탈취하는 등의 악이 성행하고 있다.

[120] Tehmina Arora, 'Religious Identity, Nationalism, and Violence.'

또한, 테러에 대해서는 확실한 응징을 함으로써 테러나 폭력을 수행하는 것이 쉽게 결과를 얻을 수 없음을 분명하게 보여 주도록 모든 수단을 생각해야 할 것이다. 폭력으로 목적을 달성하려는 세력의 무력화에는 전 세계의 협력이 필요한 것이다. 폭력에 대한 응징의 부재는 더 많은 테러를 양산하는 배경이 될 수 있기 때문이다.[121]

### 4) 기독교인들의 지속적 의사 표현과 언론의 협력

기독교인들이 받는 박해의 문제를 해결하는 것은 참으로 길고도 복잡한 과정을 요구하는 과제다. 기독교가 자체적으로 할 수 있는 문제도 아니다. 앞에서도 언급했듯이 정부와 국제사회, 국제기구 등을 설득해야 하는 문제이고, 나아가서는 이슬람 사회를 설득하고 움직여야 하는 문제다. 큰 노력을 기울인다 해도 그 결과가 쉽게 도출되기는 어려울 것이다.

하지만 어떤 어려움이 있다고 해도 주 안에서 형제자매 된 자들이 억압과 핍박 가운데 있는 것을 해결해야 할 일은 결코 포기할 수 없는 모든 기독교인의 의무다. 따라서 교회는 지속해서 이슬람권 기독교인들의 핍박 문제를 제기해야 하고, 관련자들을 설득해야 하고, 문제가 해결되도록 압박을 가해야 한다. 또한, 이러한 일을 효율적으로 할 수 있도록 다양한 소통 네트워크를 만드는 일도 수행해야 할 것이다.[122]

이 과정에서 특별히 언론의 역할이 매우 중요하다. 김수완이 언급한 대로 "언론은 프레임을 생산하고 유통한다. 그리고 사람은 언론을 통해 세상의 정보를 취한다. 이 프레임을 접한 수용자들은 판단과 태도에 변화를 받으며 여론 형성과 정치적 의사 결정에 영향을 미친다."[123] 폭력에 대한 무

---

121 안승오, "이슬람 테러리즘의 요인분석," 『신학과 선교』 제49집(2016): 157.
122 Tehmina Arora, 'Religious Identity, Nationalism, and Violence.'
123 김수완, "IS(이슬람 국가) 보도 프레임 연구 - 조선일보, 한겨레 내용분석을 중심으로," 『중동 연구』 33권 3호(2015): 111.

슬림들의 잘못된 프레임을 바꾸는 가장 중요한 방법의 하나가 바로 언론이 제대로 역할을 해 주는 것이다.

이슬람 젊은이들이 왜곡된 원리주의 세계관에 빠지지 않도록 언론이 계몽해야 한다. 또한, 서구를 무조건 사단이라고 생각하는 무슬림들에게 서구의 열린 자세와 합리성의 유익을 깨우쳐 주어야 하고,[124] 이슬람 사회 고통의 원인이 이슬람 사회 자체의 모순과 비합리성에도 있음을 계몽해 주어야 한다.[125] 이러한 작업을 통해 이슬람 사회가 점차로 변해갈 때 기독교인에 대한 박해도 점차 줄어들게 될 것이다.

## 5. 요약 및 전망

본 장은 기독교인을 향한 박해 특별히 이슬람권에서 발생하는 기독교인에 대한 박해의 현황, 주요 원인, 로잔이 제시하는 방안들을 살펴본 후 보다 근본적인 해결 방안 등을 모색해 보았다. 박해받는 기독교인들을 생각하면 참으로 마음이 무겁다. 더 마음이 무거운 것은 세계의 많은 기독교인이 이러한 박해를 거의 인식하지 못하거나 잠시 생각하지만, 곧 잊어버리고 만다는 점이다. 인식 자체를 못하는 형편이니 이들의 문제 해결을 위한 방안이나 실천 모색은 더더욱 불가능한 상황이다.

이러한 상황에서 로잔이 기독교인 박해 문제에 관심을 두고 이에 관한 글들을 발표하는 것은 참으로 다행스러운 일이다. 하지만 로잔의 글들을 보면 강도 만난 사람들을 어떻게 도울 것인지 정도의 사후 대책 마련에 가

---

[124] 미국의 개방성에 대해 김영한은 "빈 라덴이나 알카에다가 '사단'이라고 저주하는 미국에서는 이슬람의 모스크뿐만 아니라 군대에 이슬람 군목까지 허용하고 있다. 25명의 군목 중 한 명이 한국에 복무하고 있다. 이런 점에 있어 서구 사회는 이슬람 사회보다는 훨씬 관용적인 열린사회라고 말할 수 있다. 이슬람 사회에서도 교회를 제도적으로 인정하는 것이 필요한 것이다"라고 강조한다. 김영한, "기독교와 이슬람의 공존," 149.

[125] 김영한, "기독교와 이슬람의 공존," 151.

까운 것들이어서 아쉬운 점이 많다. 이제는 한 걸음 더 나아가서 박해가 발생하는 근본적 원인을 파악하고 그 원인을 제거할 방안을 모색해야 한다는 점에서 본 장에서는 더 근본적 해결 방안들을 찾아보았다.

물론 이런 방안들도 여전히 미흡한 점이 많고, 이 방안들이 실행되기는 더더욱 어려운 일일 것이다. 그런 점에서 가야 할 길이 멀다. 하지만 결코 포기할 수 없는 길이다. 어떤 대가를 지불하고라도 가야 한다.

나의 형제와 나의 자녀가 이슬람권에서 박해당하고 그 목숨이 경각에 달려있다면 문제 해결을 위해 어떤 희생도 감수하지 않겠는가?

복음주의권의 대표 기구인 로잔이 이 일에 더 관심을 가지고 지속해서 매진해 줄 것을 기대해 본다.

제3장

# 4차 산업혁명과 로잔운동

4차 산업혁명이란 용어는 2016년 다보스 세계경제포럼에서 제기된 이래 매우 빠른 속도로 퍼져나가면서 전 세계적 화두가 되었다. 같은 해에 열린 이세돌과 구글 알파고와의 대국으로 세계는 4차 산업혁명이 이미 상당 부분 우리 삶 속에 많이 들어왔음을 실감하게 되었다. 슈밥이 말한 대로 "4차 산업혁명은 이미 시작됐다."[126] 이제 4차 산업혁명은 우리가 예상하기 힘든 속도로 성장할 것이며 우리의 실제적인 삶에 구체적으로 영향을 미칠 것으로 예상된다.

그렇다면 4차 산업혁명 시대에 기독교와 기독교 선교는 어떤 모습이 되어야 할 것인가 하는 것은 우리의 깊은 관심거리가 아닐 수 없다. 로잔 역시 이러한 변화에 깊은 관심이 있는데, 로잔은 "온 교회가 온 세상에 온전한 복음"을 전하는 일에 깊은 관심이 있으며, 이 온 세상이 지금 4차 산업혁명이라는 거대한 물결을 맞이하고 있기 때문이다.

그런데 기독교와 기독교 선교의 미래 모습은 4차 산업혁명에 의해서도 영향을 받지만, 기독교의 대응 능력에 따라 달라질 것이다. 즉, 기독교가 그 거대한 파도를 먼저 예상하고 철저히 준비하면 그 파도를 넘어 더 발전할 수도 있고, 그렇지 못하면 기독교는 그 파도 속에 파묻혀 사라질 수도 있기 때문이다. 로잔은 이러한 상황에 대해 인식하고 있기에 4차 산업혁명에 대해

---

[126] Klaus Schwab, *Fourth Industrial Revolution*, 『제4차 산업혁명』, 송경진 역 (서울: 새로운 현재, 2016), 10.

어떻게 대응해야 할 것인지에 대한 기본적인 방향을 제시하고 있다.[127]

따라서 이 장은 로잔의 관심에 기초하여 4차 산업혁명 시대의 바람직한 선교 방향을 고찰하고자 한다. 이를 위해 4차 산업혁명이 무엇인지[128] 그리고 그러한 혁명이 사회에 어떤 영향을 주는지를 먼저 살펴보고자 한다. 그리고 그러한 영향이 기독교와 기독교의 선교에는 어떤 영향을 줄 수 있을지를 또한, 살펴보고자 한다. 그다음에 기독교의 선교는 어떤 전략을 가지고 어느 방향으로 가야 할 것인지를 고찰해 보고자 한다. 이와 같은 연구는 급변하는 오늘의 시대 상황 속에서 우리가 추구해야 할 바람직한 선교의 전략과 방향을 찾는데, 일정 부분 도움이 될 것으로 기대된다.

## 1. 4차 산업혁명의 의미와 예상되는 영향

### 1) 4차 산업혁명의 의미와 특징

로잔은 오늘의 세계에 엄청난 기술의 진보가 일어나는 것을 보면서 케이프타운 서약에서 "21세기는 바이오, 정보/디지털, 나노, 가상현실, 인공지능과 로봇 기술과 같이 새롭게 떠오르는 모든 기술의 진보를 이룬 '바이오 기술의 세기'로 널리 알려져 있다"[129]라고 말한다. 케이프타운 서약이 발표될 당시는 아직 '4차 산업혁명'이란 용어가 본격적으로 나타나지는 않았기에 로잔은 '바이오 기술의 세기'로 명명하였지만, 이 용어가 4차 산

---

127 케이프타운 서약은 2010년에 발표되었고, '4차 산업혁명'이란 용어는 2016년에 발표되었기에 케이프타운 서약에 '4차 산업혁명'이란 용어가 나오지는 않지만, 로잔은 이미 2010년에 엄청난 기술의 진보를 이룬 시대를 '바이오 기술의 세기'라고 표현하고 있다.
128 4차 산업혁명의 구체적인 내용은 이미 많은 책에 소개되어 있으므로 본 연구에서는 4차 산업혁명의 기술적인 내용은 간략히 살펴보고 주로 그것이 사회와 종교에 미치는 영향을 살펴보고, 그러한 상황 속에서의 바람직한 선교의 전략 및 방법에 집중할 것이다.
129 Lausanne Movement, 『케이프타운 서약』, 74-75.

업혁명과 기본적으로 같은 맥락의 용어라고 할 수 있다.

'4차 산업혁명'이란 말은 2016년 1월 스위스 다보스에서 열린 세계경제 포럼(WEF)[130]에서 전 세계적 화두로 떠올랐던 개념으로 "3차 산업혁명을 기반으로 한 디지털과 바이오산업, 물리학 등의 경계가 융합되어 인공지능, 로봇 기술, 생명과학 등으로 펼쳐지는 차세대 산업혁명"[131]이라 할 수 있다.

1차 산업혁명이 18세기 후반에 영국의 증기기관과 기계화로 시작되었다면, 2차 산업혁명은 19세기 후반에 전기를 이용한 대량생산이 본격화된 산업혁명이고, 3차 산업혁명은 20세기 후반에 인터넷이 이끈 컴퓨터 정보화 및 자동화 생산 시스템이 주도한 혁명이라고 할 수 있다. 이러한 3차 산업혁명에 이어 로봇이나 인공지능(AI)을 통해 실재와 가상이 통합되면서 사물을 지능적으로 제어하는 산업상의 변화를 의미한다.[132]

이 용어를 주창한 클라우스 슈밥(Klaus Schwab)은 4차 산업혁명이 상정하는 기술들로서 체내 삽입형 기기(상업화된 최초의[인체] 삽입형 모바일 폰), 웨어러블 인터넷(인터넷에 연결된 의류), 누구나 사용할 수 있는 저장소(클라우드, 광고료로 운영되는 무한 용량의 무료 저장소), 사물 인터넷(Internet of Things, 사물과 인터넷을 연결하여 관리하는 시스템), 스마트 도시(인공지능으로 관리되는 도시로 예를 들어, 도시에 신호등이 없는 도시), 자율주행 자동차(자율적으로 움직이는 자동차)[133], 인공지능(Artificial Intelligence),[134] 첨단 로봇, 블록체인 (분산된

---

130 세계경제포럼(WEF; World Economic Forum)은 기업인, 정치인, 경제학자 등이 모여 세계가 당면한 과제의 해법을 논의하는 자리다. 제46차 포럼은 2016년 1월 20-23일 스위스 다보스에서 열렸다. 2천여 명의 여러 분야 전문가가 공동 관심사를 가지고 모인 것이다. 이 대회의 핵심 주제는 '제4차 산업혁명의 이해'(Mastering the Fourth Industrial Revolution)였다.
131 이 정의는 본 연구자가 Klaus Schwab,『제4차 산업혁명』, 24-28과 정재영, "4차 산업혁명 사회에서 교회의 의미는?,"『목회와 신학』, 2017년 9월호(통권 262), 163. 등에 나온 내용들을 참조하여 만든 것이다.
132 정재영, "4차 산업혁명 사회에서 교회의 의미는?," 163.
133 자율적으로 움직이는 운송수단의 경우 이제는 자동차뿐 아니라 드론, 트럭, 항공기, 보트를 포함한 다양한 무인 운송수단이 등장하고 있다. Klaus Schwab,『제4차 산업혁명』, 37.
134 4차 산업혁명의 여러 기술 중에서 가장 결정적인 것은 '인공지능'이라고 할 수 있는데, 슈밥은 인공지능의 긍정적 변화의 예로 데이터를 활용한 합리적 결정이 가능해지는 것,

방식으로 거래를 기록함으로써 신뢰성을 높이는 분산식 신탁 메커니즘), 3D 프린팅 (디지털 설계도나 모델에 원료를 층층이 겹쳐 쌓아 유형의 물체를 만드는 기술), 맞춤형 아기 (직접적이고 의도적으로 유전자가 편집된 인간) 등을 제시하였다.[135]

4차 산업혁명의 특징을 살펴보자.

**첫째**, '초연결성'(Hyper-conntected)이다. 4차 산업혁명은 사람과 사물, 사물과 사물 등 모든 것이 사물 인터넷(IT), 클라우드 등 정보통신기술(ICT)의 급진적 발전과 확산으로 각 객체 간의 연결성이 기하급수적으로 확대되고 있다.

**둘째**, 초지능화(Hyper- Intelligent)이다. 지금까지의 산업혁명이 주로 사람의 육체노동을 기계로 대체하면서 생산성을 강화해 온 과정이라면, 4차 산업혁명은 인공지능의 발전으로 인해 사람의 두뇌 역할을 대체하는 혁명이다. 인공지능은 딥 러닝(심층학습)이라는 알고리즘을 가지고 스스로 학습하면서 발전하므로 놀라운 진보를 보인다.[136]

**셋째**, 예측 가능성이다. 초연결성에서 비롯된 막대한 데이터를 분석하여 거기에 나타나는 일정한 패턴을 분석하고 그 결과를 토대로 인간과 사회의 행태와 방향을 예측하는 것이다.[137]

---

비이성적인 과열이 사라지는 것, 시대에 뒤처진 관료제를 개편하는 것, 새로운 일자리와 혁신이 증가하는 것, 에너지 자립도가 증가하는 것, 의료과학 및 질병 퇴치 기술이 발달하는 것 등을 들고 있다. 그런데 인공지능의 부정적인 영향도 크다. 슈밥은 부정적인 예로 책임 소재가 불분명해지며, 기존의 일자리가 감소하며, 해킹과 같은 사이버 범죄가 증가하며, 책임, 의무, 거버넌스의 소재 파악이 어려워지며, 인공지능의 결정을 이해하기가 점점 어려워지며, 불평등이 심화되며, 알고리즘과의 마찰이 생기며, 인류의 존재에 대한 위협이 생긴다는 점들을 든다. Klaus Schwab,『제4차 산업혁명』, 217-218.

135 Ibid., 172-246.
136 인공지능의 발전 상황은 2016년 3월에 열린 인간 '이세돌'과 인공지능 컴퓨터 '알파고 (Alphago)'와의 바둑 대결에서 이미 목격한 바 있다. 바둑판 위의 수많은 경우의 수와 인간의 직관 등을 고려할 때 인간이 우세할 것이라고 생각했지만, 알파고가 승리함으로써 인공지능과 미래 사회의 변화를 예측할 수 있는 계기가 된 바 있다. 송종록, "4차 산업혁명 시대와 선교적 대응." 미주크리스천신문, 2017. 11. 7일 자.
http://chpress.net/detail_section.asp?id=12046&cate=&c_id=97. (2017. 12. 19. 검색).
137 정기묵, "4차 산업혁명 시대의 선교,"「선교신학」Vol. 48(2017):268-69. 정재영, "4차

## 2) 생산성의 향상 및 생활의 편리성 증가

세 번의 산업혁명은 단지 기술의 변화로 끝나지 않았고, 인간 삶의 전반적인 부분에 변화를 가져왔다. 그것들은 인간의 생각, 생활, 사상 등에도 엄청난 영향을 미쳤다. 즉, 산업혁명 때문에 인간들은 자신의 정체성, 관계 맺는 방식, 자연 세계와의 상호 작용방식 등을 변화시켜 왔다. 특별히 4차 산업혁명은 인공지능이 다양한 전문성과 결합하면서 변화의 속도에 있어 예상하기 어려운 파격적인 속도로 변화를 일으킬 것으로 예측한다.[138] 예측되는 변화를 살펴보자.

가장 먼저 생각할 수 있는 것은 생산성 향상 및 생활의 편리성 증가라 할 수 있다. 4차 산업혁명은 운송 수단을 획기적으로 발전시켜 이동이 편리해지고,[139] 통신이 편리해지며, 스마트 기기가 연결된 주택에 삶으로 일상생활이 편리해지고, 홈 헬스케어의 발전으로 집에서도 간단한 진료를 받을 수 있게 만든다. 자동 번역기가 보편화되면서 여행하고, 살고, 일을 하는 일이 더 쉬워지는 편리함이 생길 수 있다. 공유경제가 활성화되어 물건을 소유하지 않고도 저렴하게 이용할 수 있게 된다. 이러한 편리성에 안전까지 결합하여 더욱 안전한 사회가 될 것이다.[140]

이런 점에서 슈밥은 다음과 같이 말한다.

> 4차 산업혁명에서 가장 많은 혜택을 받는 집단은 소비자다. 삶의 효율성을 높이는 새로운 상품과 서비스 등의 재화를 거의 무상으로 활용할 수 있기 때문이다. 소비자가 누리게 될 과학기술의 혜택에 반박의 여지는 없다. 인

---

산업혁명 사회에서 교회의 의미는?," 163.
[138] Klaus Schwab, *Shaping the Fourth Industrial Revolution* (Geneva: World Economic Forum, 2018), 8-9.
[139] 자율 주행차가 본격적으로 보급되면 타고 온 차를 주차할 필요가 없이 다른 곳으로 보내버리면 되기 때문에 주차장 설비 또한, 많이 필요하지 않게 될 것이다. 문상철, 『4차 산업혁명과 선교혁신』(서울: 한국선교연구원, 2017), 39.
[140] 문상철, 『4차 산업혁명과 선교 혁신』, 131.

터넷과 스마트폰, 수많은 앱을 통해 더욱 간편하고 생산적인 생활이 가능해질 것이다.[141]

아울러 생산성이 향상됨에 따라 공급 측면에서도 기적적인 기술 혁신이 일어날 것이다. 물류와 글로벌 공급체인(supply chain)이 더 효율적으로 운영되며, 거래비용도 줄어든다. 이러한 일을 통해 경제 성장이 촉발될 것이다.[142]

### 3) 의료기술의 발전 및 수명의 연장

인간의 가장 큰 욕망 중의 하나는 무병장수하는 것이다. 이러한 욕망을 가지고 인간은 그동안 꾸준히 의료기술을 발전시켜 왔는데, 이제 4차 산업혁명의 발전으로 인류는 인공지능(AI)의 발전과 의학 로봇 기술의 혁신적인 발전을 통해 훨씬 더 차원이 높고 안전한 의료 행위를 가능하게 할 수 있다.[143] 전문가들은 3D 프린터의 발전으로 신체 장기 중 78개 이상의 제작이 가능해질 것으로 내다봤는데, 가장 먼저 혈관, 조직에서 시작해 더욱 정교한 구조의 골격도 프린트하게 될 것으로 보인다.

또한, 줄기세포를 이용해 자기 장기나 뼈를 성장시키는 기술이 개발될 것이다. 이러한 기술로 인해 기증자가 없어도 장기를 이식할 수 있게 되고 환자와 장기가 유전적으로 일치하기 때문에 거부 반응이 나타날 가능성이 줄어든다. 이러한 복합 장기이식 기술의 발전은 종국적으로 수명 연장으로 이어질 것으로 보인다.[144]

의료인인 이나미는 의료기술의 발전상을 다음과 같이 그리고 있다.

---

141 Klaus Schwab, 『제4차 산업혁명』, 32-33.
142 Klaus Schwab et al, *The Fourth Industrial Revolution*, 『4차 산업혁명의 충격』, 김진희·손용수·최시영 역 (서울: 흐름출판, 2016), 19.
143 문상철, 『4차 산업혁명과 선교혁신』, 131.
144 박영숙 & 제롬 글렌, 『세계 미래 보고서 2018』 (서울: 비즈니스북스, 2017), 24-26.

인체에서 가장 신비하고 덜 알려진 뇌 과학 분야가 눈부시게 발전해 알츠하이머병, 자폐증, 루게릭병 등 지금까지 치료가 힘들었던 많은 병의 원인이 되는 유전적 결함과 신경세포의 변화가 밝혀지고 치료제가 개발되는 것을 상상할 수도 있다. 줄기세포 분야의 의학이 발달하여 마비 환자, 암 환자, 심지어는 신체 훼손 환자들이 다시 정상적인 생활을 할 수 있는 획기적인 의료 환경을 꿈꿀 수도 있을 것이다.[145]

### 4) 초연결사회로 인한 정보와 협력의 증가함과 동시에 외로움의 증가

4차 산업혁명의 시대의 사람들은 공동의 공간으로서의 인포스피어(infosphere)를 형성하여 초연결사회 속에 살게 되며, 이런 사회에서는 정보의 양이 많아지고 공유가 많아질 것이다. 다른 국가나 사회 그리고 개인들에 관한 정보까지도 널리 습득하게 된다. 이러한 현상으로 말미암아 사람들은 다른 사회의 사람들이 어떻게 생각하고 행동하는지를 더 잘 알게 될 것이며, 또한 다른 사람들이 규범을 준수하거나 위반하는지에 대해 전례 없는 통찰을 얻게 될 것이다. 인터넷 연결을 통한 무한대의 정보 입수를 통해 과거에 문화적으로 고립됐던 사회에서도 '비판적인 사고'의 시대가 열릴 것으로 예측된다.[146]

이러한 정보 공유의 증가로 인해 4차 산업혁명 시대는 협력의 시대로 더욱 접어들게 된다. 이러한 시대에는 협력과 협업이 가장 중요한 덕목이며 바람직한 삶의 태도로 간주된다. 진정한 협력 정신을 실천될 때 진정한 글로벌 문명을 실현될 것으로 기대되면서 협력이 전례 없이 강조될 것이다. 이런 점에서 슈밥은 "제4차 산업혁명은 기업들이 실제 오프라인과 온라인

---

145 이나미, 『다음 인간』 (서울: 시공사, 2014), 11.
146 Eric Schmidt·Jared Cohen, *(The)new digital age : reshaping the future of people, nations and business*, 『새로운 디지털 시대』, 이진원 역 (서울: 알키, 2013), 62.

세상에서 상생하는 방법을 연구하도록 요구하고 있다"[147]라고 말한다.

이상과 같이 정보가 풍요해지고 협업이 강조되는 한편 다른 쪽에서는 의사소통의 어려움과 외로움의 증대 현상이 나타날 수 있다. 사이버상의 정보는 풍요해 지지만 주의력은 빈곤해지는 현상이 나타나면서, 직접적인 의사소통 능력이 감소하는 상황이 발생하게 된다. 이나미는 "사이버 세계가 아닌 공간에서는 자기표현을 잘못하거나 다른 사람의 의견과 감정을 수용하는 훈련을 받지 못한 사이버 인류들이 대세가 될 것이다"[148]라고 전망하였다.[149]

이와 같은 의사소통의 어려움 속에서 직업과 사업 등에서는 협업이 강조되면서도 사적인 공간에서는 철저하게 상호 간에 무간섭과 무관심이 증대되면서 사람들은 크나큰 외로움을 겪게 될 것이다. 공동체성을 경험하면서 그 속에서 인간다움을 누릴 가능성은 더욱 낮아지고 반면에 세대 간의 갈등은 더욱 심화할 것이다.

이나미는 이러한 현상을 다음과 같이 그리고 있다.

> … 21세기 후반쯤 되면 어차피 사람끼리의 관계 자체가 의미 없다는, 이른바 독존족(獨存族)이 늘어날 것이다. 결혼을 원하지 않는 것은 물론 하더라도 가족이나 친지들과는 관계를 맺지 않는다는 것이 서로의 전제 조건이다. … 그러나 이런 변화는 그동안 자녀들을 위해 헌신하는 것을 인생의 목표로 삼았던 노인들에게는 감당할 수 없는 문제가 된다. 자녀들이 전통적인 가정을 깨고 독존 족의 삶을 선택하는 것을, 자신들을 배반하고 유기하는 패륜

---

147 Klaus Schwab, 『4차 산업혁명』, 98.
148 이나미, 『다음 인간』, 79.
149 실제로 2010년 미시간대학교에서 한 연구팀이 보고한 바에 따르면, 대학생들 사이의 공감(empathy) 능력이 20년 혹은 30년 전의 대학생들보다 40퍼센트 낮아졌는데, 이러한 감소가 대부분 2000년 이후에 일어난 것으로 슈밥은 보고 있다. 문상철,『4차 산업혁명과 선교혁신』, 41. 김성원도 "… 빠르고 제약 없는 의사소통 기술을 통해 상호소통이 이뤄지고, 개인의 편견과 개별 문화의 제약을 넘어서는 것처럼 보이지만, 교제의 깊은 차원을 상실하고 감정을 상실하게 될 인간은 깊은 소외와 고립을 피할 수 없을 것이다"라고 주장한다. 김성원, "제4차 산업혁명과 교회론의 방향," 『영산신학저널』 Vol. 42(2017): 203.

이라 해석하기 때문이다. 자녀들 역시 부모가 원하는 대로 가족들과 엉기면서 살기는 싫지만, 자신을 원망하는 부모에 대한 죄의식마저 없을 수는 없다. 그렇게 서로 원망하고 미안해하는 마음 때문에 가족끼리의 만남은 오히려 더 줄어들게 된다.[150]

### 5) 일자리의 변동과 사회적 갈등의 증가

4차 산업혁명이 가져올 가장 큰 변화 중의 하나는 기계가 인간의 노동을 대체하면서 인간의 일자리 형태가 엄청나게 변화하는 것이다. 세계경제포럼(WEF)은 15개 국가, 9개 산업영역에서 경영진을 대상으로 설문조사를 하고 미래 고용보고서를 내었는데, 이에 의하면 2020년까지 전 세계에서 710만 개의 일자리가 사라지고, 210만 개의 일자리가 새로 생겨 결과적으로 500만여 개의 일자리가 감소할 것으로 전망했다.[151]

코웬도 이러한 의견에 동의하면서 "… 낙관적 예측과 달리 조만간 지능형 기계가 '일부' 사람들을 일자리에서 몰아낼 것임에는 의심의 여지가 없다."[152]고 말하였다. 현재 7세 이하 어린이가 성장하여 직업을 갖게 될 때가 되면 65퍼센트의 사람들은 현재 없는 직업을 갖게 될 것이라고 한다.[153] 그만큼 일자리는 혁신적으로 바뀌게 되는 것이다.[154]

이와 같은 일자리 변혁 속에서 변화에 빨리 적응하고 변화를 주도하는 사람들과 변화를 따라가지 못하고 일자리를 잃은 사람들이 발생할 수밖에

---

150 이나미, 『다음 인간』, 227-228.
151 김정욱 외, 『2016 다보스 리포트: 인공 지능 발 4차 산업혁명』 (서울: 매일경제신문사, 2016), 57-58.
152 타일러 코웬, 『4차 산업혁명 강력한 인간의 시대』, 신승미 역 (서울: 마일스톤, 2017), 75.
153 송종록, "4차 산업혁명시대와 선교적 대응," 미주크리스천 신문, 2017년 11월 7일 자.
154 최윤식은 기계화 시대에 인간이 할 수 있는 다섯 가지 일을 다음과 같이 말하였다. "그 다섯 가지 일은 기계가 할 수 없는 곳에서 일을 하는 것, 기계를 작동하거나 관리 및 유지하는 일, 기계와 함께 협업하는 것, 기계를 활용해서 인간의 노동 생산성을 증가시키는 창의적인 일, 새로운 기계를 만드는 일 등이다." 최윤식, 『2030 대담한 도전』 (서울: 지식노마드, 2016), 533.

없을 것이다. 특히, 빈곤층, 첨단 기술에 뒤진 사람들, 빈곤층, 장애인 등은 일자리로부터 더욱 멀어지고 빈곤을 겪게 될 것이다. 반면에 4차 산업혁명의 파도를 잘 탄 소수의 '스타'들은 지나치게 큰 보상을 받게 될 것이다.[155] 또한, 능력을 갖춘 자들은 로봇을 사용해 반려동물, 가사 도우미, 또는 자신의 아바타 등으로 활용해 엄청난 혜택을 누릴 것이다.

심지어 좋은 유전자를 사서 자신과 자기 후손들의 건강과 능력을 획기적으로 향상하게 시키게 될 것이다. 이 경우 능력이 없는 유전적 하위 계층은 경쟁에서 뒤질 수밖에 없을 것이다.[156] 이와 같은 상황 속에서 많이 가진 자들은 그렇지 못한 자들을 향해 차별과 박해를 할 것이고 이에 따라 사회 속에는 심각한 갈등이 생겨날 것이다.[157] 이런 점 때문에 케이프타운 서약은 "… 과학과 기술을 조종과 왜곡과 파괴의 도구가 아닌, 하나님이 그분의 형상을 따라 창조하신 우리의 인간성을 보존하고 더 잘 충족시키는 도구로 선용해야 할 필요가 있다"[158]라고 강조한다.

## 2. 4차 산업혁명이 종교와 선교에 미칠 영향

### 1) 종교성의 약화 가능성

슈밥은 4차 산업혁명으로 인한 인간의 삶에 대해 "4차 산업혁명이 우리가 하는 일뿐만 아니라 우리가 누구인가 하는 것도 변화시키고 있다"[159]고 말한다. 즉, 4차 산업혁명은 단지 기술 발전의 문제가 아니라 인간 삶의 전

---

155 Klaus Schwab, 『제4차 산업혁명』, 149.
156 박영숙 & 제롬 글렌, 『세계 미래 보고서 2018』, 32, 52.
157 Eric Schmidt·Jared Cohen, *(The)new digital age : reshaping the future of people, nations and business,*, 『새로운 디지털 시대』, 306-307.
158 Lausanne Movement, 『케이프타운 서약』, 75.
159 Klaus Schwab, *The Fourth Industrial Revolution*, 97.

영역에 심대한 변화를 가져올 것이다. 본 장에서는 특별히 4차 산업혁명이 종교와 선교에 어떤 영향을 미칠지 살펴보고자 한다.

가장 먼저 생각할 수 있는 것은 종교성의 약화 현상이라고 할 수 있다. 큰 흐름에서 볼 때 인간의 역사는 신 중심에서 인간 중심의 시대로 옮겨오고 있다.[160] 4차 산업혁명은 인간의 역량을 극대화하면서 인간의 모든 한계를 극복할 것으로 생각하면서 신에 대한 의존심이 더욱 약화할 가능성이 크다. 인간이 신의 경지에 도달할 수 있을 것 같은 기술력의 향상 때문에 인간은 굳이 신 같은 것을 의지할 필요를 많이 느끼지 못하게 될 수 있다.[161]

또한, 포스트모더니즘의 현상이 더욱 강화되면서 사람들은 어떤 한 종교만을 배타적으로 신봉하고 따르는 것을 전근대적인 것으로 인식하게 될 것이며, 이러한 현상은 전체적으로 종교의 약화를 가져올 것이다. 또 사람들은 다양한 정보를 방대하게 습득하면서 종교의 허점들을 보게 된다.[162]

그리고 이와같이 똑똑해진 인간들은 더 이상 '제도화된 종교'의 조건이나 규율 같은 것에 얽매이는 것을 원하지 않게 된다. 이런 현상과 연관하여 박영숙과 제롬 글랜은 "농경 시대에는 종교가 권력을 갖고, 산업화 시대에는 국가가, 정보화 시대에는 기업이 그리고 인공지능 시대에는 똑똑한 개개인이 권력을 갖게 된다는 유엔미래포럼의 미래 공식이 증명되고 있다"[163]라고 주장한다.

---

[160] 18세기까지 인간은 하나님을 위해 존재하는 것으로 인식했다면, 19-20세기에는 개인의 의지를 강조하고(쇼펜하우어), 본능을 인정하며(프로이트), 신을 부정하면서(니체) 신 중심의 세계관에서 인간 중심의 세계관으로 이동하였다. 이나미, 『다음 인간』, 168.
[161] 인간의 기술 발전으로 인간은 인간의 힘으로 영생을 얻을 것으로 생각하는 장밋빛 미래를 갖게 되는데 이것을 '싱귤레러티'(singularity)라고 한다. 전생명, "4차 산업혁명과 선교," 『선교타임즈』 2017년 4월호, 65.
[162] 에릭 쉬미트 & 자레드 코헨, 『새로운 디지털 시대』, 63. 이와 관련하여 쉬미트와 코헨은 "동남아프리카 공화국 말라위의 주술사는 온라인에서 그의 권위를 부정하는 정보를 찾아 믿게 된 수많은 마을 사람들이 갑자기 자신에게 적대적으로 돌변하는 모습을 목격하게 될지도 모른다"라고 말한다.
[163] 박영숙·제롬 글렌, 『세계 미래 보고서 2018』, 102.

헤럴드 네트란드(Harold Netland)는 세속화가 진행될수록 "교회 참여의 축소, 종교 기관들의 범위와 영향력 축소, 종교적 신앙에 대한 인기도와 영향력 감소"[164]가 심화할 것으로 내다보았다.

## 2) 여전히 상존하는 고통의 문제와 종교 추구의 가능성

앞에서 살펴본 것처럼 4차 산업혁명은 확실히 종교성을 약화할 가능성이 커 보인다. 하지만 과학이 아무리 발달하고 의술이 아무리 발달해도 인간의 문제가 모두 해결되는 것은 아니다. 4차 산업혁명과 함께 빈부의 격차는 더욱 심해질 가능성이 크고, 이에 따라 발생하는 갈등은 더욱 강해질 것이다. 갈등이 있는 곳에서 인간은 결코 행복할 수 없을 것이다. 또한, 의술이 아무리 발달해도 여전히 새로운 병이 나타날 것이며 그 결과 인간은 질병의 문제를 완전히 해결할 수 없다.

또한, 새로운 의술은 엄청난 재정을 요구하는 것이므로 그런 재정 능력을 갖추지 못한 이들에게는 그림의 떡일 수밖에 없고 이로써 좌절감은 더욱 커질 것이다. 또한, 사회가 발전할수록 오히려 사람들은 더 많은 불안, 우울, 소외감 등 각종 정신적 질환을 앓게 될 것이다.[165] 이러한 갈등과 좌절감은 인간들이 여전히 종교를 찾게 만들 것이다.

인간은 하나님의 형상으로 지어졌기에 하나님과 교제하면서 살 때 참된 만족을 얻게 되어있다. 물질주의, 소비주의, 쾌락주의, 사이버 세계 등이 발달하면서 인간은 영적으로 공허함을 느끼게 되고 영적인 갈급함을 느끼게 된다. 또 시대가 급격하게 변하면서 심각한 정체성의 혼란과 같은 것을 경험하게 되고 여기에서 흔들리지 않는 절대적인 것을 갈구하게 되는 것이

---

164 Harold Netland, "The Capetown Commitment: Continuity and Change," Lars Dahle, Margun S. Dahle, Knud Jorgensen, ed., *The Lausanne Movement* (Oxford: Regnum Books International, 2014), 430-431.
165 이나미, 『다음 인간』, 175, 201.

다. 영적인 만족감을 추구하는 인간의 종교성은 인간의 DNA 속에 깊이 심겨 있기에 어떤 상황에서도 쉽게 사라지지 않는다.[166]

또한, 인간은 본능적으로 연결됨(connected)과 공동체(community)를 원한다. 인간은 어떤 공동체에 연결되고 소속되어서 인정받을 때 삶의 의미와 기쁨을 느끼게 된다. 공동체에 속하여 공동의 관심사와 문화를 함께 나누고 공유하는 것이 잘 이루어지지 않을 때 인간은 심각한 고립과 절망을 경험하게 된다.[167] 그런데 앞에서 이미 살펴본 대로 4차 산업혁명 시대는 협업은 강조하고 사이버 등에서는 만남이 있는 것 같지만 실제 개인적인 삶에서는 관계의 절연과 이로 인한 외로움이 매우 크다.

이런 상황에서 사람들은 순수하고 따뜻한 공동체를 찾아 종교를 추구하게 된다. 결국 4차 산업혁명 시대에 사람들의 종교성은 약화하는 것처럼 보이지만 여전히 사람들의 종교심은 사라지지 않는 것이다.[168]

### 3) 국제적 이주 현상과 낮아지는 문화장벽의 가능성

3차 산업혁명 이후 세계화 현상이 나타나면서 사람들의 이동이 가속화되었다. 4차 산업혁명 시대에는 교통수단이 획기적으로 발전하고, TV, 인터넷, 각종 매체 등의 획기적인 발전으로 지구 전체가 하나의 마을처럼 가까워질 것이다. 이러한 현상과 더불어 지구가 하나의 촌이 되면서 많은 사람이 일자리와 학업 기타 교류 등을 위해 다른 나라로 떠나는 국제적 이주 현상이 매우 증가할 것이다.

---

166 문상철, 『4차 산업혁명과 선교 혁신』, 133-134.
167 Leonard I. Sweet, *Postmodern Pilgrims*, 『영성과 감성을 하나로 묶는 미래교회』, 김영래 역 (서울: 좋은 씨앗, 2002), 163.
168 이런 점에서 피터 버거는 "종교는 언제 어디서나 존속해 왔다"라고 말하면서, "… 21세기의 세계가 20세기의 세계보다 덜 종교적이라고 생각할 만한 하등의 이유가 없다는 것이다"라고 주장한다. Peter Ludwig Berger, *The Desecularization of the World*, 『세속화냐? 탈세속화냐?』, 김덕영, 송재룡 역 (서울: 대한기독교서회, 2002), 28.

즉, 4차 산업혁명 시대의 큰 특징 중의 하나는 '장벽'이 낮아지는 것이다. 지리적, 시간적, 언어적, 문화적 장벽 등이 낮아지게 되는 것이다. 결국, 전 세계는 더욱 가까워지면서, 서로 소통하는 일이 더욱 쉬워질 것이다.[169]

이와 같은 현상은 선교를 위해 좋은 기회를 제공할 것이다. 선교는 기본적으로 복음을 알지 못한 자들을 향해 나아가는 활동이다. 기독교는 해안 선교 시대, 내지 선교 시대, 미전도 종족 선교 시대 등을 거쳐 오면서 복음을 듣지 못한 자들을 향해 지속해서 나아갔다. 그런데 이제는 국제적 이주 현상 때문에 미전도 종족들이 우리 곁으로 오고 있다. 이들은 자기의 문화를 떠나서 새로운 문화 속으로 들어왔기 때문에 복음에 대한 수용성이 훨씬 높다. 이들을 향해 복음을 전하는 것은 그리스도인들이 직접 가서 복음을 전하는 것보다 훨씬 더 쉽고 효율적인 사역이 될 수 있는 것이다.

아울러 우리 곁에 오지 아니한 미전도 종족들도 가까워진 지구촌 문화의 영향으로 복음을 대하는 문화적 장벽이 많이 낮아지게 되었다. 아시아나 중동 그리고 아프리카 등을 다녀보면 한류 등의 영향으로 한국에 대해 매우 긍정적 인식이 있는 것을 쉽게 보게 된다.

이런 상황에서 복음을 전하는 것이 좀 더 수월해지게 되는 것이다. 이런 점에서 4차 산업혁명은 하나님께서 주시는 좋은 선교의 기회가 될 수도 있는 것이다.[170] 선교 도구의 향상과 산업의 발전은 선교에도 많은 기여를 해 온 면이 있다. 예를 들어, 1차 산업혁명의 산물인 증기선 덕분에 윌리엄 케리는 인도까지 가서 복음을 전할 수 있었다. 또한, 2차 산업혁명 시대에 전기와 원거리 송신 등이 개발된 덕분에 허드슨 테일러가 과감하게 중국 내륙에 들어가 중국내륙선교회(CIM)를 만들고 혁신적인 방식으로 선교를 수행하였다.[171]

---

169 정기묵, "4차 산업혁명 시대의 선교," 271-272.
170 전생명, "4차 산업혁명과 선교," 63.
171 발전된 이동 수단과 통신은 확장되는 선교지부를 연결하고 소통하는 데 큰 역할을 하였는데, 이에 따라 선교는 해안선을 넘어 내륙 깊숙이 들어갈 수 있게 되고 이에 따라 수많은 선교회가 만들어졌다. 전생명, "4차 산업혁명과 선교," 84.

또한, 3차 산업혁명 시대는 고도화된 기술력과 정보력으로 비행기와 정보기술의 대중화가 이루어졌고, 그 덕분에 위클리프성경번역선교회의 선교사들이 미전도 종족들을 위한 선교 사역을 수행하였다고 할 수 있다.[172] 이 외에도 기술의 발전으로 인해 항공 선교, 미디어 선교, 인터넷 선교 등 매우 다양한 차원의 선교가 수행되고 있다.

4차 산업혁명 시대에는 더욱더 다양한 기술력의 발전이 이루어질 것이고, 이러한 기술들을 잘 활용하면 선교에도 큰 도움이 될 것이다. 가장 먼저 생각할 수 있는 것은 인공지능의 발달로 인한 통번역 시스템이다.

이에 대해 정기묵은 다음과 같이 분석한다.

> 언어는 선교에서 가장 큰 장애이다. 통번역 시스템은 이미 일상어 수준에서는 상당히 개발되어 활용되고 있다. 인공지능의 특성상 통번역 시스템은 사용하면 사용할수록 더 정교해진다. 4차 산업혁명의 특징이 융합을 통한 새로운 패러다임을 만들어 내는 것이듯, 네트워크의 빅데이터가 인공지능과 융합하여 발전시킬 통번역 시스템은 점점 더 인간의 언어에 가까운 소통의 도구가 될 수 있다. 구글의 CEO이었던 에릭 슈미트는 몇 년 전 한국에서의 강연에서 구글이 약 100개 정도의 언어를 소통할 수 있는 시스템을 개발하고 있다고 밝힌 바 있다. 평창 올림픽과 같은 세계적 행사는 우리나라가 개발 중인 통번역 시스템을 한 단계 발전시키는 계기가 될 것이다. 지금의 발전단계로 본다면 머지않은 시대에 사람의 능력을 따라잡는 인공지능 통역 시스템을 우리가 가질 날이 올 것이다.[173]

---

172 이지희, "4차 산업혁명은 기독교 선교에 어떤 영향을 미칠까?" 크리스천 투데이, 2017년 3월 29일 자.
  http://www.christiantoday.co.kr/news/298838. (2017. 12. 19. 접속).
173 정기묵, "4차 산업혁명 시대의 선교," 287.

또한, 동영상 등을 통한 소통에 최적화된 기기인 스마트폰 등을 통해 선교 현장의 많은 사람을 위한 신학 교육과 훈련에 사용할 수 있다.[174] 또한, 전도와 양육을 위한 다양한 강의, 성경 이야기, 훈련 콘텐츠 등을 제작하여 선교의 접촉점을 삼을 수도 있고 기존의 신자들을 영적으로 훈련하는 데 활용할 수도 있다.[175] 또한, 사물에 센서를 붙이고 이것을 네트워크로 연결하여 원격으로 관리하는 사물 인터넷을 활용하면 선교 현장에서 농업과 축산 등 1차 산업 분야에서 활용할 수 있다.

특히, 식량이 부족한 아프리카에서 생산성을 확대하고 이들을 네트워크로 묶어서 판매망을 연결하는 등의 사역을 통해 이 지역의 푸드 시스템을 개선할 수 있다.[176]

## 3. 4차 산업혁명 시대의 선교 방향

### 1) 인터넷 활용의 극대화

4차 산업혁명은 우리 앞에 닥쳐오는 피할 수 없는 거대한 물결이다. 이것은 1차 산업혁명 때 일어났던 러다이트운동(the Luddite movement)[177]처럼 무조건 거부한다고 해결될 수 있는 일이 아니다. 피할 수 없는 파도이므로 그것의 흐름을 내다보면서 미리미리 준비해야 한다. 특별히 시대와 소통하

---

[174] 온라인 강의 등 교육 분야에서 스마트 기기의 활용성은 무한하다. 이미 세계는 MOOC (Massive Open Online Course) 시대에 돌입하여 많은 이들이 혜택을 보고 있다. Tyler Cowen, *AVERAGE IS OVER*, 『4차 산업혁명 강력한 인간의 시대』, 신승미 역 (서울: 마일스톤, 2017), 267-299.
[175] 정기묵, "4차 산업혁명 시대의 선교," 289.
[176] 정기묵, "4차 산업혁명 시대의 선교," 287-288.
[177] 러다이트운동(the Luddite movement)은 1차 산업혁명 때 네드 러드(Ned Ludd)가 노동자들을 선동해서 기계파괴운동을 일으킨 것으로, 산업혁명과 그로 인해 일자리를 빼앗기게 된 것에 대해 부정적으로 대처한 방식이다. 문상철, 『4차 산업혁명과 선교혁신』, 45-46.

는 전략적인 선교 방법들을 개발하면서도 선교의 핵심 본질을 잘 유지하는 지혜와 결단이 필요하다.

4차 산업혁명 시대에는 인터넷이 더욱 확대되어 삶의 필수적인 일부분이 될 것이다. 따라서 4차 산업혁명 시대의 선교는 인터넷 활용을 극대화하는 전략을 만들어야 한다. 가장 손쉽게 개선해야 할 부분은 지역 교회의 홈페이지 개선이다. 일반적으로 사람들이 교회 건물 안으로 직접 들어가는 것은 매우 부담스럽게 생각하지만, 익명성이 보장되는 홈페이지는 쉽게 접근할 수 있다. 교회의 홈페이지는 교회의 존재를 알리고, 사람들을 교회로 인도하는 첫 관문으로서 매우 중요한 선교의 수단이다. 따라서 홈페이지를 선교적 차원에서 정성스럽게 잘 만들고 가꾸는 전략이 필요하다.[178]

아울러 사이버 예배도 적극적으로 검토할 필요가 있다. 오프라인에서는 70대 이상의 몇몇 노인만 모이는 시골 교회가 사이버상의 예배를 열고 100명이 넘는 젊은이와 정기적으로 만나 집회를 하는 사이버 예배를 시행하는 예도 있다. 이러한 예배의 시도는 인터넷에 익숙한 디지털세대의 젊은이들과 여러 가지 사정으로 교회를 다니지 않는 '가나안 성도' 등을 위한 적절한 선교 전략이 될 수 있다.[179]

온라인상의 선교 전략은 해외 선교에서도 매우 성공적인 사역이 될 수 있는데, 크리스천투데이는 이와 연관하여 다음과 같은 기사를 실었다.

> 2009년 설립된 지저스닷넷사이트는 지금까지 1억 1천만 명이 방문하였고, 그중에 1천5백만 명이 하나님을 영접하였다. 빌리 그래함 전도협회의 인터넷 사역은 한 달간 90만 명이 방문하고, 그중에 약 10퍼센트가 영접한다. 지저스닷넷에는 4개의 복음 영상이 있다. 그 영상을 보며 감동하고 하나님

---

178 정기묵, "4차 산업혁명 시대의 선교," 282-283).
179 정재영, "4차 산업혁명 사회에서 교회의 의미는?," 166. 정재영은 "사이버 교회나 디지털 교회를 옹호하는 이들은 신학에서 말하는 비가시적 교회가 바로 미래의 사이버 교회를 의미한다고 보기도 한다."라고 말하면서, 사이버 예배를 통해 눈물을 펑펑 흘리며 은혜를 받는 '가나안 성도'에 대한 경험담을 언급하기도 했다.

을 믿고 말씀을 더 알고자 하는 사람들이 영접을 클릭한다. 그렇게 되면 연결된 많은 사람이 중보기도를 해 주고 e코칭을 하게 된다. 그리고 가까운 지역의 교회를 연결해 주며 직접적인 만남을 통해 양육하게 된다. 인터넷을 통해 복음을 전파하고 온오프라인을 통해 믿음을 키우게 된다는 것이다.[180]

위와 같은 사역을 효과적으로 감당하려면 효과적인 매체와 콘텐츠를 지속적으로 발전시켜 가야 한다. 위성방송이나 인터넷 및 SNS 기반의 전도 프로그램 등을 적극적으로 개발해야 한다. 이러한 사역은 워낙 많은 재정 투입을 요구하는 반면 당장 눈에 보이는 효과는 미미한 경향이 있으므로 장기적인 계획을 세우고 꾸준히 발전시켜 나가야 한다.

### 2) 디지털 네이티브의 포용과 세움 전략

디지털 네이티브(디지털 원주민)란 디지털이 보편화된 상황에서 태어나고 자랐기에 디지털 문화에 익숙한 사람들을 가리키는 말이다. 이들은 디지털을 성인이 된 후에 배운 디지털 이주민보다 훨씬 더 신기술에 익숙하기에 그들이 가진 정보력을 바탕으로 여론과 문화를 주도할 뿐 아니라 산업과 경제의 주역으로 등장하고 있다. 디지털 네이티브는 기존의 디지털이 주민들과는 세상을 보는 방식도 다르고 관심도 다를 수밖에 없다.

류태호는 이들의 주된 특징에 대해 다음과 같이 말한다.

> 디지털 원주민은 정보와 미디어 활용에 능숙하여서 아날로그 방식으로 사고하기보다 디지털 방식으로 사고한다. 자기 주도형 학습자라서 교수의 일방적인 수업보다는 자기가 관심이 있거나 공부하고 싶은 학습 동기가 높을 때 스스로 공부하는 것을 즐긴다. 답이 없는 복합 문제를 해결하는 도전을

---

[180] 최미리, "IT Mission Conference, 4차 산업혁명과 선교," 본헤럴드, 2017년 11월 4일 자. http://www.bonhd.net/news/articleView.html?idxno=3695. (2017. 12. 19. 접속).

즐기고 혁신적이고 비판적으로 사고한다. 또 지식이나 정보의 반감기가 갈수록 짧아지기 때문에 디지털 원주민들은 일시적인 학습이 아니라 평생 학습을 통해 배움을 계속해 간다. 융복합 환경에 익숙해 다른 분야 사람들과 협업하고 의사소통하는 것에 익숙하며 국제 감각을 갖추고 있다.[181]

교회는 디지털 네이티브의 사고방식을 이해하려는 노력 해야 한다. 세상을 보고 교회를 보는 방식이 완전히 다르기 때문이다. 아울러 이들을 적극적으로 수용하면서 저들과 같은 방식으로 사고하려고 노력하면서 저들을 선교의 주역으로 세워 주어야 한다. 돈 탭스콧(Don Tapscott)은 넷세대 사람들과의 관계 방식에 대해 "훈련만 시키지 말고 참여시켜라", "감독하지 말고 협력할 수 있는 업무 시스템을 구축하라"라고 조언하였는데,[182] 4차 산업혁명 시대의 선교에서 경청해야 할 조언이라고 생각된다. 가나안 땅의 정복은 모세가 아니라 가나안 땅을 샅샅이 보며 연구했던 여호수아가 감당했던 것처럼 4차 산업 시대의 선교는 디지털 네이티브가 주역으로 설 때 더욱 효율적으로 수행될 수 있는 것이다.[183]

이런 점에서 교회는 디지털 네이티브를 잘 양육하여 이들이 과학, 기술, 보건 등의 분야에서 선교적 가치관을 가지고 활동할 수 있도록 격려하고, 신학교에서도 새로운 과학기술에 대한 비평적 관점을 가지고 과학기술을 활용할 수 있도록 미래 목회자들을 훈련해야 한다고 로잔은 강조한다.[184]

---

181 류태호, 『4차 산업혁명 교육이 희망이다』 (서울: 경희대학교 출판문화원, 2017). 205.
182 Don Tapscott, *Grown Up Digital*, 『디지털 네이티브』, 이진원 역 (서울: 비즈니스북스, 2009), 340-343. 탭스콧은 디지털 네이티브를 수용하는 것의 중요성에 대해 "나는 우리가 그들의[디지털 네이티브] 말을 경청하고, 그들을 포용한다면 상호작용, 협업, 실행을 특징으로 가진 그들의 문화가 경제와 사회 발전을 도모하면서 세상이 더욱 안전하고, 공정하며, 번영하는 미래를 준비할 수 있게 해 줄 것이라고 믿는다"라고 언급한다. Don Tapscott, 『디지털 네이티브』, 38.
183 정기묵, "4차 산업혁명 시대의 선교," 280.
184 Lausanne Movement, 『케이프타운 서약』, 75.

## 3) 따뜻한 수용공동체와 삶을 보여 주는 윤리적 공동체 형성

앞에서 살펴본 대로 4차 산업혁명 시대에는 빈부 간의 격차가 더 커지고 따뜻한 사랑의 소통이 줄어들고 그로 인해 갈등과 소외감이 더 많아지는 시대가 될 수 있다. 이럴 때 사람들은 자신들을 품어 줄 따뜻한 공동체를 갈구하게 되는데 교회가 이들을 보듬어 줄 수 있는 대안 공동체가 되어야 한다. 이러한 따뜻한 공동체는 단순한 인간의 애정에서 출발하는 것이 아니라 하나님의 말씀을 통해 인간성이 회복되고, 그로 인해 관계성이 회복되고, 그 결과 따뜻한 공동체가 형성되는 것을 말한다.

이와 연관하여 김성원은 "제4차 산업혁명이 강화할 것으로 예상되는 인간의 파편화, 기호화, 인간소외와 왜곡된 사회성에 대해 기독교는 진정한 인격적 교제의 길을 제시해야 할 것이다"[185]라고 강조한다. 교회는 외로운 사람들이 마음을 열고 만날 수 있는 대면적인 교제의 공동체 그리고 인격적 교제와 소그룹 모임이 역동적으로 이루어지는 공동체가 되어야 할 것이다.[186]

특별히 우리 곁으로 온 많은 이주민은 가장 소외되고 억눌린 사람들이다. 이들이야말로 따뜻한 공동체를 가장 필요로 하는 사람들이다. 이들을 위해 시행되고 있는 다문화 가정 선교, 이주 노동자 선교, 유학생 선교 등이 더 잘 이루어질 때 교회는 선교적 사명을 훨씬 더 효율적으로 수행하게 될 것이다.[187] 문상철이 말한 대로, "변화가 극심한 시대일수록 사역 혁신은 성육신적 삶과 사역의 원리를 재해석하면서 사랑의 실천에 초점을 맞출 필요가 있다 …. … 하나님의 무조건적인 사랑을 실천하는 모습을 보이는 것이 가장 탁월하고 효과적인 전략이라고 할 수 있다."[188]

---

185 김성원, "제4차 산업혁명과 교회론의 방향," 205.
186 김성원, "제4차 산업혁명과 교회론의 방향," 205.
187 정기묵, "4차 산업혁명 시대의 선교," 272.
188 문상철, 『4차 산업혁명과 선교혁신』, 148.

아울러 중요한 것은 교회의 윤리적 탁월성이다. 세상은 교회가 외치는 복음대로 사는 모습을 보고 싶어 한다. 세상은 돈, 권력, 성적 쾌락을 좋아하지만, 교회만큼은 그러한 것을 추구하지 않고도 참으로 행복한 모습을 보고 싶어 한다. 그런데 교회가 세상보다 더 돈과 권력을 좋아하고 세상보다 더 타락한 모습을 보일 때 세상은 실망하고 교회를 멀리하게 된다. 탭스콧(Tapscott)은 디지털 네이티브의 특성 중 한 가지가 정직성을 중요시하는 것이라고 한다.[189] 이들은 특히 뛰어난 정보력과 검색력을 가지고 교회의 비윤리적 행태들을 잘 알아낸다.[190]

즉, 4차 산업혁명 시대에는 교회의 비윤리적인 행태가 쉽게 널리 알려지고 그것이 교회의 선교의 커다란 걸림돌이 된다. 사람들은 보이지 않는 하나님을 만나기 전에 먼저 교회의 모습을 보기 때문에 교회가 윤리적으로 바른 모습을 보이고 신뢰성을 보이는 것은 4차 산업혁명 시대의 선교에 매우 중요한 과제가 아닐 수 없다.

### 4) 급변하는 시대 속에서도 변치 않는 선교 내용과 목적

4차 산업혁명은 인류가 경험한 가장 급격한 변화의 시대를 가져올 것이다. 이러한 변화에 따라 선교의 방법과 전략은 변해야 한다. 시대적 상황에 가장 적합하고 효율적인 방법들을 모색해야 한다. 하지만 시대가 아무리 급변해도 선교의 내용과 목적은 변하지 않아야 한다.

아무리 과학이 발달하고 유토피아와 같은 세상이 온다 해도 여전히 인간이 하나님의 형상으로 만들어졌기에 하나님과 교제하며 살아야 하지만 하나님

---

189 Don Tapscott, 『디지털 네이티브』, 23, 84.
190 디지털 네이티브가 정직성에 깊은 관심을 갖고 정직성을 중시한다는 말이 그들 자신이 스스로가 정직하다는 것은 아니다. 자신이 정직하다는 것과 다른 사람의 정직성을 중요시한다는 것이 이들에게 별개의 문제일 수 있다. 하여간 이들은 교회의 정직성을 중시 여기면서 교회가 정직하지 못할 때 교회에 대해 더욱 마음 문을 굳게 닫게 된다. 정기묵, "4차 산업혁명 시대의 선교," 271.

을 배반한 죄인이며, 그리스도를 통해서만 구원의 길이 열리고, 이 진리를 전하는 것이 선교라는 사실만은 변할 수 없는 진리이다. 세상이 아무리 변해도 인간은 여전히 하나님이 구원해야 하는 존재라는 사실은 변할 수 없다.[191]

그런데 세상이 급변하면서 기독교는 위와 같은 진리를 시대의 흐름에 맞게 변경시키고자 하는 유혹을 많이 받아왔다. 예를 들어, 계몽주의가 대두되고 인간의 이성이 모든 것을 판단할 때 기독교에는 이성으로 수용할 수 있는 사실만을 수용하여 초월적 구원자 예수 대신 사랑을 실천하는 윤리적 예수를 강조하는 자유주의 신학이 대두되었다. 또한, 포스트모더니즘이 맹위를 떨치고 모든 진리가 상대화되는 상황이 되자 기독교의 절대성이나 그리스도의 유일성을 포기하고자 하는 종교다원주의가 대두되었다.[192]

4차 산업혁명이 본격적으로 대두되면서 인간은 자신들의 능력이 무한대로 향상되고 그로 인해 신을 필요로 하지 않거나 필요하다면 그저 교양이나 취미 수준에서 필요한 것으로 생각할 가능성이 높아질 것이다. 또한, 모든 사람 간의 협력이 강조되는 상황 속에서 갈등을 줄이는 것과 평화로운 공존을 더욱 강조하게 될 것이다.

이런 상황에서 교회는 예수만이 구원의 유일한 길이라고 강조하면서 갈등 발생 소지를 높이는 선교보다는 대화와 공존을 중시하며 모두가 이 땅 위에서 잘 사는 것을 목표로 하는 공존 위주의 선교를 강조하게 될 가능성이 커진다. 이러한 방향은 시대적 정서와도 맞고 합리적인 것으로 보이기 때문이다.

하지만 이러한 공존과 협력이 지나치게 강조되면 전도는 무의미한 것으로 인식될 가능성이 크고 전도가 무의미한 일이 되면 교회는 새로운 성도

---

191 이나미는 인간의 실존에 대해 "얼핏 환경과 구조들이 너무나 많이 달라져서 원시인과 미래인은 전혀 다른 종처럼 생각될 수도 있지만, 삶의 양식을 자세히 들여다보면 큰 차이가 없다"라고 분석한다. 이나미, 『다음 인간』, 14.
192 종교다원주의의 대표적 학자 중 하나인 존 힉은 다종교 상황에 처해 있는 오늘의 시대에 기독교만의 절대성 주장은 적절하지 못하며, 시대착오적이며 어리석은 것이라고 주장한다. 기독교가 지적으로 정직하고 현실적인 종교가 되려면 종교 다원주의적 신앙을 지녀야 한다고 강조한다. John Hick, *A Christian Theology of Religions* (Louisville, KT: Westminster John Knox Press, 1995), v-ix.

가 사라지니 자연스럽게 쇠퇴할 위험성이 높아진다. 샬롬과 평화 등을 강조하는 입장에서 보면 전도는 이기적이고 일방적이며 제국주의적인 행태로 비칠 수 있다. 따라서 복음을 전하여 하나님을 알게 하고 하나님의 자녀가 되게 하는 선교의 목표보다는 세상을 정의롭게 하고, 평화롭게 하고, 모든 생명을 잘 살게 하는 선교 목표가 더 설득력을 얻게 될 수 있다.

그런데 이런 경우 선교는 자칫 세상의 정의 운동, 인권 운동, 평화 운동, 생명 살림 운동과 별반 차이가 없는 운동으로 변할 수 있다.[193] 또한, 교회는 세상을 잘 살게 만드는 다양한 기구 중 하나가 될 수 있고, 교회의 메시지는 선량한 시민이 될 것을 강조하는 하나의 교양강좌 세미나와 유사한 성격이 될 수 있다.

그런데 교회가 하나의 시민단체나 평화 인권 단체로 전락하고 교회 강단이 교양강좌 수준이 되면 사람들은 굳이 피곤한 몸을 끌고 헌금까지 준비해서 교회 가야 할 필요성을 많이 못 느끼게 된다. 그런 단체들은 교회 말고도 많이 있기 때문이다. 아니 교회보다 훨씬 더 그런 일을 잘하는 기구들이 많기 때문이다. 결국 이런 교회들은 자연스럽게 안락사를 향해 나아갈 수 있는 위험성이 높아진다.[194]

따라서 제4차 산업혁명과 같은 혁명적인 변화의 시대에도 기독교의 절대성을 붙들고 그리스도를 전하는 선교를 지향하는 것이 중요하다. 이런

---

193 이와 관련하여 이종성은 다음과 같이 말한다. "교회는 하나님으로부터 성서를 통해 주어진 일만을 수행하는 것이나 인권 운동은 교회가 아니라도 할 수 있는 운동이다. 교회가 필요에 따라 사회 운동에 동참할 수 있으나 그것은 어디까지나 비 본래적인 것이다. 그러므로 교회는 먼저 해야 할 일을 먼저하고 나중에 해도 좋은 일은 나중으로 돌리는 것이 옳다. 우리는 물론 사회 개혁에 관심을 가지고 있다. 그리고 우리가 그러한 관심을 가지고 있으므로 그러한 개혁에 도움을 주기도 한다. 그러나 사회가 근본적으로 필요로 하는 것은 개혁이 아니라 구원이다. 교회는 이 구원을 제공한다. 교회만이 이 보화(mystery)를 가지고 있다." 이종성, 『교회론 I』, 489-490.
194 딘 켈리에 의하면 세상을 잘 살게 하는 운동을 교회의 주된 사역으로 삼는 교회들이 쇠퇴하는 현상을 지적하면서 그러한 교회들이 안 되는 이유는 사회를 섬기는 일을 해서가 아니라 교회만의 본질적인 일을 게을리해서라고 주장한다. Dean M. Kelly, *Why Conservative Churches are Growing: A Study in Sociology of Religion with a new preface for the Rose edition* (Macon, Georgia: Mercer University Press, 1986), xx-xxi.

선교를 추구할 때 교회는 4차 산업혁명과 같은 위기의 상황에서도 여전히 살아서 세상을 위해 건강한 영향을 미칠 것이다.[195]

## 4. 요약 및 전망

4차 산업혁명은 기독교가 직면한 도전 중 가장 큰 파고가 될지도 모른다. 4차 산업혁명 시대에는 과학기술 혁명으로 인간 자신이 신이 되는 것 같은 착각 속에 빠지면서 더 이상 신 자체가 필요하지 않은 분위기가 만연해질 가능성이 커 보인다. 이러한 상황이 될 때 기독교 선교는 사람들을 하나님께로 인도하고자 하는 노력이 무의미하거나 불가능하다고 판단하면서 그저 사람들을 잘 살게 하고 세상의 샬롬 건설에 지나치게 많은 관심을 끌게 될 수 있다.

하지만 과학이 아무리 발달하고 인간 생활 수준이 높아진다고 해도 인간의 죄 문제가 해결되고 고통이 모두 사라지는 것은 아니다. 이 땅 위에 유토피아가 오는 것도 아니다. 여전히 인간 세계는 빈부 간의 격차와 많은 고통과 외로움 등이 존재한다. 그리고 인간은 여전히 죄인이며 하나님이 구원해야 하는 죄인이라는 사실도 변하지 않는다.

이 죄는 세계 불행의 가장 주요한 요인이며, 복음은 이 죄의 문제를 해결하는 가장 근원적이고 확실한 해결의 길을 제시하는 것이다. 따라서 복음을 전하는 선교는 교회가 세상을 위해 할 수 있는 가장 중요한 헌신이 되는 것이다.

---

[195] 한국경제TV 산업팀은 4차 산업혁명 시대에도 "변화가 빠르고 깊은 시대일수록 경쟁을 뚫고 발전하기 위해서는 핵심 역량을 강화해야 한다. 여러 가지 일을 할 수 있지만, 그 중에 가장 잘하는 것에 몰두할 필요가 있다"라고 강조한다. 이러한 원리는 선교에도 그대로 적용된다고 할 수 있다. 시대가 복잡하고 변화무쌍할수록 선교는 복음의 핵심을 붙들어야 한다. 한국경제TV 산업팀, 『4차 산업혁명 세상을 바꾸는 14가지 미래 기술』 (서울: 지식 노마드, 2016), 307. 실제로 기독교가 죽어 가고 있는 유럽에서도 복음의 핵심을 붙들고 기도하면서 선교를 위해 몸부림치는 소수의 교회가 있고 이런 교회는 여전히 역동성을 보이면서 젊은이들도 많이 몰려간다. 여전히 핵심을 붙드는 교회들은 산다는 것을 보여 준다.

선교의 방법은 시대의 변화에 맞추어야 하고 시대적 기기들을 최대한 선용해야 하지만, 선교의 목표와 방향은 격변하는 시대의 상황임에도 절대 변할 수 없다는 사실은 제4차 산업혁명 시대에도 꼭 기억해야 할 문제이며 둘 사이의 격차는 고민해야 할 도전이 아닐 수 없다.

이러한 상황에서 로잔은 혁명적으로 변화하는 과학의 시대 속에서 과학기술을 통해 복음을 전할 수 있는 디지털 인재 양성을 양성하고, 시대에 부합하는 첨단의 선교 전략을 개발하고, 과학기술의 오용과 남용을 예방하는 일에 교회가 앞장서야 할 것을 강조한다.[196]

---

196  Lausanne Movement, 『케이프타운 서약』, 74-75.

제4장

# 로잔운동과 뉴 노멀 시대의 선교[1]

지난 수년간 코로나 팬데믹[2] 사태가 일어났고, 이러한 팬데믹에 의해 우리 사회 전반에 걸쳐 커다란 변화가 일어나면서, 일상생활, 회의 문화, 교육 형태, 의사소통, 경제, 국제 정세, 신앙생활, 교회 사역 등에 엄청난 충격과 변화가 발생하였다.[3] 이런 상황에서 코로나와 함께 사는 시대 (With Corona),[4] 또는 '뉴 노멀'(New Normal) 등의 용어가 많이 회자되었다.

특별히 '뉴 노멀' 이란 용어는 본래 경제 용어로 2007-2008년 세계 금융 위기와 2008-2012년 경제 침체 등으로 만들어진 새로운 경제적 기준을 의미하는 것으로 저성장, 저금리, 저물가 등을 특징으로 한다. 그런데 이제는 '뉴 노멀'이라는 용어가 다른 분야에서도 널리 쓰이고 있는데, 그 의미

---

1 LGA는 Lausanne Global Analysis의 약자로 제목에서도 볼 수 있듯이 선교와 연관된 다양한 세계 이슈들에 대한 글로서 필자들은 주로 로잔운동에 참여하는 이들이며 글은 로잔위원회의 홈페이지에 게재된다. 선교와 연관된 세계적 이슈들을 다룬다는 점에서 기여하는 바가 많은데, 인터넷상에 게재된 글들이므로 상세한 페이지수를 기록하지 못하는 아쉬움이 있다.
2 "세계적 대유행을 의미하는 '팬데믹'은 그리스어로 '모두'를 뜻하는 '판'(pan)과 사람'이란 뜻의 어원을 가진 '데모스'(demos)의 합성어다. 즉, 감염병이 모든 사람에게 일어나는 단계가 됐다는 의미다." 이상명, "팬데믹의 역습과 포스트코로나 시대," 미주성시화운동본부 편, 『포스트코로나 시대와 교회의 미래』(서울: 동연, 2020), 42.
3 최윤식, 『빅체인지 코로나19 이후 미래 시나리오』(서울: 김영사, 2020), 26. 팬데믹은 인류 역사상 여러 차례 발생했으며 그 때마다 인류의 역사와 문명에 커다란 변화를 일으켰다.
4 정봉현, "코로나19 팬데믹 시대에 기독교 선교환경의 변화와 정책 과제," 『종교문화학보』 제17(2)호 (2020), 54. 정봉현은 의학자 및 관련 전문가들의 의견을 종합하여 "코로나19의 확산과 감염을 차단하기 위한 백신과 치료제가 개발되어 투약되어도 영구적이며 완전한 해결책이 되지 못할 것이다"라고 정리하고 있다. 정봉현, "코로나 19 팬데믹 시대에 기독교 선교환경의 변화와 정책 과제," 67.

는 과거에 비정상적인 것으로 보였던 현상과 표준이 점차 새로운 표준이 되어가고 있다는 것을 의미한다.[5]

이러한 뉴 노멀 시대는 선교에도 커다란 변화를 요구한다. 기본적으로 선교는 이동, 대면, 소통 등을 통해 이루어지는 사역인데, 뉴 노멀 시대에는 이러한 활동들이 심각한 제한을 받기 때문이다.[6] 이런 이유로 뉴 노멀 시대에 필요한 선교 방향에 대한 논의들이 많이 나타났으며, 복음주의 계통의 선교 기관인 로잔운동 역시 '로잔 글로벌 분석'(Lausanne Global Analysis)이란 사이버상에서 발행되는 정기적인 저널을 통해 코로나 상황 속에서의 선교 사역에 관한 글들을 발표하였다.

본 장은 주로 이 LGA 문서들에 나타난 코로나 상황 속에서의 선교 사역에 관한 글들을 중심으로 코로나19로 인한 뉴 노멀 시대는 선교에 어떤 영향을 주며, 이러한 시대에 요구되는 선교 패러다임은 어떤 것인지 등을 제시하고자 한다. 그리고 한 걸음 더 나아가 뉴 노멀 시대에 필요하지만, 로잔 LGA 문서가 많이 강조하지 않은 부분들도 찾아 보완하여 제시하고자 한다.

## 1. 코로나19가 선교에 미친 영향

### 1) 선교의 주요 기구인 교회의 약화 경향

선교의 가장 주요한 기구 중의 하나는 역시 교회이다. 하나님의 선교(*Missio Dei*) 개념의 출현 이후 선교에 있어 교회의 위상이 다소 약화한 측면

---

[5] 이상명, "팬데믹의 역습과 포스트코로나 시대," 53-54. 위키백과, "뉴 노멀(경제)," 2021. 3. 1. 접속. https://ko.wikipedia.org/wiki/퍼센트EB퍼센트89퍼센트B4_퍼센트EB퍼센트85퍼센트B8퍼센트EB퍼센트A9퍼센트80_(퍼센트EA퍼센트B2퍼센트BD퍼센트EC퍼센트A0퍼센트9C)
[6] 정봉현, "코로나 19 팬데믹 시대에 기독교 선교환경의 변화와 정책 과제," 67.

이 있지만, 여전히 하나님은 기본적으로 그의 택하신 백성들을 통해 선교 사역을 이루어 가시므로 교회의 역할은 결코 무시될 수 없다. 교회는 선교의 본부 역할과 지원부대 역할을 감당하는 기구이므로 교회가 약화하면 선교는 그만큼 약화할 가능성이 높아지는 것이다. 그런데 코로나19 출현 이후 바이러스의 차단 방역을 위해 교회에서는 일상적인 대면 예배가 한때 중지되기도 하였고, 허용되어도 부분적으로만 허용이 되었다.

예배의 중지와 허용이 반복되면서 성도들의 출석률이 확실히 현저하게 낮아졌다. 한 언론 보도에 의하면 한국 교회의 출석률이 코로나 이전과 비교할 때 평균 61.8퍼센트에 그쳤다고 응답하였고, 코로나 이후에도 평균적으로 19.7퍼센트가 감소할 것으로 응답하였다.[7]

문제는 코로나가 언제쯤 잡힐 것이냐가 관건이고, 또한 코로나가 잡힌다 해도 한번 인터넷 수단을 통해 편한 예배의 맛을 본 성도들이 과연 얼마나 현장 예배로 돌아올 것인가 하는 점이다. 물론 설문에 응한 목회자들에게 온라인으로만 예배를 드리는 '온라인 교회'를 공교회로 인정할 수 있느냐는 질문에 63.5퍼센트가 "인정할 수 없다"라고 답했지만,[8] 평신도들은 이번 코로나 때문에 "예배를 꼭 현장에 가서만 드리지 않아도 길이 있구나"라는 생각하게 되었을 것이고, 이러한 인식으로 인해 갈수록 현장 예배 참여도는 약화될 가능성이 높아질 것으로 예상된다.

실제로 한 설문에 의하면 "… '주일 예배를 반드시 교회에서 드려야 한다'는 응답은 지난 3월 말 40.7퍼센트였지만, 약 4개월 뒤엔 27.8퍼센트에 그쳤다. 반면 '온라인이나 가정예배로 주일성수를 할 수 있다'는 응답은 54.6퍼센트에서 61.6퍼센트로 늘었다."[9] 현재도 소수의 헌신 된 성도와 가

---

7   연합뉴스, "코로나19로 헌금 출석 교인 모두 감소… 우울한 한국 교회," 2020. 6. 15일 자.
    https://www.yna.co.kr/view/AKR20200615158600005. 2021. 3. 17일 접속. 이 기사는 예장 통합측 소속의 목회자 1,135명을 대상으로 ㈜지앤컴리서치가 실시한 설문조사 결과를 기초로 하여 작성된 기사다.
8   연합뉴스, "코로나 19로 헌금 출석 교인 모두 감소… 우울한 한국 교회."
9   데일리 굿뉴스, "코로나 19 장기화, 주일성수 개념 '흔들'," 2020. 10. 19일 자.

나안 성도의 이분화가 일어나고 있는데, 이러한 현상이 더욱 가속화될 것이며 결국 현장 예배는 고령층의 헌신 된 소수의 성도가 주류를 이룰 것이라는 암울한 미래가 예견된다.[10]

아울러 위와 같은 출석률의 저하는 곧 교회 재정의 악화로 이어지게 된다. 설문조사에 의하면 교회 재정의 감소로 말미암아 지출 역시 줄어들게 되었는데, 교회 행사비 및 운영비 등이 60.2퍼센트 삭감되었고, 목사·직원 급여(목회 활동비)가 20.9퍼센트 삭감된 것으로 보고되었다.[11]

아무래도 출석률이 줄어들면 헌금이 감소하는 것은 거의 자연스러운 결과일 것이며, 한 걸음 더 나아가서 코로나로 인하여 전반적으로 경제 사정이 매우 열악해지는 상황이므로[12] 헌금 역시 감소할 것은 어느 정도 예상할 수 있는 사항이다. 이런 상황에서 이상명은 "… 교회보다 더 큰 위기와 도전에 노출될 기관은 없을 것이다. 이번 팬데믹은 세속화와 탈종교화를 더욱 부추길 것이라는 전망이 교회의 미래를 암울하게 한다"[13]라고 말한다.

### 2) 교회에 대한 부정적인 여론의 확대

코로나 때문에 교회 출석과 헌금 등이 감소한 것도 큰 문제이지만, 이에 더해 한국 교회에 대한 부정적 여론이 증가한 점은 매우 심각한 문제가 아닐 수 없다. 부정적인 인식도의 증가는 곧 미래의 잠재적인 성도의 감소를 의미하기 때문이다.

---

http://www.goodnews1.com/news/news_view.asp?seq=103930. 2021. 3. 17일 접속. 이 기사는 2020. 7. 21-29일에 전국 19세 이상 개신교인 1천 명을 대상으로 한국기독교사회문제연구원이 조사 발표한 설문에 근거한 기사이다.

10  정봉현, "코로나 19 팬데믹 시대에 기독교 선교환경의 변화와 정책 과제," 64.
11  연합뉴스, "코로나 19로 헌금 출석 교인 모두 감소… 우울한 한국 교회," 2020. 6. 15일 자.
12  정봉현은 코로나로 인한 경제 문제에 대해 "코로나19로 경기침체는 심화하고 경제도 실물경제와 금융을 포함하는 총체적 복합위기로 나타나며 경제공황은 장차 3-4년 동안 지속될 것이다"라고 분석하였다. 정봉현, "코로나 19 팬데믹 시대에 기독교 선교환경의 변화와 정책 과제," 62..
13  이상명, "팬데믹의 역습과 포스트코로나 시대," 65.

정봉현은 한 여론조사의 결과를 다음과 같이 정리하였다.[14]

> 조사 결과, 코로나19 이전과 이후 종교별 신뢰도 변화를 묻는 말에 응답자 63.3퍼센트가 개신교에 대한 신뢰도가 "더 나빠졌다"고 응답했다. "비슷하다"는 응답자의 34.8퍼센트 반응이었고, "더 좋아졌다"는 반응은 1.9퍼센트에 불과했다. 개신교 신뢰도에 대해 '더 나빠졌다'는 응답 대다수가 19-29세(72.6퍼센트)의 젊은 세대와 학생(72.6퍼센트)에서 두드러졌다. 반면, 불교와 가톨릭에 대한 신뢰도는 이전과 "비슷하다"는 응답이 각각 86.8퍼센트, 83.0퍼센트에 달해 코로나19 이후 큰 신뢰도 차이가 없었다.[15]

한국 교회에 대한 부정적인 이미지 증가의 배경에는 아마도 신천지나 영생교 등의 이단 종파의 부정적 이미지가 언론 등에서 크게 부각되었고, 이단 집단과 정통교회를 명확히 구분하지 못하는 시민들의 인식 속에서는 모든 교회에 대한 부정적인 이미지로 굳어졌을 것이다. 또한, 한국 교회 또는 교회 관련 단체들이 전염병 대처 인식과 선제적 조치의 부족으로 인해 실제로 코로나가 간간히 발생한 점도 부정적 인식의 주된 요인이 되었다.[16]

물론 이렇게 교회에 대한 부정적인 이미지가 늘어나게 된 배경에는 교회 자체의 잘못도 있지만, 동시에 행정당국과 언론의 편파적 자세도 한몫을 거든 측면이 있다는 주장도 있다.[17] 한국 교회는 이런 상황 속에서 과학

---

14  이 여론조사는 "코로나19 시대 한국 교회 신생태계 조성 및 미래전략 수립을 위한 설문조사 TF팀이 기독교 8개 언론기관과 함께 2020년 8.13-8.21 기간에 성인 100명을 대상으로 '코로나19의 종교 영향도 및 일반국민의 기독교 인식 조사' 제목으로 시행한 것이다. 정봉현, "코로나 19 팬데믹 시대에 기독교 선교환경의 변화와 정책 과제," 58.
15  정봉현, "코로나 19 팬데믹 시대에 기독교 선교환경의 변화와 정책 과제," 58.
16  정봉현, "코로나 19 팬데믹 시대에 기독교 선교환경의 변화와 정책 과제," 58.
17  이러한 주장들에 의하면, 코로나가 가장 쉽게 전파될 수 있는 환경인 식당, 지하철 등의 교통 상황, 백화점 등의 쇼핑 공간 등에서의 코로나 발병에 대해서는 거의 언급이 없고, 거리 간격을 철저히 두고 마스크를 철저히 착용하고 가만히 앉았다가 오는 교회를 주된 코로나 발병지로 발표하는 것은 과학적으로 근거가 약하고 형평성이 약해 보인다는 것이다. 이런 점에서 정봉현은 기독교 자체의 문제를 지적하면서도 또한 "극소수 언론과

적이고 정확한 실체 파악을 요청하거나 적절한 언론 대응도 잘못하고 우왕 좌왕하면서 엄청난 뭇매를 다 맞게 되었다. 이런 이유에서 안희열은 "…한국 교회를 대표하는 한기총, 한교총, 각 교단 총회는 코로나19에 적극적으로 대응할 뿐 아니라 기독교에 대한 언론의 부정적인 여론몰이에도 연합해서 대응하는 언론 활동이 요구된다"[18]라는 조언을 하기도 하였다. 어찌 되었든 결과적으로 코로나 상황 속에서 교회는 매우 부정적 이미지를 받게 되었다.

### 3) 선교의 위축 경향

모든 것이 그렇듯이 코로나 역시 선교에 부정적인 영향만을 미치지는 않을 것이다. 코로나가 오히려 새로운 기회를 열어주는 측면도 분명히 있을 것이다. 하지만 전반적으로 볼 때 코로나는 선교의 위축을 불러일으키는 측면이 상당히 큰 것으로 보인다. 정봉현은 한 설문조사를 바탕으로 선교 위축 현황을 다음과 같이 정리하고 있다.

> 응답자의 80퍼센트는 코로나19 사태 이후 선교 사역이 위축됐다고, 12.2퍼센트는 선교 사역의 기회가 열렸다고 응답했다. 코로나19로 인한 해외 거주 선교사에 대한 후원금의 변화를 보면, 응답자의 5.3퍼센트는 선교후원금에 변화가 없다고. 나머지 41.3퍼센트는 선교후원금이 줄었다고 대답했다. 선교후원금 감소 정도를 보면, 감소한 선교사의 48.1퍼센트가 20퍼센트 이

---

반기독단체는 교회의 사례를 침소봉대하고 부정적 모습을 부각해 교회를 독선적인 이기 집단으로 사회에 비추었다"라고 분석한다. 정봉현, "코로나 19 팬데믹 시대에 기독교 선교환경의 변화와 정책 과제," 70.

18 안희열, "초대 교회 시기의 전염병 창궐에 따른 기독교인의 대응에 관한 평가,"『선교와 신학』52집(2020), 62. 미디어 선교를 위해 고려할 점을 보기 위해서는 정기묵, "뉴미디어 시대와 미디어 선교,"『선교와 신학』제32집 (2013), 93-96을 보라. 또한, 매스 미디어의 특성을 보기 위해서는 정승현, "현대 문화와 하나님의 선교: 세계화와 매스 미디어에 대한 선교적 응답,"『선교와 신학』제27집 (2011), 315-17을 참조하라.

상 후원이 감소했고, 심지어 후원이 80-100퍼센트 줄었다. 코로나19 사태 속에서 귀국선교사의 63퍼센트는 스스로 거처를 마련하고, 나머지 2.2퍼센트는 파송 선교단체가 준비하였다.[19]

이러한 위축의 배경에는 내부적인 요인과 외부적인 요인이 있을 것인데, 먼저 내부적인 요인을 살펴보면 무엇보다 교회 출석률 감소와 헌금 감소 등에 가장 큰 원인이 있을 것이다. 교회 재정이 열악해져도 다른 지출은 현실적으로 줄이기가 어려운 여건일 것이므로 먼저 선교 재정을 삭감하는 경우가 많다. 또 기존 선교사들의 고령화 추세가 가속화되어 가는 상황에서 코로나로 인한 건강 문제 등으로 인해 선교사들이 귀국하는 경우가 많아지면서 현지 선교가 약화하는 결과로 이어지는 경우도 많다.[20]

아울러 외부적 요인들도 선교에 악영향을 미친다. 모든 나라들이 자국의 방역을 위해 국가 간 이동을 제한하면서 선교사의 이동이 어려움을 겪게 된다. 또 많은 나라에서 방역을 위해(또는 방역을 빌미로) 국가의 독재 권력을 강화하고 전체주의 통치 형태를 확대하는 경향이 나타난다.[21] 특별히 대부분의 비기독교 지역은 기독교 선교가 자국의 문화 유지와 수월한 통치에 방해가 될 수 있다는 우려를 하고 있기에 방역을 빌미로 선교사들을 더욱 통제하는 경향이 높아진 것이다.[22]

---

19 한국세계 선교협의회(KWMA), "코로나19 이후 선교사 설문조사자료," 2020. 5. 정봉현, "코로나19 팬데믹 시대에 기독교 선교환경의 변화와 정책 과제," 60에서 재인용. 이 설문조사는 한국세계 선교협의회(KWMA)는 소속 선교단체 선교사 470명을 대상으로 2020년 4.24-5.4 사이에 '코로나19 사태가 선교 사역에 미치는 영향'이라는 주제로 실시되었다.
20 정봉현, "코로나19 팬데믹 시대에 기독교 선교환경의 변화와 정책 과제," 67.
21 만첼라는 아시아 지역의 인권 말살 행태에 대해 "인도에서 벌어지는 인권 운동가들과 정치적 반대자들의 투옥 및 무슬림을 비롯한 소수자들의 주변화, 미얀마에서 일어나는 로힝기야족에 대한 끊임없는 학대 그리고 아시아계 미국인에 대한 책임 전가는 봉쇄 조치와 통행 금지령이라는 허울 아래 자행되어 온 수많은 끔찍한 행위의 일부이다"라고 기술하고 있다. 디나반두 만첼라, "펜데믹 세계에서의 기독교 신앙의 확언과 실천: 멈추어 깊이 생각하기," 『선교와 신학』 52집 (2020), 20.
22 정봉현, "코로나 19 팬데믹 시대에 기독교 선교환경의 변화와 정책 과제," 62.

## 2. 로잔 LGA 문서들이 제시하는 코로나 위기 시대의 선교 방향

### 1) 함께 있음 사역

코로나와 연관해 쓰인 LGA 여러 문서를 종합해 보면 코로나로 인한 위기 시대에 필요한 선교 패러다임을 다음과 같이 제시하는데, 가장 먼저 생각할 수 있는 패러다임은 '함께 있음 사역'이라 할 수 있다. 코로나로 인해 나타난 뉴 노멀 시대를 살아가는 사람들은 많은 것을 상실한 상황이다. 물질, 직장, 건강, 친구, 가족 등 삶에 있어 매우 중요한 요소들을 잃어버린 경우가 많다.

특별히 의료 시스템의 부재와 부족 때문에 치료를 제대로 받지 못해 두려움과 고통 가운데 시달리는 이들이 많다. 대략 19퍼센트의 환자들은 심각한 통증으로 고통을 당하고, 나머지 코로나 환자들은 경미한 증상을 보인다고 하지만 통증의 심각성 유무를 떠나서 전반적으로 사람들의 마음속에는 공허함과 불안이 크게 자리를 잡고 있다.[23]

이런 사람들을 위하여 교회가 할 수 있는 가장 우선적인 사역은 '함께 있음 사역'이라 할 수 있다. 적극적인 구호를 하고 치료에 도움을 주는 사역 이전에 고통당하는 이들의 곁에 교회가 있고, 저들을 위해 기도하면서 작지만 언제든지 교회가 도움의 손길을 줄 수 있다는 생각을 갖게 하는 것만으로도 환자들은 큰 위로와 힘을 얻을 수 있다.

기독교는 전염병 사태에서 고통당하는 자들의 친구가 되어준 역사적 사례들을 많이 가지고 있다. 예를 들면, A.D. 165-201년 사이 로마에 큰 전염병이 발생하여 로마 인구의 25-30퍼센트가 사망한 가운데 기독교인들은

---

23 Stephen Ko, Paul Hudson, Jennifer Jao, "Kingdom Opportunities for Bridging Covid-19 Disparities," Lausanne Global Analysis · November 2020 · Volume 9 / Issue 6, 2021. 2. 26일자 접속. https://www.lausanne.org/content/lga/2020-11/kingdom-opportunities-for-bridging-covid-19-disparities

죽음을 두려워하지 않고 환자들을 돌보아 주었다.[24] 또한, 1527년 독일에 페스트가 만연했을 때 마틴 루터와 그의 아내 케더린은 자신의 집을 병든 자들을 위한 병동으로 내어 주면서 정성껏 섬겼다.[25]

이러한 섬김은 사람들의 마음속에 있는 공허함과 두려움을 물리치는 데 큰 도움을 주었고 결과적으로 하나님을 깊이 체험하고 영접하는 데도 결정적인 계기가 되었다. 오늘날도 교회가 참사랑으로 이러한 섬김을 베풀 때 교회에 대한 부정적 이미지가 많이 사그라질 것이다. 특별히 교회가 코로나 사태 중 세상에 위로와 치유를 주어야 하는 역할을 적극적으로 감당하지 못하여 발생한 부정적 이미지는 생색내지 않는 함께 있음 사역을 통해 개선될 것이다.[26] 교회는 생명 존중과 이웃 사랑 등의 윤리에 있어 세상 사람들보다 훨씬 더 높은 수준의 도덕성을 말과 행동으로 보여 주어야 할 것이다.[27]

### 2) 의료 관련 협력 사역

교회는 의료기관이 아니므로 적극적인 의료 행위를 할 수는 없지만, 치료에 도움이 될 수 있는 다양한 협력 사역을 펼칠 수는 있다. 예를 들면, 초대 교회는 전염병 등이 발생했을 때 "…도망가지 않았고 환자들을 돌보고 간호 봉사하는 데 앞장섰다. 이들은 이웃이 역병으로 고통당하고, 헐벗고, 병들었을 때 사랑과 구제를 몸소 실천하였다"(마 25:35-36).[28] 오늘날도 교회가 전염병 상황에서 할 수 있는 의료협력 사역들이 있다. 예를 들면, 마

---

24 안희열, "초대 교회 시기의 전염병 창궐에 따른 기독교인의 대응에 관한 평가," 56.
25 Stephen Ko, Paul Hudson, Jennifer Jao, "Kingdom Opportunities for Bridging Covid-19 Disparities."
26 정봉현은 한국 교회가 "…코로나19 팬데믹 사태 속에서 세상에 위로와 치유의 기능을 잘 수행하지 못했다. 일부 교회 및 기독 단체는 당국의 방역 조치를 경시하여 반사회적인 집단으로 보여졌다"라고 분석한다. 정봉현, "코로나 19 팬데믹 시대에 기독교 선교 환경의 변화와 정책 과제," 70.
27 이명석, "20세기 초 스페인 독감과 2020년 코로나19가 아프리카 지역에 끼친 영향에 대한 비교 분석과 생태 선교적 제언,"『선교와 신학』52집(2020), 164.
28 안희열, "초대 교회 시기의 전염병 창궐에 따른 기독교인의 대응에 관한 평가," 56.

스크 쓰기, 철저한 손 씻기, 사회적 거리 두기 등은 재정을 많이 투입하지 않고서도 바이러스를 차단하는데 큰 효과를 거둘 수 있는 행동들인데,[29] 교회는 이러한 사항에 대한 계몽운동을 펼치거나 관련 물품 등을 제공함으로써 바이러스 예방과 치료에 큰 도움을 줄 수 있다.[30]

이에 더하여 로잔 LGA 한 문서는 좀 더 큰 의료협력을 제안한다. 그것은 라이센스 협약을 통한 기술 이전에 기독교가 적절한 영향력을 미쳐야 한다는 의견이다.[31] 이 문서는 여기까지만 언급하고 구체적으로 어떤 내용을 어떤 방식으로 기술 이전을 하는 것인지에 대해서는 언급하지 않고 있기에 아쉬움이 있다. 아마도 개발도상국들의 경우에 선진국에서 개발된 의약품이나 백신 등을 살 수 있는 경제력이 약하니 선진국의 제약회사 등이 개발한 백신 등 의료 관련 용품들을 개발도상국에서도 만들 수 있도록 기술을 이전해 주면 개발도상국 국민들이 더욱 저렴한 가격에 혜택을 볼 수 있다는 것을 의미하는 것으로 보인다.

기독교가 실제로 이런 일에 어느 정도 영향력을 미칠 수 있는 역량이 있는지는 다소 의문이기는 하지만, 하여간 의료계통에서 일하는 상층부 크리스천 리더들이 이런 일에 헌신하면 좋은 결과를 낼 수 있을 것으로 기대된다.

### 3) 사회 구조 차원의 해결 사역

코로나19로 인한 팬데믹 속에서 부국과 빈국, 그리고 부자와 빈자 사이의 간극이 더 넓어지는 상황이 발생하고 있다. 특별히 보건 시스템이나 예

---

29  이규대는 이러한 행동을 누구나 쉽게 실천할 수 있는 '행동 백신'이라고 표현한다. 이규대, "코로나19 팬데믹 상황과 아시아 선교," 『선교와 신학』 52집 (2020), 129.
30  Stephen Ko, Paul Hudson, Jennifer Jao, "Kingdom Opportunities for Bridging Covid-19 Disparities."
31  Stephen Ko, Paul Hudson, Jennifer Jao, "Kingdom Opportunities for Bridging Covid-19 Disparities."

방과 치료에 필요한 각종 정보의 불평등이 코로나의 치유, 후유증 관리, 코로나로 인한 죽음 관리 등에 근본적인 차이를 가져다주었다. 가난한 사람들은 더 높은 코로나의 위험성을 경험하고, 더 높은 스트레스와 염려를 겪게 되었다. 즉, 빈국과 빈자들은 코로나로 인한 피해를 더 크게 더 지속해서 겪을 가능성이 높아지는 것이다.[32]

만첼라는 이에 대해 다음과 같이 언급한다.

> 바이러스의 확산을 저지하기 위해 처방된 조처들은 가정, 직업, 저축이 있는 사람들에게는 실행 가능한 것으로 보였으나 그 외 대다수에게는 재앙적인 것으로 판명됐다. 하루 벌어 하루 먹고 살고, 고된 노동 환경에서 일하고, 깨끗한 물이나 위생 시설, 보건에 대한 접근권도 없이 단칸방에서 생활하거나 밀집된 도시 노숙자들은 바이러스뿐만 아니라 굶주림과 질병과 죽음에 노출되어 있다.[33]

코로나 이후에도 이러한 빈부 간의 격차는 더욱 심화할 것으로 예측되는데, 이규대는 이에 대해 다음과 같이 정리한다.

> 국제구호 단체 옥스팜은 전 세계에서 5억 명이 빈곤층으로 떨어지리라 추정했다. 국제노동기구 ILO 사무총장 가이 라이더는 2020년 2분기에만 전 세계에서 1억 9,500만 명분 정규직 자리가 사라지리라 추정했다. 코로나19가 완전히 종식되어도 돌아갈 일터가 없는 사람이 많을 것이고, 코로나19 이전보다 더 나은 일자리 혹은 그만한 일자리를 다시 찾지 못하는 사람도 많을 것이다.[34]

---

32  Stephen Ko, Paul Hudson, Jennifer Jao, "Kingdom Opportunities for Bridging Covid-19 Disparities."
33  디나반두 만첼라, "팬데믹 세계에서의 기독교 신앙의 확언과 실천: 멈추어 깊이 생각하기," 17.
34  이규대, "코로나19 팬데믹 상황과 아시아 선교," 118-119.

물론 이러한 문제는 결코 간단히 해결될 수 있는 것들이 아니지만, 교회는 폭 넓은 책임감을 가지고 이러한 불평등을 해소할 수 있도록 기도하고 가능한 행동을 취해야 할 의무가 있다고 로잔 문서는 강조한다. 특별히 이 모든 재난의 해결을 위한 주님의 은총을 구하면서 고통당하는 지역과 사람들 위에 그리스도의 치료의 광선이 발해지도록 기도할 것을 요청하고, 바이러스 퇴치의 책임을 맡은 WHO, 정부들, 지역 지도자들, 의료인들 그리고 영적인 돌봄을 제공하고 있는 목회자들과 교회 지도자들을 위해 기도해 줄 것을 당부하고 있다.[35]

## 3. 구체적인 선교 전략들

### 1) 뉴 노멀 시대의 전도 사역 필요성

앞 장에서는 뉴 노멀 시대의 선교 사역을 위한 다리 또는 주춧돌을 놓는 사역들에 대해 살펴보았다. 이 장에서는 좀 더 구체적으로 영혼들을 하나님께로 인도하는 구체적인 전도 전략들을 살펴볼 것이다. 그런데 구체적인 전략들을 찾아보기 전에 먼저 왜 이 엄청난 재앙의 상황에서도 전도의 과제를 생각해야 하는지 그 필요성을 좀 생각해 보고자 한다.

**첫째**, 코로나로 인한 뉴 노멀 상황은 잠재적 전도의 기회로 작용할 수 있다. 앞에서 살펴본 대로 코로나로 인하여 사람들은 교회로부터 멀어질 가능성이 분명히 있다. 하지만 다른 한편으로 보면 사람들은 이 엄청난 불안과 고통의 시간 속에서 물질적이고 자기중심적인 삶으로부터 돌이켜 왜 이런 일이 발생했으며 무엇이 문제인지 등에 대한 강한 물음을 갖게 될 수 있

---

35 Menchit Wong, "Leading with Hope during the Coronavirus Pandemic," https://www.lausanne.org/updates/leading-with-hope-during-the-coronavirus-pandemic

다. 즉, 코로나 팬데믹은 "… 의학적, 경제적, 정치적 그리고 문화적 문제만을 야기하는 것이 아니라 영적인 문제이며 수많은 신학적인 질문"을 제기하는 것이다.[36]

그리고 이러한 물음은 자연스럽게 종교 활동의 증대로 이어질 수 있는데, 실제로 서구의 경우는 온라인을 통한 예배, 제자훈련, 전도 등에 상당한 부흥이 일어났다.[37] 이런 점에서 교회는 뉴 노멀 시대에 전도에 더욱 깊은 관심을 기울여야 할 것이다.

**둘째**, 전도는 팬데믹 재앙을 해결하는 가장 근원적인 해결책이 될 수 있다는 점에서 전도의 필요성을 생각할 수 있다. 코로나19의 발병 원인에 대해서는 아직도 많은 설이 제기되고 있다. 대표적인 주장은 가난으로부터 시작된 오래된 식습관,[38] 자연환경 파괴,[39] 도시 집중화,[40] 특정 국가 또는

---

36　Philippe Dennis, "Introduction," Bulletin for Contextual Theology in Africa, vol. 7 no.1 (March 2000), 4-5. 이명석, "20세기 초 스페인 독감과 2020년 코로나19가 아프리카 지역에 끼친 영향에 대한 비교분석과 생태 선교적 제언, 147에서 재인용.

37　Rory Macleod & David Taylor, "COVID-19 and a Search for Historical Parallels," Lausanne Global Analysis · September 2020 · Volume 9 / Issue 5, 2021. 2. 27일자 접속. https://www.lausanne.org/content/lga/2020-09/covid-19-and-a-search-for-historical-parallels
기독교 역사를 살펴보아도 심각한 전염병 등은 교회의 전도와 성장에 기회가 되었었다. 이런 점에서 레녹스는 3세기 로마에서 역병이 로마 제국을 위태롭게 했지만, 교회는 폭발적인 성장을 이루었다고 말하며, 스타크는 주후 250년에 기독교인 숫자가 로마 제국 전체 인구의 1.9퍼센트였던 것이 300년에는 10.5퍼센트인 630만 명으로 증가하였다는 통계를 제시한다. John C. Lennox, *Where is God in a Coronavirus World?*, 『코로나바이러스 세상, 하나님은 어디에 계실까?』, 홍병룡 역 (서울: 아바서원, 2020), 73. Rodney Stark, *The Rise of Christianity*. 손현선 역. 『기독교의 발흥』(서울: 좋은씨앗, 2020), 23.

38　가난이 만연한 지역에서 야생동물을 잡아 먹는 습관과 연관이 있으며 실제로 코로나가 발생한 곳은 중국 우한의 수산시장이라는 주장이다. 이규대, "코로나19 팬데믹 상황과 아시아 선교," 132.

39　인간의 그칠 줄 모르는 욕망으로 인해 자연환경이 파괴되었고, 이로 인해 야생동물의 서식처가 침범되면서 야생동물에게만 존재하던 바이러스들이 인간에게 전파되었다는 주장이다. 이런 점에서 만첼라는 "팬데믹은 지속적이고도 고집스럽게 생태계를 파괴해 온 결과다"라고 주장한다. 디나반두 만첼라, "팬데믹 세계에서의 기독교 신앙의 확언과 실천: 멈추어 깊이 생각하기," 30.

40　인구의 증가와 이로 인한 도시 집중화로 인하여 인구가 밀집된 대도시의 생활 환경은 바이러스의 위력을 극대화시킨다는 주장이다. 이명석, "20세기 초 스페인 독감과 2020년

세력의 의도적인 제조[41] 등으로 매우 다양하다. 이 많은 원인 중 어떤 하나가 원인인지, 아니면 이 모든 원인이 서로 섞여 있는지 알 수 없다.

하지만 이 모든 원인의 깊은 뿌리에는 인간의 탐욕과 무절제 등이 놓여 있다고 할 수 있다. 즉, 죄의 문제가 그 깊은 원인이 되는 것이다. 이런 점에서 로잔 문서는 "성경은 이 모든 악의 원천들을 설명하며 선을 대적하고 고통을 더한 원인을 악으로 제시한다"[42]라고 말한다. 이상명도 코로나의 근원을 악으로 보면서 "… 코로나바이러스의 생물학적 발원지는 중국 우한이지만 근본적 진원지는 인간의 탐심이다"[43]라고 주장한다. 즉, 코로나바이러스는 '악의 실재'라고 할 수 있으며, 하나님의 자비에 대항하는 악의 수수께끼의 한 모델로 볼 수 있다는 것이다.[44]

그렇다면 결국 코로나 팬데믹 해결의 가장 근원적인 길은 죄 문제를 해결하고 하나님 앞에서 바른 삶을 살아가는 것이라고 할 수 있으며, 이 길을 가능하게 하는 가장 첫걸음은 바로 하나님을 전하는 길인 전도가 되는 것이다. 물론 전도가 이루어진다고 이 모든 문제가 바로 해결되는 것은 아닐 것이다. 하지만 보다 근본적인 관점에서 볼 때 코로나 팬데믹 사태의 뿌리는 인간의 죄에 있으며, 이 죄를 해결하는 원초적 실마리는 바로 전도에 있다는 것을 생각할 때 뉴 노멀 시대의 선교에서도 역시 전도는 가장 우선적인 위치를 갖는 사역이라 할 수 있을 것이다.

---

코로나19가 아프리카 지역에 끼친 영향에 대한 비교분석과 생태 선교적 제언," 159.
41  2020년 4월 미국으로 망명한 홍콩 출신 엔리밍 박사는 "중국 정부가 고의로 코로나19를 만들어 세계에 퍼트렸다는 충격적 소식과 함께 자신의 주장을 뒷받침하는 논문을 정보 플렛폼 제노도(Zenodo)를 통해 발표함으로써 이번 팬데믹이 중국의 생물무기 개발과 무관하지 않음을 전 세계에 폭로한다." 이상명, "팬데믹의 역습과 포스트코로나 시대," 57-58.
42  J. Asamoah-Gyadu Kwabena "The Christian Calendar and COVID-19" Lausanne Global Analysis · September 2020 · Volume 9 / Issue 5. 2021. 2. 25일자 접속.
   https://www.lausanne.org/content/lga/2020-09/the-christian-calendar-and-covid-19
43  이상명, "팬데믹의 역습과 포스트코로나 시대," 60.
44  J. Asamoah-Gyadu Kwabena "The Christian Calendar and COVID-19" Lausanne Global Analysis · September 2020 · Volume 9 / Issue 5. 2021. 2. 25일자 접속.

## 2) 뉴 노멀 시대에 요구되는 선교 패러다임

뉴 노멀 시대의 선교라고 해서 과거의 전통적인 선교와 완전히 다른 전략을 구사하는 것은 아니다. 선교의 최종 목표는 전통적인 상황이든 뉴 노멀 상황이든 기본적으로 일치한다. 따라서 주님의 명령에 근거해 이천 년 동안 수행되어 온 선교의 목표는 유지하되, 뉴 노멀 시대에 더 효율적일 수 있는 전략들을 지속해서 추구하며 새로운 선교 전략을 개발해야 할 것이다.

그렇다면 뉴 노멀 시대에 필요한 선교 패러다임이 어떤 것일지 구체적으로 생각해 보자.

**첫째**, 다양한 인터넷 도구들을 통한 전도 전략을 생각해 볼 수 있다.

코로나 발생 이전에도 세계는 급격하게 인터넷 세상을 향해 질주하고 있었다.[45] 그런데 코로나로 인한 비대면 필요성이 급증하면서 인터넷 도구들을 통한 의사소통과 업무 추진을 더욱 부추겼다. 이러한 상황에서 교회는 급속한 디지털 사회화에 능동적으로 대처하는 창의적인 선교 역량을 강화해야 했다.

물론 온라인을 통한 사역은 여러 가지로 만족스럽지 못한 면이 많이 있었을 것이다. 하지만 디지털 미디어를 통해 복음을 효과적으로 전달하는 것은 뉴 노멀 시대에 필수적인 선교 전략이 되는 것이다. 이상훈이 분석한 대로 "이제는 모든 사람이 세대와 문화를 넘어, 공간과 언어를 초월해 인터넷에 모여 살고 있다. 온라인 사역은 왜 필요한가. 그곳에 선교의 기회가

---

45 구글은 세계 인구의 70퍼센트가 스마트폰을 소유하게 될 것을 예견하고 있으며, 파키스탄, 인도네시아, 브라질, 인도 등에 10억 이상의 스마트폰 사용자들이 생길 것으로 추측한다. 이런 상황에서 구글은 개발 도상국에서 자료의 효용성을 증대시키는 새로운 방법들을 발전시키고 있다고 로잔 문서는 말한다. D. J. Oden, Mobile Missions mentoring in the covid 19, Lausanne Global Analysis, July 2020, Vol. 9/Issue4. 2021. 2. 19일 자 접속. https://www.lausanne.org/content/lga/2020-07/mobile-missions-mentoring-in-the-covid-19-era

가장 많이 존재하고 있기 때문이다."[46]

특별히 아직도 복음화율이 낮은 곳은 대부분 복음에 대해 엄청난 저항이 강한 곳들이다. 이런 곳은 선교사가 직접 들어가서 복음을 전하기가 매우 어려운 곳들이다. 따라서 이런 지역은 온라인을 통한 비대면 복음 전도가 절실히 요구되는 지역들이다. 특별히 이러한 지역들의 문화와 상황에 적절한 기독교 콘텐츠를 개발해 전달할 수 있는 채널을 만드는 것은 뉴 노멀 시대에 꼭 필요한 선교 전략이다.[47]

물론 이런 지역들은 디지털 문화가 덜 발달한 경우가 많지만, 뉴 노멀 시대의 영향으로 이런 지역도 디지털 문화가 조금 더 활성화될 가능성이 커지므로 이에 발맞추어 인터넷을 통한 복음 전도 전략 개발에 온 힘을 기울여야 할 것이다.[48]

**둘째**, 다양한 SNS를 통한 현지 지도력 양성 전략이다.

선교의 가장 기본적인 원칙 중의 하나는 최단 시간 내에 스스로 서는 현지 지도력과 자립 교회를 세우는 것이다. 특히, 신실한 현지 지도력을 세우는 것은 선교의 성패를 가르는 핵심 사역이다. 위기 상황 때문에 선교사가 현지에 머물 수 없게 되어도 현지 지도자가 대신 선교를 지속할 수 있는 구조로 성숙하여져야 한다.[49] 특별히 뉴 노멀 시대에는 SNS를 통한 지도력 양성 전략을 개발해야 한다.

물론 SNS를 통한 소통과 훈련 등은 대면 관계의 보완재이지 대체재라고 할 수는 없다. 신뢰, 하나 됨의 느낌, 관계의 에너지를 위해서는 역시 정기

---

46 이상훈, "포스트 코로나 시대와 선교," 미주성시화운동본부 편, 『포스트코로나 시대와 교회의 미래』 (서울: 동연, 2020), 254.
47 이상훈, "포스트 코로나 시대와 선교," 255.
48 인터넷 등을 통한 복음 전도 전략은 엄청나게 많은 재정 투입과 노력이 필요한 작업이다. 이것은 빨리 선교 열매만을 보고자 하는 자세로는 결코 성공을 거두기 어려운 전략이다. 따라서 인터넷 등을 통한 선교는 개 교회 차원보다는 교회 연합사역의 차원에서 많은 재정을 투입하고 장기적으로 추진하는 것이 필요해 보인다.
49 이명석은 이러한 관계 형성은 "… 현지 지도력과 끊임없는 상호존중과 나눔에서 출발하는 것이다"라고 강조한다. 이명석, "20세기 초 스페인 독감과 2020년 코로나19가 아프리카 지역에 끼친 영향에 대한 비교분석과 생태 선교적 제언," 161.

적인 대면 모임이 훨씬 더 효율적이다. 또 아직도 많은 지역은 SNS의 보급이 미약하고 성능도 미흡한 경우가 많으므로 SNS 등을 통한 선교 사역은 분명히 한계가 있다.[50] 하지만 뉴 노멀 시대에는 대면 사역으로만은 결코 효과적인 사역을 감당할 수 없으므로 비대면 사역 전략을 개발해야 한다.

정봉현은 SNS를 통한 사역의 필요성을 다음과 같이 강조한다.

> 하나님은 지구촌의 인류사회를 디지털 도로, SNS 소통 및 가상공간에 거주하도록 종합적인 정주 환경을 조성해 왔다. 전 세계의 80퍼센트 이상은 언어 장벽, 문화적 충격, 공간을 극복한 선교 참여가 가능하도록 디지털 환경으로 조성되어 있다. 더 이상 가상공간은 허구가 아니며 기독교 윤리를 바탕으로 한국 교회가 선교를 수행해야 하는 신세계이다. 미래의 거대한 변화를 선제적으로 대응할 때 하나님의 영광을 드러내는 기회이며 새로운 생명 세상을 창조하는 공간이다.[51]

가상공간이 이처럼 의미 있는 공간으로 자리를 잡았으므로 교회도 이제 뉴 노멀 시대에 사이버 공간을 통한 현지 지도력 양성 전략을 세워야 하며, 이를 위해 능동적으로 대응하고 선제적으로 준비해야 할 것이다.

**셋째**, 매스 미디어나 SNS 등을 통한 기독교의 긍정적 이미지 확산 전략이 필요하다. 기독교에 대한 긍정적 인식을 심어주는 것은 효과적인 선교를 위해 매우 중요한 전제 조건이다. 기독교에 대해 긍정적인 인식이 되어 있는 문화가 널리 퍼져 있어야 선교가 잘 이루어질 수 있다. 뉴비긴이 언급한 대로 "모든 사람은 항상 불가피하게 자신이 속한 또는 선호하는 문화와 세계관에 영향을 받고 있으며 사고와 행위에서 그것을 벗어날 수 없다."[52]

---

50  D. J. Oden, *Mobile Missions mentoring in the covid 19*, Lausanne Global Analysis, July 2020, Vol. 9/ Issue 4.
51  정봉현, "코로나19 팬데믹 시대에 기독교 선교환경의 변화와 정책 과제," 68-69.
52  Lesslie Newbigin, *Foolishness to the Greeks*, 『헬라인에게는 미련한 것이요: 복음과 서구문화』, 홍병룡 역 (서울: IVP, 2013), 170.

그런데 이 문화를 바꾸는 일에 있어 가장 효율적인 접근 방법 중의 하나가 매스 미디어 또는 SNS와 같은 매체들이다. 매스 미디어나 SNS 등은 처음에는 단순한 정보를 전달하는 것처럼 보이지만, 시간이 흐르면 아예 세상을 보는 프레임 자체를 바꾸게 된다.

따라서 기독교에 대한 긍정적 이미지 심기 작업을 위한 매스 미디어나 SNS 전략은 매우 효율적인 전략이다. 물론 복음에 대한 저항이 심한 선교 지역에서 매스 미디어를 통해 기독교의 긍정적인 측면을 알리는 것은 참으로 어려운 일이다. 아마도 엄청난 재정과 인력과 외교력 등이 있어야 하는 일일 것이다. 그러나 그 효율성을 생각하면 그 어떤 투자도 결코 헛된 것이 아니므로 교회는 전력을 기울여서 매스 미디어를 통한 선교 전략을 계속 간구해야 할 것이다.

아울러 감사한 것은 코로나로 인한 뉴 노멀 시대의 개막으로 말미암아 전 세계적으로 SNS 활용자들이 급격하게 증가했다는 점이다. 실례로 DMA(Digital Ministry Atlas)에 의하면 2011년과 2018년 사이에 전 지구적으로 인터넷에 접속한 사람들이 29퍼센트 증가했다고 한다. 또한, 전 세계적으로 약 13억의 페이스북 사용자들과 15억의 왓츠앱(WhatApp) 사용자들이 있다고 한다.[53] 교회는 이러한 SNS 등을 이용하여 기독교 이미지 개선을 통한 선교 전략을 꾸준히 마련해 나가야 할 것이다.

**넷째**, 국내에 들어온 외국인들을 향한 선교 전략을 세워야 한다.

세계는 갈수록 다인종 다문화 사회로 바뀌고 있다. 이제는 세계(global)와 지역(local)의 구분이 무의미할 정도로 세계는 하나가 되어가고 있다. 코로나로 인해 잠시 여행과 이동 등이 제한받고 있지만, 코로나가 어느 정도 정리되고 나면 이동과 여행이 다시 봇물 쏟아지듯 늘어날 것이다.

특별히 한국은 전 세계로부터 다양한 일자리 등의 기회를 찾아 많은 사람이 몰려오는 나라가 되었고, 또한, 한국은 OECD 국가 중 가장 낮은

---

53　D. J. Oden, Mobile Missions mentoring in the covid 19, Lausanne Global Analysis, JUly 2020, Vol. 9/Issue4.

0.84명의 출산율을 지닌 나라이기 때문에 부족한 인력을 외국으로부터 채울 수밖에 없는 상황이 될 것이다. 이런 여러 가지 이유로 이미 270만여 명의 외국인이 들어와 있다.[54]

이들 중에는 선교사가 들어가 사역하기 어려운 이슬람권, 공산권, 힌두권 등 창의적 접근 지역에서 온 사람들이 많다.[55] 이들을 위한 선교 사역을 펼쳐서 이들을 자국을 위한 선교사로 파송하는 전략은 특별히 뉴 노멀 시대에 꼭 필요한 사역이다. 물론 이것이 결코 쉬운 일은 아니다. 열매를 얻기도 참으로 쉬운 일이 아닐 것이다. 하지만 현지에 들어가 사역하면서 열매를 거두는 것보다는 그래도 쉬울 수 있기에 특별히 뉴 노멀 시대에는 국내 거주 외국인들을 향한 선교에 더욱 박차를 가해야 할 것이다.

## 4. 요약 및 전망

코로나19로 인해 시작된 뉴 노멀 시대를 보면서 이 시대에 필요한 선교 패러다임을 로잔 문서들을 기초로 살펴보았다. 코로나 때문에 선교의 주요 기구인 교회가 약화하고, 교회에 대한 여론도 악화하고, 선교 자체도 위축되는 문제들이 발생하고 있음을 살펴보았다. 그러나 교회는 항상 위기 속에서 오히려 위기를 뚫고 성장하는 역사를 보여 왔다.

교회는 코로나 위기 속에서도 이웃과 함께하며 이웃에게 살아계신 하나님을 말과 행동으로 보여 주는 삶을 살면서 선교의 기초를 놓아야 한다. 특별히 대면 소통이 어려운 시대를 맞이하여 다양하고 효율적인 비대면 소통

---

54  크리스천 연합신문, "뉴 노멀 시대의 선교 열어가는 할렐루야교회, 선교 헌신주간 선포," 2020. 10. 5일 자. 2021. 2. 28일 접속. http://cupnews.kr/news/view.php?-no=15566.
55  이상훈, "포스트 코로나 시대와 선교," 251.

의 전략들을 개발하여 선교의 결실을 이루어 가야 한다.

물론 이러한 전략을 실천하기는 결코 쉬운 것이 아니다. 이론을 제시하는 것은 쉽지만, 그것을 실천하여 열매로 맺게 하는 것은 참으로 어려운 일이 아닐 수 없다. 그러므로 비대면 선교 전략은 대면 방식의 직접적인 선교보다 수월한 면도 있지만, 그 효과가 그리 크지 못할 가능성이 크다. 그런데 이보다 더 큰 문제는 이러한 인터넷을 통한 선교는 엄청난 재력과 인력의 투입을 요구한다는 점이다.

선교 콘텐츠를 만들기 위해 엄청난 재정과 노력을 투입해야 하지만, 투입에 비해 결실이 너무 늦게 나타나고 나타난다 해도 눈에 쉽게 드러나지 않는 경향이 있다. 즉, 인터넷 등을 통한 선교는 입력값은 매우 높았지만, 산출값은 매우 적은 선교라 할 수 있는 것이다.

따라서 인터넷 등을 통한 선교는 더 많은 헌신이 요구되는 선교이다. 하지만 코로나라고 낙심하고 모든 것을 줄이고 현실에 안주하려는 자세로는 결코 뉴 노멀 시대의 선교를 감당할 수 없다. 다행히 이런 어려운 중에도 선교 헌신을 제 다짐하는 교회들이 나타나고 있다.[56] 이런 교회들을 본받아 어려울 때일수록 더 헌신을 재다짐하고 일어서서 시대에 맞는 새로운 패러다임들을 지속해서 개발하고 수행하는 교회들이 나타나기를 바라며, 이런 창조적인 발전을 위해 로잔이 기여할 수 있기를 기대해 본다.

---

56 대표적으로 할렐루야 교회를 살펴보면, 이 교회는 청년들이 중심이 되어 복음으로 하나 되는 '하나 된 한국 넥스트 3세대 연합기도회'를 개최하였는데, 일주일 동안 선교주간을 가진 후에 온 교우들이 선교를 위해 기도와 물질을 약정하는 시간을 가지면서 선교를 위한 헌신을 재 다짐하였다. 크리스천 연합신문, "뉴 노멀 시대의 선교 열어가는 할렐루야교회, 선교 헌신주간 선포," 2021. 2. 28일 접속.

## 제3부

# 로잔운동의 전망과 제언 – 로잔운동의 내일

제1장   하나님의 선교(*Missio Dei*)에 대한 로잔의 바른 이해
제2장   로잔이 추구할 선교와 윤리의 바람직한 관계
제3장   로잔의 선교 개념에서 재고해야 할 점들
제4장   세계 선교를 위한 로잔운동의 기여 방향

---

우리가 과거를 돌아보고 분석하는 것은 단순히 과거를 회상하기 위함이 아니라 미래로 나아가기 위함이다. 제1부와 제2부에서 우리는 로잔의 역사, 신학, 선교 현장 등을 돌아보며 분석해 보았다. 이제 우리는 앞에서 논의된 것을 바탕으로 로잔운동의 바람직한 미래를 향한 방향을 찾아야 할 것이다. 이를 위해 제3부는 다음의 내용들을 다루었다.

(1) 하나님의 선교(*Missio Dei*)에 대한 바람직한 이해 방향
(2) 선교와 윤리의 바람직한 관계 이해
(3) 건강한 교회 세움을 위한 바람직한 선교 개념 정립
(4) 세계 복음화를 위한 로잔의 기여 방향

이 부분을 통해 독자들은 로잔이 추구해야 할 바람직한 선교 방향에 대한 혜안을 얻을 수 있을 것으로 생각한다. 아울러 이러한 관점은 단지 로잔운동에만 적용될 수 있는 것이 아니라, 큰 틀에서 기독교 선교가 추구해야 할 방향을 찾는 데도 도움이 될 것으로 기대한다.

제1장

## 하나님의 선교(Missio Dei)에 대한 로잔의 바른 이해

하르텐슈타인에 의해 주창되고 호켄다이크 등에 의해 에큐메니컬 진영에서 적극적으로 수용되고 발전된 하나님의 선교(Missio Dei) 신학은 기독교 선교에 있어 완전히 새로운 패러다임을 연 개념이라 할 수 있을 것이다. 이런 점에서 데이비드 보쉬(David Bosch)는 '하나님의 선교' 개념이 지난 반세기의 선교신학에서 가장 결정적인 변화를 가져온 개념이었다고 말한다.[1]

이와 같은 하나님의 선교 개념에 대해 복음주의 진영은 초창기에 의심과 불신의 눈초리로 바라보았다. 보쉬가 지적한 대로 이 개념이 본래 주창되었던 때의 본래 의도와는 다른 방향으로 전개되었기 때문이었을 것이다.[2] 즉, 하나님이 선교의 주인이시라는 것을 강조한 점은 합당하지만, 문제는 그 주인 되시는 하나님의 뜻을 자의적으로 해석하면서 선교의 방향을 잘못된 방향으로 끌고 간 점 등에 대한 우려 때문이었다.

하지만 로잔을 포함한 복음주의 진영도 이제는 하나님의 선교라는 용어를 자주 사용하고 있다. 예를 들면, 케이프타운 서약 1부 신앙고백 마지막 10장의 제목은 "우리는 하나님의 선교를 사랑한다"[3]이며, 이 장에서 케이프타운 서약은 "세계 선교가 … 하나님의 선교를 드러낸다. 하나님은 죄와 악으로 깨어진 창조 세계를 … 새로운 창조 세계로 변화시킴으로써 자신의

---

1   David J. Bosch, 『변화하고 있는 선교』, 576-577.
2   David J. Bosch, 『변화하고 있는 선교』, 580.
3   Lausanne Movement, 『케이프타운 서약』, 59.

선교를 성취하실 것이다"⁴라고 언급하면서 하나님의 선교라는 용어를 적극적으로 사용하고 있다.

그런데 '하나님의 선교' 개념에서 하나님의 뜻을 잘못 해석하면, 기독교 선교 운동은 자칫 인권 운동, 사회 운동, 복지 운동, 환경 운동 등으로 축소 왜곡될 수 있는 소지가 다분히 존재한다. 따라서 우리는 하나님의 뜻이 정확히 무엇인지를 잘 알아야 하고, 그 뜻은 성경에 근거해서 얻어져야 할 것이다.

그런 점에서 본 장은 성경 특히 그중에서도 해방과 인간화 사역의 가장 대표적인 역사로 손꼽히는 출애굽 사건⁵의 과정에서 주어진 하나님의 말씀들을 심도 있게 분석하면서 하나님의 뜻 또는 하나님의 주된 관심이 어디에 있는지를 살펴보고 여기에 근거하여 에큐메니컬 진영에서 논의되고 있는 하나님의 선교 개념이 하나님의 뜻을 정확히 파악하고 있는지를 재고해 보고자 한다. 이러한 과정을 통해 우리는 로잔이 지녀야 할 바람직한 하나님의 선교 이해를 찾아보고자 한다.

---

4   Lausanne Movement, 『케이프타운 서약』, 59.
5   하나님의 선교 개념은 모든 피조물의 구원과 샬롬에 깊은 관심을 두는 개념이며 이러한 관점은 정치신학의 일종인 해방신학과 영향을 주고받은 면이 있는데, 해방신학은 출애굽을 중요한 성경적 출발점으로 삼는다. 이병수는 이에 관한 구티에레즈의 견해를 다음과 같이 정리한다. "따라서 해방신학은 그 주제를 '이스라엘 백성이 애굽에서의 탈출에 특별한 강조를 가지는 해방에 대한 성경적인 견해'를 가진다. 특별히 이러한 해방신학의 신학적인 맥락 속에서 예수 그리스도는 항상 해방가로 간주된다"라고 말한다. 이병수, "해방신학의 구원론에 포함된 개념들에 관한 고찰," 「복음과 선교」 19집 (2012): 22.

## 1. 하나님의 선교(Missio Dei) 개념이 바라보는 하나님의 관심 이해 경향

### 1) 하나님의 주된 관심은 세상의 구원이 아닌 세상의 샬롬 이라고 보는 경향

전통적인 신학에서는 하나님의 주된 관심이 세상을 구원하는 데 있다고 보았다. 그런 점에서 선교는 세상 사람들이 하나님이 보내신 구원자 예수를 믿고 구원을 얻어 다시 하나님과의 관계를 회복하도록 하는 데 초점이 맞추어져 있었다. 하지만 하나님의 선교 개념이 출현하면서 이러한 관점은 완전히 새로운 패러다임으로 바뀌게 되었는데, 그것은 하나님의 주된 관심이 세상을 구원하는 데 있다기보다는 세상 자체를 샬롬이 넘치는 곳으로 바꾸는 것이라고 보는 경향 때문이다.

이러한 경향은 에큐메니컬 하나님의 선교 개념을 발전시킨 대표적 인물인 호켄다이크(J. C. Hoekendijk)에게서 잘 나타나는데, 그는 하나님이 보내신 메시아가 이루시는 것은 샬롬이라고 보았는데, 그 샬롬은 개인 영혼 구원 이상의 것으로 평화, 정직, 공동체, 조화, 정의 등의 포괄적인 것이라고 보았다. 또 이 샬롬은 사회적 사건으로 인간들 사이에서 일어나는 것으로 보았다.[6] 그는 이러한 관점의 근거로 하나님이 보내신 메시아가 추구하는 것이 다름 아닌 샬롬이라는 것을 주장하면서 그 근거로 "평강의 왕"(사 9:6), "이 사람은 평강이 될 것이라"(미 5:5). "그가 … 화평을 전할 것이요"(슥 9;10), "… 나의 평안을 너희에게 주노라"(요 14:27) 등을 말한다.[7]

그렇다면 그 샬롬은 무엇인가?

그것은 매우 복합적인 의미를 지닌 개념이지만 에큐메니컬 진영의 관점에서 그것을 구체적으로 표현해 본다면 그것은 아마도 가장 대표적으로

---

[6] J. C. Hoekendijk, *The Church Inside Out*, 『흩어지는 교회』, 이계준 역 (서울: 대한기독교서회, 1994), 17-18.

[7] J. C. Hoekendijk, 『흩어지는 교회』, 17.

JPIC (Justic[정의], Peace[평화], Integrity of Creation[창조 질서 보존]) 라고 할 수 있다.[8] 즉, 하나님이 이 땅 위에서 그의 선교를 수행하시면서 구체적으로 이루어 가시는 사역은 바로 정의와 평화 그리고 창조 질서를 보존하는 사역으로 정리할 수 있을 것이다. 즉, 하나님의 관심이 세상의 구원보다는 세상의 샬롬에 있다고 보는 경향 속에서 평화 문제 및 창조 질서 보존의 문제와 더불어 정의 문제가 에큐메니컬 선교의 핵심 목표로 등장하게 된 것이다.[9]

### 2) 샬롬을 이루는 방법을 전도보다는 구조 악 해결로 보는 경향

전통적인 선교에서는 하나님의 주된 관심을 개인의 구원이라고 보았기 때문에 구원을 위한 전도를 선교의 가장 중요한 방법으로 생각한 경향이 강했다. 하지만 앞에서 보았듯이 세상의 샬롬 즉 정의, 평화, 창조 질서 보전 등이 하나님의 주된 관심이라고 보는 하나님의 선교 관점에서는 전도보다는 오히려 정의와 평화를 위한 구조 악 해결의 활동이 더 주된 방법으로 인식되는 경향이 강하다.

샬롬의 관점에서 보는 구원 이해는 죄의 개인적 차원보다는 사회적 차원에 더 많은 관심을 기울이는 경향을 보인다. 즉, 죄는 가진 자가 못 가진 자를 구조적으로 억압하는 것이며, 이러한 죄의 해결은 구조적인 악에 속박

---

8 박종화는 JPIC가 샬롬의 다양한 의미를 세 가지 영역으로 압축한 개념이고 이런 점에서 샬롬의 대명사가 바로 JPIC 라고 설명한다. 박종화, "JPIC 세계대회 선언문 해설," 한국기독교사회문제연구원 편, 『정의 평화 창조질서의 보전 세계대회 자료집』 (서울: 한국기독교사회문제연구원, 1990), 55.
9 10차 부산총회는 이런 점을 다음과 같이 언급했다. "세상을 향한 하나님의 목적은 또 다른 세상을 창조하는 것이 아니라 사랑과 지혜로 이미 창조하신 것을 재창조하는 것이다. 예수께서는 성령이 임하신 것은 억압된 자를 해방시키고, 눈먼 자를 다시 보게 하고, 하나님의 통치의 임재를 선포하기 위함(눅 4:16-18)이라고 선언하시며 사역을 시작하였다. … 예수 그리스도는 생명을 부정하는 모든 것과 대결하시고, 그것을 변혁하기 위해 사회에서 가장 소외된 사람들과 관계를 맺고 그들을 끌어안았다." WCC, "Together towards Life: Mission and Evangelism in Changing Landscapes," "함께 생명을 향하여" 세계교회협의회 제10차 총회 한국준비위원회 편, 『세계교회협의회 신학을 말한다』, 정병준 역 (서울: 한국장로교출판사, 2013), 84.

당하여 죄인 취급을 받는 사람들을 해방하는 데서 이루어진다고 본다.[10] 그리고 이러한 해방은 개인 전도로 이루어지기보다는 구조 악을 향한 투쟁으로 해결될 수 있으므로 하나님의 선교 개념에서는 구조 악 해결에 깊은 관심을 둔다.

이런 점에서 웁살라는 "우리는 가난한 자들과 압제 받는 자들이 권리를 옹호하고 국내 및 국가 간에 경제정의가 확립되도록 일해야 한다"[11]라고 강조하였고, 밴쿠버도 "교회의 영적인 투쟁은 가난한 자들, 압제 받는 자들, 소외된 자들, 추방된 자들의 투쟁과 관계되어 있다. 성령은 투쟁하는 사람들 가운데 계신다"[12]라고 강조하였다. 또한, JPIC 대회는 "우리는 인권을 침해하고 개인과 집단의 충분한 잠재력의 실현 기회를 거부하는 모든 구조와 체제들에 저항할 것이다. 특히, 고문과 실종, 탈법적 법 집행 그리고 사형 등에 저항할 것이다"[13]라고 결의하였다.

'함께 생명을 향하여' 문서에서도 "하나님 선교에 참여하는 것은, … 만물을 위한 하나님의 뜻인 생명의 충만함을 방해하는 권력에 저항하고 투쟁할 것을 요구하고, 또한, 정의, 인간 존엄, 생명의 대의를 지키는 운동에 … 함께 일할 것을 요구한다"[14]라고 말한다.

아울러 샬롬을 강조하는 견지에서 보면 전도는 예수만이 구원의 길이라는 것을 전하기에 샬롬에 다소 방해가 되는 요소로 비칠 수 있다. 비체돔(Georg F. Vicedom)은 말하기를 "그러나 복음이 선포될 때 인간들 사이에는 장벽이 형성된다. 왜냐하면, 신앙을 가지게 된 사람들은 특별한 생활방식 –

---

10　George M. Marsden, *Fundamentalism and American Culture: The Shaping of Twentieth-Century Evangelism, 1870-1925* (New York/ Oxford: Oxford University Press, 1980), 92.
11　WCC, "제4차 총회: 스웨덴 웁살라 (1968)", WCC.『역대 총회 종합 보고서』, 이형기 역 (서울: 한국장로교출판사, 1993), 286.
12　WCC, "제6차 총회: 캐나다 밴쿠버 (1983)",『역대 총회 종합 보고서』, 이형기 편 (서울: 한국장로교출판사, 1993), 473.
13　JPIC 서울세계대회, "JPIC 세계대회 신학문서", 한국기독교사회문제연구원 편,『정의 평화 창조질서의 보전 세계대회 자료집』(서울: 한국기독교사회문제연구원, 1990), 166.
14　WCC, "함께 생명을 향하여: 기독교의 지형 변화 속에서 선교와 전도," 87.

공동체로 모이기 때문이다"¹⁵라고 말하면서 복음 전도로 인한 갈등 가능성을 언급하였다. 이런 점에서 하나님의 선교 관점은 전도를 다소 부정적으로 보는 경향이 강하다.¹⁶

물론 에큐메니컬 진영은 전도라는 용어 자체를 거부하지는 않고 칼 브라텐(Carl E. Braaten)이 말한 대로 "… 공식적인 에큐메니컬 선교신학은 고전적 의미 안에서의 전도에 대해 립서비스를 한다. 즉, [에큐메니컬 진영은] 전도를 거부할 정도로 비외교적이지는 않다."¹⁷ 하지만 샬롬을 위한 다양한 활동들을 전도에 포함하는데, 예를 들면, '함께 생명을 향하여' 문서는 "전도는 자기 비움의 겸손 가운데 다른 사람들에 대한 존중을 가지고, 또한, 다른 문화들과 신앙들을 가진 사람들과 대화하는 가운데 이루어진다.

또한, 전도는 이러한 지형 변화 속에서 하나님 통치의 가치들에 모순되는 억압과 비인간화와의 구조들과 문화들에 맞서야 한다"¹⁸라고 말한다. 즉, 전도보다 구조 악 해결에 더 깊은 관심을 두기 때문에 전도마저도 비인간화된 구조에 맞서는 활동으로 확장하는 경향이 있는 것이다.

### 3) 하나님의 주된 관심의 대상을 교회가 아닌 주변부 사람들로 보는 경향

전통적인 신학에서 교회는 하나님의 특별한 사랑과 관심의 대상이었다. 교회는 그리스도의 몸이고, 하나님의 백성이며, 하나님의 자녀들의 모임이다. 또한, 교회는 지상에서 유일하게 구원의 복음을 맡은 기관으로서 복음을 전할 유일한 기구이기 때문에 하나님의 특별한 관심의 대상이었다.

---

15 Georg F. Vicedom, 『하나님의 선교』, 151.
16 이런 점에서 하나님의 선교 영향을 많이 받은 에큐메니컬 진영은 전도를 교회의 자기 세력 확장을 위한 선전(Propaganda) 정도로 보는 경향이 있는 것이 사실이다. 참조. 이형기, 『하나님의 선교』 (서울: 한국학술정보, 2008), 145.
17 Carl E. Braaten, *The Apostolic Imperative* (Minneapolis: Augsburg Publishing House, 1985), 66.
18 WCC, "함께 생명을 향하여: 기독교의 지형 변화 속에서 선교와 전도", 110.

그러나 하나님의 선교 관점에서 보면 이야기가 달라진다. 하나님의 주된 관심이 개인들의 영혼구원이기보다는 세상의 샬롬이기 때문에 하나님의 주된 관심은 교회가 아닌 세상이며 세상의 샬롬을 위한 기구는 교회 외에도 다양한 기구들이 있으므로 교회만이 특별한 하나님의 관심 대상이 될 수 없는 것이다.

이러한 관점은 "세상을 향한 하나님의 관심 견지에서 볼 때 교회는 세상의 한 조각, 즉 그리스도의 현존과 하나님의 궁극적 구속사업을 지향하고 축하하기 위하여 세상에 부가된 하나의 첨가물(postscript) 이다"[19]라는 말에서도 잘 드러나는데, 이 말에 의하면 교회란 세상에 부가된 부수적인 존재일 뿐이며, 다양한 기구 중 하나에 불과한 것이다.

즉, 전통적인 시각에서 볼 때 하나님의 구원 역사에서 핵심적인 위치를 점하고 있었던 교회는 이제 부수적인 위치로 전락하는 것이다. 이런 면을 에큐메니컬 진영은 "… 교회는 하나님의 최종적 목표가 될 수 없다. 오히려 교회는 하나님께서 전체 피조물과 교제하시는 데 필요한 도구요 성례전이다"[20]라고 진술하였고, 이러한 모습을 이형기는 '탈(脫) 교회 중심적 교회관'이라고 명명할 수 있다고 말한다.[21]

그렇다면 하나님의 선교에서 하나님의 주된 관심의 대상은 무엇인가?

그것은 아마도 가난한 자, 약자, 억압받는 자 등을 다 포함하는 용어라 할 수 있는 주변부 인생이라고 할 수 있을 것이다. 주변부 인생이 하나님의 특별한 관심의 대상이 되는 이유는 두 가지라 할 수 있다.

**첫째**, 하나님 자신이 '가난한 자들의 옹호자'(암 5장), '상처받기 쉬운 자들'(신 24장)과 지극히 작은 자들과 자기를 동일시하시는 하나님'(마 25: 31-

---

19 WCC, *The Church for Others and the Church for the World*, 『세계를 위한 교회』, 박근원 역 (서울: 대한기독교출판사, 1979), 121-122.
20 WCC, 『세계를 위한 교회』, 70.
21 이형기, 『21세기를 향한 새로운 신학적 패러다임의 모색』 (서울: 장로회신학대학교출판부, 1997), 576.

46)이 시기에²² 이들의 해방이 하나님의 주된 관심거리가 되기 때문이다.²³

둘째, 이들은 해방을 받아야 할 대상이지만, 동시에 이들은 해방의 사역을 이루어 가야 할 주체라는 점에서 하나님의 특별한 관심의 대상이 된다. 기존 권력층은 해방에 관심을 가질 가능성이 매우 낮다. 오히려 해방은 주변부 인생들로부터 시작될 일이며, 이런 점에서 산 안토니오는 "무엇보다도 그는[예수는] 주변으로 밀려난 사람들, 가난한 사람들, 어린이들, 병자들, 공개된 죄인들 및 힘없는 사람들에게 우선순위를 부여하셨다. 따라서 그리스도의 방법에 따른 선교란 …. 가난한 사람들을 출발점으로 하여 하나님의 나라를 엮어 나가야 할 것이다"²⁴라고 주장한다.

"함께 생명을 향하여" 문서도 "선교의 목적은 사람들을 주변으로부터 권력의 중심으로 이동시키는 것이 아니라 그들을 계속 주변에 있게 함으로써 중심에 머물러 있는 사람들과 맞서는 것이다."²⁵고 한다.

## 2. 출애굽 사건에 나타난 하나님의 관심

### 1) 애굽, 이스라엘, 온 천하가 하나님을 알게 되는 것

앞 장에서 살펴본 대로 하나님의 선교 관점에서 본 하나님의 주된 관심은 주변부 인생들을 고통 속으로 몰아넣는 구조 악을 타파하고 세상에 샬롬을 이루는 것이라고 말할 수 있을 것이다. 즉, 주변부 약자들의 해방이

---

22  JPIC 서울세계대회, "JPIC 세계대회 신학문서," 158.
23  웁살라는 이들을 "… 무력한 자들, 학대받는 자들, 무시당하는 자들, 또 지루한 삶을 보내는 자들"로 규정하면서 교회는 우선순위를 가지고 이들의 편에 서야 함을 강조하였다. WCC, "제4차 총회: 스웨덴 웁살라(1968년)," 267.
24  Frederick R. Wilson, ed., *The San Antonio Report: Your Will be Done: Mission in Christ's Way* (Geneva: WCC, 1990), 135.
25  Frederick R. Wilson, ed., *The San Antonio Report: Your Will be Done: Mission in Christ's Way*, 86.

하나님의 주된 관심 사항 중 하나이다. 특별히 하나님의 선교 개념은 출애굽 사건을 해방의 주된 성경적 모델로 여기는 해방신학과 연관성을 지니기에 출애굽 사건에 관심을 두는 경향이 있다.[26]

그런데 출애굽 사건을 다루는 성경 본문은 정작 하나님의 관심을 어떻게 묘사하고 있을까?

정치적인 관점이나 외형적인 결과만 보면 분명 출애굽 사건은 주변부 인생들의 해방 사건임이 틀림없다. 그런데 출애굽 사건에서 하나님이 주된 관심이 약자들을 해방하는 일에 있었는지 고찰할 필요가 있다. 출애굽 사건을 설명하는 본문들을 보면 정작 정치적 해방 사건의 의도는 그리 많이 강조되지 않는 것을 보게 된다. 그렇다면 무엇이 강조되며, 이러한 강조들에 나타나는 하나님의 주된 관심은 무엇인지 함께 살펴보자.

출애굽 기사에 나타난 하나님의 주된 관심사는 가장 먼저 애굽, 이스라엘, 온 천하가 하나님을 알게 되는 것으로 나타나 있다. 즉, 출애굽 사건 기사에서 계속 반복되는 유사한 의미의 구절이 있는데 그것들은 다음과 같은 구절들 즉 "… 애굽 사람이 나를 여호와인 줄 알리라. … 나를 여호와인 줄 알리라 …"(출 7:5, 17), "… 우리 하나님 여호와와 같은 이가 없는 줄을 알게 하리니"(출 8: 10), "… 이로 말미암아 이 땅에서 내가 여호와인 줄을 네가 알게 될 것이라"(출 8: 22) 등의 말씀이다.

이런 본문들에 대해 덜함(John I. Durham)은 "… 여기에는 또한, 아직 성취되지 못한 목표를 향한 하나의 분명한 움직임이 있다. 그 목표란 여호와께서 살아 계시며 전능하신 분이라는 사실을 바로와 바로의 백성들에게, 그리고 이스라엘에 입증해 보여 주는 것이다"[27]라고 설명한다.

---

26  이병수는 해방신학의 강조점을 정리하면서 "… 해방신학은 그 주제를 '이스라엘 백성이 애굽에서의 탈출에 특별한 강조를 가지는 해방에 대한 성경적인 견해'를 가진다." 라고 정리한다. 이병수, "해방신학의 구원론에 포함된 개념들에 관한 고찰", 22.

27  John I. Durham, *Word Biblical Commentary Vol. 3 Exodus*, 『WBC 성경주석 출애굽기』 (서울: 솔로몬, 2000), 190. 덜함은 이 말을 한 뒤에 바로와 그의 백성들에게 여호와가 전능하신 하나님이시라는 사실을 확신시키는 것은 여호와의 목적이 아니며, 그 목적은 이스라엘로 하여금 하나님의 능력과 존재를 납득시키는 것이라고 주장한다.

계속해서 유사한 의미의 말씀들이 나타나는데, "내가 너를 세웠음은 나의 능력을 네게 보이고 내 이름이 온 천하에 전파되게 하려 하였음이니라"(출 9:16), "내가 바로와 그의 병거와 마병으로 말미암아 영광을 얻을 때에야 애굽 사람들이 나를 여호와인 줄 알리라 …"(출 14:18, 참고 14:4, 25), "… 온 천하에 나와 같은 자가 없음을 네가 알게 하리라"(출 9:14) 등의 말씀인데, 덜함은 이 말씀을 다음과 같이 해석한다.

> 이스라엘이 기적들을 통해 여호와께서 살아 계시다는 증거를 얻게 될 뿐만 아니라, 바로와 애굽 사람들이 그것을 통해 여호와께서는 진정으로 살아 계신 분이라는 사실을 알게 될 것이다. 바로는 여호와로 말미암아 '견고하게 서게 되고'(*amadod*의 사역형), 계속적으로 완고할 것이며, 여호와의 힘을 보여 주게(*raah*의 사역형)될 것이다. 결과적으로 여호와의 이름(=여호와의 존재)이 온 세상에 선포 될(*sipal*의 사역형) 것이다.[28]

즉, 출애굽 사건을 통해서 나타난 하나님의 주된 관심은 이스라엘, 애굽, 그리고 온 천하가 하나님을 제대로 알도록 하는 데 있다는 것이다. 즉, 여호와 하나님이 단순히 이스라엘 부족의 신이 아니라, 온 세상을 통치하시는 최고의 신이심을 보여 주는 데 있다. 이러한 목적은 실제로 일정 부분 성취가 되었는데, 비록 잠깐이었지만 바로는 여호와를 인정하였고[29], "바로의 신하 중에 여호와의 말씀을 두려워하는 자들은 그 종들과 가축을 집으로 피하여 들였으나"(출 9:20)라는 말씀에서와 같이 하나님의 능력을 인

---

28 John I. Durham, 『WBC 성경주석 출애굽기』, 239.
29 송병현은 이에 대해 "상황의 심각성을 판단한 바로가 출애굽 드라마가 시작된 이후 처음으로 여호와를 인정한다(8절). 드디어 재앙의 신학적 목적이 성취되어 가고 있다. 바로를 포함한 온 세상이 여호와는 이집트의 신들과 다르다는 것을 인정하게 된다. 바로는 여호와께서 이 지긋지긋한 개구리들만 제거해 주신다면 백성들을 내보내겠다는 약속도 곁들였다. 약속하는 그 순간에는 진실이었을지 모르지만, 며칠 후 마음이 바뀌어 바로는 이 말이 거짓말이었음을 스스로 드러낸다"라고 설명한다. 송병현, 『엑스포지멘터리 출애굽기』(서울: 국제제자훈련원, 2011), 174.

정했던 사람들이 나타났다.

즉, 출애굽 사건은 단순히 정치적 해방에 목적이 있었기보다는 온 천하가 여호와 하나님의 존재와 능력을 알게 하는 선교적 과제에 주요한 목적이 있었으며, 이것이 하나님의 주된 관심 중 하나였다.[30]

### 2) 이스라엘이 하나님을 섬기도록 하는 일

출애굽 사건에 관한 기록 중에서 또 많이 반복되어 나타나는 구절은 '섬길 것'이라는 말씀이다. 그와 같은 구절들의 예들이다.

> … 나를 왕에게 보내어 이르시되 내 백성을 보내라 그러면 그들이 광야에서 나를 섬길 것이니라 … (출 7:16).

> … 여호와의 말씀에 내 백성을 보내라 그들이 나를 섬길 것이니라(출 8:1).

> … 여호와께서 이와 같이 말씀하시기를 내 백성을 보내라. 그러면 그들이 나를 섬길 것이니라(출 8:20).

> … 히브리 사람의 하나님 여호와께서 말씀하시기를 내 백성을 보내라 그들이 나를 섬길 것이니라(출 9:1).

> … 내 백성을 보내라 그들이 나를 섬길 것이니라(출 9:13).

즉, 이스라엘 백성들을 출애굽 시키실 때 하나님의 주된 관심은 이스라엘이 하나님을 섬기도록 하는 데 있다는 점이다. 여기서 '섬긴다'는 단어의

---

[30] Christopher J. H. Wright, 『하나님의 선교』, 115-16.

기본 어근인 '아바드'(abad)라는 용어의 일차적인 의미는 '일하다'(출 5:18, 창 30:26), '봉사하다'(창 29:25, 민 18:23)등의 의미인데, 이것이 사물에 적용될 때는 '노동하다', '일하다' 등의 의미로 쓰인다. 그리고 사람과 연관하여 사용될 때는 '섬기다' '봉사하다' 등의 의미를 지닌다. 그런데 이 단어가 본문에서처럼 하나님과 연관되어 사용될 때는 '경배하다', '예배하다' (사 19:21, 23) 등의 의미로 사용된다.[31] 그렇다면 '그들이 나를 섬길 것이니라'는 말씀에 나타난 출애굽의 주된 목적은 하나님을 예배하기 위함이라는 것을 알 수 있다.

이스라엘은 단지 애굽으로부터의 정치적 해방을 얻어서 그냥 자유롭고 평화로운 삶만을 위해 출애굽 된 것이 아니다. 육신적인 편함과 복지의 관점에서만 보면 오히려 광야보다 애굽에서의 삶이 더 나았다고 생각한 무리도 많았던 것으로 보이는데, 그들은 "… 우리가 애굽 땅에서 고기 가마 곁에 앉아 있던 때와 떡을 배불리 먹던 때에 여호와의 손에 죽었더라면 좋았을 것을 너희가 이 광야로 우리를 인도해 내어 이 온 회중이 주려 죽게 하는도다"(출 16:3) 라고 말했다.[32]

또 가나안 입성이 어렵다고 생각하면서 다시 애굽으로 돌아가자고 주장한 이들도 많았다.[33] 출애굽 한 이스라엘 백성들은 하나님의 선교 관점에서 보는 해방은 가난한 자들의 경제적 해방도 중요한 해방의 요소 중 하나인데 출애굽은 경제적 해방은 아니었던 것으로 보인다.

그렇다면 도대체 왜 하나님은 이스라엘을 출애굽 시키셨을까?

출애굽을 시키실 때 하나님의 주된 관심은 단지 이스라엘을 편안히 잘 먹고 잘사는 자유민으로 살게 하기 위함이었다고 보기보다는, 위의 구절들에서 살펴보았듯이 하나님을 예배하는 백성을 형성하는데 주된 관심

---

31  제자원, 『옥스퍼드 원어성경대전 출애굽기 제 1-12a장』(서울: 제자원, 2012), 479.
32  이스라엘은 출애굽을 한 후에 음식의 부족, 물의 부족, 생활의 불편함, 뱀 등의 공격 등으로 엄청난 고통을 겪은 것으로 보인다. 해방신학이 말하는 경제적 가난으로부터의 해방이라는 관점으로만 본다면 출애굽은 오히려 실패한 일이라고도 할 수 있을 것이다.
33  "이에 서로 말하되 우리가 한 지휘관을 세우고 애굽으로 돌아가자 하매"(민 14:4).

이 있으셨다. 이런 점에서 볼 때 이스라엘 백성들의 출애굽은 외형적으로 보면 정치적 해방으로 보이지만, 그것은 하나의 과정에 지나지 않는다. 하나님의 최종적인 관심과 목적은 하나님을 예배하는 백성의 형성이었으며, 이것이 출애굽에 나타난 하나님의 주된 관심 중 하나였다.

### 3) 하나님의 언약 백성 형성

출애굽 사건은 출애굽기 19장 1-9절에 나오는 시내산 언약의 관점에서 그 목적을 찾아보는 것이 적절할 것으로 보인다. 아브라함을 부르신 하나님께서 "… 땅의 모든 족속이 너로 말미암아 복을 얻을 것이라"(창 12:3 하)고 하신 후 아브라함과 언약을 맺으신 것처럼(창 15:18-21),[34] 아브라함의 후손인 이스라엘과 하나님은 시내산에서 언약을 맺으시고 이스라엘을 통해 세계 모든 민족을 하나님께로 돌아오게 하려는 목적으로 이스라엘을 애굽에서 끌어내신 것이다.

즉, 출애굽 사건은 '애굽'이라는 풍족한 땅에서 이스라엘 선민을 키우신 하나님께서 이제 이스라엘을 애굽으로부터 끌어내셔서 본격적으로 선교하는 백성으로 만드시려 한 계획 가운데 일어난 사건이라고 할 수 있을 것이다. 출애굽을 하나님의 선교 관점이 중시하는 샬롬이나 해방이 하나님의 관심이었다면, 이스라엘은 애굽에서 나올 것이 아니라 애굽 안에서 바로와 싸워 자유를 쟁취하거나, 바로와 싸우지 않고 서로 화해를 이루어 샬롬을 이루었어야 할 것이다.

하지만 하나님께서는 해방이나 화해가 아닌 하나님의 언약 백성 형성이라는 목적을 따라 이스라엘이 출애굽을 한 후 시내산에 이르렀을 때 하나

---

34 창세기 12장 2절의 말씀에 대해 한성흠은 "… 이 말씀은 분명히 아브라함이 복이 될 것이며, 또 이것은 이스라엘에게 약속하신 것으로 결국 이스라엘 민족 전체를 나타내는 것이다"라고 설명한다. 한성흠, "아브라함에서 열방으로 계획된 하나님의 선교," 「복음과 선교」 27집(2014): 190-91.

님과 세계에 대해 "제사장 나라 거룩한 백성"이 될 것을 다짐하게 하는 언약을 체결하셨다(출 19:6). 출애굽은 언약을 통한 선교 백성을 형성하기 위한 첫걸음 또는 서론이었다.[35]

즉, 해방과 같은 정치 사회적 목적은 이스라엘을 선교의 백성으로 만들어 하나님을 온 천하에 알리는 일과 같은 주된 목적을 실행하는 가운데 일어난 하나의 과정이라고 보는 것이 전체 문맥에 맞는 것이라고 할 수 있다.[36] 이 언약을 통해 이스라엘에 주어진 정체성은 "제사장 나라"와 "거룩한 백성"이었다. 이에 대해 크리스토퍼 라이트(Christopher J. H. Wright)는 그 의미를 다음과 같이 설명한다.

> 우리는 10장에서 하나님의 제사장으로서 이스라엘의 역할이 의미하는 바를 탐구했다. 거기에서 우리는 국가적 제사장이라는 이 개념이 본질적으로 선교적 차원을 지니고 있음을 보았다. 그것은 이스라엘을 하나님 및 열방과 관련하여 이중의 역할을 하도록 하며, 그들에게 축복의 대행자가 되는 제사장적 기능을 부여하기 때문이다. 하나님은 이스라엘 백성 전체에게 열방 가운데서 그분의 제사장이 되는 역할을 부여하신다.[37]

---

35  송병헌, 『엑스포지멘터리 출애굽기』, 33. 송병헌은 "그러므로 출애굽기를 단순히 해방에 관한 책으로만 이해한다면 책의 전체적인 메시지를 이해하지 못하는 것이라 할 수 있다. 이스라엘 백성이 이집트로부터 탈출한 일은 그들이 시내산에서 하나님과 맺은 언약의 서론에 불과하기 때문이다"라고 말한다.
36  옥스퍼드 원어성경 주석은 " … 19장은 1-9절에서 먼저 이스라엘의 시내산 도착과 하나님께서 이스라엘에게 먼저 선민 언약 체결을 제의하였고, 이에 이스라엘 민족은 전폭적 순종 내지 동의로 화답하였음을 보여 준다"라고 설명한다. 제자원, 『옥스퍼드 원어성경대전 출애굽기 제12b-24장』(서울: 제자원, 2012), 348.
37  Christopher J. H. Wright, 『하나님의 선교』, 467. 한편 제사장 나라에 대해 『옥스퍼드 원어성경대전』은 " … 거룩하신 하나님과 세상 나라 백성들 사이를 중재하는 나라, 또한, 이 타락한 세상에 하나님의 영광을 드러내며 하나님의 거룩한 뜻을 널리 전파하는 나라 그리고 하나님께 속한 자로서 스스로 성결할 뿐 아니라 하나님의 거룩과 존엄을 보존하는 나라, 기도와 찬양으로 늘상 하나님께 가까이 나아가는 나라를 가리킨다"라고 설명한다. 제자원, 『옥스퍼드 원어성경대전 출애굽기』 제12b-24장』, 357.

하지만 이 제사장적 역할을 담당하려면 이스라엘은 거룩함을 지니고 있어야 했다. 그들 자신의 제사장들이 이스라엘의 평범한 사람들 가운데서 거룩함을 지니고 있었던 것과 마찬가지다. … [거룩하다는] 그 말의 의미 중 기본적인 부분은 '다르거나 독특한'이라는 것이다. 어떤 사물이나 사람은 독특한 목적을 위해 구별되고, 그 목적을 위해 분리된 상태로 있을 때 거룩하다. … 야웨께서 다른 신들과 다른 것처럼, 이스라엘은 다른 민족들과 달라야 했다.[38]

결국, 출애굽 사건은 하나님의 선교 백성 양육이라는 원대한 목적의 과정에서 일어난 하나의 사건이었다고 보는 것이 적절할 것이다.

## 3. 하나님의 선교 개념에서 고민해야 할 점들

### 1) 하나님의 뜻에 부합한 목적인가에 대한 고민

하나님의 선교 개념은 전통적인 교회 중심 선교의 한계점들을 교정하도록 도운 면이 있다. 특별히 인간이 선교의 주인인 양 행세하면서 이기적인 동기로 수행되는 선교, 업적 자랑식의 선교, 인적·물적 자원의 중복 투자와 같은 폐해를 막는 데 기여한 면이 있다. 이러한 점들은 하나님의 선교의 주요한 강점임에 틀림이 없다.[39] 하지만 하나님의 선교 개념에서는 고민해야 할 점들도 많이 있다. 이 장에서는 그러한 문제점들을 고민해 보고자 한다.

가장 먼저 생각해야 할 문제점은 하나님의 선교신학에서 말하는 하나님의 뜻이 과연 성경에서 말씀하는 하나님의 뜻과 부합하는지 여부다. 앞장에서 분석하였듯이 출애굽 사건에 나타난 하나님의 뜻은 세상의 샬롬이나

---

38  Christopher J. H. Wright, 『하나님의 선교』, 467-468.
39  안승오, 『현대선교의 목표들』 (서울: CLC, 2022), 242-246.

해방과 같은 것이기보다는 오히려 온 땅이 하나님을 알고 경배하게 되는 선교적 목적과 깊은 연관성을 지닌다.

하나님의 가장 우선적인 관심은 하나님을 등지고 배반한 인간들이 하나님께로 돌아와 하나님과의 바른 관계를 회복하는 일에 있다는 점이다. 이런 점에서 하나님의 선교 개념에서 에큐메니컬 진영은 하나님의 뜻을 자의적으로 해석한 경향이 없지 않은지를 고민해 보아야 할 것이다.

그렇다면 어디에서 하나님의 뜻을 파악할 수 있을까?

기독교는 기본적으로 '기독' 즉 그리스도 예수를 구세주로 믿는다는 의미에서 '기독교'라는 이름으로 불린다. 스탠리 그랜즈(Stanly Granz)는 "… 궁극적으로 우리는 하나님의 성품과 본성에 관한 모든 신학적 진술들을 예수의 삶과 가르침을 통해 판단하지 않으면 안 된다 … 하나님께로 나아가는 일은 오직 나사렛 예수를 통해서만 가능하다"[40]라고 말한다. 즉, 나사렛 예수를 통해 우리는 하나님의 뜻을 가장 명확하게 알 수 있다는 것이며,[41] 그런 점에서 예수의 가르침과 어긋난 것은 진정한 하나님의 뜻이 아닌 인간의 자의적인 해석이 될 위험성이 있는 것이다.

예수께서는 요한복음 6장에서 오병이어의 기적을 체험한 이후 예수를 왕으로 삼으려는 백성들을 향해 그들이 자기를 찾는 목적이 바로 "… 떡을 먹고 배부른 까닭"(요 6:26)이라고 은근히 책망하시면서 "썩을 양식을 위하여 일하지 말고 영생하도록 있는 양식을 위하여 하라 …"(요 6:27)고 말씀하셨다.[42] 그리고 "내 아버지의 뜻은 아들을 보고 믿는 자마다 영생을 얻는 이것이니 …"(요 6:40)라고 말씀하심으로써 하나님의 주된 관심이 사람들이

---

40 Stanley J. Grenz, *The Theology for the Community of God*, 『조직신학』, 신옥수 역 (파주: 크리스천다이제스트, 2003), 396.
41 예수가 하나님께로 가는 유일한 길임에 대해 "예수께서 이르시되 내가 곧 길이요 진리요 생명이니 나로 말미암지 않고는 아버지께로 올 자가 없느니라"(요 14:6)고 하셨고, 예수가 하나님을 보여 주는 가장 정확한 길임에 대해서는 "… 나를 본 자는 아버지를 보았거늘 어찌하여 아버지를 보이라 하느냐"(요 14:9)라고 말씀하셨다.
42 William Hendrikson, 『헨드릭슨 성경주석 요한복음(상)』, 문창수 역 (서울: 아가페출판사, 1983), 305-306.

영생을 얻게 하는 것임을 말씀하셨다. 그리고 이 영생을 얻도록 하기 위하여 빈곤 문제 해결이나 정치적 해방의 방법이 아닌 십자가를 선택하셨다. 이런 관점에서 본다면 하나님의 선교 개념에서 말하는 하나님의 뜻이 과연 성경이 말씀하고 있는 하나님의 뜻의 핵심을 파악하고 있는 것인지 고민할 필요가 있어 보인다.

### 2) 구조 악 척결이나 샬롬이 구원의 본질인지에 대한 고민

하나님의 선교에서 강조하는 구조 악의 척결이나 샬롬의 구현은 참으로 중요한 일이고, 하나님의 구원이 충만하게 이루어질 때 나타나는 한 모습이 될 것이다. 또 구원받은 교회는 당연히 구원받은 자로서 이 세상의 구조 악 척결을 위해 투쟁해야 하고, 이 세상에 샬롬이 충만히 이루어지도록 헌신해야 할 것이다. 이것을 부인할 사람은 아무도 없을 것이다. 다만 이러한 것들이 구원의 본질인지에 대한 고민이 필요하다.

본질이란 이렇게 정의할 수 있다.

(1) 사물을 그 자체 이도록 하는 고유한 성질
(2) 한 사물이나 과정에 반드시 있어야만 하는 보편적이고 변함없는 요소들의 총체[43]

즉, 본질이란 그것이 없으면 사물이나 개념이 성립되지 않는 핵심 사항이다.

그렇다면 구원의 본질은 과연 무엇일까?
하나님의 선교 개념에서 상정하고 있는 구원의 개념에 의하면 북한이나 이슬람권에서 철저히 자유를 유린당하고 헐벗고 가난한 상태에서 예수

---

[43] 다음 어학사전. "본질" 항목. https://dic.daum.net/search.do?q=퍼센트EB퍼센트B3퍼센트B8퍼센트EC퍼센트A7퍼센트88&dic=kor. 접속일자. 2022. 7. 30.

를 믿는 사람이 있다면 그는 구원받은 사람일까?
못 받은 사람일까?
다른 한편으로 어떤 사람이 자유롭고 풍족한 삶을 살면서 아주 평안한 삶을 살고 있지만 예수를 믿지 않고 하나님께 아무런 관심이 없다면 그는 구원받은 사람일까, 아닐까?

바울은 여전히 종의 상태에 있는 성도들에게 "종들아, 두려워하고 떨며 성실한 마음으로 육체의 상전에게 순종하기를 그리스도께 하듯 하라"(엡 6:5)고 권면하고 있는데, 하나님의 선교 개념으로 보면 종들은 구원받은 것이라 보기 어려운 면이 있다.

하나님의 선교 관점으로 본다면 출애굽에서 하나님은 바로를 무너뜨리고 이스라엘 백성들에게 완전한 자유를 주시며, 풍족히 먹을 수 있는 양식과 인간다운 삶을 누리도록 복지도 마련해 주셔야 온전한 구원을 주신 것이 아닐까?

이스라엘을 광야로 이끌어 배고픔, 목마름, 추위와 더위, 뱀 등의 공격 등에 노출하면서 고생시킨 것이 과연 하나님의 선교 개념에서 생각하는 전인적인 구원의 모델이 될 수 있을까?[44]

하나님의 선교 개념은 하나님이 의도하시는 구원의 본질적인 차원과 비본질적인 차원을 섞어서 혼합되게 이해하고 있는 것은 아닐지 고민할 필요가 있어 보인다.

구조 악이 척결되고 샬롬이 넘치는 세상을 만드는 것이 교회의 중요한 윤리적 과제임이 틀림없지만, 그렇다고 구조 악이 척결되고 샬롬이 넘치기만 하면 그 사회를 구원받은 사회라고 말할 수 있을까?

---

44 이병수는 해방신학이 말하는 구원에 대해 크로아토(S. Croatto) 등의 견해를 종합하여 "이상의 설명들에 의하면 구원이란 … 단순히 내세적인 요소나 영적인 어떤 부분이 아니고 인간의 삶 전체를 강조하는 것이다. … 출애굽에 표현된 해방 자체가 곧 영적 구원이기 보다는 전인 구원이었다고 설명한다"라고 말한다. 이병수, "해방신학의 구원론에 포함된 개념들에 관한 고찰", 40.

이런 점에서 보쉬는 "에큐메니컬 선교신학에서 우리는 복음의 심각한 감소 및 변질을 접하게 된다"[45]라는 분석을 내놓았고, 김은수는 "신앙의 이름으로 구원과 관련하여 하나의 정치적, 경제적 이데올로기를 제공할 위험이 있다"[46]라고 분석한 바 있다.

### 3) 선교의 핵심 역군인 교회를 약화시킬 수 있는 잠재적 위험성에 대한 고민

교회는 하나님의 나라가 아니며 용서받은 죄인들의 모임으로 심각한 오류와 한계점을 지닌 것이 사실이다. 하지만 하나님은 기본적으로 특정한 사람들을 택하시고 그들을 통해 당신의 구원 역사를 이루어오셨고, 신약시대 이후로는 교회가 바로 그 택함 받은 무리이다. 이런 점에서 교회는 여전히 하나님의 구원 역사에서 중요한 위치를 지니고 있다. 그런데 하나님의 선교 개념은 이 교회를 약화할 잠재적 위험성을 내포하고 있다.

그 이유를 몇 가지로 살펴보면 다음과 같다.

**첫째**, 하나님의 선교 개념은 교회를 하나의 첨가물로 인식하면서 교회를 소홀히 여기는 경향이 강하다. 교회가 중요한 것이 아니라 세상이 중요하며, 교회가 아니어도 세상의 다양한 기구들을 통해서도 하나님이 선교를 이루어 가신다는 주장은 성도가 교회를 소중하게 여기고 헌신해야 할 마음을 약화할 가능성을 높인다.[47]

---

45 David J. Bosch, *Witness to the World*, 『선교신학』, 전재옥 역 (서울: 두란노서원, 1990), 258.
46 김은수, 『현대선교의 흐름과 주제』, 259-260. 물론 김은수는 에큐메니컬 진영의 해방으로서의 구원의 개념이 사회적 불의에 대해 그리스도인으로서의 책임을 깨닫게 한다는 점에서 일리가 있다고도 본다.
47 교회는 단지 하나의 도구에 불과한 기구임에 대해 비체돔은 그의 책에서 "우리는 또한, '교회의 선교'란 말을 할 수 없으며, 그에 못지않게 '우리들의 선교'란 말조차 해서는 안 된다. … 교회와 선교는 모두 하나님이 도구요, 기구에 지나지 않는 것으로서 이것들을 통해 하나님은 자신의 선교를 수행하신다."라고 말한다. Georg F. Vicedom, 『하나님의

이런 가능성에 대해서는 크리스토퍼 라이트도 주장한 바 있는데, "선교가 하나님의 것이라는 주장은 선교가 우리의 것이 아니라는 의미가 되어버렸다. 그렇게 왜곡된 신학은 사실상 전도를 무시해 버렸으며, 그 결과 당연히 지속적인 비판을 받게 되었다"라고 언급하였다.[48]

또한, 하나님이 선교의 주역이며 교회는 단지 여러 기구들 중의 하나라는 관점은 교회를 구경꾼으로 전락시킬 위험성이 있다. 이런 점에 대해 밴엥겐(Van Engen)은 '하나님의 선교'(Missio Dei) 개념을 강조한 호켄다이크의 견해를 평가하면서 이 견해는 교회를 "하나님의 행위에 박수를 보내는 구경꾼"으로 전락시키고 자연스럽게 "교회의 안락사"로 이어지게 된다고 분석한 바 있다.[49] 인간은 기본적으로 무언가를 중요하다고 생각할 때 그것을 소중하게 여기고 거기에 헌신하게 된다. 하나님의 선교 개념에서처럼 세상이 더 중요하고 세상의 다양한 기구를 통해서도 하나님은 선교를 이루신다고 하면 교회는 자연히 약화될 위험성이 커지는 것이 당연한 결과일 것이다.

**둘째**, 하나님의 선교 개념은 선교의 방향 자체를 다른 방향으로 전환한 측면이 있다. 전통적인 선교는 어찌하든지 멸망을 향해 달려가는 영혼들을 구원하는 일에 모든 힘을 쏟아 부었다.[50] 그런데 하나님의 선교 개념은 샬롬을 강조하면서 종교 간 대화나 타종교를 품는 자세를 중시하고 그로 인해 자연스럽게 전도가 약화된 측면이 없지 않다.[51] 또한, 구조 악 척결을 강

---

선교』, 16-17.
48  Christopher J. H. Wright, 『하나님의 선교』, 75.
49  Charles Van Engen, *Mission on the Way*, 『미래의 선교신학』, 박영환 역 (서울: 바울, 2004), 221.
50  물론 이와 같은 구령 위주의 선교를 수행하면서 이에 따라 많은 부작용도 있었지만, 어찌 되었든 이런 노력의 결과로 기독교가 전 세계로 뻗어나간 것은 부인할 수 없는 사실이다. 병원이 각종 수술을 하다 보면 의료 사고가 발생하는 경우가 있다. 병원은 의료 사고를 줄이기 위해 최선을 다해야 하지만, 그렇다고 의료 사고를 줄이기 위해 수술 자체를 안 하겠다고 하는 것은 해결책이 아님은 모두가 동의하는 바일 것이다.
51  예를 들면, 나이로비는 " … 하나님은 어떤 세대, 어떤 사회에서도 그들에게 예수를 증거하지 않은 채로 방치하지 않으셨다고 진정 믿는다. 또한, 우리는 하나님이 교회 밖에서

조하면서 개인 전도보다는 구조 악 해결을 위한 정치적인 사역을 중시하고 그로 인해 자연스럽게 전도가 약화된 측면이 없지 않다.[52]

즉, 하나님의 선교 개념의 영향으로 말미암아 전도의 열기가 많이 약화된 것이다. 이러한 점에 대해 종교 사회학자인 이원규는 다음과 같이 분석한 바 있다.

> 사회구원에 초점을 맞추는 선교 이해와 다원주의 신학을 수용한 자유주의 주류 교파들의 경우 교인이 급격히 감소하게 되었다. 복음의 진리를 전하려는 확신과 관심이 없기 때문에 선교 정신이 자유주의 개신교 영역에서 사라져버린 것이다.[53] 이러한 결과로 "… 1940-1985년에 그 멤버 숫자가 감리교는 48퍼센트, 장로교는 49퍼센트, 감독교회는 38퍼센트 그리고 회중교회는 56퍼센트나 감소하였다."[54]

박근원은 비체돔의 하나님의 선교 저술을 번역한 책의 붙임 말에 하나님의 선교라는 개념을 발전시켜 온 비체돔에 대해 "'하나님의 선교' 개념을 발전시켜 온 장본인 가운데 한 중요한 학자였으나 1960년대 후반에 세계교회협의회의 신학이 너무 급진적으로 사회화함을 염려한 나머지, 피터 바이어하우스(Peter Beyerhaus)를 위시한 반 에큐메니컬 복음주의 신학자들과 동

---

부터 기독교인들에게 말씀하시고 계실 가능성을 배제할 수도 없다"라고 말하는데 이와 같은 견해는 자연스럽게 전도의 약화로 이어질 가능성을 높인다. WCC, "제 5차 총회: 케냐 나이로비(1975)," WCC, 『역대총회종합보고서』, 326-327.
52 하나님의 선교 개념은 사회 구조 악 해결에 관심을 두기에 해방신학과 긴밀한 연관성을 지니고 있는데, 해방신학의 구원관에 대해 이병수는 "해방신학이 정치적으로 억압받는 상황에 초점을 맞추어 성경을 해석하려는 입장은 자연히 성경이 인간을 죄인으로 규정하는 입장에 초점을 맞춘 성경해석과는 차이를 만들어 내게 된다. 특별히 이러한 차이는 기독교 전통적으로 내려오는 죄로부터의 구원에 대한 구원론과 다른 견해를 띠게 된다"라고 분석한다. 이처럼 다른 구원관은 다른 선교 방향을 모색하게 만드는 요인이 되는 것이다. 이병수, "해방신학의 구원론에 포함된 개념들에 관한 고찰", 20.
53 이원규, 『머리의 종교에서 가슴의 종교로』 (서울: KMC, 2012), 250.
54 이원규, 『머리의 종교에서 가슴의 종교로』, 250.

조해서 '프랑크푸르트 신학 선언'에 서명까지 했다"[55]라는 점을 말한다. '하나님의 선교'라는 개념을 발전시킨 사람마저 하나님의 선교 개념이 잘 못된 방향으로 오도되었음을 지적했다는 점은 깊이 고민해야 할 일이 아닐 수 없다.

**셋째**, 하나님의 선교는 세상을 섬기고 세상의 샬롬과 구조 악 해결을 위한 모든 활동을 다 하나님이 수행하시는 선교로 포함하는 포괄적인 선교 개념을 지니고 있으므로 제한된 힘과 시간을 지닌 교회가 선교를 수행할 때 효율성의 저하를 가져올 가능성이 크다.[56] 물론 전통적인 선교에서도 복음 전도 외에 매우 다양한 사역들을 전개했지만, 기본적으로 모든 활동은 복음 전도를 목표로 하여 진행되어 왔다. 하지만 하나님의 선교는 세상의 샬롬이라는 이름으로 세상을 잘 살게 만드는 모든 일을 다 선교에 포함하는 경향이 강하다.[57]

이처럼 무한대로 폭이 넓어지는 선교 행태를 보면서 스티븐 니일(Stephen Neil)은 "모든 것이 선교면 아무것도 선교가 아니다"[58] 라는 말로 경고한 바 있다. 심지어 WCC 활동을 초창기부터 열심히 했던 레슬리 뉴비긴 (Lesslie Newbigin)의 자서전에도 "… WCC가 다원주의 경향으로 기울고 기독론 중심의 연합체에서 변질하는 것을 강하게 비판한다. 또한, 복음과 그리스도의 대속적 십자가 사역에 대한 언급을 회피하는 콘라드와 WCC는 원래 연

---

55 Georg F. Vicedom, 『하나님의 선교』, 201.
56 정승현은 호켄다이크가 말한 선교를 정리하면서, "호켄다이크에게 이교도를 위한 복음 전도는 이미 이 땅에 임하였으나, 아직 완성되지 않은 하나님의 나라를 위한 종말론적인 사역을 의미한다. 그것은 개인의 구원보다 훨씬 큰 것이다. 하나님께서 원하시는 것은 인간과 더불어 모든 피조물의 구원이다"라고 정리한다. 정승현, "하나님의 선교 기원과 발전: 1952년과 2002년 빌링겐 선교대회를 중심으로," 「복음과 선교」 24집(2013): 156.
57 이와 연관하여 비체돔은 "하나님은 또한 그의 보냄을 통해 세상을 보존하시며 인간을 인도하신다. 그는 그의 피조물을 그의 돌보심 밖으로 떠나지 않게 하시는 하나님으로서의 자신을 나타내신다"라고 말한다. 즉, 하나님의 선교 개념에서 하나님의 관심은 모든 피조물을 보호하시는 것이며, 이러한 관점에서 보는 선교란 결국 모든 피조물을 돌보고 행복하게 하는 것으로 확대되는 것이다. Georg F. Vicedom, 『하나님의 선교』, 21.
58 Stephen Neil, *Creative Tension* (London: Edingburgh House, 1959), 81.

합정신의 중심을 상실한 것이라고 질타한다"[59]라고 쓰여 있다.

　하나님의 선교 개념을 적극적으로 수용하고 발전시킨 WCC는 그리스도를 통한 구원 진리를 소홀히 하고 모든 종교와의 평화로운 관계를 중시하고, 세상을 잘 살게 하는 모든 일을 선교에 포함하면서 결국 교회의 약화로 이어질 수 있다는 점을 깊이 고민할 필요가 있어 보인다.

## 4. 요약 및 전망

　하나님의 선교 개념은 선교의 주인은 오직 하나님이시라는 점을 강조하면서, 교회의 잘못된 선교 자세와 방향을 갱신하는 데 중요한 역할을 한 개념이란 점에서 중요한 의의가 있다. 하지만 모든 약에는 부작용 또한, 있듯이 하나님의 선교 개념 역시 고민해야 할 점들을 지닌 것으로 보인다. 특별히 하나님의 선교 개념에서 제시하는 하나님의 뜻이 과연 참으로 하나님의 뜻과 부합하는 것인지 깊이 고민해야 한다.[60]

　이런 점에서 본 장에서는 하나님의 선교 개념에 영향을 준 해방신학에서 자주 인용되는 대표적인 말씀인 출애굽 사건을 분석하면서, 그 속에 나타난 하나님의 뜻과 관심을 찾아보았다. 그 결과 출애굽 사건에 나타난 하나님의 관심은 단순한 이스라엘의 정치적 해방과 복지 등에 있기보다는 오히려 아래 세 가지 부분 등에 있음을 보게 되었다.

---

59　Lesslie Newbigin, *Unfinished Agenda*, 홍병룡 역, 『아직 끝나지 않은 길』 (서울: 복 있는 사람, 2011), 421.
60　용왕님의 마음을 달래려고 심청을 임당 수에 바쳤던 뱃사공들은 용왕님이 심청과 같은 처녀를 원한다고 생각하여 심청을 바쳤을 것인데, 과연 그것이 용왕님의 뜻이었을까? 그들이 그렇게 생각한 것은 자신들이 가장 받고 싶었던 것이 심청과 같은 처녀였기 때문에 그 원함을 용왕님에게 투사한 것은 아닐까 생각해 볼 필요가 있다. 너무 비약이 심한 것처럼 보이기는 하지만 하나님의 선교 개념 역시 인간들의 원함을 하나님의 뜻이라고 투사한 것은 아닐지를 고민할 필요가 있어 보인다.

(1) 이스라엘, 애굽, 온 천하가 하나님을 알게 되는 것
(2) 이스라엘이 하나님을 섬기도록 하는 것
(3) 앞의 사항들을 통해 하나님의 언약 백성을 형성하는 것

하나님의 선교에서 강조하는 정치적 해방과 온 피조물의 샬롬 등은 그리 중요한 하나님의 관심 사항으로 나타나지 않는 것을 보게 된다.

이런 점에서 하나님의 선교를 수용하고 추진할 때 교회는 현재 하나님의 선교에서 주장하는 하나님의 뜻이라는 것이 과연 참으로 하나님의 뜻과 부합하는 것인지 그리고 하나님의 선교가 추구하는 구원의 방향이 과연 성경이 말씀하는 구원의 본질과 맞는 것인지에 대해 진지하게 고민할 필요가 있어 보인다. 하나님의 선교에 참여할 때 교회는 하나님의 뜻을 늘 추구하고, 하나님께 절대적인 신뢰를 두고, 철저한 겸손 가운데 선교를 수행해야 할 것이다.

하지만 하나님의 뜻을 정치적 해방과 복지에 우선순위를 두거나 복음 전도와 동일선상에 두는 우를 범하는 것은 성경의 가르침과는 부합하지 않는다는 점을 늘 기억할 필요가 있다. 로잔이 하나님의 선교를 말할 때 이러한 점을 분명히 하는 것은 로잔의 발전과 세계 선교를 위해 매우 중요한 사항이 될 것이다.

## 제2장

## 로잔이 추구할 선교와 윤리의 바람직한 관계

선교적 사명과 윤리적 사명은 기독교인에게 있어 두 가지 핵심 의무 사항이다. 성도가 되었다면 당연히 아직도 복음을 알지 못하는 사람들에게 그 구원의 복음을 전해야 할 선교적 사명을 감당해야 하고, 동시에 세상에서 빛과 소금의 역할을 감당하여 사람들이 하나님께 영광을 돌릴 수 있도록 윤리적 사명을 해야 한다.

그런데 에큐메니컬 선교신학의 태동과 함께 이 두 가지 사명의 관계를 두고 많은 논의가 진행됐고,[1] 지금까지 취해진 입장은 크게 세 가지로 정리해 볼 수 있다.

**첫째**, 전통적 입장으로 윤리적 과제를 선교를 위한 다리 또는 열매로 보는 관점

**둘째**, 에큐메니컬 입장으로 윤리적 과제를 선교의 목표로 삼는 관점

**셋째**, 통전적 입장으로 선교적 과제와 윤리적 과제를 동등하게 보면서 선교의 개념에 포함하는 관점[2]

---

1 선교적 사명과 윤리적 사명의 관계에 대해 선교신학계에서는 '전도와 사회적 책임,' '사도적 책임과 봉사적 책임,' 또는 '개인구원과 사회구원' 등으로 표현되면서 많은 논의를 거듭해 왔다.

2 이상과 같은 분류는 각 입장의 세부적인 특징을 모두 담아내지 못하고 지나치게 단순화하는 위험성이 있을 수 있지만 전 세계를 한눈에 볼 수 있는 세계 전도를 볼 때 전 세계를 파악할 수 있듯이 위와 같은 분류는 선교에 있어 윤리의 위치를 볼 수 있게 하는 데 도움을 줄 수 있다. 헌팅턴은 말하기를, "정교한 지도일수록 현실을 완전에 가깝게 반영한다. 그러나 극단적으로 자세한 지도는 대체로 쓸모가 없다"고 언급한다. Samuel P.

이상과 같은 세 가지 입장 중 에큐메니컬 진영은 두 번째 입장에서 세 번째 입장으로 선회한 경향을 보이지만, 로잔을 비롯한 복음주의 진영은 첫 번째 관점에서 세 번째 관점으로 선회한 경향을 보인다. 과정은 이처럼 양 진영이 다른 경향을 보였지만, 결과적으로는 오늘날 에큐메니컬 진영이든 복음주의 진영이든 모두 선교와 윤리를 동등하게 보고, 윤리적 과제를 선교에 포함하는 넓은 의미의 선교 개념을 보이는 경향을 보인다. 그런데 이것은 기독교의 미래를 결정지을 수 있는 중대한 이슈이므로 깊은 고민과 성찰이 필요한 주제이다.

위와 같은 이유로 이 장은 위에서 언급한 세 가지 입장들을 큰 틀에서 분석하면서 선교에 있어 윤리의 과제를 어떻게 보는 것이 오늘의 선교에서 바람직한 관점인지를 고찰하고자 한다. 특별히 제4차 로잔 대회를 앞둔 로잔운동이 이 문제에 대해 어떤 관점을 지니는 것이 바람직한지를 고찰해 보고자 한다.

이 장에서 사용되는 '선교' 또는 '선교적 과제'라는 용어는 전통적인 협의의 개념으로 각각 복음 전도를 목표로 하는 모든 선교 활동과 의무를 의미하며,[3] '윤리' 또는 '윤리적 과제'는 기본적으로 기독교 윤리를 상정하며 각각 기독교인이 세상에서 소금과 빛으로 사는 삶 그리고 세상의 구조적 변화와 생태계 보전 등을 위해 하는 일과 그 의무 등을 의미한다.[4]

---

Huntington, *The Clash of Civilizations and the Remaking of World Order*, 이희재 역, 『문명의 충돌』(서울: 김영사, 1997), 31.

3 '선교'라는 용어가 국어사전에는 "종교를 널리 미치게 선전함"이라고 정의되어 있다. 한글학회, 『우리말 사전』(서울: 어문각, 2008), 1276. 즉, 선교의 가장 기본적인 목적은 '종교의 확장'이라는 것이 사회적으로 널리 수용되는 의미이다.

4 '윤리'라는 용어는 "사람이 마땅히 지켜야 할 도리"라고 정의되어 있다. 한글학회, 『우리말 사전』, 1800. 그렇다면 기독교 윤리란 '기독교인이 마땅히 지켜야 할 도리'라고 생각해 볼 수 있을 것이다. 참조, 맹용길, 『第四의 倫理』(서울: 성광문화사, 1983), 33.

## 1. 선교와 윤리 중 어느 한 편에 강조점을 두는 관점들

### 1) 윤리를 선교의 다리 또는 열매로 생각한 관점

전통적인 선교의 경우 대부분 윤리적 과제를 선교를 위한 하나의 다리 또는 열매로 생각한 경향이 강했다. 즉, 선교의 가장 우선적인 목적은 영혼을 구하는 것이고 선교를 수행하는 과정에서 선교에 유익하도록 윤리적 과제를 수행하거나, 선교의 결과로 윤리적 수준 향상이 일어날 것으로 기대하였다. 선교의 위대한 세기로 불리던 19세기의 선교는 대부분 이런 관점을 가지고 수행되었다.

예를 들어, 한국에 대표적인 선교사 중 하나였던 사무엘 마펫(Samuel Moffet)은 "의료 사역과 복음 전도 사역이 연합함으로써 얻게 되는 유익이 엄청납니다. 의료사역은 복음 전도 사역을 위한 수단이 되고 그 자체로서 목적이 되어서는 안 될 것입니다"[5]라고 말하면서 의료와 교육 사역이 선교를 위한 다리가 되어야지 그 자체가 목적이 되어서는 안 됨을 강조하였다.

또한, 중국 내지선교의 아버지로 불리는 허드슨 테일러(Hudson Taylor) 역시 '복음화 = 서구 문화화'라는 원리의 문제점을 지적하면서, "복음을 전파하는 대신 의술을 베푸는 것은 중대한 실수입니다. 만약 우리가 마음을 변화시키는 영적인 능력 대신에 교육을 위한 학교를 제공한다면 이 또한, 중대한 실수입니다"[6]라고 강조하였다. 즉, 선교는 복음을 전하는 것이 우선적인 과제이지 단순히 사람들의 생활을 서구의 수준으로 끌어올리는 것이 되어서는 안 됨을 강조하였다.[7]

---

5   Samuel Moffet, *Moffett's Missionary Letters*, 김인수 역, 『마포삼열 목사의 선교편지 (1890-1904)』 (서울: 장신대출판부, 2000), 143.
6   Dr. and Mrs. Howard Taylor, *Hudson Taylor in Early Years: The Growth of a Soul* (New York: China Inland Mission, 1912), 407.
7   이와 같은 관점을 가지게 된 배경에 대해 존 스토트는 다음과 같이 설명한다. "세상은 불에 타는 건물과도 같아서, 그들은 '그리스도인의 유일한 의무는 너무 늦기 전에 구조대를 설치하는 일이다'라고 말한다. 예수 그리스도는 어느 순간에도 재림하실 것이다.

전통적인 선교는 세상을 위한 가장 시급한 급선무는 바로 복음을 전하고 영혼을 구하는 일이라는 견해를 지녔다. 한 걸음 더 나아가서 전통적인 선교에서는 세상을 위한 가장 근본적인 과제를 복음 전도로 보았다. 즉, 다른 어떤 윤리적 과제 수행보다 복음을 전하는 것이 가장 근본적인 윤리적 변화의 길이라고 보았다. 실제로 기독교가 들어간 많은 곳에 윤리적인 변화가 일어났다.

예를 들면, 한국의 경우 복음 운동이 강하게 일어난 20세기 초에 복음을 받아들인 사람들 가운데 축첩, 조혼, 노비제도, 술과 담배 등의 폐해를 고치면서 백성들의 수준이 윤리적으로 한층 높아졌다.[8]

미국에서도 이런 변화들이 있었는데, 미국에서 성령에 의한 강한 부흥 운동이 일어났을 때(1857-1859) 복음의 강한 영향력을 받은 사람들이 자신들의 일터에서 훨씬 성실하고 정직한 사람들로 변화되었고, 사회 곳곳에 쌓여 있는 악의 세력을 제거하는 일에 협력하여 사회를 개혁하는 일에 적극적으로 앞장섰다. 즉, 고아와 환자들 그리고 가난한 자들을 적극적으로 도왔고, 나아가 노예폐지운동과 금주운동 등에도 앞장섰다.[9]

또한, 많은 선교지에서 흉악한 악습들이 복음의 영향력으로 점차 폐기되었는데, 소아 결혼(child marriage), 사티 관습(남편의 장례 화장 시에 과부를 따라

---

그래서 사회의 구조에 간여할 시점이 없다. 왜냐하면, 사회는 운명이 결정되어 곧 파괴될 것이기 때문이다. 게다가 사회를 개량하려는 어떠한 시도도 거듭나지 못한 사람들은 새로운 세계를 만들 수 없으므로 열매를 맺지 못하게 되어있다. 인간의 유일한 희망은 거듭나는 데 있다. 오직 그런 후에야만 사회는 어쩌면 개조될 수 있는 것이다." John R. W. Stott, *Christian Mission in the Modern World*, 『현대의 기독교선교』, 서정운 역 (서울: 대한기독교서회, 1982), 19.

8 박창현, "선교적 교회론의 모델로서 한국 교회 초기 대각성운동(1903-1907)," 『신학과 세계』 74집(2012): 247-248. 이런 점에서 이만열은 " … 기독교는 단지 교회를 세우는 것으로 그 목적을 이루는 것이 아니라 복음을 통한 인간과 사회를 개혁하여 하나님 나라를 확장하는 운동으로 이해되었다"라고 평하였다. 이만열, 『한국 기독교 수용사』 (서울: 두레시대, 1998), 404.

9 Mark A. Noll, *A History of Christianity in the United States and Canada* (Grand Rapids, MI: W.B. Eerdmanas, 1982), 104. & Kenneth Scott Latourette, *A History of Christianity: Reformation to the Present* (New York: Harper Collins Publishers, 1975), 1019.

죽게 하는 제도), 성전 간음, 천민 학대 등의 인도 폐습, 전족(여자아이들의 발을 자라지 못하도록 묶는 것), 아편 중독, 유아 포기 등의 중국 폐습, 일부다처제, 노예 매매, 쌍둥이 살해 등의 아프리카 폐습 등이 그런 것들이다.[10]

이런 점에서 나이지리아의 발레와(Balewa) 수상은 1960년 1월에 의회에서 행한 독립 발기문에서 "우리들은 우리나라 독립에 많은 공을 세운 선교사들에게 깊이 감사하고 있습니다. … 선교부는 교육 방면에 현저한 성과를 올렸기 때문에 만족할 수 있으며, 사실 이것을 아는 살아 있는 증인들이 아직도 이 의원들 가운데 많다고 확신합니다"[11]라는 말을 할 정도로, 선교는 윤리의 열매로 나타난 경우가 많았다.[12]

### 2) 윤리적 과제를 선교의 한 목표로 생각한 관점

이 관점은 앞에서 언급한 입장과 다른 쪽에 서 있는 입장으로 윤리적 과제를 선교의 목표로 생각하는 관점이다. 이러한 관점은 전통적인 기독교 선교가 교회의 세력 확장에만 관심을 가짐으로 말미암아 가부장주의, 비관용, 오만함 등으로 점철되어, 문화 파괴, 사회 구조 와해, 전통 종교 억압, 낯선 이방 교회 설립 등을 가져와 이 세계에 큰 피해를 주었다는 것을 인식하면서부터 생겨나기 시작하였다. 교회가 교회의 규모를 키우는 일에는 관심을 가지면서 정작 이 세계의 문제들에는 무관심하고, 이 세계의 불행이라고 생각된 문제들을 해결하는 일에는 게을렀던 점들을 깊이 반성하였다.[13]

---

10 Herbert J. Kane, *Concise History of the Christian World Mission*, 『기독교 세계 선교사』, 박광철 역 (서울: 생명의 말씀사, 1992), 143.
11 Herbert J. Kane, 『기독교 세계 선교사』, 204.
12 이러한 견해는 로잔운동의 핵심 리더였던 빌리 그래함의 "교회가 복음을 선포하고 사람들을 그리스도에게로 돌아오게 하는 주요 과제로 되돌아온다면, 교회는 교회가 할 수 있는 어떤 다른 것을 통해 성취할 수 있는 것보다 인간의 사회적, 도덕적, 심리적 필요에 훨씬 더 큰 영향을 끼치게 될 것"이라는 말에서도 볼 수 있다. Ronald Sider & Rene C. Padilla, *Evangelism, Salvation and Social Justice*, 『복음 전도 구원 사회정의』, 한화룡 역 (서울: IVF, 1987), 56.
13 김영동, 『교회를 살리는 선교학』 (서울: 장로회신학대학교 출판부, 2003), 259-260. 이

이와 같은 인식 속에서 선교의 목표는 더 이상 복음화가 아니라 세상을 참으로 평화롭고 행복한 곳으로 만드는 것이 되어야 한다는 사고로 바뀌게 되었다. 이로써 선교의 목표는 단순히 세계 복음화가 아니라 '인간화,' 'JPIC,' '화해와 일치,' '보건 및 사회 복지 사업,' '청소년이나 여성을 위한 사업,' '폭력에 대한 건설적 대응,' '인종차별에 대한 투쟁' 등의 폭 넓은 목표를 지니게 되었다.[14]

이와같이 윤리적 과제 수행을 선교의 우선적인 목표로 삼는 전통적인 에큐메니컬 선교의 특징은[15] 이미 예루살렘 IMC 대회에서도 그 싹이 어느 정도 보이는데 예루살렘은 교회의 대사회적 책임을 윤리의 개념이 아니라 선교의 개념에 포함하고 있었다.[16]

이와 같은 관점은 사이더가 '회심과 사회변혁의 관계'를 분석한 여러 관점 중 "구원이 사회정의인 까닭에 복음 전도는 정치이다" 는 관점에 해당한다고 할 수 있는데, 이에 대해 사이더는 "그리고 웁살라에서의 WCC 제4차 총회(1968)를 위한 예비 성명서는 적어도 구원에 대한 이 세속적 이해에 위험스러울 정도로 근접했다: 우리는 인간화를 선교의 목표로써 고양

---

러한 배경 아래에서 전통적인 에큐메니컬 관점은 복음 전도와 사회적 책임을 선교에 포함하면서도 선교에 있어 복음 전도보다 사회적 책임이 더 우선적인 관심거리가 되어야 함을 강조하는 경향을 보인다. 김영동, "복음 전도에 대한 신학적 재고," 『교회와 신학』 제77집 (2012): 205.

14 이런 점에서 보쉬는 에큐메니컬 선교의 포괄성을 말하면서, "웁살라에서는 모든 것이 다 선교라는 이해를 주장했다. 건강과 사회봉사, 청소년을 위한 활동, 정치적 관심을 가지고 모인 집단과의 관계 안에서의 일, 폭력을 건설적으로 사용하는 것 그리고 인권 옹호 등이 다 선교하라는 것이다"라고 평가했다. David J. Bosch, 『선교신학』, 224-225.

15 여기에서 '전통적인 에큐메니컬 선교'라 함은 1950년대부터 'Missio Dei' 개념과 함께 시작되어 1975년에 '나이로비 대회'에서의 통전적 관점이 나타나기 전까지의 선교 개념으로 '복음화'보다는 '인간화'를 선교의 주요한 목표로 삼는 선교 관점을 의미한다.

16 이형기, "에큐메니컬운동사에 나타난 선교신학," 『선교와 신학』 제4집(1999): 48. 이와 연관하여 이형기는 "무엇보다도 예루살렘은 '인종 관계', '아시아와 아프리카의 산업화에 따른 문제들과의 관련된 기독교 선교의 문제,' '아시아와 아프리카의 농촌 문제에 관련된 기독교 선교'와 같은 제목들에서 교회의 대사회적 책임을 '선교' 개념에 포함한다." 라고 평가하였다.

했다. 복음 전도는 정치이며 구원은 사회정의이다"[17]라고 분석하였다. 이종성도 윤리를 선교의 개념에 포함하면서 윤리적 과제를 선교의 목표로 생각하는 에큐메니컬 선교의 특징을 다음과 같이 정리하였다.

> … 에큐메니컬 선교관은 그러한 전통적 선교관의 차원을 넘어서 선교의 초점을 인류를 돕는다는 차원에 두게 되었다. 반드시 예수를 믿게 할 필요는 없다고 생각한다. 선교를 받는 대상이 인간으로서 누릴 인권과 사회적 지위와 생활권을 확보하여 사람답게(이것을 인간화라고 함) 살 수 있도록 도와주는데 선교의 목적이 있다고 한다.

동시에 사람이 사람다운 생활을 하지 못하는 세력이 정치와 경제와 군벌이라고 생각하여 그들의 불의를 행하지 못하도록 많은 힘을 기울이고 있다. 사회정의, 인권, 여성해방, 평화 등에 관한 운동 계획을 수립해 조직적으로 그리고 적극적으로 활동함으로 기성 교회가 이룩하지 못한 큰 효과를 거두게 되었다.

이처럼 현재의 에큐메니컬운동은 단순히 복음 확산과 교회 통합과 갱신을 위한 운동뿐만 아니라 인간 사회에서 일어나는 모든 문제를 연찰 대상으로 채택하여 그에 대한 신학적 해석을 내려 신학적인 해결책을 모색하는 강력한 세계 교회의 행동 기관으로 발전되었다.[18]

---

17  Ronald Side & Rene C. Padilla, 『복음 전도 구원 사회정의』, 14-15.
18  이종성, 『교회론 I』, 256. 장훈태는 윤리적 과제를 선교의 목표로 두는 경향에 대해, "이런 경향은 선교를 인간의 사회적 봉사, 세상 안에서의 봉사, 형제애, 세계평화, 구제 사역 등을 실현하는 수단으로 생각한다. … 이 같은 논리나 주장은 하나님과 인간, 인간을 하나님께로 인도하는 역할보다는 오직 이웃이라는 수평적 관계만을 강조하게 된다"라고 평가한다. 장훈태, "성경적 선교사 윤리 모델," 「복음과 선교」 14권(2011): 266-267.

## 2. 윤리적 과제와 선교적 과제를 분리할 수 없다고 보는 관점

### 1) 에큐메니컬 진영의 선교와 윤리에 대한 통전적 인식

앞에서 살펴본 대로 에큐메니컬 진영은 대략 이차 세계 대전 후부터 선교의 과제를 윤리적 책임 실천으로 보는 경향을 지녔다. 즉, 세계의 복음화보다는 이 세계의 인간화에 더 깊은 강조점을 두었다. 그러나 1975년 나이로비 대회를 기점으로 에큐메니컬 진영은 사도적 책임과 윤리적 책임을 분리할 수 없는 하나의 책임으로 보는 관점 즉 통전적 관점을 보인다.

사이더는 선교에 관한 네 가지 관점들을 말하면서, 그중 세 번째 관점을 "개인의 회심과 사회의 정치적 개조는 동등한 중요성이 있는 구원의 각 부분이다"라는 제목 붙인 후에 "이 세 번째 관점은 에큐메니컬 진영에서 가장 보편적인 것이다. 구원은 개인적이고 사회적이며, 개별적이고 집단적이다. 그리스도께서 가져오신 구원은 영혼과 몸의 구원, 개인과 사회의 구원, 인류와 신음하는 피조물의 구원이다"[19]라고 말하고 있다.

에큐메니컬 진영은 구원의 개념 자체를 개인과 영혼으로 제한하지 않고 육체와 사회 그리고 모든 피조물을 포함하므로 사도적 책임과 윤리적 책임을 분리하는 것 자체가 잘못된 것이라고 본다. 에큐메니컬 진영의 선교 인식을 잘 보여 주는 대표적인 문서 중 하나인 "선교와 복음 전도: 하나의 에큐메니컬 확언"은 "사람이 사는 모든 곳에 지역 교회를 심고 확장하는 일은 기독교 선교의 핵심이다. 복음의 씨를 심으면 하나님의 백성들은 말씀

---

19  Ronald Sider & Rene C. Padilla, *Evangelism, Salvation and Social Justice*, 『복음 전도 구원 사회정의』, 한화룡 역 (서울: IVP, 1987), 11. 이와 연관하여 사이더는 추가적인 설명을 한다. "물론 WCC의 전반적인 강조와 프로그램의 활동이 이 정의를 반영하고 있는지 물어야 하지만, 적어도 이론상으로 '구원'이라는 단어는 개인의 칭의와 중생 그리고 보다 큰 사회 경제적 정의를 실현하기 위한 사회의 정치적 개조, 양자를 함축한다. 이러한 유의 정의가 매우 널리 보급되어 있다는 것은 숨길 수 없는 공공연한 사실이다. 이것은 우리 시대의 가장 중요한 신학 운동인 해방신학의 핵심적인 전제가 된다." Ronald Sider & Rene C. Padilla, 『복음 전도 구원 사회정의』, 12-13.

과 성례전을 중심으로 모이게 되며, 나아가 하나님의 계시된 목적을 선포하는 사역으로 부름을 받는다"[20]라고 말함으로써 에큐메니컬 진영이 사도적 책임을 무시하지 않는 통전적 관점을 지니고 있음을 보여 준다.

이런 경향을 보면서 이형기는 "1982년 '선교와 복음 전도 - 하나의 에큐메니컬 확언'은 직접적으로는 1980년 멜버른 CWME의 치우침을 수정하였고, 간접적으로는 1975년 나이로비의 통전성을 이어받았다고 보여진다"[21]라고 평가하였다. 물론 여전히 에큐메니컬 진영은 사도적 책임과 윤리적 책임 가운데 윤리적 책임에 더 치우친 경향이 있지만,[22] 어찌되었든 에큐메니컬 진영은 두 가지 책임을 분리하지 않고 하나의 책임으로 보면서 두 가지가 다 선교의 과제라고 보는 입장을 견지하고 있다고 할 수 있다.

### 2) 로잔을 중심으로 한 복음주의 진영의 통전적 인식

복음주의 진영은 본래 선교적 과제와 윤리적 과제를 분리해서 생각하면서 윤리적 책임을 선교의 다리 또는 열매로 생각하는 전통적 이해를 소유하고 있었다. 하지만 복음주의 진영은 1974년 제1차 로잔 대회부터 선교적 과제와 윤리적 과제의 관계를 두고 고민하기 시작하였다.

로잔언약 6항은 "교회가 희생적으로 해야 할 일 중에 복음 전도가 최우선이다. 세계 복음화는 온 교회가 온전한 복음을 온 세상에 전파할 것을 요구한다"[23]라는 말속에서 윤리적 과제보다 복음을 전해야 하는 선교적 과제가 우선순위를 지님을 표명하면서도, 약 반세기 이상 선교의 한 부분인

---

20 WCC, "선교와 전도: 에큐메니컬적 확언," in WCC. ed., *You are the Light of the World*, 『통전적 선교를 위한 신학과 실천』, 김동선 역 (서울: 대한기독교서회, 2005), 49-50.
21 이형기, 『복음주의와 에큐메니컬운동의 세 흐름에 나타난 신학』 (서울: 한국장로교출판사, 1999), 174.
22 보쉬는 세계교회협의회의 선교 개념을 평가하면서, 세계교회협의회에서는 복음화의 과제가 "… 가장 선의를 가지고 말한다 하여도 세계교회협의회 배경에서는 제2차 적인 것"이 되고 있다고 평가한다." Bosch, 『선교신학』, 214.
23 Lausanne Movement, "로잔언약," 『케이프타운 서약』 부록, 220.

사회, 정치적 책임을 무시하고 양극화하여 배타적으로 생각한 것에 대해 유감을 나타내면서, "물론 사람과의 화해가 곧 하나님과의 화해는 아니며 또 사회참여가 곧 복음 전도일 수 없으며 정치적 해방이 곧 구원은 아닐지라도, 우리는 복음 전도와 사회 정치적 참여는 우리 그리스도인의 의무의 두 부분임을 확언한다"[24]라고 5항에서 말함으로써 사회 정치적 참여를 교회의 핵심 사역으로 바라보았다.

이처럼 로잔이 선교적 과제와 윤리적 과제의 관계에 대해 고민하게 된 배경에는 로잔 진영에 속해 있으면서도 에큐메니컬 진영과 뜻을 같이하여 선교적 책임과 윤리적 책임을 동등하게 인식해야 함을 주장한 그룹의 영향력이 있었다. 소위 '급진적인 제자도 그룹'(Radical Discipleship Group)이라고 명명되는 이들이 복음 전도와 사회적 책임을 함께 붙잡아야 함을 강조하는 문서인 '로잔에 대한 반응'(A Response to Lausanne)을 제출하였고 이것이 로잔 언약의 부록으로 채택되어 사회적 책임 문제가 선교의 개념으로 자리를 잡게 되었다.[25]

즉, 1974년 로잔은 사도적 책임과 윤리적 책임 가운데 사도적 책임에 우선순위를 두었지만, 이미 이때부터 복음주의 진영 안에서도 윤리적 책임을 사도적 책임과 동등 선상에 놓고 선교의 목표에 포함하자는 의견이 나타났던 것으로 해석할 수 있다.

이후 1989년에 마닐라에서 열린 제2차 로잔 대회 역시 제1차 로잔 대회 때처럼 복음 전도의 우선순위에 대해서는 양보하지 않았다. 마닐라 선언문 2부 제4항은 "우리의 주된 관심은 복음에 있으며, 모든 사람이 예수 그리스도를 구주로 영접할 기회를 얻도록 하는 데 있으므로 복음 전도가 우선이다."[26]라는 점을 분명히 밝힌다. 하지만 바로 뒤이어 말하기를, "오늘 우리 역시 이와 같이 겸손한 마음으로 말씀을 전파하고 가르치며, 병자를 돌

---

24  Lausanne Movement, "로잔언약," 『케이프타운 서약』 부록, 219.
25  Ronald Sider & Rene C. Padilla, 『복음 전도 구원 사회정의』, 63-64.
26  Lausanne Movement, "마닐라 선언," 『케이프타운 서약』 부록, 241.

보며 굶주린 자에게 먹을 것을 주고, 갇힌 자들을 살피며, 억울한 자와 장애가 있는 이들을 도와주며, 억압당하는 자들을 구하는 일을 해야 한다. 영적인 은사가 다양하고, 소명과 상황이 다르더라도 복된 소식과 선한 행위는 분리할 수 없음을 단언한다"[27]라고 언급하였다.

즉, 제2차 로잔 대회는 복음 전도의 우선순위를 강조하면서도 사도적 책임과 윤리적 책임을 분리할 수 없음을 말한다는 점에서 두 가지 사명을 통전적으로 보는 에큐메니컬 진영의 입장에 더 가까이 다가간 모습을 보여주었다.

이어 2010년 남아공 케이프타운에서 열린 제3차 로잔 대회에서는 복음주의 선교신학의 마지막 보루라 할 수 있는 복음 전도의 '우선순위'라는 용어가 사라지고, '총체적 선교'(integral mission)[28]라는 용어가 등장하게 된다. 제3차 로잔 대회 선언문 1부 10조 B 항은 "그러므로 우리의 모든 선교에서 복음 전도와 세상에서의 헌신적인 참여가 통합되어야 하며, 이 둘은 모두 하나님의 복음에 관한 성경 전체의 계시가 명령하고 주도하는 일이다"[29]라는 표현을 통해 복음 전도와 세상에의 참여는 통합된 형태를 지님을 강조하고 있다.

즉, 제3차 로잔 대회에 오면 복음주의는 선교에 있어 사도적 사명의 우선순위를 포기하고 윤리적 사명을 복음 전도의 사명과 동일하게 선교의 개념 속에 포함하는 통전적 사고를 갖게 되는 것이다. 이제 사이더의 "바야흐로 모든 그리스도인이 '교회의 제 일차적 과제는 … 이다'라는 문장을 사용하기를 거부할 때가 도래하였다. 본인은 여러분이 그 빈칸에 복음 전도라고 써넣건 사회 활동이라고 써넣건 간에 개의치 않는다. 그 어떤 것도

---

27　Lausanne Movement, "마닐라 선언," 『케이프타운 서약』 부록, 241.
28　'Integral Mission'이라는 용어는 주로 복음주의권에서 많이 사용되면서 '총체적 선교'로 번역되는 경향을 보이는 반면, 'Holistic Mission'이라는 용어는 '통전적 선교'라고 번역되면서 에큐메니컬 진영에서 많이 쓰이는 경향을 보인다. 하지만 두 용어 모두 사도적 책임과 봉사적 책임을 분리할 수 없는 하나로 보며 우선순위를 인정하지 않는다는 점에서 유사한 개념으로 볼 수 있다.
29　Lausanne Movement, ed., 『케이프타운 서약』, 61.

비성경적이며 오도하는 것이다"[30]라는 주장이 복음주의권 에서도 완전히 자리를 잡게 되었다.[31]

이로써 윤리적 과제는 사도적 과제와 분리될 수 없고 동일한 중요도로 인식되는 통전적 선교신학이 에큐메니컬과 복음주의 양 진영에서 모두 수용되는 선교신학으로 위치를 굳히게 되었다고 할 수 있겠다.

## 3. 선교에 있어 윤리의 바람직한 위치

### 1) 윤리적 과제에 대한 깊은 고민과 실천 필요성

선교적 책임과 윤리적 책임은 서로 긴밀한 연관성을 지니며 서로에게 영향을 미친다. 성도들이 윤리적으로 선한 삶, 칭찬받을 만한 삶을 살 때 하나님께 영광이 돌려지며 이것으로 인해 선교에 도움이 되고, 기독교가 한 사회에서 인정받으며 뿌리를 잘 내리는 데 도움이 될 수 있을 것이다. 선교와 윤리가 이처럼 긴밀한 연관성을 지니므로 선교를 수행하는 사람들은 윤리의 문제를 매우 신중하게 생각해야 하며 윤리적으로 온전하도록 노력해야 한다. 선교에 있어 윤리의 문제를 다음 두 가지로 생각해 볼 수 있다.

**첫째**, 선교하는 증인 자신들의 윤리성 문제이다. 선교하는 증인 자신들의 삶 자체가 윤리적으로 존경을 받을 수 있는 삶이 되어야 한다. 세상 사람들이 보아도 비윤리적인 삶이라고 생각할 정도의 윤리 수준을 보인다면

---

30  Ronald Sider & Rene C. Padilla, 『복음 전도 구원 사회정의』, 36.
31  박보경은 제3차 로잔 대회인 케이프타운 선언문을 분석하면서, "… 전도와 사회적 책임으로서의 교회의 임무 중에서 전도에 우선성이 있다는 로잔의 입장이 공식적으로 거부되고, 이 둘이 상호 동일한 무게를 가진다는 급진적 제자도의 입장을 반영한 결과였다고 할 수 있다"라고 하였다. 박보경, "로잔 복음화 운동과 한국 교회; 로잔운동에 나타난 전도와 사회적 책임의 관계," 「복음과 선교」 22권 (2013): 35. 즉, 복음주의 진영도 이제는 선교적 책임과 윤리적 책임을 동일한 위치에 올려놓는 통전적 입장을 취하고 있는 것이다.

증인들이 하는 전도의 효과는 반감될 수밖에 없다. 최근 들어 한국 교계 지도자들의 비윤리적인 행동 등이 언론에까지 보도가 되면서 한국 교회는 전도에 있어 큰 어려움을 겪고 있는데, 이런 점에서 증인 자신들의 윤리성이 중요함을 한국일은 다음과 같이 말한다.

> … 주목해야 할 사실은 복음을 전하는 말과 함께 말씀을 전하는 사람, 즉 메신저 자신이 곧 메시지가 된다는 점이다. 우리는 그동안 이 사실을 소홀히 한 바 있다. 세상은 우리가 전하는 내용을 들을 뿐 아니라 우리의 삶 자체를 주목하고 보고 있다. 지역사회에 속한 교회의 존재와 매일 이웃과의 관계 속에서 살아가는 그리스도인의 삶 자체가 선교의 내용이 된다. 우리의 삶 자체가 우리가 전하는 내용을 신뢰할 수 있는 증거가 되지 않으면 전하는 내용 또한, 신뢰받기 어렵다. 복음 전도 그 내용에 따른 삶은 분리된 두 가지가 아니라 동일한 전도의 다른 형태이다.[32]

이것은 선교지에서도 동일하게 적용된다. 선교사가 선교지에서 증인이 되기 전에 먼저 그 자신이 철저한 윤리성을 지녀야 한다. 한국 교회 선교가 많은 선교지에서 칭찬을 듣기도 하지만 또한 많은 경우 현지인들의 지탄을 받기도 한다. 이러한 지탄의 원인 중 많은 이유가 바로 선교사 자신들의 비윤리적인 행위이다.[33] 이런 점에서 안희열은 "선교사가 재정에 투명하고 윤리적으로 바로 서 있어야 올바른 사역을 할 수 있다. 따라서 한국 선교사는 돈에 깨끗해야 하고, 이성 문제를 일으키지 말아야 하며, 정직한 선교

---

32 한국일, "한국적 상황에서 본 선교적 교회: 지역 교회를 중심으로," 『선교와 신학』 제30집 (2012): 106.
33 오늘날 한국 선교의 문제점으로 지적되는 것들이 "직접 선교보다는 고용된 현지인을 통한 간접 사역", "팀 사역이나 협력 사역보다는 개별 사역", "속한 시일 내에 열매를 거두려는 조급함", "지나친 간섭과 재정 후원으로 인한 선교 현장 의존심 함양", "프로젝트 위주의 사역", "인적 물적 자원의 중복 투자", "선교 보고의 허위성의 문제" 등으로 나타나고 있다. 장순호, "방글라데시 선교의 문제와 전망을 말한다", 『월간 목회』, 1993년 8월호, 138-139.

보고를 해야 하고, 자신이 속한 지역사회에도 덕망 있는 선교사로 거듭나야 할 것이다"[34]라고 강조한다.

**둘째**, 증인들이 선교를 수행하면서 비그리스도인들을 대하는 자세에서 나타나는 윤리의 문제이다. 에큐메니컬 선교가 태동하게 된 주요한 배경 중의 하나는 전통적 선교의 비윤리적인 자세에 대한 반성이었다고 할 수 있다. 즉, 전통적인 선교의 제국주의적인 자세, 서구 문화 우월주의적인 자세, 선교사의 일방적인 행태 등으로 비판받아 온 윤리적 행태에 대한 뼈아픈 반성으로부터 시작되었다.[35] 에큐메니컬 선교가 지적한 전통적인 선교의 윤리적 문제는 오늘날도 여전히 신중하게 반성하고 수정해야 할 과제다.

선교사는 최상의 윤리성을 가지고 선교를 수행해야 한다. 선교사가 현지에 들어가서 아무리 많은 것을 베풀고 도움을 준다 해도 결코 자만해서는 안 된다. 현지인을 무시하는 언행을 삼가고 철저히 현지인을 존중하고 사랑하며 섬기는 자세로 선교에 임해야 할 것이다. 또한, 일방적이며 공격적인 자세를 지양하고, 평화로운 모습으로 다가서도록 해야 할 것이다.[36]

나아가 현지인 신자들과 지도자들을 철저하게 신뢰하고 위임하여 그들이 스스로 자기들의 지역을 복음화할 수 있는 일꾼들로 성장할 수 있도록 도와야 할 것이다. 아울러 현지의 윤리성이 향상되어 인간다운 삶이 가능해지도록 늘 기여해야 할 것이다.

선교는 언제나 선교하는 자나 선교사를 파송하는 교회의 이익이나 업적 자랑이 아니라 철저히 선교 현지가 필요로 하는 선교를 현지가 필요로 하는 기간만큼 수행해야 한다. 많은 경우 선교는 선교지를 위한 사역이기보

---

34 안희열은 "이것"을 표현할 때 영성과 인격이라고 하였는데, 이것은 다른 말로 표현하면 선교사 자신의 '윤리'라고도 할 수 있을 것이다. 안희열, "한국 교회의 타 문화권 선교에 대한 평가와 제언," 「선교와 신학」 제31집(2013), 274-275. 한국 선교사의 돈과 선교 정책에 관해서는 김은수, 『해외 선교 정책과 현황』 (서울: 생명나무, 2011), 73-94 참조 요.
35 물론 에큐메니컬 선교는 시간이 흐르면서 선교의 방법 또는 자세 즉 윤리적인 문제에 대한 반성으로부터 시작된 논의를 선교의 목표 자체를 선교적 과제에서 윤리적 과제로 변경하는 오류를 범한 면이 있다는 것은 안타까운 일이다.
36 한국일, "한국적 상황에서 본 선교적 교회: 지역 교회를 중심으로," 99.

다 선교사와 파송 교회를 위한 활동으로 변질되는 경우가 많다. 그러다 보니 현지가 필요로 하는 사역보다는 선교사가 하고 싶은 사역을 선택하게 되고, 현지가 필요로 하는 기간만큼 활동하기보다 선교사가 원하는 만큼 머물면서 현지인들은 오히려 의존적으로 되어 성장하지 못하도록 하는 선교를 수행하는 경우가 왕왕 나타나게 된다. 모두 다 심각하게 반성해야 할 선교에서의 윤리적 과제라 할 수 있다.[37]

## 2) 윤리와 선교의 구분 필요성

위에서 언급한 것처럼 선교에 있어 윤리의 문제는 아무리 강조해도 지나치지 않을 만큼 중요하다. 윤리가 제대로 서지 않으면 선교는 쉽게 무너질 수 있다. 선교와 윤리는 성도와 교회의 마땅한 두 가지 책임이다. 그러나 여전히 윤리가 선교는 아니고 마찬가지로 선교가 윤리는 아니다. 선교는 선교이고 윤리는 윤리다. 윤리를 선교에 포함하여 그것을 선교라고 개념을 정의하면 그것은 많은 문제를 야기할 수 있다.

가장 먼저 생각할 수 있는 문제는 개념의 혼란이라고 할 수 있다. 선교의 개념과 윤리의 개념은 분명히 다르다.

다르니까 처음부터 다른 용어가 쓰인 것 아니겠는가?

선교와 윤리는 기독교에만 있는 것이 아니라 모든 종교에 다 들어 있는 기본적인 요소다. 일반적으로 쓰이는 이 두 용어의 의미를 살펴보면, 선교는 기본적으로 '종교의 확장을 위한 활동'[38]이라 할 수 있고, 종교에 있

---

37 안승오 박보경,『현대선교학개론』(서울: 대한기독교서회, 2008), 326-327.
38 기독교 역시 전통적인 의미에서는 이런 개념과 다르지 않았다. 적어도 기독교가 시작된 이래 1900여 년 동안은 이런 선교 개념을 가지고 선교를 수행해 왔다. 선교의 개념에 윤리적 과제를 포함해 광의의 선교 개념을 가지기 시작한 것은 불과 60여 년밖에 되지 않고, 복음주의 진영이 통전적 선교 개념을 공적으로 표명한 것은 2010년에 남아공 케이프타운에서 열린 제3차 로잔 대회라고 할 수 있다. 이런 점에서 기독교 선교에서 윤리적 책임을 선교에 포함한 역사는 전체 역사에서 보면 그리 길지 않다고 할 수 있다. 박보경은 복음주의 진영의 이런 변화에 대해 "…로잔운동이 처음에는 전도와 사회적 책임

어 윤리는 '종교를 믿는 사람이 마땅히 행해야 할 도덕적 행위'인 것이다. 일반 통념상으로도 선교와 윤리는 구분되어 이해되고 있다. 따라서 기독교도 이 두 가지 요소를 구분 지어 개념화하는 것이 개념의 혼란을 방지할 수 있다.

앞에서 살펴본 대로 전통적인 선교 이해에서는 윤리를 선교를 위한 다리 즉 선교의 방법 차원에서 이해하였다. 그러나 에큐메니컬과 통전적 선교신학에서는 이제 윤리적 과제 수행이 선교의 목표로 인식되고 있다. 그런데 선교와 윤리는 기본적으로 관심 대상과 목표가 판이하다. 즉, 선교는 기본적으로 아직 복음을 알지 못하는 자들에게 관심을 가지고 이들에게 복음을 듣게 하는 일에 관심을 두지만, 윤리는 인간다운 삶을 살지 못하는 자들에게 관심을 두고 이들의 삶의 문제 개선을 목표로 삼는다.

이처럼 판이한 두 가지 개념을 하나로 만들어서 선교라고 표현하는 것은 개념상의 혼동을 가져올 수 있다. 성격이 다르고 목표가 다른 두 가지의 개념을 하나로 얼버무려서 그것을 선교라고 말하는 것은 혼란을 가중할 수 있다. 특별히 선교의 가장 주된 일꾼들인 평신도들에게 윤리적 목표를 포함한 선교 개념을 말하면 성도들은 매우 혼란스러워서 할 가능성이 크고, 자연스럽게 이것은 평신도들의 선교 참여 약화로 이어질 가능성이 크다.[39]

물론 통전적 선교신학의 입장에서는 이런 이의제기를 할 것이다.

"둘 다 중요한 교회의 사명이 아닌가?"

"이 중요한 두 가지를 왜 나누려고 하는가?"

---

의 관계에 있어 전도가 우선성을 지닌다고 천명하였으나, 그 입장이 2000년을 넘어서면서 서서히 변화하여 전도와 사회적 책임의 관계에 있어 전도가 우선적으로 인식되지 않는다는 결론을 내리고 있다"라고 분석하였다. 박보경, "로잔 복음화 운동과 한국 교회; 로잔운동에 나타난 전도와 사회적 책임의 관계," 38.

39 예를 들어, 에큐메니컬 진영에서 말하는 선교 목표인 정의, 평화, 생명 살림 등이 선교의 목표라고 평신도들에게 가르친다면 평신도들은 상당한 개념 혼란을 경험할 것이다. 일반적인 통념상으로도 선교는 복음이 전해지지 않은 지역에서 복음을 전하는 일이고, 정의, 평화, 생명 살림 등의 과제는 윤리적 과제라는 인식이 있기에 평신도들은 이 둘을 나누어서 설명할 때 훨씬 더 이해를 잘 할 것이다.

필자 역시 이 두 가지의 교회의 중요한 두 가지 사명이라는 점은 이미 언급하였다. 하지만 두 가지가 중요하다고 해서 그 두 가지 사명을 하나의 사명으로 만들어 '선교'라는 용어로 표현하는 것은 효율적이지 못하다.[40] 선교와 윤리를 하나로 섞는 선교 개념은 선교의 개념 자체를 모호하게 만들면서 선교가 무엇인지에 대한 개념 정의 자체를 불투명하게 만들고 자연히 그 선교의 효율성을 감소시킬 가능성이 커진다.

우리가 어떤 일을 할 때 개념이 명확할수록 혼란이 줄어들고 일의 추진력이 높아진다. 개념이 불명확하면 서로 같은 용어를 사용하면서도 서로 다른 생각을 하므로 일에 커다란 혼선이 발생하게 되고, 종국적으로 그 일은 효과적으로 추진되기 어렵다.

오늘날 기독교의 가장 심각한 위협이 되는 이슬람의 경우 그들은 선교에 해당하는 '다와'의 개념을 아주 명확하게 가지면서 세계 이슬람화를 강력하게 추진하는 데 비해,[41] 기독교는 선교와 윤리를 섞어서 혼동하면서 소위 말하는 선교 지도자들마저도 선교의 개념에 대해 의견일치를 이루지 못하고 있다.[42]

---

[40] 예를 들어, 학생에게 공부의 의무가 있고, 친구들과 좋은 인간관계를 만들고 도움을 주어야 할 의무가 있다고 할 때, 친구를 도와줘야 할 의무가 공부만큼이나 중요하다 하여, 학생들에게 친구를 도와주는 의무가 곧 공부라고 말할 수 있을까? 물론 넓게 보아 공부 안에 친구를 도와주는 일도 포함해야 한다고 논리를 편다면 이러한 접근이 과연 학생들의 공부에 어느 정도 도움이 될지 의문이다.

[41] 이슬람은 지도자에서부터 평신도들까지 모두가 아주 명확하게 '다와'를 이해하고 있고, 이 일을 위해 모든 것을 헌신한다. 물론 이 과정에서 그들은 윤리적 책임에도 심혈을 기울인다. 가난한 사람들, 소외된 사람들, 힘없는 사람들, 사회에서 낙오된 사람들을 위하여 구체적이고도 신속하며 대대적인 구호 활동을 펼치면서 사람들을 이슬람으로 이끈다. 이슬람이 기독교보다 더 왕성하게 성장한다는 여러 요인이 있겠지만, 그중의 하나는 바로 이처럼 분명한 선교 개념을 가지고 선교에 헌신하는 것도 한 요인이 되는 것으로 보인다. Jacques Attali, *Une Breve Histoire de l'avenir*, 『미래의 물결』, 안영란 역 (서울: 위즈덤 하우스, 2007), 311-314.

[42] 로잔 3차 케이프타운 서약의 선교 개념에 대해 박보경은 "… 지금도 로잔 진영 안에서는 이에 대한 서로 다른 관점으로 인해 [전도의 우선순위를 거부한 제3차 로잔 대회의 결정에 대해] 부정적인 우려와 긍정적인 박수의 대답이 엇갈리고 있기 때문이다"라고 언급하였고, 박보경, "로잔 복음화 운동과 한국 교회; 로잔운동에 나타난 전도와 사회적 책임의 관계," 38. "…이제 로잔운동의 구성원들은 과연 교회가 사회 정치적 참여를 어

선교 지도자들마저 의견이 일치를 보지 못하고 우왕좌왕하는 선교 개념을 가지고 과연 선교를 효율적으로 수행할 수 있을까?

한 걸음 더 나아가 이런 개념을 가지고 평신도들을 이해시키고 훈련해 선교에 참여시킬 수 있을까?

윤리의 과제가 중요할수록 선교와 윤리를 명확히 구분하여 이해시키고 선교에 있어 윤리의 위치를 바로 알려주는 것이 중요할 것으로 보인다.

### 3) 선교와 윤리에 있어 우선성 문제

앞에서 우리는 윤리가 참으로 중요하지만 그런데도 윤리적 과제를 선교적 과제와 혼합하는 것은 개념의 혼란과 목표의 혼선이 발생할 수 있음을 살펴보았다. 교회가 행해야 할 선교적 과제와 윤리적 과제는 어느 것의 경중을 따질 수 없이 중요한 과제임은 틀림없다. 그러나 중요하다고 해서 모두 다 한꺼번에 할 수는 없다. 중요할수록 순서를 잘 매겨서 순차적으로 일을 처리해야 효과적으로 그 사명을 감당할 수 있다.

오늘날 선교는 복음적 과제와 윤리적 과제 사이에 우선순위를 인정하지 않는 통전적 선교 개념이 대세를 이루고 있지만 오히려 둘 사이에는 우선 순위가 있어야 기독교가 21세기에도 여전히 살아남아서 이 세계에 선한 영향력을 미칠 수 있다.

그 이유를 몇 가지로 생각해 보자.

**첫째**, 기본적으로 기독교 윤리는 기독교 선교가 이루어진 이후에 실현될 수 있다. 이것은 결코 윤리를 무시하거나 선교가 더 중요하다는 것을 말하

---

떻게 이해해야 할지, 그것이 세계 복음화와 어떻게 관계가 있는지 그리고 로잔운동이 이 문제에 대해 얼마나 많이 그리고 더 깊게 다루어야 할지 등의 다양한 질문에 대한 대답을 기다리고 있다"라는 언급도 하였다. 박보경, "로잔 복음화 운동과 한국 교회; 로잔 운동에 나타난 전도와 사회적 책임의 관계," 14.

는 것이 아니다. 둘 다 중요한 교회의 사명이다. 그러나 이치상 선교가 있을 때 윤리가 있을 수 있다는 것이다. 선교를 통해 하나님의 자녀가 된 사람이 하나님이 원하시는 윤리적 삶을 살 수 있는 것이다.

마치 먼저는 아기가 태어나야 그 아기가 사람다운 사람으로 성장하는 것과 같은 이치다. 아기가 태어나는 것도 중요하고, 사람다운 사람으로 성장하는 것도 중요하다. 어느 것 하나 중요하지 않은 것이 아니다.

하지만 어찌 되었든 아기가 태어나지 않은 상태에서 사람다운 사람으로의 성장을 논하는 것은 현실성이 없는 것이다. 영적인 측면에서 볼 때 새로운 생명의 탄생은 선교의 과제이고, 그 탄생된 생명을 바르게 살면서 사회적 책임을 감당하는 것은 윤리의 과제라고 할 수 있다. 기독교 윤리는 기본적으로 먼저 하나님의 사람으로 태어나게 하는 것을 전제로 하는 것이다.[43] 영적인 생명의 탄생이 없이 윤리적인 삶을 말하는 것은 기반이 없는 허공에 집을 세우려는 것과 마찬가지의 오류가 될 수 있는 것이다.

이러한 문제점에 대한 이종성은 "1920년대에 대다수의 미국 교회는 십자가의 복음과 사회복음을 혼돈한 일이 있었다. 십자가의 복음이 없이도 얼마든지 사회를 구원할 수 있다고 라우셴부쉬는 부르짖었다. 그러나 얼마 안 가서 그것이 낙관적 인본주의로 끝나고 말았다"[44]라고 강조한다. 복음이 전제 되지 않으면 윤리는 그냥 하나의 인간적인 노력으로 끝나고 말 가능성이 크다는 것이다.

이런 이유에서 이종성은 다음과 같이 경고한다.

> … 사회복음으로써 사회를 성화하려던 시도가 실패한 것을 알고 있는 교회는, 두 번 다시 그러한 신학과 방법으로 사회를 정의의 사회로 만들려는 기

---

43 이런 점에서 문시영은 "분명한 것은 기독교 윤리의 절대적 근거가 하나님의 뜻에 있다는 것이다. 그것은 아무도 부정하지 못할 기본 명제이다. 기독교인의 삶을 지도하는 행위의 원리와 가치의 기준은 창조주인 동시에 절대자이신 하나님에게 의존하는 것들이기 때문이다"라고 언급한 바 있다. 문시영, 『기독교 윤리 이야기』(서울: 한들, 1996), 30.
44 이종성, 『교회론 I』, 260.

도가 여기저기에서 발견되는 것을 매우 위험하게 생각해야 한다. 교회는 사회복음과 십자가의 복음이 혼돈해서도 안 되며 대치해도 안 된다. 또는 철학적, 문화적 이데올로기로써 사회 개혁을 기도해도 안 된다.[45]

사이더도 말하기를, "분명히 하나님의 통치는 사람들이 자기들의 죄를 고백하고, 예수 그리스도의 주되심을 인정하고, 부활하신 주님이 의롭다 칭하시고 중생시키시며 성화시키시는 임재를 체험하는 곳에서 가장 명백히, 그리고 가시적으로 표현된다"[46]라고 언급하였다. 즉, 하나님의 나라는 개인들의 회심으로부터 시작되는 것이다. 이것이 없이 추구되는 하나님의 나라는 사실은 인간들의 나라를 그럴듯하게 포장한 것일 수 있다.[47]

**둘째**, 선교적 과제는 교회만이 할 수 있고 해야 하는 과제지만 포괄적 의미의 윤리적 과제는 교회도 할 수 있는 과제라는 점을 인식할 필요가 있다. 복음을 전하는 선교적 과제는 교회만이 할 수 있는 과제이다. 세상의 어떤 다른 기관들이 대신 할 수 있는 일이 아니다. 즉, 교회가 복음을 전하지 않으면 세상은 복음을 들을 길이 없게 되고, 복음을 듣고 응답하는 자들이 없으니 자연히 교회는 약화하고 이것은 곧 이 세계의 윤리성 약화로 이어질 수 있다.

---

45 이종성, 『교회론 I』, 524. 이와 연관하여 이종성은 에큐메니컬운동의 문제에 대해 "교회일치운동의 근본 목적은 복음을 더 효과적으로 선교하기 위함이었다. 그러나 [에큐메니컬운동은] 총회 수를 거듭해 갈수록 사업과 관심이 확대되어 현재는 복음 전도의 사업은 약화하고 오히려 정치적 사회적 프로그램이 더 큰 비중을 차지하고 있다. 원칙적으로 교회일치 운동이나 정치적 사회적 사업을 추진하는 원동력을 복음에서 도출해야 한다. 그 힘을 인본주의나 시대정신이나 민주주의에서 얻으려는 것은 에큐메니컬운동의 근본정신에서 이탈한 것이다"라고 비판하였다. 이종성, 『교회론 I』, 263.
46 Ronald Sider & Rene C. Padilla, 『복음 전도 구원 사회정의』, 24.
47 물론 방법의 차원에서는 얼마든지 윤리적 과제가 복음을 전하는 과제보다 우선될 수 있다. 당장 굶주리거나 병으로 죽어가는 사람은 먼저 살려야 복음도 전할 수 있기 때문이다. 즉, 시간적 우선순위는 상황이 결정하지만, 논리적 우선순위는 복음이 우선인 것이다. John Stott, "Forward," *Lausanne Occasional Paper No. 21; Grand Rapids Report: Evangelism and Social Responsibility: Evangelical Commitment*, (Grand Rapids: Lausanne Committee for World Evangelization, 1982), 25.

지금 우리는 유럽에서 이러한 현상들을 보면서 우려를 금치 못하고 있다. 교회가 세상의 다양한 기구도 할 수 있는 정의, 평화, 생명 살림 같은 윤리적 과제를 교회만이 할 수 있는 선교적 과제와 동일선상의 중요도로 놓고 복음을 전하는 선교 과제에 쏟는 힘이 약화할 때 교회는 머지않아 처참하게 약화하는 결과를 맞을 수 있다는 우려를 하지 않을 수 없다.

전통적인 선교에서 윤리적 과제는 주로 증인들이 빛과 소금이 되는 삶 또는 구호사업(Relief) 등이었다. 하지만 오늘날 통전적 선교에서 요구되는 윤리적 과제는 이런 범위를 훨씬 넘어서는 것들이다. 해방의 문제, 정의 문제, 평화 문제, 환경 문제 등 매우 광범위하게 퍼져나가며 거대 담론의 성격을 지닌다.[48] 교회가 이런 일들을 해결하면서 윤리적 과제를 실현할 수 있는 역량이 있다면 좋겠지만 이런 문제는 사실 국가나 국가들의 연합단체인 UN과 같은 거대 기구도 잘 해결하지 못하는 과제들이다.[49]

교회가 교회에만 주어진 중대한 사명인 복음 전도를 뒤로 하고, 이러한 거대담론에 매달려 많은 에너지를 쓸 경우 교회는 복음 전도도 제대로 못 하고 세상의 문제 해결도 제대로 못 하는 문제에 직면할 수 있다. 교회가 이러한 문제들에 대해 신앙적 차원에서 원칙적인 경고를 하거나 가이드라인을 제시하는 것은 필요하다. 또 이런 일을 전문기관들이 잘할 수 있도록

---

48 조용훈은 윤리의 관심 확장에 대해 "지금까지의 윤리학은 인간과 인간 혹은 인간과 사회 사이에서의 정의에 관심했지만, 이제는 그 논의의 범위가 다음 세대나 생물종 전체로 확대하길 요청하고 있다. 이는 제한된 환경자원의 배분 문제나 환경파괴의 원인이나 결과를 둘러싸고 한 사회 내의 다양한 사회계층 간, 지역 간, 국가 간 그리고 세대 간에 갈등과 분쟁이 커지고 있기 때문이다. 더 나아가 인간의 생존 권리만 아니라 동등한 생명 가치를 지닌 다양한 생물종들의 권리까지 논의되고 있기 때문이다"라고 언급한다. 조용훈, "환경 정의에 대한 기독교 윤리적 이해,"「장신 논단」40호 (2011), 328-329. (311-333).
49 국민일보, 2014년 7월 22일 자, 1면. 기사에 "실천 없이 '어젠다 정치'만 하는 박 정부"라는 제하에 다음 글이 실렸다. "결국 거대 담론 성격이 짙은 어젠다에는 이를 뒷받침할 치밀한 이행 계획과 실천 의지가 필수적인데, 모호한 의제가 오히려 구체적인 플랜 이행의 발목을 잡는 형국이 됐다는 지적이 나온다. 이렇다 보니 박 대통령의 대선공약 중 실현된 것은 오히려 찾기 어렵다." 교회에 비해 훨씬 많은 자원과 인력을 소유한 국가마저도 목표로 하는 사회 문제를 다 해결하는 데 심각한 한계를 드러내는 것이 현실임을 직시할 필요가 있다.

측면에서 필요한 지원을 하는 것도 하나의 방안이 될 것이다. 하지만 교회가 직접 이러한 일들에 뛰어드는 것은 전문성의 부족이라는 측면에서 생각해 보아도 비효율적이다.[50]

또한, 혹시 통전적 선교가 말하는 대로 윤리적 과제가 다 이루어진다 해도 복음적 과제가 제대로 되지 않아 하나님께 관심이 없고 하나님과의 관계가 회복되지 않는다면 그 세상을 하나님의 나라로 볼 수는 없을 것이다.[51] 교회는 복음을 전해 하나님과의 관계 회복을 이루도록 돕고 복음을 들은 자들이 합당한 윤리적 삶을 살도록 돕는 것이 이 세상을 바꾸는 가장 근본적이고 효율적인 길임을 생각할 필요가 있다.

## 4. 요약 및 전망

본 장은 선교에 있어 윤리의 위치를 세 가지 입장으로 정리하였다.

**첫째**, 윤리적 과제를 선교를 위한 다리 또는 선교의 열매로 생각한 전통적 입장

**둘째**, 윤리적 과제를 선교의 목표로 생각한 에큐메니컬 입장

**셋째**, 선교적 과제와 윤리적 과제를 하나로 보면서 동등한 위치로 놓는 통전적 입장

---

[50] 조종남은 이러한 문제에 대해 "그러나 우리는 교회의 이런 직접 활동이 많은 어려움을 초래했다는 것과 심지어는 교회의 전반적인 선교 활동에도 지장을 가져온다는 것을 인정해야 한다. 우선 교회가 어떤 사회 활동에 직접 참여하게 될 때 사회 속에서의 교회의 정체성(identity)이 위협을 받게 된다. 왜냐하면, 대부분은 교회가 어떤 정당이나 정치적 노선과 동일한 것으로 오해받게 될 염려가 있기 때문이다"라고 언급하였다. 조종남, "로잔 대회와 복음주의 선교신학," 『선교와 신학』 제5집(2000), 39.

[51] 보쉬는 하나님 나라의 통치는 본질적으로 "선물"이며 그것은 결코 경험적인 구조와 동일시될 수 없음을 강조하면서, "우리는 하나님의 통치를 우리가 이 세상에서 성취한 것과 혼동하는 죄를 저지를 수 있다"라고 언급했다. David J. Bosch, 『변화하고 있는 선교』, 743.

에큐메니컬 진영은 대략 1975년 나이로비 대회를 기점으로 통전적 입장을 추구하기 시작했고, 복음주의 진영은 2010년 남아공 케이프타운 제3차 로잔 대회를 기점으로 통전적 입장을 공식화했다고 할 수 있다. 이제는 양 진영 모두 다 같이 윤리적 과제를 선교의 개념에 포함하면서 윤리적 과제 수행이 선교적 과제와 나뉘어 생각될 수 없고 동등하게 중요하다고 생각하는 경향을 보인다. 물론, 로잔 진영 안에는 여전히 이러한 통전적 입장 그리고 그러한 입장과 연관된 포괄적이고 확대된 선교 개념에 의문을 제기하는 사람들이 있고, 이런 이유로 로잔 안에 일정 부분 혼동이 존재한다.

이런 상황에서 이 장은 선교 수행에 있어 윤리적 과제의 바람직한 위치가 어디일까를 고민하여 보았다. 가장 먼저 윤리적 과제는 선교에서 매우 중요한 과제이며 신중하게 고려하고 실천하지 않으면 선교 자체가 무너질 수 있음을 살펴보았다. 하지만 윤리의 과제가 아무리 중요하다 해도 선교와 윤리는 처음부터 다른 개념이고 다른 목표를 지니고 있으므로 윤리적 과제는 선교의 개념에서 분리되어 고려되어야 하며, 우선순위의 상실로 인한 효율성 저하를 막기 위해서라도 두 과제 사이에는 우선순위가 고려되어야 함을 살펴보았다.

물론 이러한 관점은 오늘날 이미 두 과제가 동일하게 중요하고 분리될 수 없다는 통전적 관점이 자리를 잡은 상황에서 쉽게 이분법적인 접근 또는 과거 회귀적인 접근으로 평가될 수 있을 것이다. 사실 논리적으로만 보면 두 가지의 과제를 통합적으로 동등한 위치에서 보는 통전적 입장이 가장 설득력이 있는 것으로 보인다.

하지만 통전적 입장은 서로 다른 요소들을 하나로 만들면서 개념의 혼동을 줄 수 있고, 우선순위를 놓치면서 효율성의 약화를 가져오고 있다는 점에서 약점을 지니고 있다고 할 수 있다. 특별히 오늘날 기독교가 심각하게 약화하고 있지만 이슬람과 같은 타종교들은 왕성하게 성장하는 상황에서, 세상의 다양한 기구도 할 수 있는 윤리적 과제에 오히려 많은 힘을 쏟으면서 전도의 과제를 약화할 수 있는 선교관을 가진다면, 기독교가 과연 21세기 말에도 여전히 지금과 같은 영향력을 가질 수 있을지 우려된다.

물론 여전히 이 세상이 하나님의 우선적인 관심이며 이런 점에서 세상을 섬기는 것이 교회의 우선적인 과제라고 생각하는 관점에서 보면 이러한 주장은 여전히 교회 중심적 시각에 불과한 것으로 비칠 것이다. 하지만 적어도 교회가 있을 때 세상을 섬기는 신학적 논의와 실천 등도 가능하다는 점을 생각하면 여전히 교회를 건강하게 세우고 그것이 세상 섬김으로 이어지는 선교에 대한 고민이 필요할 것으로 생각한다.

## 제3장

## 로잔의 선교 개념에서 재고해야 할 점들

개념이란 말의 사전적 의미를 살펴보면, "개개의 사물로부터 비본질적인 것을 버리고 본질적인 것만을 추출하는 사유의 한 형식"[1]이라고 정의되어 있다. 즉, 개념을 정의한다는 것은 어떤 것의 본질을 찾아내는 작업이라 할 수 있으며, 개념의 정의는 해당 개념의 목적을 설정하는 일과 직결된다.

이것은 선교에도 적용될 수 있는데, 선교의 개념을 어떻게 설정하느냐에 따라 선교의 목적이 달라지고, 그 목적을 성취하는데 필요한 방법과 전략 등도 달라진다. 이런 점에서 어떤 선교 개념을 갖는가 하는 것은 선교의 방향에 지대한 영향을 미치게 되는 것이다.

로잔에서 나온 문서들을 보면 로잔이 어떤 선교의 개념을 지니고 있으며, 그 선교의 개념들이 어떤 변화를 보여 주고 있는지 큰 틀에서의 경향성을 찾아볼 수 있는데, 그러한 개념의 변화들은 로잔의 선교 방향에 영향을 미치게 된다. 따라서 개념의 변화를 추적하고 분석하는 작업은 로잔 선교의 미래 방향 설정을 위해 중요한 작업이 될 것이다.

이런 점에서 본 장은 로잔의 선교 개념 변화의 경향을 분석하고 그러한 변화에서 고민해야 할 점들이 무엇인지를 고찰할 것이다. 이러한 연구는 현재 로잔이 지닌 선교 개념이 과연 바람직한지, 문제가 있다면 어떤 것인지 그리고 개선의 방향은 무엇일지 등을 찾는 데 일정 부분 도움을 줄 것으로 기대된다.

---

[1] 김민수 외 편, 『국어대사전』 (서울: 금성출판사, 1991), 91.

## 1. 로잔 선교 개념의 변화 흐름

### 1) 좁은 의미의 선교 개념에서 넓은 의미의 선교 개념으로의 변화 경향

기독교의 전통적인 선교 개념은 기본적으로 '세계 복음화'를 핵심으로 삼고 있다. 그런데 '세계 복음화'를 넘어선 '세계 잘 살게 만들기'를 주된 목표로 삼는 넓은 의미의 선교 개념이 출현하면서 전통적인 선교 개념은 좁은 의미의 선교 개념으로 인식되고 있다. 이러한 넓은 의미의 선교 개념의 출현과 함께 로잔의 선교 개념 역시 큰 틀에서 볼 때 전통적인 세계 복음화 중심의 좁은 선교 개념으로부터 모든 것을 선교로 보는 넓은 의미의 선교 개념으로 변화되는 경향을 보인다.

이러한 변화의 흐름은 이미 제1차 로잔 대회부터 싹이 트기 시작했다. 제1차 로잔 대회의 두 주역인 빌리 그래함(Billy Graham)과 존 스토트(John Stott) 사이에 이미 이런 긴장과 갈등이 존재했다. 그래함은 선교의 폭을 넓히는 것을 다소 위험하게 생각했지만, 스토트는 넓은 선교 개념을 택하는 것이 로잔 선언과 맞는 것이라 확신했다. 이런 점에서 "… 스토트는 좁은 선교 개념이 수용되면 자신은 사임할 것이라 선언했고, 잭 데인도 같은 견해를 밝혔다"[2]라고 브라이언 스탠리(Brian Stanley)는 정리하고 있다.

이러한 갈등 상황에서 로잔은 전도와 사회참여를 모두 포용하려는 노력을 기울였다. 예를 들면, 로잔언약 5항은 "그리스도인의 사회적 책임" 부분에서 "때로 복음 전도와 사회참여를 상반된 것으로 여겼던 것을 뉘우친다"[3]고 말한 후 "… 우리는 복음 전도와 사회 정치적 참여는 우리 그리스도인의 의무의 두 부분임을 확언한다"[4]라고 선언한다. 그리고 "그러므로

---

2 Brian Stanley, *The Global Diffusion of Evangelicalism: The Age of Billy Graham and John Stott*, 『복음주의 세계 확산』, 이재근 역 (서울: CLC, 2014), 266-267.
3 Lausanne Movement, "로잔언약", 『케이프타운 서약』 부록, 219.
4 Lausanne Movement, "로잔언약", 『케이프타운 서약』 부록, 219.

우리는 악과 불의가 있는 곳 어디에서든지 이것을 고발하는 일을 두려워해서는 안 된다"[5]라고 선언한다.

하지만 로잔은 여전히 넓은 의미의 선교 개념보다는 좁은 의미의 선교 개념 쪽에 더 방점을 두는 경향을 보인다. 이것은 "교회가 희생적으로 해야 할 일 중에서 복음 전도가 최우선이다"[6]라는 말에서 읽을 수 있다. 또한, "물론 사람과의 화해가 곧 하나님과의 화해는 아니며 또 사회참여가 곧 복음 전도일 수 없으며 정치적 해방이 곧 구원은 아닐지라도 … "[7]라는 글에서는 사회참여가 매우 중요한 그리스도인의 의무임은 틀림없지만 그렇다고 그것이 하나님과의 화해를 가져다 주는 것은 아니라는 관점을 내포하고 있다.

즉, 선교는 기본적으로 하나님과의 화해를 핵심 과제로 보며, 이를 위해서는 복음 전도가 주된 과제임을 인식하면서 좁은 의미의 선교 개념의 경향을 보였다. 스탠리도 로잔에 관해 기술하면서, "많은 참석자가 정의, 자비, 전도 사역의 통합을 주장한 급진 복음주의자의 청원보다는 도널드 맥가브란과 피터 와그너가 윤곽을 제시한 '미전도 종족'이라는 고도의 전략적 전망에 훨씬 더 고무된 채 로잔을 떠났던 것 같다"[8]라고 평가했다.[9]

그러나 제1차 로잔 대회에서 시작된 넓은 선교 개념으로의 변화 경향은 1989년에 열린 마닐라 대회에 오면 조금 더 강하게 나타난다. 예를 들면, 마닐라 선언 4항은 "참된 선교는 언제나 성육신적이어야 한다. 참된 선교를 위해서는 겸허하게 그 사람들의 세계에 들어가서 그들의 사회적 현실,

---

5    Lausanne Movement, "로잔언약", 『케이프타운 서약』 부록, 220.
6    Lausanne Movement, "로잔언약", 『케이프타운 서약』 부록, 220.
7    Lausanne Movement, "로잔언약", 『케이프타운 서약』 부록, 219.
8    Brian Stanley, 『복음주의 세계 확산』, 267.
9    물론 여전히 피터 와그너(Peter Wagner) 등은 로잔의 선교 개념이 바른 선교 목표에서 이탈되어 간다고 염려하였다. 와그너는 크리스차니티 투데이(*Christianity Today*) 1975년 7월 4일 자에 "로잔 12개월 후"라는 글을 기고하면서, 로잔 대회의 방향을 잘못 가게 만드는 세 가지 어뢰로 1)전도와 사회 행동을 뒤섞으려는 시도, 2)전도를 기독교인의 협력과 뒤섞으려는 시도, 3)전도와 기독교인의 양육을 뒤섞으려는 시도 등을 제시하였다. C. Peter Wagner, "Lausanne Twelve Months Later," *Christianity Today*, 4 July(1975) : 7-9.

비애와 고통 그리고 압제 세력에 항거하며 정의를 위해 투쟁하는 그들의 노력에 동참할 필요가 있는 것이다"[10]라고 언급함으로써 압제당하는 이들을 위한 투쟁에 동참하는 것이 곧 참된 선교의 길임을 언급한다. 즉, 참된 선교는 복음을 전하는 것을 넘어서 인간화를 위한 투쟁에 동참하는 것이라는 것이다. 이것은 좁은 의미의 선교 개념에서 넓은 의미의 선교 개념으로 상당 부분 옮겨간 것이라 할 수 있다.

그 후 21년 만에 열린 남아공 케이프타운에서 열린 제3차 로잔 대회 (2010년)에서는 넓은 의미의 선교 개념으로의 변화가 좀 더 분명하게 나타났다. 예를 들면, 케이프타운 서약 2부 B장에 보면 선교에서 관심 가져야 할 대상으로 종족 갈등 상황 아래의 피해자들, 가난하고 억압받는 자들, 장애인들, 에이즈를 앓는 사람들 그리고 고통받는 창조 세계를 언급하며, 이러한 대상들의 문제 해결에 헌신해야 함을 강조한다.[11]

좁은 의미의 선교 개념에서는 선교의 대상이 기본적으로 복음을 듣지 못한 자에게 집중되지만, 넓은 의미의 선교 개념에서는 고난을 당하는 모든 피조물로 설정되는 경향이 있는데, 케이프타운 서약에서는 선교의 대상을 모든 피조물로 설정하면서 넓은 의미의 선교 개념을 확실하게 나타내고 있다.[12]

---

10  Lausanne Movement, "마닐라 선언", 『케이프타운 서약』 부록, 242.
11  Lausanne Movement, 『케이프타운 서약』, 80-90.
12  이러한 변화에는 시대적인 환경의 변화와 이러한 변화에 적응한 자유주의 진영의 신학의 영향이 컸던 것으로 보인다. 스탠리는 "전쟁 전에 아시아와 아프리카에서 전도 활동에 열심을 냈던 주류 개신교단 선교회들은 인도와 중국에서 민족주의자들, 특히 중국 공산당이 선교사들을 비난하며 붙인 제국주의자 딱지에 크게 불편해 했고, 그 결과 1949년에서 1952년 사이에 중국에서 선교사들을 철수시켰다. 이들은 점차 전도 활동의 주도권을 부상하는 현지 민족 교회에 양도했고, 주로 의료와 교육 사역에 노력을 집중했다. 전통적인 선교 활동에 매력을 더 이상 느끼지 못하게 된 자유주의 개신교인은 지금까지 거의 보편적으로 공유된 목표였던 세계 복음화 사명을 근본주의자 및 복음주의자에게 대부분 넘겨주고, 국제무대에서 새로운 구제와 개발 사역 단체에 집중하는 것으로 자신들의 신앙 양심의 목표 대상을 바꾸었다"라고 말하는데, 복음주의자들 역시 그런 불편함 때문에 점차 넓어진 선교 개념을 채택한 것으로 보인다. Brian Stanley, 『복음주의 세계 확산』, 108-109.

## 2) 세상을 구원하는 선교 개념에서 세상을 섬기는 선교 개념으로의 변화 경향

전통적인 선교 개념은 세상을 구원하는 것을 핵심 목표로 삼았다. 하지만 에큐메니컬 진영을 중심으로 선교는 세상을 구원하는 것이기보다는 세상을 섬기는 것을 핵심 목표로 삼는 경향의 선교 개념이 탄생하게 되었다.[13] 전자는 "모든 민족으로 제자를 삼으라"는 지상 대위임령(마 28:18-20)과 연관된 것으로 '사도적 헌신'이라 할 수 있고, 후자는 "네 이웃을 네 몸과 같이 사랑하라"(마 22:39)는 새 계명과 연관된 것으로 '봉사적 헌신'이라 할 수 있다.

일반적으로 선교가 수행될 때는 다양한 봉사 사역과 함께 이루어지기 때문에 당연히 사도적 헌신과 봉사적 헌신은 함께 가는 것이었다. 하지만 전통적인 선교는 구령을 주된 선교의 목표로 삼았기에 봉사적 헌신은 구령 사역을 위한 다리 혹은 과정으로 여기는 경향이 강했다.

하지만 '하나님의 선교' 개념의 출현과 함께 하나님의 일차적 관심 대상은 교회가 아닌 세상이고, 하나님의 선교 목표는 세상을 교회로 인도하는 것이 아닌 세상의 샬롬과 행복이라는 관점이 대두되면서 에큐메니컬 진영에서는 봉사적 헌신이 사도적 헌신보다 더 우위에 서는 경향을 보였다.

이런 면을 보면서 보쉬(David Bosch)는 벌코프(H. Berkhof)의 말을 인용하면서 "1950년대의 세계에 대한 사도적 헌신은 그 후의 세계에 접어들어서는 세계에 대한 봉사적 헌신으로 바뀌었다고 했는데, 그는 바른말을 해 준 것이다"[14]라고 언급했다. 이러한 평가는 기본적으로 에큐메니컬 진영에 해

---

13 세상을 구원하는 것과 세상을 섬기는 것은 같은 것이라고 생각할 수도 있지만, 둘 사이에는 차이가 있다. 전자는 하나님을 알고 하나님과 바른 관계를 회복하게 하는 것이고, 후자는 세상을 잘 살게 만드는 것이라 할 수 있다. 기독교가 세상을 잘 살게 만드는 가장 기본적인 일은 바로 하나님과의 관계를 바로잡게 만드는 구원 사역이라 할 수 있다. 세상을 잘 살게 만드는 일은 중요한 과업임에는 틀림없지만, 세상을 잘 살게 만든다고 해도 하나님과의 관계가 회복되는 일이 없다면 그것을 구원이라고 볼 수는 없을 것이다.

14 David J. Bosch, 『세계를 향한 증거』, 225.

당되는 평가라 할 수 있겠지만, 이러한 경향은 로잔 신학에도 상당부분 영향을 미친 것으로 보인다.

어떤 영향을 미쳤는지 제1차 로잔 대회의 경우를 보자. 로잔은 라틴아메리카의 르네 파딜라(Rene Padilla), 사무엘 에스코바(Samuel Escobar), 올란도 코스타스(Orlando Costas) 등과 북미의 존 하워드 요더(John Howard Yoder), 짐 펀턴(Jim Punton) 등의 급진 복음주의자들의 영향으로 사회적 책임을 통감하고 '사회적 책임'이라는 용어를 로잔언약에 담았고 교회의 주요한 책임을 인식하면서, 5장에서 "우리가 선포하는 구원은 우리로 하여금 개인적 책임과 사회적 책임을 총체적으로 수행하도록 우리를 변화시켜야 한다."[15]고 강조하였다.

하지만 여전히 로잔에서 사회 및 경제 이슈 등은 선교에서 주변적인 것으로 인식된 것이 사실이었다.[16] 즉, 로잔은 "… 복음 전도가 최우선이다"[17] 라는 말에도 나타나듯이, 선교에서 세상을 섬기는 봉사적 헌신을 중시하면서도 선교에서는 세상을 구원하는 사도적 헌신을 우선적인 것으로 인식하였다.[18]

그런데 제2차 로잔 대회인 마닐라 대회에 오면 세상을 섬기는 봉사적 헌신이 조금 더 강조되는 것을 볼 수 있다. 예를 들어, 마닐라 선언 1부 4장은 "참된 선교를 위해서는 겸허하게 그 사람들의 세계에 들어가서 그들의 사회적 현실, 비애와 고통 그리고 압제 세력에 항거하며 정의를 위해 투쟁하는 그들의 노력에 동참할 필요가 있는 것이다"[19]라고 말하는데, 여기에서는 봉사적 헌신이 단순히 사회봉사(Social Service) 차원으로 끝나지 않고, 사회 행동(Social Action)까지 포함하는 것으로 인식되고 있음을 볼 수 있다.

---

15  Lausanne Movement, "로잔언약", 220.
16  Brian Stanley, 『복음주의 세계 확산』, 241.
17  Lausanne Movement, "로잔언약", 220.
18  스탠리는 로잔언약 최종판에 대해 "로잔언약 최종안은 편집에 꼬박 이틀 밤을 공들인 스토트가 정리했다. 대회에서 배포되었던 3차 수정안과 최종안을 비교하면, 스토트가 더 급진적인 복음주의와 프란시스 쉐퍼, 피터 바이어하우스 같은 보수파 사이의 간격을 줄이기 위해 계산된 방식으로 본문을 정교하게 수정한 증거가 드러난다"라고 설명한다. 로잔언약에 두 입장이 모두 나타나는 이유가 여기에 있는 것으로 보인다. Brian Stanley, 『복음주의 세계 확산』, 264.
19  Lausanne Movement, "마닐라 선언", 242.

전통적인 선교는 사회봉사를 많이 수행했지만, 사회 행동에 대해서는 다소 부정적인 인식이 있었는데, 사회 행동을 하려면, 기존 정치집단이나 기득권층과 투쟁해야 하고 이것은 교회를 사랑과 평화의 집단이 아니라 투쟁과 폭력의 집단으로 만들 가능성이 있기 때문이었던 것으로 보인다.[20] 하지만 마닐라는 사회 행동까지도 수용하였다는 점에서 봉사적 헌신의 차원을 대폭 수용한 선교 개념을 갖게 되었다고 할 수 있겠다.

제3차 대회인 케이프타운 대회에 오면 사도적 헌신을 우선순위에 두면서 봉사적 헌신을 수용하는 개념을 벗어나 두 헌신을 동일한 수준 또는 총체적 관점으로 보는 경향이 두드러지게 나타난다.

예를 들면, 1부 7장 C 항에서 "우리는 소외되고 억압받는 자들과 연대하고 그들을 지지하는 행위를 포함하여 정의를 증진하는 일에 새롭게 헌신한다. 우리는 악에 대한 이러한 투쟁을 영적 전쟁의 차원으로 인식한다"[21]라고 말함으로써 정의를 위한 투쟁이 단순한 사회적 책임이 아니라 영적 전쟁이라고 표현함으로써 봉사적 헌신을 선교의 차원 즉 사도적 사명에 포함하는 경향을 보인다.

로잔의 선교 개념에서 봉사적 헌신이 사도적 헌신을 위한 다리의 위치를 넘어 사도적 헌신과 동일한 위상을 지니는 것으로 인식되면서, 로잔의 선교 개념에서 봉사적 헌신의 위상이 강화된 것을 볼 수 있다.

### 3) 우선성에서 총체성으로의 변화 경향

전통적인 선교에서는 선교의 우선성이라는 것을 고민할 필요가 없었다. 선교는 세계를 복음화하는 활동이라는 인식 속에서 당연히 복음 전도가 핵

---

20 사회봉사란 주로 도움이 필요한 사람들에게 도움을 주는 일이라고 할 수 있는 반면, 사회 행동이란 사회 구조적 악의 척결을 위한 투쟁과 같은 일이라고 할 수 있다. 전통적인 선교에서는 복음 전도를 위한 다리로써 사회봉사 즉 빈민 사역, 학원 사역, 복지 사역, 병원 사역 등을 행하면서 이러한 사역들을 매개로 복음 전도를 수행하였다.
21 Lausanne Movement, 『케이프타운 서약』, 47.

심이고 우선이었다. 물론 시차적으로는 일반적으로 봉사가 먼저 수행된다는 점에서 봉사가 우선적일 수 있지만, 논리적으로는 항상 복음 전도에 우선성이 주어졌다.[22]

하지만 세상을 평화롭고 행복한 곳으로 만드는 것이 선교의 목표가 되어야 한다는 하나님의 선교 개념의 탄생과 더불어 선교에 있어 전도의 우선성은 커다란 위기에 직면하게 되었다. 이런 위기의식 가운데서 제1차 로잔 대회의 개최가 논의되었다. 특별히 1973년 방콕 CWME 대회에서 전도보다 사회적 책임이 더 우선시 되는 상황에 위협을 느낀 로잔 리더들은 복음 전도와 영혼구원이 선교의 핵심 사안임을 분명히 하고자 대회를 구상하기 시작하였다.[23]

하지만 안타깝게도 이러한 구상과 의도가 만족스럽게 진행되지는 못하였다. 로잔 대회의 양대 지도자라 할 수 있는 빌리 그래함과 존 스토트 사이에도 관점의 차이가 있었고, 참여자들 사이에서도 복음 전도에 우선성을 두는 것에 강하게 반대하는 그룹이 존재하였기에 로잔에서는 선교에서의 사회적 책임 문제가 뜨겁게 논의되었다.[24]

하지만 결국 로잔은 "교회가 희생적으로 해야 할 일 중에서 복음 전도가 최우선이다"[25]라는 말을 언약 6항에서 언급함으로 말미암아 로잔은 선교의 핵심 사역을 사회적 책임으로 바꾸거나 핵심 사역이란 것 자체를 인정

---

22 이것은 그랜드래피즈 보고서에 잘 나타나 있는데, 이 보고서는 "… 복음 전도는 특정한 우선권을 갖는다. 우리는 일시적인 우선권을 언급하는 것이 아니라 논리적인 우선권을 언급하고 있는 것이다"라고 말한다. Lausanne Movement, *Evangelism and Social Responsibility*, 『복음 전도와 사회적 책임』, 한화룡 역 (서울: 두란노, 1986), 34.
23 김은수, "로잔운동에 나타난 통전적 선교 연구", 로잔교수회 편, 『21세기 선교 전망과 로잔운동의 역할』(서울: 도서출판 케노시스, 2020), 18.
24 김은수, "로잔운동에 나타난 통전적 선교 연구", 22.
25 Lausanne Movement, "로잔언약," 220. 이러한 견해는 전통적인 선교 견해와 유사한 면이 있는데, 전통적인 선교는 선교의 궁극적인 목표를 영혼구원으로 정하였고 영혼구원을 위해서는 복음의 전파가 필수적인 사안이었으므로 복음 전도가 늘 핵심 사역의 위치를 점유하고 있었다. 신경규, "선교해석학적 관점에서 본 복음주의의 두 기본신학," 「복음과 선교」 29(2015): 165.

하지 않는 신학에 대한 위험성을 인식하면서 복음 전도가 가장 우선적이며 핵심적인 사역임을 강조하는 경향을 보였다.

이러한 관점은 8년 뒤 그랜드래피즈에서 개최된 복음주의 지도자 대회에서 조금 더 세부적으로 정리되었다. 즉, 그랜드래피즈 대회는 선교에 있어 사회봉사의 위치를 다음과 같이 정리하였다.[26]

(1) 복음 전도의 결과(consequence)
(2) 전도의 다리(bridge)
(3) 전도의 동반자(partner)

즉, 전도와 사회적 책임은 동반자라는 점에서 둘 다 필요하지만, 사회적 책임을 통해서 전도를 쉽게 한다는 점에서 전도의 다리가 되며, 복음 전도가 된 사람들이 사회적 책임을 감당할 수 있다는 점에서 전도의 결과가 된다는 것이다. 아울러 인류의 궁극적 필요는 결국 예수 그리스도를 통한 구원이므로 전도가 우선적이고 핵심적인 과업이 된다는 점을 밝힌 것이다.[27]

하지만 제2차 로잔 대회인 마닐라 대회에 오면서 선교에 있어 우선성은 더욱 약화되는 경향을 보인다. 물론 마닐라도 로잔을 따라서 선교에 있어 복음 전도의 우선성을 강조하면서 "우리의 주된 관심은 복음에 있으며, 모든 사람이 예수 그리스도를 구주로 영접할 기회를 갖도록 하는 데 있으므로 복음 전도가 우선이다"(1부 4항)[28]라고 선언한다.

하지만 "우리는, 정의와 평화의 하나님 나라를 선포하고, 개인적이든 구조적이든 모든 불의와 억압을 고발하면서, 이 예언자적 증거에서 물러나지

---

26  Lausanne Movement, 『복음 전도와 사회적 책임』, 31-34.
27  Lausanne Movement, 『복음 전도와 사회적 책임』, 35. 하지만 위원회는 이러한 우선권이 대체로는 개념적이며, 적어도 개방사회에서는 복음 전도와 사회적 책임의 관계는 불가분리한 것이라고 언급하기도 하였다. 즉, 그랜드래피즈는 우선권을 개념적이고 논리적인 차원에서만 인정하는 경향을 보였다.
28  Lausanne Movement, "마닐라 선언", 241.

않을 것을 단언한다"(신앙고백 9항)[29]라고 하면서 선교에서의 우선성과 총체성을 동시에 보인다. 이러한 경향에 대해 김은수는 "…마닐라 선언문은 '온전한 복음'(Whole Gospel)을 교회보다 먼저 둠으로써 통전적 복음에 의한 선교의 통전성을 강조하는 것에서 엿볼 수 있다"[30]라고 말한다.

그리고 3차 대회인 케이프타운에 오면 선교의 핵심이나 우선성이란 표현은 사라지고 총체적 선교에 대한 언급이 곳곳에 나타난다.[31] 예를 들어, 제1부 10장 B 항은 "그러므로 우리의 모든 선교에서 복음 전도와 세상에서의 헌신적인 참여가 통합되어야 하며, 이 둘은 모두 하나님의 복음에 관한 성경 전체의 계시가 명령하고 주도하는 일이다"[32]라고 말함으로써 핵심 사역을 인정하지 않는 총체적 선교의 경향을 보인다.

이러한 경향 하에서 케이프타운은 미가선언문의 일부를 다음과 같이 인용하면서 총체적 선교를 주장한다.

> 총체적 선교는 복음을 선포하는 것이며 드러내는 것이다. 이는 단순히 복음 전도와 사회참여가 나란히 이루어져야 한다는 뜻이 아니다. 그보다는, 총체적 선교 안에서 우리가 사람들을 삶의 모든 영역에서 사랑과 회개를 행하도록 요청하기 때문에, 우리의 선포가 사회적인 모습을 지니게 된다.[33]

---

29 Lausanne Movement, "마닐라 선언", 232.
30 김은수, "로잔운동에 나타난 통전적 선교 연구", 31.
31 물론 1부 7장 B 항에서 "우리는 모든 민족에게 복음을 전하기 위해 모든 가능한 수단을 동원하고자 했던 로잔운동의 처음 목적에 다시 새롭게 헌신한다"라는 표현을 함으로써 복음 전도가 로잔운동에서 매우 중요한 사안임을 언급한다. 그러나 케이프타운 서약의 전반적인 분위기는 총체성으로 기울어져 있는 것이 사실이다. Lausanne Movement, 『케이프타운 서약』, 46.
32 Lausanne Movement, 『케이프타운 서약』, 61.
33 Lausanne Movement, 『케이프타운 서약』, 61. 또한, 케이프타운은 마태복음과 요한복음의 강조점 차이에 대해 "마태복음에서 예수님은 우리에게 모든 민족으로 제자를 삼으라는 최우선의 명령을 주셨다. 요한복음에서 예수님은 우리에게 세상이 우리가 예수님의 제자임을 알도록 서로 사랑하라는 최우선의 방법을 주셨다"라고 말하면서 총체적 선교를 추구하고 있다. Lausanne Movement, Lausanne Movement, 『케이프타운 서약』, 130.

이와 같은 총체적 선교로의 전환은 선교의 폭이 넓어지는 측면과 함께 선교 개념의 혼란을 일으키기도 하였다. 총체적 선교를 말할 때 그 총체성이 목표의 총체성인지 아니면 방법의 총체성인지 명확하지 않다. 이처럼 개념이 불명확한 가운데 학자들 간에도 서로 관점이 다르게 나타나는데, 어떤 학자는 "로잔운동이 에큐메니컬과 구분되는 독특성은 그것이 통전적 선교 이해하고 있으면서도 영혼구원을 위한 복음 전도에 우선성을 둔다는 것이다"[34]라고 말한다.

또한, 어떤 학자는 "… 로잔운동이 처음에는 전도와 사회적 책임의 관계에 있어 전도가 우선성을 지닌다고 천명하였으나, 그 입장이 2000년을 넘어서면서 서서히 변화하여 전도와 사회적 책임의 관계에 있어 전도가 우선적으로 인식되지 않는다는 결론을 내리고 있다"[35]라고 말하기도 한다. 총체적 선교로의 변환이 가져오는 부작용 중의 하나가 표출된 것이라 할 수 있으며, 효율적인 선교를 위해서는 보다 명확한 개념 정립이 필요해 보인다.

## 2. 로잔 선교 개념 변화에서 고민해야 할 점들

### 1) 복음이 모든 문제 해결의 근원이라는 확신 여부

성경은 이 세계의 모든 문제의 근원을 '하나님과의 관계 단절' 즉 죄로 설명한다. 하나님과의 관계를 단절하고 자신의 욕심을 따라 살려는 죄로 인하여 모든 문제가 발생한 것임을 말씀하고 있다.[36] 케이프타운 선언도 이

---

34 황병배, "로잔운동의 복음 전도 이해와 선교적 통찰," 한국로잔연구교수회 편, 『로잔운동과 선교신학』(서울: 올리브나무, 2014), 49.
35 박보경, "로잔 복음화 운동과 한국 교회: 로잔운동에 나타난 전도와 사회적 책임의 관계", 「복음과 선교」 22(2013): 30. 9-43. 이러한 변화의 이유에 대해 박보경은 "왜냐하면, 서로 상호 깊게 연결되어 있어 불가분의 관계에 있기 때문이며 복음의 언어적 선포와 존재적 표출은 분리될 수 없기 때문이다"라고 설명하고 있다.
36 이 죄의 문제 해결은 '오직 하나님의 은혜'라는 점이 어거스틴, 푸터, 칼빈 등에게서 동

와 연관하여 "죄의 결과와 악의 권세는 인간성의 모든(영적, 육체적, 지적, 관계적) 차원을 타락시켰다. 이 타락은 모든 문화와 역사의 모든 세대에 걸쳐 사람들의 문화, 경제, 사회, 정치, 종교에 침투하였다"[37]라고 진단한다. 즉, 죄는 인간의 영적 차원뿐 아니라 이성적 차원, 육체적 차원, 사회적 관계 차원 등을 모두 파괴하는 것이다.[38]

위와 같이 죄의 파괴력이 매우 포괄적인 점을 말하면서 케이프타운 대회의 신학위원장 역할을 담당한 크리스토퍼 라이트(Christopher J. H. Wright)는 "하나님의 선교는 그분의 창조 세계 전체에서 악한 모든 것을 완전히 멸하는 것이다. 그러므로 우리의 선교 역시 성경 전체가 우리에게 주는 복음만큼 그 범위가 포괄적이어야 한다"[39]라는 주장을 펼친다.

이 주장을 통해 라이트는 죄의 결과가 포괄적이므로 우리의 선교도 포괄적이어야 한다고 주장하는데, 이것은 문제의 뿌리와 결과를 구분하지 못하는 오류를 범하는 것으로 보인다. 모든 문제의 뿌리가 죄의 문제라면 죄의 문제를 해결하는 것이 문제 해결의 핵심이 되어야 한다. 그렇다면 선교의 핵심 역시 문제의 뿌리인 죄 문제를 해결하는 일 즉 복음을 전하고 하나님과의 관계를 회복하도록 돕는 일을 핵심으로 삼아야 할 것이다.

그런데 앞에서도 살펴보았듯이 로잔의 선교 개념은 선교의 핵심 본질을 복음화로 보는 관점에서 세상 모든 문제를 해결하는 일로 접근하는 넓은 의미의 선교 개념으로 보는 방향으로 가는 경향을 띤다. 이것은 원인을 무시하고 증상만 해결하려는 의사와 같은 오류를 범하는 것이 될 수 있다. 문제를 해결하려면 먼저 문제의 원인 진단이 선행되어야 한다. 불행의 원인을 해결하지 않고 그 증상만을 해결하는 것은 결코 근본적인 해결책이 아니다.[40]

---

일하게 나타나는 신학 구도다. 조권수, "ACTS 신학공관과 루터의 인간론과의 연관성 연구", 『ACTS 신학저널』 32(2017): 141.
37 Lausanne Movement, 『케이프타운 서약』, 50-51.
38 Christopher J. H. Wright, 『하나님의 선교』, 540.
39 Christopher J. H. Wright, 『하나님 백성의 선교』, 42.
40 로잔이 1982년 그랜드래피즈에 보여서 복음 전도와 사회적 책임의 관계를 논의할 때만 해도 로잔은 "… 우리가 선택을 해야만 한다면, 우리는 모든 인간의 최고 및 궁극적 필요가

물론 세상에는 다양한 문제 진단의 관점이 있다. 예를 들면, 막시즘은 물질적인 불평등을 인류 불행의 원인으로 진단하고, 동성애 관점은 성을 포함한 모든 것을 선택할 수 있는 인간의 자유를 억압하고 차별하는 것이 인류 불행의 원인이라고 진단할 것이다. 그런데 기독교의 성경은 죄를 원인으로 진단하며, 이 진단에 따르면 기독교의 선교는 당연히 죄 문제 해결을 선교의 핵심 본질로 삼아야 할 것이다.[41]

그렇지 않으면 선교는 핵심 본질을 놓치고 단지 복지 운동, 인권 운동, 평화 운동, 환경 운동 등으로 축소될 수 있다. 이럴 때 교회가 세상의 복지 단체, 인권 단체, 평화 단체, 환경 단체보다 전문성이나 재정 면에서 뛰어난 것이 아니므로 교회는 그런 일을 제대로 감당하지도 못하고, 동시에 교회만이 할 수 있는 전도의 사명도 제대로 감당하지 못하면서 죄 문제 해결을 통한 세계변화의 사명도 못 하게 될 수 있다. 로잔의 넓어지는 선교 개념을 보면서 과연 로잔에 "죄 문제가 모든 문제의 근원이며, 복음이 그 모든 문제 해결의 핵심이다"라는 확신이 존재하는지에 대한 의구심을 갖게 된다.

## 2) 로잔 본래의 목적에 충실한 것인지에 대한 고민

로잔의 이름에는 항상 '세계 복음화'라는 명칭이 포함되어 있다. 로잔 대회의 공식 명칭은 '세계복음화국제대회'(The International Congress on World

---

예수 그리스도의 구원의 은혜이며, 그러므로 한 인간의 영원한, 영적 구원이 그 또는 그녀의 일시적이고 물질적인 복지보다 훨씬 더 중요하다고 말해야 한다"(고후 4:16-18)라고 말할 정도로 복음화가 가장 근본적인 해결책이라고 인식하는 경향이 강했다. Lausanne Movement, 『복음 전도와 사회적 책임』, 35.

41 아더 글라서(Arthur Glasser)는 "오늘날 신학자들이 인간 복지에 대한 주제를 다룰 때 하나님의 거룩하심에 대한 철저한 성찰이 부족한 게 사실이다. 그들의 토론에 참여해 보면, 하나님이 인간의 죄성에 대해 별로 대수롭지 않게 생각하시는 듯한 인상을 받는다. … 이것은 잘못된 생각이다. 전혀 그렇지 않다"라고 말한다. 로잔의 총체적 선교 개념을 보면 로잔이 과연 죄 문제를 심각하게 고려하는지를 반문하게 된다. Arthur F. Glasser, Announcing the Kingdom, 『성경에 나타난 하나님의 선교』, 임윤택 역 (서울: 생명의말씀사, 2006), 79.

Evangelization)였고, 이 운동을 지속할 기구의 이름은 처음에 로잔세계복음화계속위원회(Lausanne Continuation Committee for World Evangelization, 약자로 LCCWE)였고, 후에 '세계복음화를위한로잔위원회'(Lausanne Committee for World Evangelization)로 바뀌었다.⁴² 즉, 로잔운동의 이름은 항상 '세계 복음화'라는 명칭을 포함하였고, 이것은 로잔이 세계 복음화를 핵심 목표로 삼는 단체라는 것을 의미하는 것이다.

로잔운동 탄생의 핵심 주역이었던 빌리 그래함(Billy Graham)은 "에든버러 60년 후 많은 그리스도인이 세계 복음화의 목표를 의심하고 있을 뿐 아니라 심지어 그것이 바람직한가에 대한 의심조차 하고 있다"라고 말했다.⁴³ 로잔은 본래 주님이 명하신 세계 복음화의 명령이 에큐메니컬 신학 등에 의해 심각하게 훼손된다는 위기를 느끼면서 출발하였다.

스탠리는 로잔운동 탄생의 배경을 다음과 같이 기술하고 있다.

> 1969년에 시작된 WCC의 인종주의와의 전투 프로그램(Programme to Combat Racism)은 아프리카 남부의 해방 운동과 미국의 블랙파워(Black Power) 조직을 승인했는데, 이 때문에 언론의 주목을 받았을 뿐 아니라, 반대로 보수 성향 기독교인에게 엄청난 불안을 안겼다. … WCC는 교회의 선교를 점점 더 휴머니즘이나 정치적 해방으로 정의하려 하는 것으로 보였다. 복음주의 지도자들은 더 정통적이고, 동시에 적당히 종합적인 기독교 선교 과업 인식의 재천명이 필요하다고 생각했다. 특히, 빌리 그래함은 "세계 교회에 진공 상태가 커지고 있다. 급진신학이 전성기를 맞았다"라고 확신했다.⁴⁴

---

42  로잔운동의 명칭은 '로잔 세계복음화국제대회', '마닐라 세계복음화대회,' '세계복음화를 위한 제3차 로잔 대회' 등으로 표기되나, '로잔 세계 복음화 국제대회'를 공식 명칭으로 사용한다. 김은수, 『현대선교의 흐름과 주제』 (서울: 대한기독교서회, 2010), 270, 340.
43  Billy Graham, "Why Lausanne?" in *Let the Earth Hear His Voice*, ed., J. D. Douglas (Minnepolis: World Wide Publication, 1975), 25.
44  Stanley, 『복음주의 세계확산』, 243.

이런 배경 아래에서 태동한 로잔에서는 세계 복음화가 로잔의 핵심 정체성이고 따라서 이 복음화의 과제는 결코 양보할 수 없는 핵심 과제였다. 그런데 과연 지금 로잔이 이러한 본래의 목적에 충실한지 의문스럽다. WCC가 제시한 통전적 선교의 영향을 받아 총체적 선교라는 용어로 선교의 핵심인 복음화 과제를 점차로 약화하는 것은 아닌지 고민해 보아야 한다.[45]

벤엥겐은 린젤 등의 의견을 종합해 복음주의 핵심 목적을 다음과 같이 정리한다.

> 복음주의는 단 한 가지 주요한 선교의 목적을 말한다: 그것은 개인의 영혼구원이다. 개인이 LA에 살든 런던에 살든 루사카에 살든지 간에 그들의 영혼의 궁극적인 종착점이 가장 중요한 문제이다. 구원받지 못한 자의 삶의 사회적, 정치적, 경제적 그리고 문화적인 측면들은 천국과 지옥에 관한 질문에 비해 상대적으로 중요하지 않다.[46]

로잔은 기본적으로 복음주의를 추구하고 복음주의는 위에서 언급한 대로 그 어떤 것보다 구령을 핵심 사역으로 삼는다. 물론 세계 복음화를 위한 방법과 전략은 시대의 흐름에 따라서 변해야 할 것이다. 근본주의처럼 주류문화를 향해 공격만 하는 실수를 범해서는 안 될 것이다. 주님이 말씀하신 것처럼 뱀 같이 지혜롭게 문화를 잘 활용하고 문화의 변화에 따른 가장 효율적인 선교 자세와 전략을 추구해야 할 것이다.[47]

---

45 안승오, "로잔운동에 나타난 에큐메니컬 선교신학의 영향", 「복음과 선교」 39(2017) : 137-139.
46 Charles Van Engen, 『미래의 선교신학』, 183-184.
47 알리스터 맥그라스는 근본주의가 쇠퇴한 원인에 대해 "근본주의는 주류 문화에서 벗어나 주변부에서 주류 문화를 공격하는 쪽을 택했다. 기독교 우파는 주류 문화에 참여하여, 이 문화를 안에서 바꾸려고 시도했다. 1970년대 말에 이르자, 이 전략이 상당한 성공을 거두었다는 게 분명히 드러났다"라고 분석하는데, 이것은 선교전략에서도 의미 있게 고민해야 할 점으로 보인다. Alister E. McGrath, *Christian Hisotory: An Introduction*, 『기독교의 역사』, 박규태 역 (서울: 포이에마, 2013), 637.

하지만 선교의 방법과 목적을 구분하지 못하는 오류를 범해서는 안 될 것이다. 방법은 시대와 문화의 상황에 따라 달라질 수 있으며, 전도와 사회 참여 등을 모두 포함하면서 포괄적일 수 있지만, 목적은 주님이 주신 세계 복음화이며 이것은 인간들이 상황에 따라 논의나 합의로 바꿀 수 있는 것이 아니다. 그런데 로잔은 세계 복음화라는 본래의 핵심 목적을 약화하면서 선교의 개념과 목표를 넓히고 있다.

박보경은 로잔의 방향과 연관하여 "이제 로잔운동의 초기부터 신학적 견해로 자리 잡았던 '전도와 사회적 책임은 교회의 두 가지 임무이지만 동시에 전도가 우선적이다'라는 주장은 더 이상 로잔 진영 안에서 불변의 진리는 아닌 듯하다"[48]라고 진단하고 있는데, 이것이 과연 세계 복음화를 핵심 목적으로 출발된 로잔의 바람직한 방향인지 고민할 필요가 있어 보인다.[49]

### 3) 개념의 혼동 문제와 그 영향 고민

앞서 서론 부분에서 개념이란 본질을 추출하는 작업이며, 개념 정립은 목적과 방향 설정에 결정적인 영향을 미침을 살펴보았다. 모든 일을 수행함에 있어 명확한 개념의 정립이 중요함은 두말할 나위가 없다.

그렇다면 선교의 개념은 무엇인가?

선교에 대한 매우 다양한 관점이 존재하므로 개념 정의가 매우 어렵지만, 일반적인 사회 통념상의 개념을 보기 위해 사전적 의미로 보면 선교란 "종교를 선전하여 널리 폄"[50]으로 정의되어 있고, 이 정의에 의하면 선교의 가

---

48  이어 박보경은 말하기를, "이제 로잔 진영은 전도와 사회적 책임이라는 두 가지 명제가 교회에 주어진 동일한 임무이며 이 두 가지 사명을 온전하게 감당하지 않으면 온전한 복음이 아니라고 확신하게 되었다"라고 한다. 박보경, "로잔운동에 나타난 화해로서의 선교", 「선교신학」 38(2015): 199.
49  에큐메니컬 진영이 말하는 통전적 선교와 로잔 진영이 말하는 총체적 선교 사이에 큰 차이가 없는 것으로 보이는데, 로잔마저 세계 복음화 문제를 세계 문제 해결과 같은 것으로 취급하면서 소홀히 하면 세계 복음화의 문제는 참으로 요원해질 것으로 보인다.
50  사서 편찬부, 『새국어사전』(서울: 동화사, 2007), 430.

장 보편적인 핵심 사항은 종교의 확장과 연관된 활동이라는 점이다. 선교 활동은 모든 종교가 다 수행하는 활동으로 종교마다 명칭은 다소 다르지만 기본적으로 선교에 적극적인 기독교와 이슬람 등은 왕성한 확장을 보이고, 선교에 소극적인 불교와 힌두교 등은 다소 더딘 확장세를 보이는 것이 사실이다.

통전적 선교 혹은 총체적 선교는[51] 이러한 핵심 사항을 소홀히 하고 세상을 잘 살게 만드는 모든 일을 선교의 개념 속에 포함하면서 혼동을 일으키는 경향이 있다. 이런 점에 대해 박영환은 "로잔 대회는 지속적으로 복음 전도와 사회참여를 선교의 필수적 의무요 과제라는 이해와 접근을 함으로써 지속적인 선교 정의의 혼란을 야기했다. '필수적 의무'라는 표현은 복음 전도와 사회참여를 '동등한 무게 중심'으로 보려는 에큐메니컬 선교 이해와 접근을 만들어 냈다"[52]라고 분석한다. 즉, 총체적 선교라는 용어 사용을 통해 선교 개념이 불명확해지고 그로 인해 혼란이 발생할 수 있는 것이다.

이와 같은 개념 혼동은 어떤 문제를 일으킬 수 있는지 다음과 같은 점에서 고민할 필요가 있다.

**첫째**, 우리가 믿는 신앙의 주님이시며 우리에게 선교를 명하신 예수 그리스도의 가르침과 일치하는지의 문제다. 요한복음 6장 15절은 "… 예수께서 그들이 와서 자기를 억지로 붙들어 임금으로 삼으려는 줄 아시고 다시 혼자 산으로 떠나가시니라"라고 기술하고 있는데, 이 말씀에 의하면 군중들은 아마도 예수를 향해 자신들의 왕이 되어 자신들의 물질 문제, 질병 치유 문제, 정치적 독립 문제 등을 모두 해결해 주기를 원하였던 것으로 보인

---

51 로잔은 총체적 선교라는 용어를 사용하면서 그 개념이 에큐메니컬 진영에서 주로 사용하는 통전적 선교와 어떤 면에서 같은지 또는 다른지 등에 대한 설명을 명확히 내리지 않고 있다. 이와 같은 점이 더 많은 혼란을 일으키는 요인이 되는 것으로 보인다.

52 박영환, "로잔 대회의 총체적 선교의 이해와 방향," 로잔교수회 편, 『21세기 선교 전망과 로잔운동의 역할』(서울: 도서출판 케노시스, 2020), 88.

다. 소위 말하는 통전적 선교 혹은 총체적 선교를 수행해 주기를 원하였다고 할 수 있다.

하지만 예수께서는 "내 살을 먹고 내 피를 마시는 자는 영생을 가졌고 마지막 날에 내가 그를 다시 살리리니 내 살은 참된 양식이요 내 피는 참된 음료로다"(요 6:54-55) 라고 말씀하시면서 자신이 줄 것은 영생임을 암시하셨다. 그리고 실제로 당시 사회 구조 악의 대표적 상징인 십자가를 무너뜨리지 않고 오히려 그 십자가를 지심으로 영생의 길을 여셨다.

이러한 점을 생각할 때 선교에서 모든 것을 다 포함한 구원 개념을 지닌 총체적 선교가 과연 주님의 가르침과 부합하는지 돌이켜 볼 필요가 있어 보인다.[53] 총체적 선교가 방법으로서의 총체성을 추구하고 목표로서의 총체성이 아니라면 다행이지만, 만약 목표까지 총체적인 관점을 지니면서 모든 것을 선교의 목표로 삼는다면 총체적 선교는 예수 당시의 백성들 요구와 별반 차이가 없어 보이며, 이것은 선교를 명하신 주님의 뜻과 부합되지 않으며, 주님의 뜻과 부합하지 않는 선교가 과연 성경적인 선교인지를 고민할 필요가 있어 보인다.

**둘째**, 패러다임 충돌의 가능성 문제를 고민해 보아야 한다. 이형기는 기독교 선교의 대표적인 두 패러다임으로 '복음 전도 패러다임'과 '하나님의 선교 패러다임'을 언급한 바 있는데,[54] 이 두 패러다임은 서로 상충 되는 경향이 있다. 즉, 전자의 패러다임의 경우는 세상을 교회로 이끄는 전도를 선교의 핵심으로 보기에 평화와 공존을 희생하고라도 복음 전도에 주력하는 경향을 보이지만, 후자의 '하나님의 선교 패러다임'에서는 복음 전도를 희생해서라도 평화와 공존에 주력하게 되는 경향을 보인다.[55]

---

53 박영환은 시대에 따라 선교의 방법은 변할 수 있지만 선교의 내용인 복음은 변할 수 없음을 말하면서, "그러나 미래에도 영원히 변하지 않는 영원한 중심점은 있다. 선교의 내용인 복음이다"라고 강조한다. 박영환, "선교정책과 전략 형성 이전의 배경사", 「신학과 선교」 32(2006): 97.
54 이형기, 『하나님의 선교』(서울: 한국학술정보, 2008), 374.
55 이와 연관하여 이형기는 양 진영에 상대의 패러다임이 서로 맞지 않을 것에 대해 다음과 같이 언급했다. "바꿔 말하면, 복음주의자들(1974년 로잔과 1989년 마닐라로 대표되

이런 상황에서 이론적으로는 두 패러다임을 다 적절히 수용하는 통전적 또는 총체적 패러다임이 적절해 보일 수 있지만, 이것은 자본주의와 공산주의를 동일한 가치로 수용하는 정치 체제가 이론적으로는 가능할지 몰라도 현실적으로 불가능하듯이 상충하는 두 패러다임을 섞는 것은 실현 가능성이 작으며, 그것은 결과적으로 본래부터 지니고 있었던 복음화의 우선성을 약화할 수 있다는 점을 고민할 필요가 있어 보인다.

### 4) 효율성의 약화와 그 부작용 고민

총체적 선교(또는 통전적 선교)의 핵심 강조점 중 하나는 우선순위를 배제하는 것이다. '복음화'와 '인간화' 또는 '복음 전도 패러다임'과 '하나님의 선교 패러다임' 중 어느 하나에 우선순위를 두는 것은 이미 총체적 선교 또는 통전적 선교가 아니다.[56] 따라서 총체적 선교란 기본적으로 우선순위를 받아들일 수 없는 개념인데, 이러한 관점은 일견 일리가 있고, 실제 선교의 방법에 있어서는 이러한 총체적 관점이 필요한 면이 있다.

하지만 선교 목표를 총체적으로 접근한다는 것은 득보다 실이 클 가능성이 크다. 현실적으로 보면 아무리 많은 능력을 갖춘 사람이라도 모든 일을 한꺼번에 다 할 수는 없다. 결국, 가장 중요한 일부터 우선순위를 정해서 그 일부터 해갈 수밖에 없는 것이 세상의 기본적인 이치다.[57] 이것은 선교

---

는)과 더욱이 근본주의자들로 구성된 개신 교회들(공동체)의 신학자들에게는 이와 같은 '하나님의 선교'라고 하는 패러다임이 걸맞지 않을 것이라고 하는 말이다. '하나님-교회-세상'이라고 하는 패러다임과 '하나님-세상-교회'라고 하는 패러다임의 관계도 마찬가지일 것이다." 이형기, 『하나님의 선교』, 386.

56 박보경은 르네 파딜라가 제안하는 총체적 선교를 요약하면서 "이 견해는 로잔선언문에서 처음 등장한 5항과 6항의 긴장 관계를 배경으로 하는데, 즉, 교회의 두 가지 의무인 복음 전도와 사회 정치적 참여 중에서 복음 전도가 우선적이라는 입장에 반대하는 것이다"라고 말한다. 박보경, "르네 파딜라(Rene Padilla)의 총체적 선교 연구", 『복음과 선교』 46(2019): 207.

57 몽테스키외가 말한 것으로 알려진 서양 격언에도 "아무리 약한 사람이라도 단 하나의 목적에 자신의 온 힘을 집중시킴으로써 무엇인가 성취할 수 있지만, 아무리 강한 사람

에도 동일하게 적용될 수 있는 것이다. 총체적 선교에서처럼 세상을 잘 살게 하는 모든 목표를 다 선교 개념에 포함하면 그 선교의 효율성은 떨어질 수밖에 없는 것이다.

효율성의 약화는 가장 먼저 전도의 약화로 나타나게 될 가능성이 크다. 이 점에 대해서는 에큐메니컬 신학의 대표적 학자 중 하나인 이형기도 언급한 바 있는데, 1975년 나이로비 대회에 대한 평가에서 "이런 의미에서 로져 바샴(Bassham)의 말대로 1975년의 나이로비 WCC는 '통전적 선교'(Holistic Mission)를 지향했다. 그러나 역시 19세기의 복음주의적 선교적 열의로부터는 멀어져만 갔다"[58]라는 말을 한 바 있다.

네트란드 역시 "물론 보다 더 포괄적인 선교 정의는 분명히 전도가 무관심해진다는 점이 위험한 점이다"[59]라고 평가하면서, 이런 이유로 "케이프타운 헌신 자체가 전도를 무시하지는 않지만, 교회와 선교 지도자들은 세상의 여러 문제에 참여하면서 복음 전도가 중심적인 것이 되도록 계속 경계해야 한다"[60]라고 조언한 바 있다.

전도의 약화는 자연스럽게 교회의 약화로 이어질 수 있다.[61] 출산율이 낮은 국가가 갈수록 활력이 떨어지고 있는 쇠퇴되듯이, 전도와 구령의 약화는 자연스럽게 교회의 쇠퇴로 이어지게 되는 것이다. 교회의 약화는 결국 선교의 약화로 이어지고 선교의 약화는 또 교회의 약화로 연결된다.

---

이라도 힘을 많은 목적에 분산하면 어떤 것도 성취할 수 없다"라는 말이 있다.
58 이형기, "에큐메니즘의 역사적 고찰," WCC.『세계교회협의회 40년사』, 235-236.
59 Harold Netland, "The Capetown Commitment: Continuity and Change", in Lars Dahle, Margun S. Dahle, Knud Jorgensen, eds., *The Lausanne Movement* (Oxford: Regnum Books International, 2014), 430.
60 Netland, "The Capetown Commitment: Continuity and Change," 430.
61 하나님의 선교 개념과 통전적 선교신학의 태동 배경인 서구는 기본적으로 크리스텐덤(Christendom) 상황이며, 이런 곳에서는 전도의 절박한 필요에 대한 인식이 덜한 것이 사실이다. 하지만 비서구의 경우는 교회가 전도를 소홀히 하면 그것은 바로 교회의 존립에 영향을 미치는 것이다. 한국일, "한국적 상황에서 본 선교적 교회: 지역 교회를 중심으로",「선교와 신학」30(2012): 80.

또한, 교회가 약화하면 세상을 섬기는 것도 불가능해지는 악순환을 낳게 된다. 물론 교회는 많은 약점을 지니고 있으며, 그 자체가 하나님의 나라도 아니다. 하지만 지상에서 하나님의 나라 사역을 담당할 가장 중요한 기구는 연약하지만 택함을 받은 교회이다. 그런 점에서 교회의 약화는 심각한 문제가 아닐 수 없다. 총체적 선교가 모든 것을 선교로 보면서 우선성을 약화하고, 그로 인하여 선교의 효율성을 약화하고, 그 결과 전도와 교회를 약화하는 선교가 된다면 그것은 심각하게 고민해 볼 문제가 아닌가 싶다.

## 3. 요약 및 전망

로잔의 선교 개념이 다음과 같은 변화 흐름의 경향을 보임을 살펴보았다.

(1) 좁은 의미의 선교 개념에서 넓은 의미의 선교 개념으로
(2) 세상을 구원하는 선교에서 섬기는 선교로
(3) 우선성에서 총체성으로의 변화 경향

또한, 이러한 변화 경향과 함께 이러한 변화가 가져올 수 있는 문제점들을 고찰하여 보았다. 이상과 같은 연구를 통해 로잔의 선교 개념이 WCC의 선교 개념과 같은 것은 아니지만, 상당 부분 근접해 가는 경향을 보임을 찾을 수 있었다. 특별히 WCC가 제시한 통전적 선교 개념을 수용하면서 그와 유사한 총체적 선교 개념을 부각하면서부터 WCC와의 유사성이 높아진 것으로 보인다.[62]

---

[62] 물론 로잔의 변화는 근본주의의 오류에 빠지지 않으려는 노력과도 연관성이 있다고 본다. 근본주의처럼 주류 문화를 무조건 공격하기보다는 주류 문화에 참여해 문화를 바꾸려는 시도에서 이런 변화를 추구한 것으로 볼 수도 있을 것이다. 참조. Alister E. McGrath, 『기독교의 역사』, 637.

WCC의 선교 방향도 나름대로 설득력이 있고 필요한 부분이 있어 WCC는 WCC대로 세계 선교에 기여하는 바가 있다고 생각한다. 하지만 WCC는 통전적 선교를 말하면서도 기본적으로 세계의 복음화보다는 세계의 평화와 행복에 더 많은 관심을 보이는 경향이 있다. 그렇다면 로잔은 WCC가 하지 못하는 세계 복음화에 더 많은 관심을 두어야 하지 않을까 하는 생각을 해 본다.

　　세상이 아무리 평화롭고 행복해져도 거기에 하나님을 무시하고 대적하면서 자기들의 쾌락만을 추구하는 사람들로만 가득하다면 그것을 하나님의 나라로 볼 수는 없으며, 하나님의 나라는 결국 하나님과의 관계가 회복된 곳이라는 관점에서 볼 때 로잔은 처음부터 그랬던 것처럼 하나님과의 관계 회복 사역 즉 복음화에 우선성을 둔 기구로 방향을 잡고 가야 하지 않을까 하는 생각이 든다.

　　로잔이 추구하는 총체적 선교는 일견 합리적이고, 설득력이 있고, 매력적인 개념으로 나름대로 일정 부분 기여점이 없는 것은 아니지만,[63] 다른 한편으로 생각하면 절대 무너지면 안 되는 거대한 댐에 구멍 또는 금이 생기게 하는 것은 아닌지 고민할 필요가 있어 보인다.[64]

　　사막에서 낙타에게 텐트 안으로 앞쪽 머리를 넣도록 허용했다가 결국 주인이 내몰리게 되었다는 이야기와 같이 선교의 본질인 복음 전도가 평화와 공존 또는 모든 것을 선교로 보는 포괄적 선교 개념 등에 의해 약화하거나 사라지는 것은 아닐지 우려를 하게 된다.

---

63　물론 우선순위를 강조하는 관점 역시 한계점을 지니고 있다. 총체적 선교를 지지하는 측면에서 보면 총체적 선교의 문제점보다 우선성을 강조하는 관점이 더 많은 한계점을 지닌 것으로 보일 수 있다. 그런 점에서 이 연구는 지나치게 보수적이고 치우친 연구로 보일 수 있다. 하지만 이 연구에서 계속 고민한 것처럼 총체적 선교는 결국 우선순위를 약화하는 것이고, 그것은 결국 복음화의 약화로 이어질 수 있음은 깊이 고려해야 할 문제다.

64　댐에 구멍이나 금이 생기는 것은 처음에는 작은 문제로 보일 수 있지만, 그것은 결국 전체 댐의 붕괴로 이어질 수 있는 것이다. 총체적 선교는 절대 양보해서는 안 될 핵심 사항의 양보로 댐에 구멍이나 금을 내는 것 같은 문제가 될 수 있지 않을지 고민해야 할 것이다.

밴 엥겐은 "그때처럼(1950-1970년대) 모든 것이 선교라고 자신 있게 말할 수 있었던 시대는 없었다. 그러나 동시에 그때처럼 선교에 대해 엄청난 혼란을 겪었던 시대도 없었다. 불행하게도, 니일의 다음과 같은 주장이 옳았다. "모든 것이 선교라면, 어떤 것도 선교가 아니다." 이와 같은 상황에서는 교회와 선교, 모두를 잃을 수 있다"[65]라고 하였는데, 이런 경고를 로잔은 잘 새겨들으면서 지혜로운 방안을 추구해야 할 것이다.

---

65  Charles Van Engen, 『미래의 선교신학』, 217.

# 제4장

## 세계 선교를 위한 로잔운동의 기여 방향

오늘날 기독교는 유럽 등 서구 지역을 중심으로 심각한 감소 현상과 명목 현상을 보이고 있다. 심지어 비서구 세계에서 선교의 핵심 주자 역할을 하던 한국 교회마저 심각한 약화 현상을 보인다.[1] 반면에 이슬람은 100여 년 만에 6배 이상의 성장을 거두어 약 16억 정도의 숫자를 이루어 단일종교로만 보면 이미 가톨릭보다 더 많은 신도 수를 보유하고 있다. 기독교가 매년 1.17퍼센트의 성장률을 보이지만, 이슬람은 1.93 퍼센트의 높은 성장률을 보여서 2070-2080년에는 기독교를 넘어서며 세계 최대의 종교로 부상할 것으로 예상된다.[2]

이러한 상황 속에서 기독교 선교는 어떤 방향을 향해 나아가야 할까?

기독교 선교의 미래 방향과 연관해 기독교 선교의 양대 진영이라 할 수 있는 에큐메니컬 WCC(세계교회협의회)와 복음주의 진영인 로잔은 세계 선교를 다른 관점에서 이해해 오다가 2천 년대에 들어서는 상당히 공통된 경향을 나타내 보이기도 한다. 이런 상황에서 이 장은 특별히 로잔운동의 선교 경향을 분석하면서 로잔운동이 앞으로 어떤 방향으로 선교를 수행할 때 위기에 처한 기독교의 세계 선교를 위해 기여할 수 있을지를 제안하고자 한다.

---

1 한국 교회도 이제 수적 성장을 기대하기는 거의 어렵다는 평가들이 나오고 있으며 80퍼센트가 100명 미만의 교회다. 박형진, "로잔운동 관점에서 본 작은 교회 운동," 『ACTS 신학 저널』 제30집(2016): 258.

2 크리스천 타임즈, "기독교 성장, 무신론보다 빠르고 이슬람 보다는 느리다." 2023. 3. 7일 자.
http://www.kctusa.org/news/articleView.html?idxno=58713. 2023년 3월 8일 접속.

이와 같은 목적을 위해 먼저 로잔운동 40여 년의 역사를 살펴보면서 그 역사 속에 나타나는 큰 흐름을 살펴보고자 한다. 즉, 로잔운동이 40여 년 동안 무엇에 관심을 두고 어떤 방향으로 흘러왔는지를 살펴봄으로써 로잔의 현주소를 명확하게 파악하고자 한다. 그 후에 로잔의 선교가 어떤 부분에 중점을 두면서 나아가야 세계 선교에 기여할 수 있을지에 대한 방향을 제시하고자 한다.

이러한 연구는 로잔이 현재 처한 좌표를 발견하고 세계 선교를 위해 기여하는 운동으로 발전하는 데 일정 부분 도움을 줄 것으로 기대된다.

## 1. 로잔운동의 태동과 흐름

### 1) 로잔운동의 태동기

로잔운동의 태동 배경에는 에큐메니컬운동의 도전이 있다. 즉, 1952년에 나타난 하나님의 선교(Missio Dei) 개념의 탄생 이후 에큐메니컬 진영이 선교의 중심 과제 혹은 목표를 '복음화'로 보던 관점에서 '세상에서의 샬롬'으로 바꾸자 복음주의 진영의 지도자들은 본래적인 선교의 핵심을 붙들어야 할 필요를 느끼기 시작했다. 하지만 에큐메니컬 진영의 성향은 전통적인 선교 개념으로부터 점점 더 멀리 나아갔고 급기야 1968년 웁살라 대회에서는 선교의 목표 자체를 '복음화'가 아닌 '인간화'로 바꾸었다.

이러한 경향에 위기감을 느낀 복음주의자들은 1970년에 피터 바이어하우스(Peter P. J. Beyerhaus)를 중심으로 한 복음주의 교수 15명이 프랑크푸르트(Frankfurt) 선언을 채택하면서 에큐메니컬 선교의 부적절성을 지적하였다.[3]

---

3   김승호, "로잔운동의 선교 사상의 발전," 한국로잔교수회 편, 『로잔운동과 선교』, 18-19.

하지만 에큐메니컬 진영의 좌경화는 멈추지 않고 계속 진행되어 1973년 방콕 CWME 대회에서는 선교의 핵심 내용인 구원의 의미 자체를 '개인구원'에서 개인구원과 사회구원을 포함하는 '오늘의 구원'(Salvation Today)개념으로 바꾸었다. 이에 빌리 그래함과 칼 헨리를 중심으로 한 복음주의 지도자들은 복음주의적인 선교신학을 분명하게 선언할 국제회의의 필요성을 인식하면서 1974년 스위스 로잔에서 로잔 대회를 열었고, 이 운동을 지속하자는 목적을 가지고 "세계복음화를위한로잔위원회(Lausanne Committee for World Evangelization)를 구성하였다.[4]

이러한 상황 속에서 모인 로잔 대회는 기본적으로 선교의 가장 우선적인 과제는 역시 복음 전도임을 천명하면서 로잔언약 6항에서 "교회가 희생적으로 해야 할 일 중에서 복음 전도가 최우선이다"[5]라고 선언하였다. 물론 에큐메니컬 진영의 영향으로 '사회참여'를 선교에 포함하면서 5항에서 "물론 사람과의 화해가 곧 하나님과의 화해는 아니며 또 사회참여가 곧 복음 전도일 수 없으며 정치적 해방이 곧 구원은 아닐지라도, 우리는 복음 전도와 사회 정치적 참여는 우리 그리스도인의 의무의 두 부분임을 확언한다"[6] 라는 표현을 하였다.

물론 이러한 표현에 만족하지 못하고 사회적 책임 부분을 좀 더 적극적으로 표현해야 한다는 주장도 있었지만,[7] 여전히 로잔은 선교에서 복음 전도가 우선적인 사역이라는 점을 강조하였다. 즉, 로잔운동은 기본적으로 선교의 핵심은 '복음 전도'라는 것을 강조하면서 태어난 운동이었다.

---

[4] 김동선, 『하나님의 선교: 그 신학과 실천』 (서울: 한국장로교출판사, 2000), 39.
[5] Lausanne Movement, "로잔언약," 『케이프타운 서약』 부록, 220.
[6] Lausanne Movement, "로잔언약," 『케이프타운 서약』 부록, 219.
[7] 이와 같은 주장을 한 사람들은 사무엘 에스코바나 르네 파딜라와 같은 좀 더 진보적인 인사들이었으며, 이들의 주장으로 인해 로잔 진영 안에서도 서로 입장을 달리 하는 사람들 때문에, 복음 전도의 우선성에 대해 명확한 입장을 유보한 채 적당히 봉합을 하였고, 이것이 로잔 구성원들 안에서도 지속적인 갈등의 요인이 된 측면도 없지 않았다. 박보경, "로잔 복음화 운동과 한국 교회; 로잔운동에 나타난 전도와 사회적 책임의 관계," 『복음과 선교』제22집(2013): 14.

## 2) 로잔운동의 고민기

로잔 대회가 열린 다음 해인 1975년에 에큐메니컬 WCC 제5차 대회가 케냐 나이로비에서 개최되었는데, 이 대회는 통전적 균형감을 지니고자 하는 노력을 기울인 회의였다. 즉, 나이로비는 소위 말하는 '통전적 선교신학'을 발아시킨 회의였다고 할 수 있다.[8] 이와 같은 나이로비 대회의 영향을 받고 로잔운동은 대략 1980년대부터 2000년까지 에큐메니컬 진영이 제시한 '통전적 선교신학'을 두고 많이 고민하였다. 즉, 이 시기에는 통전적 접근이 옳다고 하는 주장과 복음 전도가 우선이라는 주장이 동시에 대두되면서 둘 사이에서 고민하는 모습을 보였다고 할 수 있다.

예를 들면, 1980년 3월 17일부터 21일까지 영국 호데스돈의 하이레이에서 열린 "단순한 삶에 관한 대회"(Consultation on Simple Lifestyle)는 "책임 있는 삶에로의 요청"(call to a responsible lifestyle)은 책임 있는 증인으로의 요청(call to responsible witness)과 분리될 수 없다. 왜냐하면, 우리의 메시지가 우리의 삶과 충돌될 때 그 신뢰성이 심각하게 훼손되기 때문이다"[9]라고 주장하면서 선교에 있어 사회적 책임의 위치를 심도 있게 강조하였다.

이후 1982년에 미국 미시간주의 그랜드래피즈에서 열린 그랜드래피즈대회가 열렸는데, 이 대회는 전도와 사회적 책임의 관계를 규명하고 전도의 우선성 의미를 논의하였다. 이 대회는 오랜 시간 동안의 토의 후에 총 7장으로 구성된 "전도와 사회참여: 복음주의적 헌신"이라는 제목의 선언문을 발표하였다.[10]

---

8   이형기, 『하나님의 선교』(서울: 한국학술정보, 2008), 80-81. 이용원도 나이로비 대회에 대해 "한 마디로 나이로비의 관심은 통전적 선교(the wholistic mission)에 있었으니 복음 전도와 사회적 책임과 봉사가 통합적 관계를 이루어야 한다는 것이다"라고 분석하였다. 이용원, "빌링겐에서 나이로비까지," 『선교와 신학』4집(1999): 95.
9   Lausanne Committee for World Evangelization, *An Evangelical Committment to Simple Life-Style, Lausanne Occasional Paper, No. 20* (IL: Wheaton, Lausanne Committee for World Evangelization, 1980), 26-27.
10   박보경, "로잔 복음화 운동과 한국 교회; 로잔운동에 나타난 전도와 사회적 책임의 관

김은수는 이 선언문에 대해 "보고서는 세계의 약 8억의 사람 혹은 전 인류의 1/5이 절대 빈곤 인구이며, … 복음 전도와 사회적 책임은 그 어느 것 하나도 기독교인의 포기할 수 없는 기본적인 의무임을 밝힘으로써 복음주의 신학의 통전적인 선교와 기독교 사회 윤리의 정립에 기여하였다"[11]라고 평가한다. 아울러 1989년 제2차 로잔 대회인 마닐라 대회 역시 통전적 접근과 복음의 우선성을 동시에 추구하였다고 할 수 있는데, 마닐라 대회의 특징에 대해 박보경은 다음과 같이 분석한다.

> 요약하면, 1989년 마닐라 선언문은 비록 그 단어 선정에 있어서는 복음 전도의 우선성을 명백하게 선언하고 있다. 그런데도 선언문은 사회적 책임 부분도 균형 있게 강조하고자 한 노력이 보인다.
>
> **첫째**, 복음 전도의 우선성을 보여 주는 4장 전체에서 전도의 우선성이라는 표현과 함께 나머지 부분의 내용들이 교회의 사회적 책임과 관련된 사항을 다루고 있다는 점이다.
> **둘째**, 로잔언약에서는 전도라는 단어의 지속적인 반복을 통해 전도가 강조되는 반면, 하나님의 나라가 제5항에 단 한 번 등장할 뿐이다. 그에 비해 마닐라 대회는 '하나님의 나라'라는 용어가 총 6회(고백 제9항, 온전한 복음 서론에 한 번, 제4항에 세 번, 제8항에 한 번)나 등장시켜 하나님 나라가 좀 더 강조된 점이다.
> **셋째**, 마닐라 선언문에는 로잔 대회의 문건보다 훨씬 더 '세상'의 상황에 대한 언급의 분량이 많아졌다는 점이다.[12]

---

계," 18-19.
[11] 김은수, "복음주의 선교와 신학적 과제," 한국선교신학회 편, 『복음주의와 에큐메니즘의 대화』(서울: 다산글방, 1999), 43-44.
[12] 박보경, "로잔 복음화 운동과 한국 교회: 로잔운동에 나타난 전도와 사회적 책임의 관계," 25-26.

마닐라 대회에서는 10/40창의 미전도 종족 선교를 최우선 과제로 삼았던 '주후 2000년과 그 이후' 운동이 두각을 나타냈기 때문에 전도의 우선성을 유지하였던 반면, 세상과 그에 대한 책임도 또한, 강조되었다.[13] 즉, 2000년 정도까지 로잔은 복음 전도의 우선순위 문제와 통전적 접근 문제를 두고 상당히 많은 고민을 한 것으로 보인다.

### 3) 로잔운동의 총체적 접근기

복음 전도와 사회적 책임 간의 우선순위 문제를 두고 고민해 오던 로잔 진영은 2000년대에 들어오면서 둘 사이의 우선순위 문제를 지양하고 총체적 선교를 주장하기 시작했다. 2001년 9·11사태가 일어난 직후 영국 옥스퍼드의 복음주의 진영에서 사회정의를 위한 노력을 펼치는 단체들과 신학자들이 연합해 결성된 미가 네트워크(Micah Network)[14]는 바람직한 선교는 총체적 선교(Integral Mission)가 되어야 함을 다음과 같이 강조하였다.

> 총체적 선교란 우리가 삶의 모든 영역에서 회개와 사랑을 사람들에게 요청할 때, 우리의 선포가 사회적 결과를 가지게 되며 우리가 예수 그리스도의 변혁하는 은혜를 증거할 때, 우리의 사회적 참여가 전도의 결과를 가져오게 된다.[15]

---

13 박보경, "로잔운동에 나타나는 화해로서의 선교: 2004년 파타야 포럼과 케이프타운 서약문을 중심으로," 『선교신학』 38집 (2015): 146.

14 이후 이 단체는 복음주의 진영 안에서 250개가 넘는 기독교 개발, 구제, 정의 단체들의 모임으로 성장했다.

15 "Micah Network Declaration on Integral Mission," 2023년 3월 9일 접속. https://www.allnations.ac.uk/sites/default/files/PDFs/Micah퍼센트20Declaration.pdf.
미가 선언문에는 총체적 선교(Integral Mission)와 통전적 변혁 (Holistic Transformation)을 거의 같은 개념으로 사용하고 있다. 두 용어 모두 사도적 책임과 봉사적 책임을 분리할 수 없는 하나로 보며 우선순위를 인정하지 않는다는 점에서 유사한 개념으로 볼 수 있다.

즉, 전도와 사회적 책임은 서로 긴밀하게 연결되어 있으며 나누거나 어느 한쪽에 우선순위를 두는 것 자체가 잘못된 것임을 말한다.

그 후 2004년에 열린 파타야 포럼에서 "통전적 선교"(Holistic Mission)라는 LOP 33 문서가 채택되어 로잔은 통전적 선교를 추구하였고,[16] 드디어 2010년 케이프타운에서 열린 제3차 로잔 대회에서 로잔은 통전적 선교 개념을 공식적으로 표명하였다. 그 결과 서약문 전반에 걸쳐서 전도의 우선성(Primacy of Evangelism)이라는 표현이 나타나지 않는다. 박보경은 케이프타운 제3차 로잔 대회에 나타난 통전적 선교의 특징을 다음과 같이 정리하였다.

> 케이프타운 서약문에는 로잔선언문과 마닐라선언문에서는 발견되지 않았던 선교의 포괄적 이해가 명백하다. 과거 전도의 우선성을 강조하였던 로잔의 입장이 분명하게 변화된 것이다. 이러한 선언문의 변화는 그동안 로잔 진영 안에서 지속해서 긴장의 핵심이 되어왔던 전도와 사회적 책임으로서의 교회의 임무 중에서 전도에 우선성이 있다는 로잔의 입장이 공식적으로 거부되고, 이 둘이 상호 동일한 무게를 가진다는 급진적 제자도의 입장을 반영한 결과였다고 할 수 있다.[17] … 요약하면, 케이프타운에서 열린 제3차 로잔 대회는 로잔 진영이 '전도의 우선성'으로부터 총체적 선교로 전환하고 있음을 보여 주고 있다고 평가된다.[18]

## 4) 로잔운동 흐름의 특징

40여 년의 세월을 두고 흘러온 로잔운동의 역사를 3기로 나누어서 살펴보았다. 이러한 역사를 살펴보면서 로잔운동의 흐름에 나타난 몇 가지의 특징

---

16　Lausanne Committee for World Evangelization, "Holistic Mission," LOP 33. file:///C:/Users/1703com/Downloads/lausanne.org-Holistic퍼센트20Mission퍼센트20LOP퍼센트2033.pdf.
17　박보경, "로잔 복음화 운동과 한국 교회; 로잔운동에 나타난 전도와 사회적 책임의 관계," 35.
18　박보경, "로잔 복음화 운동과 한국 교회; 로잔운동에 나타난 전도와 사회적 책임의 관계," 37.

을 발견하게 된다. 가장 먼저 나타나는 것은 전도의 우선성 약화 현상이다. 제1차 로잔 대회의 경우 사회적 책임을 논하지만 "교회가 희생적으로 해야 할 일 중에서 복음 전도가 최우선이다"[19]라는 말을 언약 6항에서 언급함으로 말미암아 복음 전도가 가장 우선적이며 핵심적인 사역임을 언급하였다.

2차 대회인 마닐라에 오면 복음과 사회적 책임과 연관하여 "우리의 주된 관심은 복음에 있으며, 모든 사람이 예수 그리스도를 구주로 영접할 기회를 얻도록 하는 데 있으므로 복음 전도가 우선이다"(1부 4항)[20]라는 선언과 "우리는, 정의와 평화의 하나님 나라를 선포하고, 개인적이든 구조적이든 모든 불의와 억압을 고발하면서, 이 예언자적 증거에서 물러나지 않을 것을 단언한다"(신앙고백 9항)[21]는 선언이 함께 나타나는 것을 보아 전도의 우선성을 강조하면서도 통전적 선교의 경향도 함께 나타남을 볼 수 있다.

그러나 3차 케이프타운 서약에 오면 정의를 위한 투쟁을 영적 전쟁으로 묘사하면서 '사회 행동이 곧 선교'라는 인식 속에서 복음 전도와 사회 행동 사이의 구별이나 우선성이 없음을 보여 주고 있다.[22]

이처럼 로잔이 우선성을 상실하면서 로잔은 복음 전도의 긴급성을 잃게 된다. 로잔언약 9항을 보면 로잔은 "복음 전도의 긴박성"이란 제목하에 "가능한 모든 수단을 총동원해서, 되도록 이른 시일 안에 한 사람도 빠짐없이 이 좋은 소식을 듣고, 깨닫고, 받아들일 기회를 얻는 것이 목표다. 희생 없이 이 목표를 성취하는 것을 기대할 수는 없다."[23] 라고 언급함으로써

---

19 Lausanne Movement, "로잔언약," 『케이프타운 서약』 부록, 220. 이러한 견해는 전통적인 선교 견해와 유사한 면이 있는데, 전통적인 선교는 선교의 궁극적인 목표를 영혼구원으로 정하였고 영혼구원을 위해서는 복음의 전파가 필수적인 사안이었으므로 복음 전도가 늘 핵심 사역의 위치를 점유하고 있었다. 신경규, "선교해석학적 관점에서 본 복음주의의 두 기본신학," 『복음과 선교』 29(2015): 165.
20 Lausanne Movement, "마닐라 선언," 『케이프타운 서약』 부록, 241.
21 Lausanne Movement, "마닐라 선언," 『케이프타운 서약』 부록, 232.
22 이것의 예로 케이프타운 서약 1부 7장 C 항은 "우리는 소외되고 억압 받는 자들과 연대하고 그들을 지지하는 행위를 포함하여 정의를 증진하는 일에 새롭게 헌신한다. 우리는 악에 대한 이러한 투쟁을 영적 전쟁의 차원으로 인식한다"라고 말하는 것을 볼 수 있다.
23 Lausanne Movement, "로잔언약," 『케이프타운 서약』 부록, 223.

전도의 긴급성과 이를 위한 희생을 분명하게 강조한다.

마닐라 선언 역시 복음 전도의 긴급성과 헌신을 강조한다.[24] 하지만 케이프타운에 오면 복음 전도를 언급하기는 하지만 로잔과 마닐라에 나타났던 복음 전도의 긴급성과 이를 위한 헌신과 같은 말을 찾아볼 수 없게 된다.

로잔 역사의 흐름에 나타난 또 다른 특징은 세상에 관한 관심과 그로 인한 선교 목표의 확대 현상이다. 전통적인 선교에서는 주로 구원받지 못한 개인에 깊은 관심을 가졌고 그런 관심 속에서 선교의 목표도 주로 개인구원을 핵심 목표로 삼았다. 반면에 에큐메니컬 선교는 세상의 문제들에 깊은 관심을 두고 그런 문제 해결을 선교의 과제로 삼으면서 선교 목표가 크게 확대되는 통전적 선교의 모습으로 나타났는데, 로잔도 이러한 에큐메니컬 선교를 점차 따라가는 경향을 보인다는 것이다.

즉, 로잔이 처음에는 개인에 관심을 두는 전통적인 선교로 시작했지만, 시간이 흐르면서 세상 문제에 관심을 두는 에큐메니컬 통전적 선교 쪽으로 점점 더 나아간다는 것이다.[25]

예를 들어, 제1차 로잔 대회의 경우 로잔은 "… 사회참여가 곧 복음 전도일 수 없으며 정치적 해방이 곧 구원은 아닐지라도 … "[26]라는 표현 속에서 읽을 수 있듯이, 사회적 책임을 중요한 책임으로 인정하면서도 이러한 책임을 선교적 책임으로 인식하기보다는 그리스도인의 사회적 책임 또는 윤리적 책임으로 인식하면서 선교의 목표를 여전히 구령에 많은 포커스를 두는 경향을 보였다.

그런데 로잔 제2차 마닐라 대회로 오면 1부 4항은 "참된 선교는 언제나 성육신적이어야 한다. 참된 선교를 위해서는 겸허하게 그 사람들의 세계

---

24 예를 들어, 마닐라 선언의 맺음말은 "마닐라에서 우리는 온 교회가 온 세상에 온전한 복음을 가지고 나아가 하나가 되어 희생적으로 주님이 재림하실 때까지 긴급하게 그리스도를 선포할 것을 선언하는 바이다"라는 말을 하면서 복음 전도를 위해 긴급하게 헌신해야 함을 강조한다. 로잔위원회, "마닐라 선언," 261.
25 안승오, "로잔운동에 나타난 에큐메니컬 선교신학의 영향," 『복음과 선교』 39집(2017): 145-146.
26 Lausanne Movement, "로잔언약," 『케이프타운 서약』 부록, 219.

에 들어가서 그들의 사회적 현실, 비애와 고통 그리고 압제 세력에 항거하며 정의를 위해 투쟁하는 그들의 노력에 동참할 필요가 있는 것이다"[27]라고 함으로써 압제당하는 이들을 위한 투쟁에 동참하는 것이 곧 참된 선교의 길임을 언급하면서 선교의 목표가 확대되고 있다.

3차 케이프타운에 오면 세상에 관한 관심은 더 넓어지고 선교의 목표 역시 더 확대된다. 예를 들어, 케이프타운 서약 1부 7장은 "개인과 사회와 창조 세계는 모두 죄로 인해 깨어지고 고통당하고 있으며, 또한 하나님의 구속적 사랑과 선교에 포함되므로, 이 셋은 모두 하나님 백성의 포괄적인 선교의 대상이 되어야만 한다"[28]라고 말함으로써 선교의 대상을 개인과 사회를 넘어 창조 세계로까지 확대하고 있다.

케이프타운에 오면 전통적인 로잔 진영의 선교와 에큐메니컬 선교 사이에 큰 차이를 발견하기가 어려울 정도로 두 진영의 선교신학은 통전적 선교신학이라는 점에서 유사성을 보인다.[29]

## 2. 세계 선교를 위한 로잔의 기여 방향

### 1) 복음 전도에 역점을 두는 방향

세계 선교의 양대 축이라 할 수 있는 로잔과 WCC(세계교회협의회)가 최근에는 통전적 선교신학을 추구한다는 점에서 많이 가까워진 면이 있지만 [30] 본래 로잔은 복음화에 WCC는 인간화 또는 샬롬에 더 관심을 가졌고,

---

27　Lausanne Movement, "마닐라 선언," 『케이프타운 서약』 부록, 242.
28　Lausanne Movement, "로잔언약," 『케이프타운 서약』, 45.
29　이제 로잔 진영은 복음 전도와 사회적 책임을 구분을 지어서 선교 개념에서 배제하거나 차선에 두었던 과거의 흐름과는 다른 모습을 보인다. 이것은 에큐메니컬 선교신학이나 포스트모더니즘의 영향이 많이 반영된 것으로 보인다. 이현모, "복음주의 선교신학의 변화와 포스트모더니즘,"『선교와 신학』 Vol. 12(2003): 73.
30　신경규, "복음주의 관점에서 본 에큐메니컬 선교신학,"『복음과 선교』 25집(2014): 144.

지금도 여전히 이러한 성격적 차이는 어느 정도 존재하고 있다. 그런데 최근 들어 로잔은 로잔 본래의 강조점을 약화하고 협의회의 경향을 따라가려는 경향을 보인다.[31] 그런데 로잔이 세계 선교에 기여할 수 있는 방향은 여전히 복음 전도에 역점을 두는 방향으로 가야 하는 것이라 할 수 있는데, 그 이유를 몇 가지로 생각해 보자.

**첫째**, 복음은 전 세계를 변화시키는 가장 근원적인 힘이다.[32]

성경은 줄기차게 인간 세계의 가장 근본적인 원인은 하나님을 등지고 배반한 인간들의 죄임을 선언한다. 즉, 인간세계가 불행한 것은 바로 이 죄 때문이라는 것이다.[33] 물론 인간의 죄 문제가 해결된다고 해서 모든 세상의 문제가 일시에 해결된다는 것은 아니다. 그러나 불행의 원인을 해결하지 않고 그 증상만을 해결하는 것은 결코 근본적인 해결책이 아니다.[34] 비유하자면 이 세계는 구멍이 난 배와 같다. 구멍이 난 배에 아무리 치장하고 좋은 인테리어를 가져다 놓는다 해도 그것은 근본적인 해결책이 아니다.

배가 침몰하지 않으려면 먼저는 그 구멍을 막아야 한다. 이 세계의 문제를 근본적으로 해결하려면 근본적으로 죄의 문제를 해결해야 한다. 이런 점에서 로잔은 처음 시작 때 그랬던 것처럼 계속해서 복음 전도에 우선적인 역점을 두어야 한다. 교회가 세상을 위해 가장 잘할 수 있는 최고의 헌

---

31 이러한 경향에 대해 박영환은 "… 로잔 선교신학이 자신의 주요 목표인 세계 복음화와 선교 목표를 약화시킨 채, 과거 WCC를 향해 지적하였던 그 세속화의 길을 자신의 방향으로 삼는 것은 진지하게 고민해야 할 일이다"라고 진단한다. 박영환, "로잔 대회와 세속화," 291.
32 휫트비는 "…. 이 세계의 슬픔의 근원이 영적이어서, 부활하신 그리스도께서 이 세상의 모든 삶의 차원으로서 침투해 들어가셔야 이 세계의 치유가 가능"해진다고 일찍이 선언하였다. IMC, "Witness of a Revolutionary Church: Whitby, Ontario, Canada, July 5-24, 1947" in *International Missionary Council 1947* (New York: London, 1947), 19.
33 이 죄의 문제 해결은 오직 하나님의 은혜 라는 점이 어거스틴, 푸터, 칼빈 등에 동일하게 나타나는 신학 구도이다. 조권수, "ACTS 신학공관과 루터의 인간론과의 연관성 연구," 『ACTS 신학저널』 제32집(2017): 141.
34 Lausanne Committee for World Evangelization, *Evangelism and Social Responsibility* (Exeter, UK: The Paternoster Press Ltd, 1982), 16.

신은 다른 것이 아니라 바로 복음을 전하는 일이다.

**둘째**, 그런데 이 복음 전도는 현실적으로 너무나도 어렵다.

복음은 상대가 마음을 열고 그 복음을 받아 평생을 그 복음의 가르침대로 살아가는 결단을 요구하기 때문이다. 요즘같이 세속화되고 모든 가치가 상대화된 시대에 예수만을 유일한 구세주로 영접하고 그 뜻만 따라 살고자 하는 결단은 너무 많은 포기와 희생이 뒤따르는 선택이다.

현대인 중에 누가 이것을 쉽게 하겠는가?

따라서 복음을 수용한다는 것은 성령의 역사가 아니고는 거의 불가능에 가까울 정도로 어려운 일이 아닐 수 없다.[35] 복음 전도를 해볼수록 이런 어려움을 더욱 강하게 실감하게 된다.

특별히 복음을 핍박하는 상황에서는 복음 전도가 더욱 어렵다는 것을 실감하게 된다. 학생들이 공부를 할 때 어렵고 양이 많은 수학 공부에는 많은 시간과 노력을 할애하고 다소 쉽고 양이 적은 사회 영역 등의 공부에는 시간과 노력을 상대적으로 적게 들이는 것은 당연한 전략이다. 선교에 포함되는 많은 과제 가운데 전도가 가장 어렵고 긴급한 과제이기 때문에 로잔은 여기에 더 많은 역점을 두어야 할 필요가 있는 것이다.

**셋째**, 문제는 이 어려운 복음 전도를 감당할 일꾼이 그리 많지 않다는 점이다. 어차피 복음 전도는 교회만이 할 수 있는 과제이다. 세상의 어떤 복지기관이나 인권 운동 기관이나 환경 단체가 할 수 있는 것이 아니다. 오직 교회만이 이 복음을 가지고 있으며, 이 일을 위해 부르심을 받았다. 따라서 교회가 이 일을 소홀히 하면 아무도 그 일을 할 수 없다.[36]

---

35 특별히 오늘의 시대정신은 화합, 공존, 생명 살림 등의 정서가 강하다. 또 포스트모더니즘의 영향으로 어떤 하나의 진리나 살길을 주장하는 것은 편협한 것이고 배척해야 할 자세이다. 이런 시대적 상황에서 예수만이 살 길이라는 복음은 쉽게 수용되기 어려운 것이며 이런 점에서 복음 전도는 매우 어려운 것이다.

36 Lausanne Committee for World Evangelization, *Evangelism and Social Responsibility*, 25. "둘째, 복음 전도는 사람들의 영원한 운명과 연관된다. 그리고 구원의 복음을 그들에게 전할 때, 기독인들은 다른 어느 누구도 할 수 없는 일을 하는 것이다"라고 로잔은 말한다.

그런데 WCC는 어차피 복음 전도에는 큰 관심이 없다. 갈등을 불러일으킬 소지가 있는 복음 전도를 피하면서 화해, 대화, 공존 등에 더 깊은 관심을 두는 경향이 있다.[37] 따라서 복음 전도에 관심을 두고 그것에 헌신할 수 있는 복음적인 선교 진영에서는 로잔이 가장 핵심적인 선교 기구 중 하나인 상황이다. 그런데 로잔마저 복음 전도에 역점을 두지 않고, WCC를 따라서 전도보다 세상 섬기는 것을 더 소중하게 여기거나 통전적 선교라는 관점 아래 이 둘을 동일한 목표로 간주하는 경향으로 간다면 기독교는 앞날이 더욱 어두워지게 될 것이다.

### 2) 명확한 선교 개념 정립과 공유의 필요성

오늘의 선교에 있어 심각한 문제 중 하나는 선교 개념의 혼동일 것이다. 똑같이 선교라는 용어를 말하면서도 그 뜻하는 바가 다 다른 경향이 있다. 어떤 사람은 선교를 말하면서 '교회가 없는 곳에 가서 복음을 전하고 교회를 세우는 활동'을 생각하고, 어떤 사람은 '정의와 평화가 없는 곳에 가서 인권 운동이나 평화 운동 그리고 생명 살리기 운동하는 활동'을 생각하고, 어떤 사람은 '교회가 세상을 위해 추진하는 모든 활동'을 선교로 생각하기도 한다.

선교의 개념이 이처럼 복잡하고 혼란스러워지면서 선교학 사전에 '선교'라는 단어에 대한 정의가 나오지 않는 모습이 나타나기도 한다.[38] 심지어 선교학의 거장인 데이비드 보쉬(David Bosch)마저도 "궁극적으로 선교는 정의할 수 없다"[39]라는 말을 하기도 했다. 이와 같은 혼란을 예견하고 교회의 모든 활동

---

[37] WCC의 관심에 대해 신경규는 "에큐메니컬 진영은 이 땅에서의 생명 신학에는 관심이 있으나, 영적 생명, 영원한 그리스도의 생명에는 관심이 없다"라고 진단한다. 신경규, "복음주의 관점에서 본 에큐메니컬 선교학," 130.

[38] Karl Müller · Theo Sundermeier, *LEXIKON MISSIONS-THEOLOGISCHER GRUNDBE-GRIFFE*, 『선교학사전』, 한국선교신학회 편 (서울: 다산글방, *1999*), 9-13.

[39] David J. Bosch, *Transforming Mission*, 『변화하고 있는 선교』, 35.

을 선교로 보는 관점의 위험성에 대해 스티븐 니일(Stephen Neil)은 "모든 것이 선교라면 아무것도 선교가 아니다"[40]라는 말을 하였고, 중요하다고 생각되는 모든 일을 다 '선교'라고 보는 포괄적 용어 사용을 하려면 세계 복음화만을 의미하는 용어를 새롭게 만들어야 한다고 주장한 바 있다.[41]

특별히 선교의 목표와 방법을 구분하여 명확히 할 필요가 있다. 시대가 급변하고 세속화되어 가는 상황에서 선교의 방법은 다양할 수밖에 없다. 세속화의 영향력이 커지면서 종교 기관들의 범위와 영향력이 축소되고, 신앙에 대한 인기도와 영향력도 감소하며, 자연스럽게 교회 참여가 축소될 가능성이 많아진다.[42]

그뿐만 아니라 소위 말하는 지식층들이 세속적인 신념과 가치들을 계속 퍼트리면서 교육제도, 법제도, 다양한 치료 기구 등을 통해 세속적 가치와 가정들이 지속해서 퍼져나가게 된다.[43] 이런 상황이므로 선교는 급변하는 시대 속에서 효과적인 다양한 선교 전략을 구사해야 한다. 말뿐 아니라 삶의 행동과 섬김 등 모든 가능한 수단을 동원해야 한다.

즉, 선교의 방법은 종합적이고 총체적이어야 한다.[44] 아울러 선교의 방법은 철저히 윤리적이어야 한다. 전통적인 선교에서와 같이 일방적으로 자기 세력만을 무한대로 확장하려는 자세는 곤란하다. 에큐메니컬 정신이 도전한 것과 같이 철저히 상대를 배려하고, 상대를 존중하고, 상대를 사랑하는 자세로 선교를 감당해야 한다.

---

40  Stephen Neil, *Creative Tension* (London: Edinburgh House, 1959), 81.
41  Stephen Neil, *Creative Tension*, 81. 개념이란 "개개의 사물로부터 비본질적인 것을 버리고 본질적인 것만을 추출해 는 사유의 한 형식"이라고 정의되어 있다. 즉, 개념이란 가장 본질적인 것을 명확하게 규명해야 한다. 이런 점에서 로잔은 선교 개념을 명확히 정립할 필요가 있다. 김민수 외 편, 『국어대사전』 (서울: 금성출판사, 1991), 91.
42  Harold Netland, "The Capetown Commitment: Continuity and Change," 430-431.
43  Harold Netland, "The Capetown Commitment: Continuity and Change," 434.
44  John Corrie, ed., *Dictionary of Mission Theology* (Downers Grove, IL: Inter Varsity Press, 2007), 243.

하지만 여기에서 주의해야 할 점은 선교의 방법이 총체적이어야 한다는 것이 선교의 목표까지 총체적인 것으로 변해서는 안 된다는 점이다. 세상이 아무리 바뀐다 해도 선교의 목표는 여전히 사람들을 하나님께로 인도하여 하나님의 자녀가 되게 하고 그 하나님께 영광을 돌려드리도록 하는 것이어야 한다.[45] 통전적 선교신학은 사람들을 하나님께로 인도하는 일(복음화)과 세상을 잘 살게 만드는 일(사회적 책임)이 똑같이 중요한 것이며 둘 다가 동일하게 선교의 목표가 되어야 한다는 관점을 지니고 있다.

그런데 세상에 JPIC를 이루고 세상을 잘 살게 만드는 일은 기독교 혼자 할 수 있는 일이 아니다. UN과 같은 세계기구들과 세계의 많은 나라가 온 힘을 다 기울여도 쉽게 이루어지지 않고 있다. 백번 양보해서 설사 JPIC가 다 이루어지고 모두가 다 잘사는 사회가 이루어진다고 해도 그 사회의 사람들이 하나님께 관심이 없고 자신들의 쾌락과 이익에만 눈이 어두워진 사회라면 그런 사회를 하나님의 나라라고 볼 수는 없는 것이다.[46]

통전적 선교신학에서와 같이 선교의 목표를 복음화와 더불어 JPIC와 모든 세상을 잘 살게 하는 것으로 잡으면 그러한 선교의 목표는 결코 이 세상에서 이루어질 수 없을 것이다. 설사 일정 부분 이룬다 해도 완성할 수 없는 일에 힘을 많이 소진하고 꼭 해야 하는 복음 전도에 쓸 힘은 약화할 것이다. 결국, 선교의 목표는 사람들을 하나님에게로 인도하는 것을 가장 중요한 핵심적인 목표로 삼아야 한다. 선교의 방법은 모든 방법을 강구할 수 있으나, 목표만큼은 명확해야 한다. 그래야 실현 가능성이 커진다.

---

45 정기묵, "협력 네트워크를 통한 한국 교회 선교의 방향," 『ACTS 신학저널』 제31집 (2017):135. (133-161). 박영환은 선교의 목표에 관하여 "중요한 것은 세계 복음화(World Evangelization)다. 그리고 이는 선교의 목표다. 예수 그리스도의 제자를 만들어 온 세상에 하나님의 나라를 세우는 것이 선교의 목적인 것이다"라고 말한다. 박영환, "로잔 대회와 세속화," 291.
46 방콕은 오늘의 구원 개념을 말하면서 대략 서구 정도의 부와 인권을 확보하고 유지하는 것을 사회구원으로 생각하는 경향을 보인다. 그런데 현존하는 나라 중 어느 나라 혹은 어느 사회를 구원받은 사회로 평가할 수 있을까 등을 생각해 보아야 한다. George M. Marsden, *Fundamentalism and American Culture: The Shaping of Twentieth-Century Evangelism, 1870-1925* (New York/ Oxford: Oxford University Press, 1980), 92.

## 3) 선교에서의 우선순위 정립

모든 활동을 함에서 중요한 것은 우선순위를 정립하는 것이다. 어떤 개인이나 사회도 우선순위를 정립하지 않고는 결코 성공적인 목표 달성을 이룰 수 없다. 이것은 선교에서도 마찬가지다. 선교에서 수행해야 할 과업이 매우 많다. 특별히 통전적 관점의 선교에서는 모든 것이 다 선교다. 전도뿐 아니라 JPIC 즉 정의로운 사회를 만들고, 평화로운 세계를 만들고, 온 우주의 생명체를 살리는 일이 다 선교다.[47]

그런데 교회가 이 모든 일을 다 동시에 할 수 있을까?

JPIC의 문제는 유엔도 제대로 하지 못하고, 전 세계가 다 함께 노력해도 쉽게 이루어지지 않은 문제다.

그런데 교회가 이 일을 다 할 수 있는 능력이 있을까?

아무리 많은 능력을 갖춘 사람이라도 모든 일을 한꺼번에 다 할 수는 없는 것이다. 결국, 가장 중요한 일부터 우선순위를 정해서 그 일부터 해갈 수밖에 없는 것이 세상의 기본적인 이치다. 최근에 로잔이 추구하는 통전적 관점의 선교신학은 교회가 세상을 위해 하는 모든 일을 다 선교 속에 포함하면서 그 모든 일이 다 똑같이 중요하니까 다 해야 한다는 관점을 지니는데, 이렇게 하면 정작 가장 중요한 일도 제대로 하지 못하게 만드는 결과를 가져올 수 있다.[48]

---

[47] 로잔은 통전적 선교 주제를 논의하면서 구체적 영역을 경제정의(Economic Justice), 보건(Health), 기아/식량, 물(Hunger/Agriculture and Water), 구제(Relief) 분과를 나누었다. 이 문제 역시 전 세계가 다 이 일에 매진하지만 해결이 되지 않는 문제들인데, 이것은 선교 목표로 삼는다면 그 목표의 달성은 불가능에 가깝다.
Lausanne Committee for World Evangelization, "Holistic Mission," LOP 33. https://lausanne.org/content/holistic-mission-lop-33. 2023년 3월 10일 접속.

[48] 김승호도 로잔운동의 문제점에 대해 "… 로잔운동의 본질의 초점(복음 전도를 통해 세계 복음화)이 흐려지고 너무 많은 의제들로 인해 운동이 산만해질 가능성과 에너지를 분산시킬 가능성이 있다는 점이다"라고 분석하였다. 김승호, "로잔운동의 선교 사상의 발전," 45-46.

이런 점에서 네트란드는 "물론 보다 더 포괄적인 선교 정의는 분명히 전도가 무관심해진다는 점이 위험한 점이다"[49]라고 지적하였고, 이런 이유로 "케이프타운 헌신 자체가 전도를 무시하지는 않지만, 교회와 선교 지도자들은 세상의 여러 문제에 참여함에서 복음 전도가 중심적인 것이 되도록 계속 경계해야 한다"[50]라고 조언하였다.

모든 일을 함에 있어서는 원인과 결과가 있기 마련이다. 예를 들어, 나무를 심고 뿌리를 내려야 열매를 맺는 법이다. 또 말이 앞에서 끌어야 마차가 뒤에서 따라갈 수 있다. 열매가 중요하고 마차가 가는 것이 중요하지만 나무를 심고 말을 앞에 세워야 결과가 나올 수 있다. 세상을 섬기는 일도 기본적으로 먼저 하나님의 자녀가 되는 일로부터 시작되는 것이다.

이것이 없이 사회참여를 강조하는 것은 선교를 자칫 사회 운동으로 전락시킬 수 있는 위험성이 있다. 이런 점에서 미시오 데이(Missio Dei) 개념을 정리한 비체돔도 "그러므로 예수의 나라에 참여하는 일은 항상 회개(metanoia)와 뗄 수 없는 관계에 있다. 이 점에 주의를 기울이지 않는 사람은 교회와 선교에 있어 항상 그릇된 목표를 세울 것이며, 아무리 경건한 일을 수행한다고 해도 그는 세상 나라 속으로 빠져들어 가게 될 것이다"[51]라고 설파하였다.[52]

제3차 로잔 대회의 결과에 대해 평가하면서 박보경은 다음과 같이 말한다.

> … 지금도 로잔 진영 안에서는 이에 대한 서로 다른 관점으로 인해 [전도의 우선순위를 거부한 제3차 로잔 대회의 결정에 대해] 부정적인 우려와 긍정적인 박수의 대답이 엇갈리고 …" 있으며, "… 로잔운동의 구성원들은 과

---

49 Harold Netland, "The Capetown Commitment: Continuity and Change," 430.
50 Harold Netland, "The Capetown Commitment: Continuity and Change," 430.
51 G. F. Vicedom, 『하나님의 선교』, 52.
52 크리스토퍼 라이트(Christopher J. H. Wright)도 "… 궁극적으로 하나님의 말씀과 그리스도의 이름을 선포하고, 회개와 믿음과 순종을 요청하는 것을 포함하지 않는 선교는 그 과제를 다 하지 못하는 것이다. 그것은 총체적인 선교가 아니라, 결함이 있는 선교다"라고 설파하였다. Christopher J. H. Wright, 『하나님 백성의 선교』, 398-402.

> 연 교회가 사회 정치적 참여를 어떻게 이해해야 할지, 그것이 세계 복음화와 어떻게 관계가 있는지, 그리고 로잔운동이 이 문제에 대해 얼마나 많이 그리고 더 깊게 다루어야 할지 등의 다양한 질문에 대한 대답을 기다리고 있다.[53]

로잔이 2차 대회 때까지만 해도 분명히 지녔던 '우선순위'를 포기한 결과 로잔은 자체 안에서도 선교 개념과 방법 등에 있어 혼란을 겪게 된 것이다. 자체 안에서도 분명하고 일치된 견해가 없으니 그 사역이 효과적으로 진행되는 것을 기대하기 어렵다. 로잔이 진정 세계 선교를 위해 기여하려면 지금이라도 다시 우선순위를 확실히 해야 한다.

딘 켈리(Dean M. Kelly)는 쇠퇴하는 교회들이 안 되는 이유에 대해 "사회를 섬기는 일을 해서가 아니라 교회만의 본질적인 일을 게을리해서 …"라고 분석하였는데 로잔은 이 말의 의미를 잘 새겨들을 필요가 있어 보인다.[54]

### 4) 세계 선교의 운동을 위한 전략 정보 센터 기능 수행

오늘날 기독교 선교의 가장 큰 문제점 중의 하나는 각개전투식 선교로 인한 선교 인력과 재정의 낭비라고 할 수 있다. 세계의 많은 교회와 선교 기관이 엄청나게 많은 인력과 재정을 투입하여 선교를 수행하고 있지만, 중복 투자로 인해 선교자원이 낭비되는 경우가 많고, 불필요한 곳에 계속

---

53 박보경, "로잔 복음화 운동과 한국 교회 ; 로잔운동에 나타난 전도와 사회적 책임의 관계," 38, 14.
54 Dean M. Kelly, *Why Conservative Churches are Growing: A Study in Sociology of Religion with a new preface for the Rose edition* (Macon, Georgia, Mercer University Press, 1986), xx-xxi. 흥미로운 사실은 사회참여를 강하게 외치는 진보적 주류 교단들은 점점 쇠퇴하면서 사회를 섬길 수 있는 역량을 점점 더 상실해 가는 반면, 복음화를 강조하는 보수적 교단들은 역동적으로 성장하면서 오히려 사회봉사를 잘하는 현상이 나타나고 있다. 김성건, 『한국사회와 개신교』 (서울: 서원대학교출판부, 2005), 151.

선교자원이 투여되는 경우가 많다.⁵⁵ 선교기구 간의 정보 공유와 협력이 잘 이루어지지 않으면서 선교자원들이 허비되는 경우가 많다.

기독교가 선교를 위해 쓸 수 있는 자원은 제한된 상황에서 이처럼 선교자원이 낭비되므로 선교의 효율성이 떨어질 수밖에 없는 것이다. 이런 문제를 해결하는 데 필요한 일 중의 하나는 세계 선교가 명확한 목표를 지향하고 이 일을 위해 선교자원을 효율적으로 사용할 수 있도록 돕는 선교 전략 정보 센터이다. 로잔이 현재도 이런 일을 일정 부분 감당하고 있지만 이 일을 좀 더 효율적으로 잘 수행할 필요가 있다.

그렇다면 로잔이 어떤 방식으로 세계 선교 전략 정보 센터의 임무를 수행할 수 있을까?

먼저 세계 선교의 다양한 전략들, 모범적인 선교사례들, 다양한 갈등 해소와 협력 사례, 선교 영성 향상 사례와 방안 등을 공유하고 평가하면서 각각의 선교 현장에 맞는 선교 노하우를 개발하고 그 정보들을 공급해 주는 센터 역할을 할 수 있다. 로잔 대회나 기타 로잔 소위원회들이 모일 때마다 세계 각지에서 수행되는 중요한 선교사례들을 서로 나누고 토론하면서 역동적이며 효율적인 선교방안들을 체계화시키고 이렇게 체계화된 내용들을 데이터화하고 널리 공유해야 한다.⁵⁶ 마치 의사들이 의학 학술대회를 하면서 성공적인 치료방식들을 서로 나누는 가운데 의료기술이 향상되듯이, 로잔의 모임에서 효율적이고 실제적인 선교방안들을 나누면서 선교 발전을 이루어가야 할 것이다.

또한, 세계 선교 현장을 체계적으로 분석하여 그 현장에 필요한 사역과 사역자의 형태를 알려주면서 선교자원 투입을 안내해 주는 역할을 할 필요

---

55 실제로 선교 현장을 보면 "어렵지만 장시간 동안 복음의 씨앗을 뿌려 영혼들을 구원하는 것보다는 빠른 시간 내에 뭔가 눈에 드러나는 결과를 보기를 선호한다. 가능한 한 눈에 보이는 건물이나 프로젝트형 사역을 많이 하고자 한다." 장순호. "방글라데시 선교의 문제와 전망을 말한다," 「월간 목회」 1993년 8월호: 138-139.
56 앞으로 4차 산업혁명이 본격화하면 빅데이터의 역할이 더욱 중요해질 것인데, 로잔이 이것을 미리 내다보면서 선교관련 빅데이터 작업에 박차를 가해야 할 것이다. 정기묵, "협력 네트워크를 통한 한국 교회 선교의 방향," 155. 참조.

가 있다. 랄프 윈터(Ralph Winter)는 선교에서의 4P 즉 개척자(Pioneer), 부모(Parents), 동역자(Partners), 참여자(Participants)의 네 단계를 말했는데, 단계마다 수행되어야 할 선교의 형태가 달라진다. 4단계인 참여자(Participants)의 단계에 도달하면 선교는 현지인에게 이양을 하고 새로운 선교지로 향하는 것이 필요하다.[57]

로잔은 세계의 다양한 선교지들이 윈터의 네 단계 중 어디에 해당하며, 그 지역에서는 어떤 선교가 필요하며, 어떤 역량을 갖춘 선교사가 필요한지 등에 대한 정보를 알려 주고 안내함으로써 세계 선교의 센터 역할을 할 필요가 있다. 물론 이런 일을 하려면 세계 교회들의 적극적인 협조가 필요하며, 많은 시간과 노력이 필요할 것이다.

그러나 첫술에 배부를 수는 없다. 미약하지만 이 방향을 향해 나아가면서 교회들을 설득하고 동참시켜 세계 선교의 자원이 낭비되지 않도록 조절하고 안내하는 센터의 역할을 해나간다면 로잔은 세계 선교를 위해 참으로 귀한 공헌을 할 것이다.

## 3. 요약 및 전망

로잔은 WCC에 의해 세계 복음화의 과제가 심각한 위협을 받고 있다는 위기감 속에서 탄생하여 세계 복음화를 그 무엇보다 강조한 운동이었다. 이것은 로잔운동의 명칭에서도 볼 수 있는데, 로잔 대회의 명칭은 '로잔 세계복음화국제대회'(The International Congress on World Evangelization) 또는 세계 복음화를위한로잔위원회(Lausanne Committee for World Evangelization) 등으로 명명되었다.[58] 즉, 로잔이 결코 양보할 수 없는 정체성과 핵심 과제는 바

---

[57] Ralph D. Winter·Steve Hawthorne, *Mission Perspectives* 『미션 퍼스펙티브』, 정옥배 역 (서울: 예수전도단, 2003), 219.
[58] 김은수, 『현대선교의 흐름과 주제』 (서울: 대한기독교서회, 2010), 270, 340. 참조.

로 세계 복음화이다.

하지만 로잔은 2천 년 대에 들어오면서부터 복음 전도의 우선성을 양보하고 WCC가 추구하던 인간화나 샬롬 등을 선교의 동등한 과제로 포함하면서 WCC의 뒤를 따라가는 모습을 보인다. WCC는 나름대로 세상의 샬롬의 일정 부분 기여할 수 있을 것이다. 하지만 정작 세상 변혁의 가장 중요한 출발이요 핵심인 복음 전도는 거의 무시되면서 WCC 신학을 수용한 교회들은 교회 자체가 갈수록 약화하고 있다.[59] 이렇게 되면 교회가 세상을 위해 일하는 것 자체가 불가능해지고 교회들의 지원으로 운영되는 WCC 역시 약화할 수밖에 없다. 실제로 WCC는 엄청난 재정난에 시달리고 있다.[60]

물론 WCC는 그 나름대로 세계 선교를 위해 기여하는 측면이 있으므로 로잔이 WCC를 비판할 필요는 없다. 하지만 그렇다고 로잔이 WCC를 따라갈 필요도 없다. 로잔은 로잔이 본래부터 추구해 왔고 가장 잘할 수 있는 복음 운동에 좀 더 역점을 둘 필요가 있다. 로잔은 현재 혼란스러운 시기를 지나고 있다. 무엇이 바른 선교의 개념인지, 선교의 목표는 무엇인지, 선교에서 먼저 고려해야 하는 것은 무엇인지 등에 대해 일치된 견해를 갖지 못하고 있는데, 이런 상황 속에서는 세계 선교에 효율적으로 기여하기 어렵다.

로잔이 다시 본래의 초심으로 돌아가서 선교의 개념을 명확히 정립하고, 복음 전도에 우선순위를 두면서, 세계 선교의 정보 및 안내 센터 역할을 감당해 간다면 세계 선교에 귀하게 기여할 수 있을 것이다. 선교는 교회를 든든히 세우는 일에 기여해야 한다. 교회가 다 죽은 후에는 선교 자체도 논할 수 없다. 교회를 세우려면 모든 것을 종합적으로 고려하더라도 여전히 복음 전도의 우선성을 인정해야 한다. 로잔은 본래 이것을 주장하면서 출발했었다. 로잔이 이런 점을 깊이 심사숙고할 필요가 있어 보인다.

---

59  종교 사회학자인 김성건의 보고에 의하면 사회적 책임을 지나치게 강조한 교회들은 복음 없는 사회봉사 기관 혹은 휴머니즘적 활동 기관으로 전락하면서 교회 자체가 약화되어 사회봉사도 제대로 하지 못하게 되는 경우가 대부분이다. 김성건, 『한국 사회와 개신교』, 151.
60  Alister McGrath, 『기독교의 미래』, 121-122. 맥그라스는 이 책에서 WCC에 대해 "50여 년이 흐른 지금, 세계교회협의회는 세계의 웃음거리가 되었다"라고 보고하고 있다.

# 에필로그

지금까지 로잔운동의 시작, 관심, 흐름, 신학, 선교 현장 등을 분석해 보고, 그에 근거해 로잔운동이 나아가야 할 방향 등을 제시해 보았다. 역사적인 제4차 로잔 대회를 앞둔 시점에서 이 책의 본문에서 논의된 내용들을 간단히 정리하여 제안해 보고자 한다. 4차 대회를 준비하면서 이 내용들이 고려되고 실천된다면 로잔운동이 더욱 건강하게 발전하고 세계 복음화에 효율적으로 이바지하게 될 것으로 생각하며 종합적으로 몇 가지를 제시해 본다.

## 1. 로잔운동의 분명한 정체성 확립

로잔운동은 기본적으로 WCC 에큐메니컬 운동의 위험성을 인식하면서 태동된 운동이었다. 그런 점에서 로잔은 기본적으로 WCC와 달리 WCC가 하지 못하는 일을 해야 할 과제를 지니고 있다. 하지만 이 책에서 지속해서 분석한 것처럼 2천 연대에 들어서면서부터 로잔운동은 WCC와 상당히 유사한 방향으로 흘러간다는 의구심을 떨치기 어렵다. 물론 여전히 로잔과 WCC는 분명한 차이를 지닌다. 하지만 신학적인 차원이나 선교의 개념 등에서 상당한 유사성을 보이는 것 또한 사실이다.

케이프타운 3차 대회에 참가했던 한 신학자가 "로잔의 독특성이 무엇이며 로잔이 WCC와 다른 점이 무엇인가"라고 질문했던 것도 바로 이런 이유 때문이었을 것이다. WCC는 통전적 선교를 말하면서도 기본적으로 세계의 복음화보다는 세계의 평화와 행복에 더 많은 관심을 보이는 경향이 있다. 좀 더 심하게 말하면 WCC는 어차피 복음 전도에는 큰 관심이 없다. 갈등을 불러일으킬 소지가 있는 복음 전도는 가능한 약화시키고, 세계 모든 인류와 모든 피조물의 행복을 위한 정의, 평화, 창조 질서 보전, 화해, 대화, 공존 등에 더 깊은 관심을 두는 경향이 있다.

WCC는 하나님의 선교 개념을 기초로 하여 선교의 개념을 그리스도 중심의 복음 전도로부터 하나님 중심의 세계 잘 살게 만들기 운동으로 변화시킨 경향이 있다. 그리하여 그리스도를 통한 구원 진리를 소홀히 하고 모든 종교와의 평화로운 관계를 중시하면서 종교 다원주의적 성향을 보이고, 세상을 잘 살게 하는 모든 일을 선교에 포함하는 통전적 선교 개념을 지니고 있다.

이에 비해 로잔운동에는 항상 '세계 복음화'라는 명칭이 포함되어 있다. 로잔 대회의 공식 명칭은 '세계복음화국제대회'(The International Congress on World Evangelization)였고, 이 운동을 지속할 기구의 이름은 처음에 로잔 세계 복음화계속위원회(Lausanne Continuation Committee for World Evangelization, 약자로 LCCWE)였고, 후에 '세계복음화를위한로잔위원회'(Lausanne Committee for World Evangelization)로 바뀌었다.[1] 즉, 로잔운동의 모든 명칭에서 보듯이 로잔운동에는 항상 '세계 복음화'란 단어가 박혀 있었고, 이런 점에서 로잔운동에서는 항상 '세계 복음화'가 핵심 과제였다.

WCC가 선교를 세계 잘 살기 운동으로 변화시키는 상황에서 여전히 복음 전도를 소중히 생각하고 이 사명을 위해 헌신할 수 있는 선교기구는 로잔이다. 로잔마저 복음 전도에 역점을 두지 않고, WCC를 따라서 전도보다 세상 섬기는 것을 더 소중하게 여기거나 통전적 선교라는 관점 아래 이 둘을 동일한 목표로 간주하는 경향으로 간다면 세계 복음화의 길은 더욱 멀어지게 될 것이다. 로잔은 로잔운동의 태동 당시의 초심을 잃지 말고 세

---

1 로잔운동의 명칭은 '로잔 세계복음화국제대회', '마닐라 세계복음화대회,' '세계복음화를위한 제3차 로잔 대회' 등으로 표기되나, '로잔 세계복음화국제대회'를 공식 명칭으로 사용한다. 김은수, 『현대선교의 흐름과 주제』(서울: 대한기독교서회, 2010), 270, 340.

계 복음화를 위한 운동이라는 정체성을 더욱 선명하게 나타내기를 기대해본다.

## 2. 복음이 세상 모든 문제의 근본적인 답이라는 확신의 재정립

모든 문제를 해결 함에서 주된 과업 중 하나는 문제의 원인을 명확히 진단하는 것이다. 병을 치료함에서도 병의 원인을 명확히 진단하여 그 원인을 해결하는 것이 병을 치료하는 가장 근본적인 방법이다.

그렇다면 세상의 다양한 문제들의 원인이 무엇인가?

세상에는 다양한 문제 진단의 관점이 있다. 예를 들면, 막시즘은 물질적인 불평등을 인류 불행의 원인으로 진단하고, 동성애적 관점은 성을 포함한 모든 것을 선택할 수 있는 인간의 자유를 억압하고 차별하는 것이 인류 불행의 원인이라고 진단할 것이다.

하지만 성경은 이 세계의 모든 문제의 근원을 '하나님과의 관계 단절' 즉 죄로 설명한다. 하나님과의 관계를 단절하고 자신의 욕심을 따라 살려는 죄로 인하여 모든 문제가 발생한 것임을 말씀하고 있다.[2] 케이프타운 선언도 이와 연관하여 "죄의 결과와 악의 권세는 인간성의 모든(영적, 육체적, 지적, 관계적) 차원을 타락시켰다. 이 타락은 모든 문화와 역사의 모든 세대에 걸쳐 사람들의 문화, 경제, 사회, 정치, 종교에 침투하였다"[3]라고 진단한다. 즉, 죄는 인간의 영적 차원뿐 아니라 이성적 차원, 육체적 차원, 사회적 관계 차원 등을 모두 파괴하는 것이다. 세계 불행의 근저에는 죄의 문제가 도사리고 있다.

---

[2] 이 죄의 문제 해결은 '오직 하나님의 은혜'라는 점이 어거스틴, 푸터, 칼빈 등에 동일하게 나타나는 신학 구도이다. 조권수, "ACTS 신학공관과 루터의 인간론과의 연관성 연구", 『ACTS 신학저널』 32(2017): 141.

[3] Lausanne Movement, 『케이프타운 서약』, 50-51.

교회는 세상 불행의 원인에 대한 진단과 연관하여 세상의 관점을 받아들일 것인지 아니면 성경의 관점을 받아들일 것인지를 결단해야 할 것이다. 성경적 관점은 일관되게 죄 문제를 세계 문제의 근원으로 설명하고 있다. 비유하자면 성경에서 진단하는 이 세계는 구멍이 난 배와 같다. 구멍이 난 배에 아무리 치장하고 좋은 실내장식을 가져다 놓는다 해도 그것은 근본적인 해결책이 아니다.

배가 침몰하지 않으려면 먼저는 그 구멍을 막아야 한다. 이 세계의 문제를 근본적으로 해결하려면 먼저 죄의 문제를 해결해야 한다. 물론 다양한 실내장식과 좋은 시설들이 필요하다. 그러나 그것은 배에 물이 새지 않는다는 점이 전제될 때 의미가 있는 것이다.

죄 문제 해결이 가장 근본적인 문제 해결의 길이라면 선교에서 가장 중요한 핵심 과제는 당연히 죄 문제 해결을 위한 길이여야 할 것이다. 이것보다 더 중요한 과제가 있다거나 다른 길들이 죄 문제 해결의 길과 동일한 무게를 지닌 것이라고 말하는 것은 성경적 관점과 어긋나는 것이며, 그것은 세상의 진단과 성경의 진단을 섞는 것일 수 있다. 이런 관점을 가질 경우 선교는 핵심 본질을 놓치고 자칫 복지 운동, 인권 운동, 평화 운동, 환경 운동 등으로 축소될 수 있으며, 교회는 세상의 복지 단체, 인권 단체, 평화 단체, 환경 단체로 전락할 수 있다.

물론 인간의 죄 문제가 해결된다고 해서 모든 세상의 문제가 일시에 해결된다는 것은 아니다. 성경은 이 세상을 지상낙원으로 만드는 것을 구원으로 설명하지 않는다. 이 세상에 지상낙원이 가능하다고 하면 하나님이 만드시는 천국은 필요가 없어질 것이다.

복음은 기본적으로 구원을 열어 주는 복음이고, 하나님과의 바른 관계를 회복한 영생의 길을 열어 주는 소식이다. 복음이 모든 문제를 다 해결하고, 선교가 세상의 모든 문제를 다 해결하는 일이라고 생각하는 것이야말로 소위 말하는 '번영신학'의 관점이 아닌지 고민해야 할 것이다.

복음이 모든 문제 해결의 근본적인 열쇠라는 확신은 기독교의 당연한 핵심 진리다. 이것이 의심될 때 당연히 선교의 열정이 약화할 수밖에 없거나, 선교라는 이름으로 다른 활동을 하게 된다. 로잔운동 탄생의 핵심 주역이었던 빌리 그래함(Billy Graham)은 "에든버러 60년 후 많은 그리스도인이 세계 복음화의 목표를 의심하고 있을 뿐 아니라 심지어 그것이 바람직한가에 대한 의심조차 하고 있다"라고 말한 바 있다.[4]

로잔의 선교 관점을 보면서 로잔에 "죄 문제가 모든 문제의 근원이며, 복음이 그 모든 문제 해결의 핵심이다"라는 확신이 존재하는지에 대한 의구심을 갖게 된다. 로잔이 이 문제에 대해 더 선명한 의견을 결정하고 복음에 대한 확신을 분명히 하는 것이야말로 로잔이 참으로 로잔답게 되는 핵심 열쇠가 될 것으로 본다.

## 3. '하나님의 선교'(Missio Dei) 개념에 대한 성경적 이해

오늘날 복음주의 진영이든 에큐메니컬 진영이든 모두가 다 하나님의 선교(Missio Dei)개념을 수용하고 있다. 하나님의 선교 개념이 양 진영 선교신학의 핵심적인 기반을 형성하고 있다. 이 하나님의 선교 개념은 "선교의 주인은 오직 하나님이시다"라는 점을 강조하면서, 교회의 잘못된 선교 자세와 방향을 갱신시키는데 나름대로 역할을 한 개념이란 점에서 의의가 있다.

하지만 모든 약에 부작용이 있듯이 에큐메니컬 진영에서 태동한 이 개념 역시 상당한 부작용을 지니고 있다. 교회는 이 개념을 수용할 때 이 부작용을 잘 알고 지혜롭게 수용해야 한다. 특별히 성경적으로 이 개념이 과연 옳은 것인지를 잘 분별하여 성경에 합당한 수준에서 지혜롭게 잘 수용할 필요가 있다.

---

[4] Billy Graham, "Why Lausanne?" in *Let the Earth Hear His Voice*, ed., J. D. Douglas (Minnepolis: World Wide Publication, 1975), 25.

WCC 에큐메니컬 진영에서 말하는 하나님의 선교 개념은 선교의 주인이신 하나님의 관심이 세상을 구원하는 데 있기보다는 세상의 샬롬에 있다는 점을 강조한다. 즉, 하나님의 선교에서 말하는 선교의 목표는 전통적인 복음화가 아니라 인간화, 정의, 평화, 샬롬, 모든 피조물의 보전 등이 되는 것이다. 즉, 하나님의 선교에서 말하는 하나님의 뜻이란 정치적 해방, 복지와 샬롬 등에 우선순위를 두거나 이러한 사항들을 복음 전도와 동일선상에 두는 것이다.

이러한 견해를 종합하면 하나님의 뜻이란 결국 세상을 잘 살게 만드는 모든 일이 되는 것이다. 이런 문제 때문에 데이비드 보쉬는 "에큐메니컬 선교신학에서 우리는 복음의 심각한 감소 및 변질을 접하게 된다."[5] 라는 분석을 내놓았고, 김은수는 "신앙의 이름으로 구원과 관련하여 하나의 정치적, 경제적 이데올로기를 제공할 위험이 있다"[6]라고 분석한 바 있다.

그런데 이러한 관점은 케이프타운 대회의 신학위원장 역할을 담당했던 크리스토퍼 라이트(Christopher J. H. Wright)에게서도 일부분 나타나는 데, 그는 "하나님의 선교는 그분의 창조 세계 전체에서 악한 모든 것을 완전히 멸하는 것이다. 그러므로 우리의 선교 역시 성경 전체가 우리에게 주는 복음만큼 그 범위가 포괄적이어야 한다"[7]라는 주장을 펼쳤다. 물론 "하나님의 창조 세계 전체에서 악한 모든 것을 완전히 멸하는 것"은 좋은 일이다.

그러나 악한 모든 것을 다 멸하는 것이 하나님의 뜻이라고 하면서 악한 모든 것을 멸하는 것을 선교의 목표로 삼는 순간 선교는 너무 많은 과제를 포함하면서 무엇을 어디서부터 시작해야 할지 갈피를 못 잡게 될 수 있다. 하나도 제대로 못 하게 될 수 있다. 말은 매우 그럴듯하고 아주 설득력이 있지만 실제로 얻는 것은 거의 없게 될 수 있다.

---

5   David J. Bosch, 『선교신학』, 258.
6   김은수, 『현대선교의 흐름과 주제』, 259-260. 물론 김은수는 에큐메니컬 진영의 해방으로서의 구원의 개념이 사회적 불의에 대해 그리스도인의 책임을 깨닫게 한다는 점에서 일리가 있다고도 본다.
7   Christopher J. H. Wright, 『하나님 백성의 선교』, 42.

신학의 토대가 되어야 할 성경은 하나님의 뜻을 어떻게 설명하고 있는가? 예수 그리스도께서는 요한복음 6장 39-40절에서 말씀하신다.

> 나를 보내신 이의 뜻은 내게 주신 자 중에 내가 하나도 잃어버리지 아니하고 마지막 날에 다시 살리는 이것이니라. 내 아버지의 뜻은 아들을 보고 믿는 자마다 영생을 얻는 이것이니 마지막 날에 이를 다시 살리리라 하시니라 (요 6:39-40).

여기에 '하나님의 선교' 개념에서 그토록 강조하는 하나님의 뜻이 두 번이나 나타나는데, 39절에서는 하나님이 주신 자를 잃어버리지 않고 다시 살리는 것 즉 영혼구원이 하나님의 뜻이라고 말씀하고 있으며, 40절에서는 아들을 믿고 영생을 얻는 것 즉 영혼구원이 하나님의 뜻이라고 말씀하고 있다. 요한복음이 분명하게 말씀하는 하나님의 뜻은 구령과 긴밀하게 연결되어 있음을 보게 된다.

또한, 출애굽기에 나타난 하나님의 뜻도 해방신학이나 에큐메니컬 신학에서 강조되는 정치적 해방과 복지에 있기보다는 다음에 있음을 볼 수 있다.

(1) 이스라엘, 애굽, 온 천하가 하나님을 알게 되는 것[8]
(2) 이스라엘이 하나님을 섬기도록 하는 것[9]

---

8  이와 연관된 말씀으로 "… 애굽 사람이 나를 여호와인줄 알리라. … 나를 여호와인 줄 알리라 …"(출 7:5, 17), "… 우리 하나님 여호와와 같은 이가 없는 줄을 알게 하리니"(출 8:10), "… 이로 말미암아 이 땅에서 내가 여호와인 줄을 네가 알게 될 것이라"(출 8:22), "내가 너를 세웠음은 나의 능력을 네게 보이고 내 이름이 온 천하에 전파되게 하려 하였음이니라"(출 9:16), "내가 바로와 그의 병거와 마병으로 말미암아 영광을 얻을 때에야 애굽 사람들이 나를 여호와인줄 알리라 …"(출 14:18, 참고 14:4, 25), "… 온 천하에 나와 같은 자가 없음을 네가 알게 하리라"(출 9:14) 등의 말씀이 있다.
9  이와 연관된 말씀으로는 "…나를 왕에게 보내어 이르시되 내 백성을 보내라 그러면 그들이 광야에서 나를 섬길 것이니라 …"(출 7:16), " 여호와의 말씀에 내 백성을 보내라 그들이 나를 섬길 것이니라"(출 8: 1), "… 여호와께서 이와 같이 말씀하시기를 내 백성을 보내라 그러면 그들이 나를 섬길 것이니라"(출 8:20), "… 히브리 사람의 하나님 여호

(3) 앞의 사항들을 통해 하나님의 언약 백성을 형성하는 것[10]

즉, 하나님의 뜻은 아브라함을 통해서 땅의 모든 족속이 복을 얻게 하는 데 있었고(창 12:3 하), 출애굽 사건 이후 하나님은 아브라함의 후손인 이스라엘과 언약을 맺으심으로 이 뜻을 이루어 가셨다.

즉, 출애굽은 단순한 정치 해방의 사건이기보다는 하나님의 구원사 속에서 이루어진 사건이며, 하나님의 뜻을 잘 드러내는 사건이었다. 그것은 위에서 언급한 대로 하나님을 온 천하에 알리고, 하나님을 예배하게 하고, 하나님의 복의 통로가 되는 것이다. 로잔이 하나님의 선교를 말할 때 이런 점을 분명히 인식하는 것이 하나님의 뜻에 맞는 선교를 수행하는 데 중요할 것이다.

## 4. 선교의 목적과 방법의 구별

선교를 수행하면서 주의할 점은 선교의 목적과 방법을 혼동하지 않는 것이다. 물론 목적과 방법은 긴밀하게 연결되어 있어 둘 사이에 긴밀한 영향이 존재한다. 하지만 그러므로 더더욱 목적과 방법을 구분할 필요가 있다. 그렇지 않으면 둘 사이에 혼동이 발생하면서 어느 순간 목적이 변질할 수 있기 때문이다. 주님이 주신 선교의 목적은 사람들을 하나님께로 인도하여 하나님의 자녀가 되게 하고 하나님께 영광을 돌려드리도록 하는 것이다.[11]

---

와께서 말씀하시기를 내 백성을 보내라 그들이 나를 섬길 것이니라"(출 9:1), "… 내 백성을 보내라 그들이 나를 섬길 것이니라"(출 9:13) 등의 말씀이 있다.
10 이 목적은 이스라엘이 출애굽을 한 후 시내산에 이르렀을 때 하나님과 세계에 대해 "제사장 나라 거룩한 백성"이 될 것을 다짐하게 하는 언약을 체결하셨다(출 19:6)는 점에서 잘 나타난다. 즉, 출애굽은 언약을 통한 선교 백성을 형성하기 위한 첫 걸음 또는 서론이었던 것이다.
11 정기묵, "협력 네트워크를 통한 한국 교회 선교의 방향,"『ACTS 신학저널』제31집 (2017):135. (133-161). 박영환은 선교의 목표에 관해 "중요한 것은 세계 복음화(World

이 목적은 시대와 환경의 변함에도 변할 수 없다. 그것은 주님으로부터 주어진 명령이기 때문이다. 주님이 주신 세계 복음화의 목적은 인간들이 상황에 따라 논의나 합의로 바꿀 수 있는 것이 아니다. 상황이 변했다고 해서 선교의 목적을 변경시키는 것은 선교 명령을 내리신 주님에게 대한 월권이고 불순종이 될 수 있다.

반면에 선교의 방법은 상황의 변화에 따라서 변화될 수 있고 변화되어야 한다. 특별히 급변하는 시대 속에서 효과적인 다양한 선교 전략을 구사해야 한다. 말뿐 아니라 삶의 행동과 섬김 등 모든 가능한 수단을 동원해야 한다. 선교의 목적에 도움이 되는 한 모든 선교의 방법을 수용할 수 있어야 한다. 즉, 선교의 방법은 종합적이고 총체적이어야 한다. 아울러 선교의 방법은 철저히 윤리적이어야 한다. 전통적인 선교에서와 같이 일방적으로 자기 세력만을 무한대로 확장하려는 자세는 곤란하다. 에큐메니컬 선교에서 강조하는 것과 같이 철저히 상대를 배려하고, 상대를 존중하고, 상대를 사랑하는 자세로 선교를 감당해야 한다.

에큐메니컬 진영이 말하는 '통전적 선교신학'의 오류는 선교의 목적과 방법을 혼동하는 것이라 할 수 있다. 로잔 역시 이 문제를 명확히 정리하지 못하고 혼동을 겪는 경향을 보인다. 로잔은 제1차 로잔 대회 때 전도의 우선성을 분명히 하였지만 사실 전도와 사회적 책임의 관계를 두고 많은 논란을 겪었고, 둘 사이의 관계에 대한 분명한 개념 정립을 하지 못하였고, 이것이 계속해서 로잔의 선교 개념을 혼란스럽게 한 측면이 있다.

선교의 목적은 세계 복음화이고, 이 목적을 위한 선교의 방법은 전도와 사회적 책임이 되는 것이다. 전통적 선교나 로잔이 사회적 책임을 결코 무시한 것이 아니다. 사회적 책임은 매우 중요한 교회의 책임이다. 하지만 그것이 중요하다고 해서 그것이 선교적 책임이 되는 것은 아니다. 그것은 선

---

Evangelization)다. 그리고 이는 선교의 목표다. 예수 그리스도의 제자를 만들어 온 세상에 하나님의 나라를 세우는 것이 선교의 목적인 것이다"라고 말한다. 박영환, "로잔 대회와 세속화," 한국로잔연구교수회 편, 『로잔운동의 선교 동향』, 291.

교의 목적에 도움이 되는 한 수용될 수 있는 선교의 방법이 되는 것이다.

로잔은 에큐메니컬 진영이 말하는 '통전적 선교'와 유사성이 많은 개념인 '총체적 선교'라는 개념을 채택하면서 이러한 혼동이 더 심화하였다. 방법에서의 총체성이 목적에서의 총체성과 섞이면서 모든 것이 다 선교의 범주에 들어오게 되었고, 이에 따라 무엇이 선교인지를 명확히 규명하는 것조차 어려워지게 된 면이 있다.

이런 점과 연관하여 박보경은 "이제 로잔운동의 초기부터 신학적 견해로 자리 잡았던 '전도와 사회적 책임은 교회의 두 가지 임무이지만 동시에 전도가 우선적이다'라는 주장은 더 이상 로잔 진영 안에서 불변의 진리는 아닌 듯하다"[12]라고 진단한다.

벤엥겐은 린젤 등의 의견을 종합해 복음주의 핵심 목적에 대해 "복음주의는 단 한 가지 주요한 선교의 목적을 말한다. 그것은 개인의 영혼구원이다. … 구원받지 못한 자의 삶의 사회적, 정치적, 경제적 그리고 문화적인 측면들은 천국과 지옥에 관한 질문에 비해 상대적으로 중요하지 않다"[13]라고 말하였는데, 로잔이 이 목적과 방법을 잘 구분하고 선명한 목적을 간직하는 것이 로잔의 존재 목적을 실천함에 있어 중요한 과제가 될 것이다.

## 5. 선교적 과제와 윤리적 과제의 구별

선교의 목적과 방법을 구분해야 하는 것처럼, 선교적 과제와 윤리적 과제를 구별하는 것 또한, 매우 중요하다. 종교에 있어 선교는 기본적으로

---

12  이어 박보경은 말하기를, "이제 로잔 진영은 전도와 사회적 책임이라는 두 가지 명제가 교회에 주어진 동일한 임무이며 이 두 가지 사명을 온전하게 감당하지 않으면 온전한 복음이 아니라고 확신하게 되었다"라고 한다. 박보경, "로잔운동에 나타난 화해로서의 선교",「선교신학」38(2015): 199.
13  Charles Van Engen,『미래의 선교신학』, 183-184.

'종교의 확장을 위한 활동'[14]이라 할 수 있고, 종교에 있어 윤리는 '종교를 믿는 사람이 마땅히 행해야 할 도덕적 행위'인 것이다. 즉, 선교적 과제는 기본적으로 해당 종교의 확장을 위한 활동이고, 윤리적 과제는 해당 종교를 믿는 사람이 그 종교의 가르침에 따라 마땅히 행해야 하는 행위 또는 사회적 책임이다.

여기에서 선교적 과제와 윤리적 과제가 구분되지 못하고 혼동을 주는 경우가 있는데, 그 이유로는 다음과 같은 원인을 생각할 수 있다.

**첫째**, 선교는 윤리적 과제를 통해서도 수행되기 때문에 윤리적 과제가 선교적 과제로 혼동되는 경우가 있다. 즉, 이웃을 향한 선한 삶과 사랑의 행위와 같은 윤리적 과제를 통해서도 복음이 증거되기 때문에 윤리적 과제가 선교적 과제로 인식되기 쉽다.

**둘째**, 선교적 과제와 윤리적 과제는 각각 '지상 대명령'(모든 민족을 제자삼으라는 명령)과 '큰 계명'(네 이웃을 네 몸과 같이 사랑하라는 명령)으로 똑같이 중요한 명령으로 인식되면서 교회의 선교적 사명 안에 이 두 계명이 동등하게 포함되는 것으로 인식되기 쉽다.

하지만 선교와 윤리는 기본적으로 관심 대상과 목표가 판이하다. 즉, 선교는 기본적으로 아직 복음을 알지 못하는 자들에게 관심을 가지고 이들에

---

14 기독교 역시 전통적인 의미에서는 이런 개념과 다르지 않았다. 적어도 기독교가 시작된 이래 1900여 년 동안은 이런 선교 개념을 가지고 선교를 수행해 왔다. 선교의 개념에 윤리적 과제를 포함하여 광의의 선교 개념을 가지기 시작한 것은 불과 60여 년밖에 되지 않고, 복음주의 진영이 통전적 선교 개념을 공적으로 표명한 것은 2010년에 남아공 케이프타운에서 열린 제3차 로잔 대회라고 할 수 있다. 이런 점에서 기독교 선교에서 윤리적 책임을 선교에 포함한 역사는 전체 역사에서 보면 그리 길지 않다고 할 수 있다. 박보경은 복음주의 진영의 이런 변화에 대해 "…로잔운동이 처음에는 전도와 사회적 책임의 관계에 있어 전도가 우선성을 지닌다고 천명하였으나, 그 입장이 2000년을 넘어서면서 서서히 변화해 전도와 사회적 책임의 관계에 있어 전도가 우선적으로 인식되지 않는다는 결론을 내리고 있다"라고 분석하였다. 박보경, "로잔 복음화 운동과 한국 교회: 로잔운동에 나타난 전도와 사회적 책임의 관계," 38.

게 복음을 듣게 하는 일에 관심을 두지만, 윤리는 인간다운 세상을 만드는 것에 관심을 가지면서 인간다운 삶을 살지 못하는 자들의 삶의 문제 개선에 깊은 관심을 둔다.

물론 통전적 선교신학의 입장에서는 이런 이의제기를 할 것이다.

"둘 다 중요한 교회의 사명이 아닌가?

이 중요한 두 가지를 왜 나누려고 하는가?"

필자 역시 이 두 가지의 교회의 중요한 두 가지 사명이라는 점은 이미 언급하였다. 하지만 두 가지가 중요하다고 해서 그 두 가지 사명을 하나의 사명으로 만들어 '선교'라는 용어로 표현하는 것은 효율적이지 못하다.[15] 선교와 윤리를 하나로 섞는 선교 개념은 선교의 개념 자체를 모호하게 만들면서 선교가 무엇인지에 대한 개념 정의 자체를 불투명하게 만들고 자연히 그 선교의 효율성을 감소시킬 가능성이 커진다.

또한, 선교와 윤리의 과제를 비교해 볼 때 다음과 같은 점에서 선교에 우선성을 두는 것이 옳다.

**첫째**, 기독교 윤리는 기독교 선교가 이루어진 이후에 실현될 수 있다.

이것은 결코 윤리를 무시하거나 선교가 더 중요하다는 것을 말하는 것이 아니다. 둘 다 중요한 교회의 사명이다. 그러나 이치상 선교가 있을 때 그 선교를 통해 기독교 신자가 된 사람에게 기독교 윤리를 요구할 수 있는 것이다. 선교를 통해 하나님의 자녀가 된 사람이 하나님이 원하시는 윤리적 삶을 살 수 있는 것이다. 마치 먼저 아기가 태어나야 그 아기가 사람다운 사람으로 성장하는 것과 같은 이치다.

---

15 예를 들어, 학생에게 공부의 의무가 있고, 친구들과 좋은 인간관계를 만들고 도움을 주어야 할 의무가 있다고 할 때, 친구를 도와줘야 할 의무가 공부만큼이나 중요하다고 하여, 학생들에게 친구를 도와주는 의무가 곧 공부라고 말할 수 있을까? 물론 넓게 보아 공부 안에 친구를 도와주는 일도 포함해야 한다는 논리를 펼 수도 있겠지만, 이러한 접근이 과연 학생들의 공부에 어느 정도 도움이 될지 의문이다.

**둘째**, 선교는 절대적 명령이고 윤리는 상대적 명령이다.

선교는 어떤 상황에서든 분명하게 수행돼야 하는 절대적인 명령이지만, 윤리는 상황에 따라 그 수행의 유형이 달라진다. 같은 사랑의 계명이라 해도 상황에 따라 무엇이 사랑인지는 보는 견해와 형편에 따라 달라질 수 있는 것이다. 예를 들어, 동성애자를 사랑할 때 어떤 사람은 동성애자를 그대로 살도록 인정하는 것이 사랑이라고 생각할 수 있고, 어떤 사람은 동성애자를 그 죄로부터 나오게 하는 것이 사랑이라고 생각할 수 있다. 그런 점에서 전통적으로 교회는 윤리적 과제보다 선교적 과제를 더 절대적이고 우선적인 명령으로 인식해 왔다.

**셋째**, 선교적 과제는 교회만이 할 수 있고 해야 하는 과제지만 포괄적 의미의 윤리적 과제는 교회도 할 수 있는 과제라는 점을 인식할 필요가 있다.

복음을 전하는 선교적 과제는 교회만이 할 수 있는 과제이다. 세상의 어떤 다른 기관들이 대신 할 수 있는 일이 아니다. 그런데 교회가 세상의 다양한 기구도 할 수 있는 정의, 평화, 생명 살림 같은 윤리적 과제를 교회만이 할 수 있는 선교적 과제와 동일한 중요도로 놓고 선교 개념을 정립하면 그것은 결국 전도의 약화로 이어질 가능성이 높아지는 것이다.

이런 점에서 로잔은 선교와 윤리를 잘 구분하고 선교에 우선성을 부여하여 실천하는 방향으로 가는 것이 세계 복음화를 위해 중요할 것이다.

## 6. 선명한 선교 개념의 정립

전통적인 의미의 선교 개념은 매우 단순 명료하였다. 선교는 "영혼을 구원하여 제자 삼는 사역" 정도로 정의가 될 수 있었다. 하지만 하나님의 선교 개념의 영향으로 선교는 "세상을 평화롭게 행복하게 만드는 하나님의 선교에 참여하는 활동"으로 정의되게 되었다. 선교의 개념 속에 세상을 잘 살게 만드는 모든 활동이 들어오게 되었다. 선교의 개념이 이처럼 복잡하고 혼란스러워지면서 선교학 사전에 '선교'라는 단어에 대한 정의가 나오지 않는 모습이 나타나기도 한다.[16]

심지어 선교학의 거장인 데이비드 보쉬(David Bosch)마저도 "궁극적으로 선교는 정의할 수 없다"[17]라는 말을 할 정도로 선교의 개념 자체가 복잡하게 되었다.

에큐메니컬 진영은 처음에는 인간화를 선교의 목표로 제시하였다가 1975년 제5차 나이로비 대회를 기점으로 인간화와 복음화를 함께 추구해야 한다는 통전적 선교 개념을 제시하기 시작하였다. 로잔은 대략 2천 년까지는 통전적 선교 개념 도입을 두고 많은 고민이 있었지만, 2001년 "미가 네트워크"(Micah Network), 2004년 파타야 대회 그리고 2010년 '케이프타운 제3차 로잔 대회' 등에 오면서 '통전적 선교'(총체적 선교)를 수용하는 모습을 보인다.

물론 로잔은 여전히 '통전적 선교'(Holistic Mission)라는 표현보다는 '총체적 선교'(Integral Mission)라는 용어를 선호한다. 그것은 아마도 선교 방법 차원에서의 총체성은 수용하지만, 선교의 목표까지 총체적으로 보는 입장 즉 복음화와 인간화를 모두 선교의 목표로 보는 관점에 대해서는 아직도 다소 망설임이 있는 것으로 보인다.

하지만 총체적 선교의 개념을 받아들이기 시작하면서 로잔에서 더 이상 복음 전도의 우선성이란 관점은 받아들여지기 어렵게 된 것으로 보인다. 이런 점에서 박보경은 "드디어 로잔 진영 안에서 전도의 우선성이 통전적 (총체적) 선교로 대치되기 시작했다는 것이다"[18]라고 말하면서 "… 2004년부터의 로잔운동의 흐름이 전도의 우선성보다 총체적 선교의 개념이 중심

---

16  Karl Müller·Theo Sundermeier, *LEXIKON MISSIONS-THEOLOGISCHER GRUND-BEGRIFFE*, 『선교학 사전』, 한국선교신학회 편, 9-13.
17  David J. Bosch, *Transforming Mission*, 『변화하고 있는 선교』, 35.
18  박보경, "로잔운동에 나타난 전도와 사회적 책임의 관계," 21.

을 이루게 되었다고 판단한다"[19]라고 언급하였다.

총체적 선교(통전적 선교)는 극단으로 치우치는 것을 방지하고 적절한 균형을 이룬다는 점에서 분명 강점이 있는 것은 사실이다.` 그리고 학자들의 입장에서는 총체적 선교(통전적 선교) 개념이 훨씬 더 매력적으로 보일 것이다. 전통적인 선교 입장은 다소 교회 중심적이고 배타적이고 일방적인 선교 관점이기 때문에 학자들이 전통적인 입장에 기울어지는 모습을 보이면 자신도 그런 사람으로 매도되기 쉽다.

이에 비해 총체적 선교(통전적 선교) 개념은 선교적 과제와 윤리적 과제를 모두 선교적 개념 속에 포함하므로 배타적이라는 인상도 면할 수 있고, 선교의 개념이 넓어지므로 연구할 주제들도 많아지니 학자들로서는 반대할 이유가 별로 없을 것이다.

거기다가 대부분 학자와 대회에서 총체적 선교(통전적 선교) 개념을 긍정적으로 수용하는 마당에 자신만 그것의 문제점을 지적하는 것은 학문성이 부족한 학자로 인식될 가능성이 높아진다는 점에서 별로 득이 되지 못할 것이다. 즉, 대세가 그렇게 가고, 그런 관점이 나름대로 기여점이 있는 상황이라면, 굳이 역행하는 것이 별 도움이 되지 않을 것이다.

신학은 기본적으로 학자들이 주도하는 것이고, 학자의 입장에서 총체적 선교(통전적 선교) 개념은 많은 장점이 있으므로 결국 선교신학은 점차로 총체적 선교(통전적 선교)로 흘러갈 가능성이 크다.

하지만 총체적 선교 개념에는 분명 위험성이 있다. 총체적 선교 개념은 종국적으로 통전적 선교 개념과 거의 차이점이 없는 개념이 될 가능성이 크며, 그러한 개념은 결국 복음 전도의 동력을 약화할 수 있다는 점에서 위험성이

---

19 박보경, "로잔운동에 나타난 전도와 사회적 책임의 관계," 25. 박보경은 또한, "마닐라 대회에서 두각을 드러낸 '주후 2000년과 그 이후' 운동은 10/40창의 미전도 종족 선교를 최우선 과제로 삼고 있기 때문에 1990년 이후에도 전도의 우선성은 여전히 로잔운동의 중심에 있었다"라고 말하면서 로잔운동이 2천 년 이전에는 전도의 우선성을 유지하고 있었음을 말하고 있다. 박보경, "로잔운동에 나타난 화해로서의 선교," 한국로잔연구 교수회 편, 『로잔운동의 선교 동향』, 179.

있다. 그 위험성에 대해 네트란드는 "물론 보다 더 포괄적인 선교 정의는 분명히 전도가 무관심해진다는 점이 위험한 점이다"[20]라고 평가하였다.

이러한 문제점에 대해서는 에큐메니컬 학자도 언급한 바 있는데, 대표적으로 이형기는 1975년 나이로비 대회에 대한 평가에서 "이런 의미에서 로져 바샴(Bassham)의 말대로 1975년의 나이로비 WCC는 '통전적 선교'(Holistic Mission)를 지향했다. 그러나 역시 19세기의 복음주의적 선교적 열의로부터는 멀어져만 갔다"[21]라는 말을 한 바 있다.

통전적 개념으로 말미암아 복음 전도의 선교 열의가 식어간다는 것은 심각한 문제가 아닐 수 없으며, 이런 점에서 로잔은 로잔이 말하는 선교 개념을 좀 더 선명하게 규정할 필요가 있으며, 총체적 선교라는 용어를 사용할 때 이것이 방법과 자세 차원에서의 종합적인 고려이며, 목표에서의 총체성은 아님을 명확히 할 필요가 있다.

## 7. 복음 전도의 우선성과 긴급성 견지

로잔은 처음 태동 때부터 복음 전도의 우선성 문제를 두고 많은 갈등을 겪었다. 즉, 전도를 강조하는 태도와 사회적 책임을 강조하는 급진적 제자도의 입장 간에 상당한 논란이 오갔다. 이러한 갈등은 로잔 대회의 두 핵심 리더라 할 수 있는 미국의 빌리 그래함과 영국의 존 스토트 사이에도 존재했다. 결국 로잔은 '사회참여'를 교회의 중요한 책임으로 선언하면서도 여전히 복음 전도에 우선성이 있다는 식으로 매듭을 지었다.

---

20 Harold Netland, "The Capetown Commitment: Continuity and Change", in Lars Dahle, Margun S. Dahle, Knud Jorgensen, eds., *The Lausanne Movement* (Oxford: Regnum Books International, 2014), 430.
21 이형기, "에큐메니즘의 역사적 고찰," WCC,『세계교회협의회 40년사』(서울: 한국장로교출판사, 1993), 235-236.

즉, 다소 불완전한 봉합의 성격이 있었지만, 로잔 9항은 "복음 전도의 긴박성"이란 제목으로 "가능한 모든 수단을 총동원해서, 되도록 이른 시일 안에 한 사람도 빠짐없이 이 좋은 소식을 듣고, 깨닫고, 받아들일 기회를 얻는 것이 목표다. 희생 없이 이 목표를 성취하는 것을 기대할 수는 없다"[22] 라고 언급함으로써 전도의 긴급성과 이를 위한 희생을 분명하게 강조한다.

제2차 마닐라 대회에서도 사회적 책임을 강조했지만, 여전히 복음 전도의 우선성과 긴급성은 포기되지 않았다. 예를 들어, 마닐라 선언의 맺음말은 "마닐라에서 우리는 온 교회가 온 세상에 온전한 복음을 가지고 나아가 하나가 되어 희생적으로 주님이 재림하실 때까지 긴급하게 그리스도를 선포할 것을 선언하는 바이다"[23]라는 말을 하면서 복음 전도를 위해 긴급하게 헌신해야 함을 강조한다. 하지만 3차 대회인 케이프타운에 오면 복음 전도를 언급하기는 하지만 로잔과 마닐라에 나타났던 복음 전도의 긴급성과 이를 위한 헌신과 같은 말을 거의 찾아볼 수 없게 된다.

총체적 선교라는 용어를 수용한 상황에서는 우선성이라는 용어를 사용하기 어려웠을 것이고, 우선성을 말하지 않는 상황에서 긴급성을 언급하는 것도 쉽지 않았을 것이다.

하지만 우선성과 긴급성을 양보하는 순간부터 복음 전도 중심의 선교는 약화할 수밖에 없을 것이다. 복음 전도가 우선적이고 긴급한 일이 아니라면 어려운 복음 전도를 위해 교회가 헌신할 동기가 약해지기 때문이다.

복음 전도보다 더 긴급하고 중요해 보이며, 투입 대비 결과가 잘 나오는 효율적으로 보이는 사역들이 얼마나 많은가?

자연히 교회는 반대를 많이 받는 복음 전도보다는 환영받고 투입 효과가 좋은 인간화 등의 사역에 더 끌리게 될 것이다. 제2차 로잔 대회까지만 해도 강조되었던 복음 전도의 우선성과 긴급성을 다시금 천명해야 할 이유가 여기에 있는 것이다.

---

22　Lausanne Movement, "로잔언약,"『케이프타운 서약』부록, 223.
23　Lausanne Movement, "마닐라 선언,"『케이프타운 서약』부록, 261.

딘 켈리(Dean M. Kelly)는 쇠퇴하는 교회들이 안 되는 이유에 대해 "사회를 섬기는 일을 해서가 아니라 교회만의 본질적인 일을 게을리해서 …"라고 분석하였고, 네트란드는 "케이프타운 헌신 자체가 전도를 무시하지는 않지만, 교회와 선교 지도자들은 세상의 여러 문제에 참여함에서 복음 전도가 중심적인 것이 되도록 계속 경계해야 한다"[24]라고 조언하였는데, 로잔은 이런 말들의 의미를 잘 새겨들을 필요가 있어 보인다.[25]

## 8. 세계 복음화를 위한 헤드쿼터로서의 로잔운동

복음주의 진영의 가장 대표적인 기구 중 하나인 로잔에 대한 기대가 참으로 크다. 특별히 2024년에 열리는 제4차 로잔 대회에 대한 기대가 크다. 그런데 많은 수가 모이는 대형집회가 열리다 보면 무언가 새롭고 거창하고 그럴듯한 논의를 해야 할 것 같은 압박을 받게 된다. 자연히 세계 복음화와 같은 진부하고 교회 중심적이고 이기적으로 보이기 쉬운 주제보다는 뭔가 현시대의 문제를 해결할 것 같은 산뜻한 주제가 더 매력을 끌게 될 것이다. 그런 이유로 제4차 로잔 대회도 로잔의 본래 목적인 '세계 복음화'의 주제에 포커스를 두기보다는 세계의 다양한 문제에 눈길을 돌릴 가능성이 커 보인다.

과거의 로잔 대회에서도 이런 문제가 나타난 경향이 있었기에 김승호는 "로잔운동의 본질의 초점(복음 전도를 통해 세계 복음화)이 흐려지고 너무 많은 의제로 인해 운동이 산만해질 가능성과 에너지를 분산시킬 가능성이 있

---

24  Harold Netland, "The Capetown Commitment: Continuity and Change," 430.
25  Dean M. Kelly, *Why Conservative Churches are Growing: A Study in Sociology of Religion with a new preface for the Rose edition* (Macon, Georgia, Mercer University Press, 1986), xx-xxi. 흥미로운 사실은 사회참여를 강하게 외치는 진보적 주류 교단들은 점점 쇠퇴하면서 사회를 섬길 수 있는 역량을 점점 더 상실해 가는 반면, 복음화를 강조하는 보수적 교단들은 역동적으로 성장하면서 오히려 사회봉사를 잘하는 현상이 나타나고 있다. 김성건, 『한국사회와 개신교』 (서울: 서원대학교출판부, 2005), 151.

다는 점이다"²⁶라는 우려를 표명한 바 있다. 이런 점에서 제4차 로잔 대회는 세계 모든 문제를 해결하려고 테이블 위에 올려놓아 휘황찬란하면서도 실제적인 해결책은 별로 없는 유엔 총회와 같은 대회가 아니라 로잔 본연의 관심사인 '세계 복음화'를 위해 기여하는 대회가 되기를 기대해 본다.²⁷

특별히 제4차 로잔 대회는 '세계 복음화를 위한 헤드쿼터로서의 역할'을 감당하는 모임이 되기를 바란다. 오늘날 기독교 선교의 큰 문제점 중 하나는 각개전투식 선교로 인한 선교 인력과 재정의 낭비라고 할 수 있다. 세계의 많은 교회와 선교 기관이 엄청나게 많은 인력과 재정을 투입하여 선교를 수행하고 있지만, 중복 투자로 인해 선교자원이 낭비되는 경우가 많고, 불필요한 곳에 계속 선교자원이 투입되는 경우가 많다.

이런 문제를 해결하는 데 필요한 일 중 하나는 세계 선교가 명확한 목표를 지향하고 이 일을 위해 선교자원을 효율적으로 사용할 수 있도록 돕는 선교 전략의 헤드쿼터 같은 역할을 하는 기구이다. 로잔이 현재도 이런 일을 일정 부분 감당하고 있지만 이 일을 좀 더 효율적으로 잘 수행하기를 기대해 본다.

그렇다면 로잔이 어떤 방식으로 세계 선교 전략 정보 센터의 임무를 수행할 수 있을까?

워낙 큰 주제여서 간단히 언급하기는 어렵지만, 핵심적인 몇 가지만 언급해 본다면, 가장 먼저 로잔이 세계 선교의 다양한 전략들, 모범적인 선교사례들, 다양한 갈등 해소와 협력 사례, 선교 영성 향상 사례와 방안 등을 공유하고 평가하면서 각각의 선교 현장에 맞는 선교 노하우를 개발하고 그 정보들을 공급해 주는 센터 역할을 할 수 있을 것이다. 로잔 대회나 기

---

26  김승호, "로잔운동의 선교 사상의 발전," 한국로잔교수회 편, 『로잔운동과 선교』, 45-46.
27  필자는 2022년에 독일 카를스루에에서 열린 WCC 11차 총회에 참석한 바 있는데, WCC는 기후 위기, 경제정의, 폭력과 전쟁, 인종이나 여성 차별 등의 사회문제에 큰 관심을 두지만, 교회가 세상을 섬기는 가장 핵심 사역인 복음 전도에는 거의 관심을 기울이지 않는 모습을 보였다. WCC 총회를 보면서 필자가 받은 느낌은 WCC가 교회들의 연합 기구라기보다 유엔 총회와 같다는 느낌을 받은 바 있다.

타 로잔 소위원회들이 모일 때마다 세계 각지에서 수행되는 중요한 선교 사례들을 서로 나누고 토론하면서 역동적이며 효율적인 선교방안들을 체계화시키고 이렇게 체계화된 내용들을 자료화하고 널리 공유하면 좋을 것이다.[28]

또한, 세계 선교 현장을 체계적으로 분석하여 그 현장에 필요한 사역과 사역자의 형태를 알려주면서 선교자원 투입을 안내해 주는 역할도 필요할 것이다. 선교지마다 필요한 선교 사역의 형태, 필요한 인적 물적 자원, 선교 전략 등이 다르기에, 이런 사항들에 대해 종합적이고 정확한 정보를 제공해 주고 구체적인 가이드라인을 제공할 수 있는 헤드쿼터가 필요하다.

그런 점에서 로잔은 세계의 다양한 선교지가 어떤 정도의 선교 발전단계에 있는지, 그 지역에서는 어떤 선교 사역 형태가 필요하며, 어떤 역량을 갖춘 선교사가 필요한지 등에 대한 정보를 알려 주고 안내함으로써 세계 선교의 센터 역할을 할 필요가 있다. 물론 이런 일을 하려면 세계교회들의 적극적인 협조가 필요하며, 많은 시간과 노력이 필요할 것이다. 절대 쉽지 않을 것이다. 하지만 로잔이 세계 복음화를 목표로 삼고 태동하였으니, 앞으로도 이 일을 위한 헤드쿼터로서의 역할을 잘 감당하기를 기대해 본다.

---

28 앞으로 4차 산업혁명이 본격화하면 빅데이터의 역할이 더욱 중요해질 것인데, 로잔이 이것을 미리 내다보면서 선교 관련 빅데이터 작업에 박차를 가해야 할 것이다. 마치 의사들이 의학 학술 대회를 하면서 성공적인 치료방식들을 서로 나누면서 의료기술이 향상되듯이, 로잔의 모임에서 효율적이고 실제적인 선교 방안들을 나누면서 선교 발전을 이루어 가는 것이 필요할 것이다. 정기묵, "협력 네트워크를 통한 한국 교회 선교의 방향," 155. 참조.

부록

# 로잔운동의 역사, 회의, 문서 등의 종합 정보

## 1. 로잔운동의 유래와 시작

1960년대 서구 사회의 세속화로 인해 서구 기독교가 쇠퇴하고, WCC(세계교회협의회)에 의해 선교의 목표가 복음화 대신 인간화로 그리고 구원의 개념이 영혼구원에서 주로 현실에서의 사회구원을 의미하는 '오늘의 구원'(Salvation Today) 개념으로 변하자, 이에 위기의식을 느낀 미국의 빌리 그래함 목사와 영국의 존 스토트 목사를 중심으로 한 복음주의자들이 복음주의 선교의 동력을 찾고 교회의 선교적 정체성을 재발견하기 위해 1974년 스위스 로잔에서 대회를 개최함으로 시작된 운동이다.

## 2. 로잔운동의 명칭과 로고

1974년에 처음 로잔 대회가 열렸을 때의 명칭은 '로잔세계복음화국제대회'(The International Congress on World Evangelization)였고, 대회 이후 이 운동을 지속하자는 목적을 가지고 "세계 복음화를 위한 로잔위원회(Lausanne Committee for World Evangelization)를 구성하였다. 즉, 로잔운동은 기본적으로 세계 복음화를 위해 탄생되었고, 그런 점에서 로잔에서의 선교 핵심은 '세계 복음화'이며, 선교에 있어서 우선순위는 '복음 전도'라는 것을 강조하면서 태어난 운동이라 할 수 있다.

과거의 로잔 로고

새로 만들어진 로잔 로고

## 3. 로잔운동의 목적

로잔운동 홈페이지에는 로잔운동의 특별한 부르심을 "세계 선교를 위해 영향력 있는 사람들과 아이디어들을 연결하는 것"으로 기술하고 있다. 즉 모든 인력과 정보를 연결하여 세계 복음화를 이루고자 하는 것이 로잔운동의 주된 목적인 것이다.

또한, 로잔은 좀 더 구체적인 비전을 다음과 같이 제시한다.

(1) 모든 사람을 위한 복음
(2) 모든 사람과 지역을 위해 교회들의 제자화
(3) 모든 교회와 분야에서 그리스도를 닮은 지도자 양성
(4) 사회의 모든 분야에 하나님 나라의 영향 주기 등

아울러 로잔운동의 핵심 목적은 "온 교회가 온전한 복음을 온 세계에 전하자"로 정리할 수 있다. 여기에서 '온 교회'란 "모든 교회 구성원의 선교

적 책임"을 의미하고, '온전한 복음' 이란 개인뿐 아니라 사회문제와 창조 문제까지를 포함하는 복음 즉 총체적인 복음을 의미하고, '온 세계'는 미전도 지역을 포함한 모든 곳에 복음을 전하자는 것을 의미한다. 이것을 다시 요약하자면, 전 세계의 모든 교회가 전 세계의 모든 지역에 성경이 말씀하는 온전한 복음을 전하자는 것이라 할 수 있다.

## 4. 로잔운동의 조직

로잔운동은 세계 복음화를 위한 운동으로 시작되었으며, 교단 연합이 아닌 개인들의 자발적인 연합 운동이므로 로잔운동은 기본적으로 기구가 아니라 운동이다. 기구가 아니기에 조직도가 없으며, 인건비나 운영비 등을 최소화하기 위해 글로벌 본부나 중앙 사무실을 만들지 않고 모든 리더는 자기 지역에서 원격으로 일을 하는 정책을 추구하고 있다.

로잔의 공식적인 조직도는 없지만, 로잔 홈페이지의 아래 주소에서 주요 리더의 면모를 볼 수 있는데, CEO인 마이클 오(Michael Oh, 한국명:오영석), 부위원장 페미 아델레예(Femi Adeleye) 그리고 10여 명 이사의 얼굴과 직책 등이 나와 있다. 기타 200여 명 가까운 스텝의 이름과 직책 그리고 사진이 나타난다.

특별히 2013년부터 로잔에서 총재역을 맡고 있는 마이클 오는 한국계 미국인으로 일본 나고야그리스도성서신학교(Christ Bible Seminary in Nagoya)의 설립 학장으로 활동하였고, 2004년 태국 파타야 포럼 때부터 로잔운동에 참여한 인사다.

https://lausanne.org/contact.

## 5. 제4차 로잔 대회 한국준비위원회 조직

- 공동대회장: 이재훈 목사, 마이클 오 목사
- 국제운영 책임자: 데이비드 베넷 목사
- 참가자 선정위원장: 라스 뉴먼 박사

- 한국준비위원회 위원장 : 유기성 목사
- 한국준비위원회 총무 : 문대원 목사
- 실행 총무 : 김홍주 목사
  - 총괄기획본부장 : 이대행 선교사
  - 네트워크본부장 : 임동혁 목사
  - 대회진행본부장 : 노규석 목사
  - 사무국장 : 권은영 목사

## 6. 로잔운동의 주요 활동 영역

로잔은 세계 복음화를 위해 영향력 있는 사람들과 아이디어들을 연결하는 것을 주된 과업으로 삼고 있으며 아래와 같은 활동들을 하고 있다.

### 1) Issue Networks

세계 선교를 수행하는데 있어 대두되는 다양한 과제들 즉 예술, BAM, 디아스포라, 창조 돌봄, 보건 등 다양한 이슈에 대해 30여 개의 그룹을 만들고 각 그룹의 위원장을 중심으로 논의들이 진행되고 자료들을 만들며 진행 내용 등은 아래의 주소에서 찾을 수 있다.

https://lausanne.org/all-issue-networks.

## 2) Regions

전 세계를 12개 권역으로 나누고 각 권역의 디렉터들이 각 권역에서 상황에 적합하게 선교 이슈들이 다루어질 수 있도록 인사이트들을 제공하고 있으며 내용들은 아래의 주소에서 찾을 수 있다.
https://lausanne.org/all-regions

## 3) Generations(Younger Leaders Generation, YLGen)

젊은 리더들을 로잔의 이슈 네트워크, 권역들, 자원들, 멘토들과 연결시키고 또한 동료 리더들과 서로 연결시키는 과업이며 2016년에 시작되었다. YLGen은 젊은 리더들뿐 아니라 모든 세대를 세우는 일에 관심을 가지며 아래의 주소에 찾을 수 있다.
https://lausanne.org/ylgen.

# 7. 로잔운동의 주요 대회들

## 1) 제1차 로잔 대회(1974년)

1974년 스위스의 로잔에서 열린 복음주의 진영의 기독교 대회로 대회가 열린 장소의 이름을 따서 로잔회의(Lausanne Congress) 라고 부르며, 공식 명칭은 세계복음화국제대회(International Congress on World Evangelization)이다. 빌리 그래함 목사와 존 스토트 목사 등을 중심으로 150여 개국에서 온 3천여 명의 각국 대표가 모였으며, '온 땅이 주님의 음성을 듣게 하라'(Let the earth hear His voice)는 주제로 토론을 벌였으며 사회적 책임을 중시하면서도 복음의 우선성과 긴급성을 강조한 로잔언약(Lausanne Covenant)을 채택하였다.

로잔언약의 마지막 맺음말은 "… 우리는 온 세계의 복음화를 위해 함께 기도하고, 계획하며, 일할 것을 하나님과 우리 상호 간에 엄숙히 서약한다"라는 내용을 포함하면서 로잔의 핵심 목적이 세계 복음화임을 밝히고 있다.

### 2) 제2차 마닐라 대회(1989년)

제1차 로잔 대회 이후 15년 만에 열린 마닐라 대회는 전도 못지않게 사회적 책임을 강조한 대회였지만, 여전히 300개 이상의 전략적 동반자 협력 관계를 탄생시키면서 복음 전도에 우선성을 두는 경향을 보인 대회였다.

이 대회는 "마닐라 선언"(Manila Manifesto)을 발표하였는데, 로잔언약의 본질을 재확인하는 머리말과 21개 항의 고백에 이어 12개의 조항을 통해 온전한 복음을 온 교회가 온 세계에 전할 것을 말한 후 "그리스도께서 오실 때까지 그를 선포하라"는 제목 하에 "그러므로 기독교 선교는 긴급한 과업이다. … 마닐라에서 우리는 온 교회가 온 세상에 온전한 복음을 가지고 나아가 하나가 되어 희생적으로 주님 재림하실 때까지 긴급하게 그리스도를 선포할 것을 선언하는 바이다"라는 말로 선언문을 마친다.

### 3) 제3차 케이프타운 대회(2010)

제3차 로잔 케이프타운 대회는 "그리스도 안에서 세상과 화해하시는 하나님"(God in Christ, Reconciling the World to Himself)이라는 주제로 열렸으며, 복음 전도와 사회적 책임 중 어느 한 곳에 우선순위를 두기보다는 두 요소가 깊이 연결되어 불가분의 관계에 있다는 관점 하에 둘 다 함께 추구하는 총체적인 선교가 올바른 선교의 방향이라는 견해가 지배적이 된 대회다. 이 대회는 "케이프타운서약"(The Capetown Commitment)을 발표하였는데, 이 서약은 전도의 우선성에 대한 언급을 하지 않는다는 점에서 통전적 선교를 공식적으로 천명하였다고 할 수 있다.

이 대회는 더글라스 버셀(Douglas Birdsall, 국제로잔운동 의장), 린지 브라운(Lindsay Brown, IFES 국제복음주의학생회 출신 지도자), 크리스토퍼 라이트(Christopher J. H. Wright) 등이 주역을 감당하였다.

### 4) 제4차 한국 서울(인천) 대회(2024)

2024년에 한국 인천에서 열리는 제4차 로잔 대회는 제1차 로잔 대회가 열린 후 50년 즉 희년이 되는 해에 열리는 뜻깊은 대회이다.

제4차 로잔 대회는 한국을 비롯해 일본 그리고 아시아 지역 교회 리더의 협력을 통해 개최되며, 전 세계에서 약 5,000여 명의 선교 리더가 참석할 것으로 예상된다.

로잔운동의 총재인 마이클 오는 제4차 로잔 대회 준비를 위한 기자 간담회에서 "제4차 로잔 대회에서는 다양한 경청과 모임의 과정을 통해 하나님 나라를 위해 함께 협력하고 행동할 것을 전 세계 교회에 요청하게 될 것이다"라고

714 기도회 포스터(출처: 코람데오닷컴)

714 로잔 준비 기도회 모습(출처: 유튜브 GOOD TV NEWS)

말한 바 있다. 즉, 로잔 4차 서울(인천) 대회는 하나님 나라를 위한 모든 교회의 협력에 초점을 둘 것으로 예상되며, 코로나 이후 달라진 선교 환경의 위기를 돌파하고, 기후 위기 및 첨단 기술의 발달로 인한 전 지구적인 변화에 복음이 어떻게 응답해야 하는지를 다루는 자리가 될 것으로 기대된다.

## 8. 로잔운동 관련 회의들과 문서들

### 1) 1966년 휘튼 대회

1966년 4월 미국의 일리노이주 휘튼대학에서 복음주의 진영의 선교 협의회들인 IFMA(Interdenominational Foreign Mission Association, '초교파해외선교협의회')와 EFMA(The Evangelical Foreign Missions Association, '복음주의해외선교협회', IFMA가 초교파 단체만을 허입하였기에 교파 선교단체를 포함하기 위해 태동하여 학생 사역과 교파 단체의 보호막이 된 모임)의 후원으로 개최되었으며, 1961년에 IMC를 흡수 통합한 WCC의 에큐메니칼 선교와 달리 복음주의 진영의 세계 선교 전략과 실천을 다시 확고히 하고자 하는 목표를 지니면서, 전도 및 교회 개척에 선교의 우선권을 두어야 함을 강조한 대회였으며, 후일에 로잔운동의 한 뿌리가 된 모임이었다.

### 2) 1966년 베를린대회

빌리 그래함과「크리스채니티투데이」(Christianity Today)의 편집장인 칼 헨리를 중심으로 100여 개국 1,200여 명이 모여 '전도'를 재정의하고 '전도를 위한 성경적 명령'을 재확인한 대회였다. 이 대회의 주제는 "한 인류, 한 복음, 한 임무"(One Race, One Gospel, One Task)였으며, 사회봉사, 사회참여, 사회개혁 등이 선교로 간주되는 자유주의 선교의 흐름을 경계하면서 복음 선포의 중요성을 확인하고자 열린 대회로 로잔운동의 한 배경이 되었다.

### 3) 1970년 프랑크푸르트(Frankfurt) 선언

1970년에 피터 바이어하우스(Peter P. J. Beyerhaus)를 중심으로 WCC에 가입된 독일 개신교회 소속 신학자 15명에 의해서 발표된 선언문으로 제목은

"기독교 선교의 근본적 위기에 관한 프랑크프루트 선언"이었으며, 1968년에 WCC 웁살라 대회가 '인간화'를 선교의 목표로 삼고 인본주의적 선교로 급선회하는 것에 대한 비판과 대응을 담고 있다. 즉, 선교의 목표는 인간화가 아니라 복음화라는 주장을 성경에 근거해 천명한 선언문으로 로잔운동의 주요한 하나의 기초가 되었다.

### 4) 1978년 윌로우뱅크 보고서

1978년 로잔위원회 신학과 교육 분과에서는 33명의 신학자, 인류학자, 언어학자, 선교사 그리고 목회자가 모여 복음과 문화의 관계를 논의하고 보고서를 제출하였다. 이 보고서는 성경 읽기, 복음 제시, 회심, 교회 등이 모두 문화에 의해 영향을 받으므로, 모든 교회는 그들의 문화 속에서 복음을 효율적으로 전하기 위해 상황화를 시도해야 하며, 이 과정에서 성령의 인도하심이 필수적임을 말하고 있다.

### 5) 1978년 글렌아이리(Glen Eyrie) 회의

제1차 로잔 대회 이후 4년 뒤인 1978년에 미국 콜로라도 스프링스 지역의 글렌아이리에서 개최된 회의로 이슬람 현장에서 사역하는 북미 선교사, 선교본부 스텝들, 선교학자, 이슬람학자 등 다양한 사람이 모여 40여 편의 글을 발표하였다. 즉, 이 회의는 이슬람 선교를 중점적으로 다룬 회의로 북미 그리스도인들이 이슬람과 무슬림의 문화에 대해 제한적인 이해를 가지고 있었고 무슬림들을 존중하지 못하였음을 인식한 회의다.

이 회의는 이슬람 현장의 현지 교회와 현지인 성도들을 선교의 소중한 동역자로 인식하고 무슬림의 인권에 대해서도 논의하였다. 그런 점에서 이 회의는 무슬림 선교를 위한 중요한 토대를 제공하였다고 할 수 있다.

## 6) 1980년 영국의 호데스돈 하이레이 회의

런던의 북쪽 17마일 지점에 위치한 하이레이에서 전 세계 27개국에서 모인 85명의 복음주의 지도자가 모여 '단순한 삶에 관한 회의'(Consultation on Simple Lifestyle)를 열었다. 이 회의는 로잔언약에서 제기된 전도, 구제 그리고 정의 등이 단순한 삶과 어떤 연관성을 지니는지를 살펴보았고, 결론적으로 전도, 발전 그리고 정의를 위한 단순한 삶을 실천할 것을 권고한다. 이러한 결과로 사회적 책임을 복음 전도와 거의 대등한 관계로 강조하는 경향이 나타났다.

## 7) 1980년 태국 파타야 회의

전 세계로부터 온 650명의 대표가 '세계복음화회의'(Consultation on World Evangelization)이라는 이름으로 모여 17개의 소협의회를 구성하고 세계복음화에 관한 신학적, 전략적 이슈를 연구하고 명목상의 기독교인들을 복음화 할 뿐만 아니라 미전도 종족들, 곧 주변인, 소수민족, 종교인, 도시인들에 대한 선교 전략을 논의한 회의다. 이 회의는 그 명칭에 나타난 것처럼 사회적 책임보다는 주로 전도의 우선성에 많은 강조점을 둔 회의였다고 할 수 있다.

## 8) 1982년 그랜드래피즈 회의

이 대회는 전도와 사회적 책임의 관계성을 정립한 대회로 사회적 책임을 다음과 같이 규명하였다.
 (1) 전도의 결과
 (2) 전도의 다리
 (3) 전도의 협력자

이렇게 규명하면서 전도는 논리적으로만 우선성을 지니고 있다고 정리하였다. 하지만 "그런데도 굳이 우리가 반드시 하나를 선택해야만 한다면, 우리는 모든 인류의 궁극적인 필요가 예수 그리스도의 구원의 은혜이며, 이것보다 더 중요한 것은 없다고 말해야 한다"라고 천명했다.

### 9) 1983년 휘튼 대회

진보적 복음주의자들을 중심으로 "인간의 필요에 응답하는 교회"(The Church in Response to Human Needs)라는 주제로 열린 대회다. 주제에서도 나타나듯이 교회의 선교는 영적 구원뿐 아니라 육적, 사회적 필요도 채워 주는 총체적 구원을 추구해야 함을 강조하고 이 총체적 선교의 핵심적인 단어로 '변혁'(Transformation)이라는 개념을 제시하였다.

### 10) 2001년 미가 네트워크

1999년에 결성된 모임으로 복음주의 진영에서 총체적 선교의 주요 산실이 된 모임이다. 이 모임은 2001년에 "미가 선언문"을 발표하였는데, 미가서 6장 6절을 근거로 복음 전도와 사회적 책임을 구분 지으려는 시도를 거부하고 둘은 동전의 양면처럼 분리될 수 없다는 점에서 총체성을 추구해야 함을 강조하면서, 총체적 선교는 복음의 선포(Proclamation)와 복음의 가시화(Demonstration)를 모두 포함해야 한다고 선언하였다.

### 11) 2004년 태국 파타야 포럼

1989년 제2차 로잔 마닐라 대회 이후 젊은 지도자들이 주축이 되어 전세계 1,500명 이상의 지도자가 태국 파타야에서 포럼을 열었고 "새로운 비전, 새로운 마음, 갱신된 소명"(A New Vision, A New Heart, A Renewed Call)이라는 주제를 선정했다. 모두 31개의 그룹이 전도의 걸림돌로 인식된 31개의 주제를 놓고 토론하였다. 그 주제 중에는 이슬람 선교, 건강한 파트너십 등의 다양한 이슈가 있었는데, 이슬람과 관련해서는 무슬림을 존중하고, 그들의 문화를 배우며, 그들에게 적합한 선교 수행을 권고하기도 하였다.

### 12) 2014년 가나 아크라(Accra) 회의

가나 아크라에서 20개국으로부터 온 40여 명의 신학자와 선교사가 모인 회의다. 이 모임은 콜럼비아신학교의 세계 선교와 이슬람 교수인 존 아즈마(John Azumah)를 의장으로 하는 LGCI(Lausanne Global Consultation on Islam)가 주최하였다. 이 모임은 이슬람 선교를 주요 주제로 삼았으며, 이슬람 선교가 특별한 성직자만의 전유물이 아니라 26억 모든 기독교인의 과제가 되어 이슬람에 대한 공포와 증오를 감소시키고 사랑의 방식으로 진행될 수 있도록 방향을 제시하였다.

## 9. 로잔운동의 주요 문서들

### 1) Lausanne Occational Paper

이 문서들은 로잔 대회의 문서들 외에 비정기적으로 제공되는 학술적 문서들이다. 가장 먼저 "파사데나 회의: 동질집단 원리"란 제목의 글이 실렸고, 그 외 다양한 주제의 글이 실려 "장애를 지닌 사람들 사이에서의 사역"이란 제목의 69번 글까지 실려있다. LOP 문서의 모든 글은 아래의 주소에서 찾을 수 있다.

https://lausanne.org/category/lop.

### 2) Lausanne Global Analysis

세계 선교를 위해 전략적이고 신뢰할 만한 정보와 인사이트들을 제공하는 문서들이다. 매우 다양하고 많은 문서가 포함되어 있으며, 아래 주소에서 문서들을 찾을 수 있고 거기에서 '이메일로 문서 받기' 버튼을 눌러 신청하면 LGA 문서들을 이메일로 받아볼 수도 있다.

https://lausanne.org/lga.

### 3) Lausanne Global Classroom

오늘의 선교에 핵심적인 다양한 이슈에 대한 강의 비디오와 사용자 가이드를 제공하며, 아래 주소에서 찾을 수 있다.

https://lausanne.org/lausanne-global-classroom/global-classroom.

### 4) Lausanne Missional Content Library

로잔의 주요 문서를 수집해 놓은 홈페이지며, 아래 주소에서 찾을 수 있다.

https://lausanne.org/?cat_ID=436.

### 5) News and Stories

세계 선교 및 로잔운동과 연관된 다양한 뉴스와 이야기를 담고 있으며, 아래 주소에서 찾을 수 있다.

https://lausanne.org/category/about/blog.